清华大学工程力学研究班第一届学员毕业纪念照

2004 年 **5** 月 **18** 日清华大学航天航空学院成立仪式

2004 年 5 月 18 日清华大学航天航空学院成立留念

2009 年 9 月首届钱学森班开班仪式

2011 年 9 月中国人民解放军空军清华大学联合培养飞行学员签约仪式

航 25 班飞行学员合影

2014 年 10 月 28 日清华大学校党委书记陈旭到航天航空学院现场调研分布式航天器系统实验室在地球重力场测量和空间引力探测技术方面的研究进展

2016 届钱学森班学生获清华大学学堂计划荣誉证书颁发仪式

2017 年 4 月本科生团队参加日内瓦发明展

2017 年 6 月 22 日清华大学与 AIRBUS 签订全球大学伙伴计划

2018 年 4 月 28 日航院系庆返校校友合影

2018 年 4 月 28 日航院系庆王永志院长及航院领导成员与飞行学员班学员合影

2018 年 4 月 28 日航院院馆展出校友照片，吸引了广大校友观看

2018 年 4 月 28 日清华大学党委书记陈旭发表系庆讲话

2018 年 4 月 28 日清华大学航空工程系建系八十周年暨工程力学系
建系六十周年庆贺大会合影

2018 年 4 月 28 日清华大学航空工程系建系八十周年暨工程力学系
建系六十周年庆贺大会主席台嘉宾

不忘初心 传承创新

清华大学 | 航空工程系建系八十周年暨 工程力学系建系六十周年 | 庆贺文集

清华大学
航天航空学院
编辑组
| 编著 |

中国财富出版社

图书在版编目（CIP）数据

不忘初心　传承创新：清华大学航空工程系建系八十周年暨工程力学系建系六十周年庆贺文集／清华大学航天航空学院编辑组编著．—北京：中国财富出版社，2018.4（2019.4 重印）

ISBN 978－7－5047－6634－2

Ⅰ.①不…　Ⅱ.①清…　Ⅲ.①清华大学—校史—文集　Ⅳ.①G649.281－53

中国版本图书馆 CIP 数据核字（2018）第 073828 号

策划编辑	李彩琴	**责任编辑**	戴海林　杨白雪		
责任印制	尚立业	**责任校对**	孙丽丽	**责任发行**	杨　江

出版发行	中国财富出版社		
社　　址	北京市丰台区南四环西路 188 号 5 区 20 楼	**邮政编码**	100070
电　　话	010－52227588 转 2048/2028（发行部）		010－52227588 转 321（总编室）
	010－52227588 转 100（读者服务部）		010－52227588 转 305（质检部）
网　　址	http://www.cfpress.com.cn		
经　　销	新华书店		
印　　刷	北京京都六环印刷厂		
书　　号	ISBN 978－7－5047－6634－2/G·0702		
开　　本	787mm×1092mm　1/16	**版　　次**	2018 年 4 月第 1 版
印　　张	28.5　**彩　页**　8	**印　　次**	2019 年 4 月第 2 次印刷
字　　数	515 千字	**定　　价**	168.00 元

清华大学航天航空学院
编辑组

组长： 李俊峰　李路明

顾问： 余寿文　庄　茁

成员： 葛东云　王旭光　管楠祥　房秀荣

谢佩炜　鲁　杰　高永丽　王晓晶

张　岩　曾　悦　张　骁

前言

不忘初心　继往开来

2018年——清华大学航空工程系建立八十周年，回想从烽火连天的1938年到今天的峥嵘岁月，这无疑是翻天覆地的八十年。抗战时期的航空系，为民族培养了优秀的航空技术人才，还直接参与培养航空军事人才，为抗战服务。2018年也是清华力学系建立六十周年。当年因“两弹一星”而诞生的工程力学系，在一甲子的岁月中见证了国家从弱到强的伟大征程，用矢志不渝的努力培养肩负国家民族使命的卓越人才。

回首清华航空系和力学系的历史，当真是人才辈出。从中国第一个风洞的设计师王士琇先生到第一任航空所所长顾毓琇先生、第一任系主任庄前鼎先生，从设计了中国第一架滑翔机的冯桂连、张捷迁到1946年从昆明回迁北京复校后的教授顾培慕、宁幌、陆士嘉、沈元、屠守锷、丁履德、王宏基等，一个个名字串起了中国近代的科技发展史。中华人民共和国成立后，为了发展以“两弹一星”为代表的国防高技术，在清华大学成立的工程力学研究班更是把力学方面众多耳熟能详的大师、学者紧紧连在了一起：钱学森、郭永怀、钱伟长、张维等，一个个名字都足以让我们为之骄傲和自豪。历经几代清华力学人的辛勤耕耘，裨益于杜庆华、黄克智、过增元、杨卫等著名学者的精心创建，在全体师生员工的共同努力下，在广大校友的鼎力支持下，工程力学系成为我国力学创新研究的基地、力学人才培养的摇篮。

2004年，学校为顺应国家航天航空领域的发展，在工程力学系和宇航技术中心的基础上复建航天航空学院，并聘请中国载人航天工程首任总设计师王永志院士担任院长。王永志院士立志空天，于1952年考入清华大学航空工程学院。52年后，他回归清华航天航空学院，指引立志空天的学弟学妹。

航天航空学院复建 14 年来，秉承“创特色、出亮点、上水平、争一流”的教学理念，在保持力学、热物理的学科优势基础上，逐步建立了和航天航空相关的学科体系，初步形成了自己的特色。力学学科在 2012 年获得学科评估第一名的基础上，在 2016 年学科评估中获得 A +。学院参与共建的能源与动力工程学科在 2012 年获得学科评估第一名，在 2016 年学科评估中同样获得 A +。2011 年，航空宇航科学与技术学科被批准为一级学科博士点，也在 2016 年教育部所属院校的学科评估中名列前茅。

在纪念航空系建立 80 年、力学系建立 60 年的特殊时刻，面对着一个个伟大的名字和他们的丰功伟绩，继承他们的事业、创造新的辉煌是我们义不容辞的责任，也是光荣而艰巨的使命。继承与发展是继往开来的根本，但继承什么、发展什么却是看上去简单又极具挑战的命题。是什么让我们的前辈在日寇的铁蹄下义无反顾地建立航空系、面对敌机的轰炸建设了远东最大的风洞？是什么让钱学森等选择了在清华举办力学班，从力学班到工程力学系，然后力学学科在全国燎原？是什么让黄克智放弃即将完成的苏联博士学位答辩，在听到祖国的召唤时，毅然回国？是什么让工程力学系在 60 年的岁月中一直保持学科建设方面的一马当先？在追寻这些问题的过程中，我们听到了对家国情怀和使命的叮咛与诉说，我们看到了追求卓越和对科技发展趋势的高屋建瓴。

时移世易，但追求卓越的精神价值是永恒的，这需要我们不忘初心，深刻理解时代赋予我们的使命，砥砺前行，不负重托。下面是关于开展航天航空学院工作的几点思考与总结。

一、牢牢树立“人才培养的中心地位”的工作定位，踏踏实实做好学生培养工作

为迎接清华大学百年校庆，在 2011 年元旦，王永志院长给全院教职员工写来了贺词，他说：“无论过去、现在和将来，为祖国航空航天事业的发展培养优秀人才是我们的永恒目标。”这也代表了全院教职员工的心声。

学院成立以来，已经培养了 5273 名本科生、1939 名硕士、931 名博士，他们遍布在祖国的航空、航天、航海领域，90% 以上的毕业生进入了国家重点行业。由学院主办的航天员航天工程硕士班中，13 名航天员在清华航院获得了工程硕士学位；2009 年在本科生中创建了“钱学森力学班”，为回答“钱学森之问”开始了新的征程；为了

服务国防，为空军培养综合性优秀人才，2011 年设立飞行学员班，首批毕业生已经翱翔在祖国辽阔的天空上。

教学工作是人才培养最为重要的环节。学院自 2010 年起已举办了 13 届教学研讨会，结合航院的教学工作需求，制定议题和预期目标，针对教学工作和人才培养方面相关问题，开展多层次、多方位深入细致的研讨，探讨、分析并总结在教学改革过程中发现的问题，以期在未来教育教学过程中加以改进、提高。

以 2017 年 10 月的教学研讨会为例，当时正值学校准备迎接教育部本科教学审核评估之际，经过周密的组织，全院教师的出席率达到 90% 以上。教学研讨会主要议题包括聘请校内外知名专家学者进行专题报告、优秀教师示范课、青年教师授课课程讲评、名师谈心得、课程体系讨论、教育教学热点主题讨论等，参会的每个教师都全身心地投入如何更好地培养学生的交流中。

为了帮助青年教师提高教学水平，学院成立了由教学经验丰富的退休老教师组成的教学督导组，发挥好“传帮带”的作用，打造一流的教学队伍。在 2018 年的本科教学审核评估的总结会上，邱勇校长特别表扬了航院督导组的薛克宗老师。督导组的老师日常深入课堂听课，点评青年教师授课，对青年教师帮助巨大，让他们受益终生。从制度建设上，将人才培养置于学院工作的首位是这一届党政班子的新举措。具体来说就是将教学研讨会、课程体系建设、辅导员和班主任队伍建设纳入日常的例行工作中来，明确考核请假要求，形成制度。

二、加强青年教师队伍的建设，夯实人才培养的基础

高质量完成人才培养的目标，其核心是教师队伍。经过几代人的努力，学院建立了一支一流的教师队伍。但在新的形势下，年轻教师也面临自身学术发展、教育教学、家庭经济等多重压力，教师队伍也面临提升自身素质和水平的挑战，这一点在很大程度上影响着青年教师的成长和发展。

在广泛调研、深入分析青年教师工作生活现状的基础上，学院党政联席会多次研讨如何从制度建设上为青年教师的发展提供帮助和支持，协助他们尽快成长，创造一个关心青年教师发展、促进青年教师快速成长的环境。其中一个措施就是建立了青年教师与党政联席会每周的工作交流制度，具体落实在实践中就是在每周的党政联席会上拿出 30 分钟，邀请一位青年教师介绍自己的教学、科研工作及其学术发展规划，同

时邀请该青年教师所在学科的责任教授列席。青年教师报告10～15分钟，内容包括但不限于教学工作、研究方向及其价值意义、未来5～10年的规划、可能的学术成果、学术水平及影响、需要学院的具体支持等，之后讨论交流15～20分钟。通过听取青年教师的发展规划汇报，党政联席会成员及责任教授对汇报人进行点评，从学科发展与定位、国家重大需求等方面，帮助青年教师分析、规划自己的学术道路，将每个青年教师的成长、发展和学院的学科建设、人才培养关联起来。

学院通过这样的方式积极鼓励青年教师在自己的研究领域做引领性工作，力争国内第一、国际一流，并实实在在地在科研用房、科研合作等方面统筹资源，为青年教师出谋划策，帮助他们发展。这些工作得到了青年教师的一致好评，也为学院的学科建设提供了鲜活的素材，增强了学院的凝聚力。

三、坚持顶天立地，把科研成果写在中国的大地上

做什么样的科学研究是评价一流大学、一流学科的重要指标。研、教结合，才能培养真正有创造性的人才。学院的科学研究要坚持顶天立地，用自己的努力为中华民族的伟大复兴做出一份贡献是我们始终坚持的方向。

黄克智院士在耄耋之年，坚守科研一线，急国家能源之急，带领团队对页岩气开采过程所碰到的力学难题进行攻关，取得了页岩水力压裂理论创新；过增元院士创立的热力学新理论得到了国内外同行的认可，并在大型数据中心热环境优化设计等领域实现了节能减排的新突破。在他们的带动下，全体教师员工奋发努力，取得了一个又一个新的突破。

学院复建以来，师生深度参与了多项国家航空航天重大工程：参与“神舟十号”太空授课任务的设计，多项技术和产品在轨为航天员服务；继“航天清华一号”微小卫星和“纳星一号”卫星之后，“清华灵巧通信卫星”于2014年发射成功，开展卫星多媒体通信试验等多项新型试验研究；学院教师设计的机翼，已经帮助C919翱翔蓝天。全院师生在国家重大基础研究、重大工程专项中为国家经济建设和国防事业做出了自己的贡献。

学院复建以来，获得国家自然科学奖、国家科技进步奖、国家发明奖共13项及中国高等学校十大科技进展一项，国家奖人均获奖率排在清华大学第一位；反映基础研究的论文发表量连续7年在全校排名前三，近两年来在SCIENCE（科学）、NATURE

（自然）发表多篇论文，学术影响力逐步扩大；年授权的发明专利保持在30项以上，成果转化工作也取得了突出的成绩，研制的脑起搏器实现批量植入并已走出国门，柔性电子器件和装置从基础研究走向应用，已经在国内外产生了重大学术影响。

新的时代，新的使命。按照党和国家的要求，紧密结合自身的发展，清华大学制定了“双一流”建设的中长期目标。力学及热科学作为工科的支撑学科、航空宇航作为国家的战略高技术学科，如何率先争创一流成为学院建设的主题。坚持顶天立地树人，固本开源创新，航天航空学院的明天一定会更加美好！

李路明（航天航空学院院长）

李俊峰（航天航空学院党委书记）

2018年于清华

目录

Contents

第一篇　历史沿革与现状

航空工程组

一、发展概况

清华大学的航空教育与研究，始于“抗日战争敌我航空势力严重悬殊的危难形势”。“日益严重的军事形势引起全国人民极大关注，从舆论界到学术界，从社会到政府，‘航空救国’成为当时震撼全国的呼声。”① 尤其1931年“九一八”事变与1932年“一二·八”事变中，侵华日军挟空中优势狂轰滥炸，“一二·八倭寇的飞机驰骋于上海，如入无人之境，闸北犹在无空防的情形下，变成了瓦砾之场。”② 1933年，时任航空委员会技术处处长的钱昌祚提出“（航空）工程师之训练，宜于工科大学设立航空工程学系，即军官出身者，亦可送至大学训练，可利用工科大学之普通工程设备，得有良好之基础。”③ 1933年10月，国防设计委员会、航空委员会开始具体实施协助大学办航空工程系的计划，并在“1934年航空委员会召开的航空技术会议上，决定协助各大学设立航空工程系。”④ 航空教育与研究开始在国内各大学陆续展开。

清华大学是国内较早开展航空教育与研究的高校之一。清华大学于1932年冬季筹备成立工学院，创设机械工程系。从1933年起，清华大学已经计划从机械工程系第一班（1936年毕业）学生中，自愿分出航空机械工程组，在四年级添加航空工程专门课程，同年已开始选派航空方面留学生。自1934年起，据国防设计委员会、航空署等与清华协商，由其资助清华开办航空讲座（资源委员会补助经费三年，每年1万元，航委会赠旧飞机及发动机等以作实习教授），具体由机械工程系承办。1934年夏，机械工程系已然初具规模。同年8月，在原机械系飞机及汽车工程组的基础上，清华大学筹备在机械系四年级添设航空工程组，选录有志学习航空工程而成绩优良的学生。1935

① 金富军．华敦德与清华大学航空研究［J］．中国科技史，2016（3）．

② 沈开寰．空防与国防［J］．航空生活，1936.

③ 钱昌祚．我国航空工业之前途［J］．航空杂志，1933.

④ 金富军．华敦德与清华大学航空研究［J］．中国科技史，2006（3）．转引：姚峻．中国航空史［M］．郑州：大象出版社，1998：78.

年秋季，机械系航空机械工程组正式成立，且开班上课。

在人力方面，除筹备航空工程组的庄前鼎先生、王士倬先生、刘仙洲先生，清华航空工程组于1935年2月添聘冯桂连为教授，同年冬聘请美籍教授华敦德博士，华敦德于1936年2月到清华并担任航空讲座的教师。此外，还罗致了教授李辑祥、殷文友、殷祖澜以及助教张捷迁等。

利用机械工程系开班经费的余款，清华大学自1933年8月开始购置航空工程设备与图书，开展各种相关建设，积极筹备推进航空研究事业。据庄前鼎先生在《国立清华大学航空研究所工作报告（1937年至1945年）》中记载，其中仅“航空工程设备与图书方面共耗十余万元”。1936年，清华大学在旧电机馆东面专门建航空馆。[①]（见图1）

图1 位于旧电机馆东面的航空馆，1936年摄（摘自《新清华（网络版）》）

“清华设立航空组后至1936年4月清华校庆前夕，由王士倬教授主持设计，华敦德、冯桂连、殷文友诸教授完成中国第一具自制5英尺（1英尺≈30.48厘米）航空风洞并获成功。”[②③]（见图2、图3）

---

① 梁守槃学长在《回忆清华大学创建机械系航空组经过》中记载为“1935年暑假后，航空组同学迁入新建航空馆上课”。

② 1934年春，由王士倬教授设计和制造了直流式和回风式风洞模型，试验结果良好。1935年春，系中采用当时最新的回气式风洞，仍由王士倬主持设计。风洞直径最小口处约5英尺，最大口处约10英尺，长约50英尺，回转数分钟达1400余转，能减到300余转，节制比较精确，因此风洞口径中之空气速度，可自每小时一百英里减至三四十英里。

③ 庄前鼎．国立清华大学航空研究所工作报告（1937年至1945年），北京：清华大学档案馆，全宗号X1，目录号3：3，案卷号098。

图 2　位于北平清华园内的风洞侧景（庄人隽老师提供）

图 3　位于北平清华园内的风洞俯景（庄人隽老师提供）

1936 年，又由华敦德、王士倬等教授主持，当时的助教以及第一届毕业的学生十余人参加，设计了试验段直径为 15 英尺（必要时可扩大至 20 英尺）的大型航空风洞。该风洞的设计得到了当时欧美航空界的赞许，曾登载于英国第一流的飞机工程杂志及国际应用力学报告内。其间，冯桂连与助教张捷迁指导设计、制造、安装了当时国内第一台木结构回流式风洞；购买了德国西门子公司的下单翼教练机一架；由冯桂连设计、监造了一架滑翔机，殷文友、张捷迁设计了单翼教练机。

1938 年西南联大在航空工程组基础上成立航空工程系，至此，航空工程组完成其历史使命。航空工程组存续期间，先后培养 3 届毕业生共 30 人。

二、负责人简介

庄前鼎　（字开一，机械工程专家、机械工程教育家。1934 年 8 月起任机械系航空工程组负责人）（见图 4）

图 4　庄前鼎

1902 年出生于上海青浦县（即上海青浦区），1924 年毕业于上海南洋大学（即上海交通大学）机械工程系，获机械工程学士学位。1925 年夏以优异的成绩考取清华留美公费生。先后获康奈尔大学研究院机械工程硕士学位、麻省理工学院（MIT）化学工程硕士学位。毕业后任麻省理工学院助理研究员，后去酸碱厂、造纸厂、炼糖厂等厂实习，曾任波士顿斯威工程公司原动厂工程师，1929 年在底特律城爱迪生公司电厂担任试验工程师，1930 年在芝加哥地区电厂担任效能工程师。

1932 年 8 月，庄前鼎来到清华园，负责工学院机械工程系的创建工作并担任首任系主任。1934 年夏机械工程系粗具规模，设立了航空讲座，开始建设 5 英尺口径航空风洞、机架实验室、发动机试验等。后在机械系添设航空组，庄前鼎任负责人。1936 年清华大学航空研究所筹备委员会（航空委员会）成立，庄前鼎任副所长，1938 年 3 月起任航空工程研究所所长。1938 年 7 月，西迁昆明的西南联大奉教育部之命于工学院内设航空工程学系，由庄前鼎任首任系主任。他领导了当时远东最大的南昌 15 英尺口径的航空风洞的建造工程。后庄前鼎随航空研究所迁抵成都。1939 年清华航空研究所西迁昆明，并在昆明建造 5 英尺口径航空风洞，成为当时国内唯一可用的航空风洞。其间庄前鼎著有数篇关于国立清华大学航空研究所的工作报告，总结了这段时间的工作。

1946 年，庄前鼎随清华大学返回原校址并任机械工程学系教授。1948 年赴美学术研究一年，用英文写成《健康米》一文。1949 年回到清华大学任机械工程学系系主任。1952 年院系调整后，任清华大学动力机械系系主任。从 1956 年开始研究中国煤的分类方法，成就突出。同时，庄前鼎还是民主同盟会会员，曾任北京市第四届人民代表大会代表、清华大学校务委员会委员、中国机械工程学会常务理事、《中国机械工程学报》主编等。

三、教师队伍

1934 年 8 月，清华大学在机械系成立航空工程组，具体事宜由庄前鼎、王士倬、刘仙洲等筹备完成，后添聘教授冯桂连、美籍华敦德、殷文友以及助教张捷迁等（见图 5）。航空工程组主要教授及聘任时间如表 1 所示。

图 5　1936 年航空工程组全体师生，左四为庄前鼎教授（摘自《新清华》）

表 1　航空工程组主要教授及聘任时间

职别	姓名	聘任时间
负责人/教授	庄前鼎	1932 年
教授	王士倬	1932 年
教授	刘仙洲	1932 年
教授	冯桂连	1935 年
教授	华敦德	1936 年
教授	殷文友	—
教授	殷祖澜	—
教授	李辑祥	—
助教	张捷迁	1934 年

注：此表主要参考（1）庄前鼎．国立清华大学航空研究工作报告（1937 年至 1945 年）．北京：清华大学档案馆，全宗号 X1，目录号 3：3，案卷号 098；（2）航研所及机械系航空组调查表．北京：清华大学档案馆，全宗号 X1，目录号 3：2，案卷号 130；（3）梁守槃．回忆清华大学创建机械系航空组经过［J］．航空史研究，1998（4）．

四、教学科研①

自 1935 年秋季，清华机械系航空机械工程组正式开班上课，至 1938 年 7 月西南联

① 本部分表格内容主要参考（1）庄前鼎．国立清华大学航空研究工作报告（1937 年至 1945 年）．北京：清华大学档案馆，全宗号 X1，目录号 3：3，案卷号 098；（2）航研所及机械系航空组调查表．北京：清华大学档案馆，全宗号 X1，目录号 3：2，案卷号 130.

大在航空组基础上成立航空工程系，清华航空工程组先后培养毕业生3届，共计30人，他们为我国早期航空事业的发展做出了卓越的贡献（见表2）。

表2　　航空工程组历届毕业生统计表

毕业年份	1936年	1937年	1938年
毕业人数	10人	10人	10人
学生来源	机械系三年级前十名学生中选出	机械系三年级前十名学生中选出	机械系二年级优秀学生中选出
学程学期	一学年（16星期）	一学年（16星期）	一学年（16星期）

航空工程组下设三组，分别是飞机结构组、发动机组及其他各组。各组科目分列如下。

（1）飞机结构组之科目：航空工程　飞机结构　机架实习　飞机设计

（2）发动机组之科目：飞机发动机　发动机修理

（3）其他各组之科目：气动力学　飞机构造材料　螺旋桨　风洞试验

航空工程组开设的课程有李辑祥教授讲的机械设计（Mechanical Design）、殷文友教授讲的飞机结构力学（Airplane Structures）、殷祖澜教授讲的航空发动机（Aero－Engines）等（见表3）。

表3　　航空工程组开设的课程表

学期	科目	每周时数	课本	教授姓名
全年	航空工程	4小时		秦大钧
一学期	理论气动力学	3小时		冯桂连
一学期	飞机结构学	3小时		林同骅
一学期	飞机设计	6小时		殷文友
一学期	飞机引擎	3小时		陈维善
一学期	飞机构造材料	2小时		庄前鼎
一学期	风洞试验	3小时		张捷迁
一学期	机架实验	3小时		王守融
一学期	引擎实验	3小时		

航空工程组创建之初，主要利用机械工程系开班经费的余款并接受国防设计委员会、航空署对设立航空讲座的资助，其费用详列如下。

（1）开办费：30万元（清华南昌二处）

（2）经常费：6万元（薪资图书馆时设备）

（3）临时费：资委会补助航空讲座3万元

航委会补助廿五年度5万元

1937年度18万元（实领7万元）

函军事委员会资源委员会请拨航空讲座经费①

案查

贵会在本校设置航空讲座，已有年所，当由本校聘请美籍教授华敦德博士担任，年薪及研究费计洋壹万元。今夏本校邀请世界航空工程权威房卡门博士来华，对于本校航空讲座，曾加切实指示。查华敦德博士原系本校向美国加省理工大学借聘，初次聘约期满后，承加大以中国航空研究工作方在萌芽，概允续借，当经本校续聘华教授担任该项讲座。现本校南昌航空研究所风洞建筑，加紧进行，虽在敌机轰炸威吓之下工作未尝停顿。又本校航空研究所专任研究教授，现除华敦德博士之外，尚聘有秦大钧博士，冯桂连硕士，及林同骅硕士等，均已到所工作。各教授于研究工作之外，一面正在协助航空委员会工厂设计某种飞机，以便实地制造，一面因本校航空组学生移往南昌上课，担任教课。是故贵会在本校所设之航空讲座，现实负有航空研究、设计制造、及训练学生之三种使命，实与贵会提倡航空学术之初衷完全符合。本校因战争影响，收入紧缩，而航空讲座既已设置于前，当此空战紧张之时，自不宜中途废弃，为此敬恳贵会依照原仪迅将本年度航空讲座经费壹万元赐拨，以利进行，不胜之感。除派本校工学院顾院长瑀琇携带印领前来贵会面洽领款外，相应函达，请烦查照，即予赐拨，并希见覆为荷！

此致

军事委员会、资源委员会

校长梅〇〇②

民国廿六年（1937年）十一月一日

---

① 梅贻琦．函军事委员会资源委员会请拨航空讲座经费．北京：清华大学档案馆，全宗号X1，目录号3：3，案卷号098.

② “梅〇〇”是校长“梅贻琦”的简写，清华大学档案馆馆藏档案原件中，部分梅校长落款为“梅〇〇”.

其设备、科研情况（包括风洞试验室、仪器室等及其他设备情况）如下。

（一）现有设备

北平清华校内完成五尺风洞3万元，航空工程馆2万元，飞机机架实验室（见图6）1万元，电力测力机1万元，航委会赠双翼教练机、单翼教练机5000元，滑翔机1000元，南昌15英尺直径航空风洞钢筋洋灰建筑工程完成，450马力电动马达订购抵港，共需经费约20万元，因战事航空研究所迁川暂停进行。1938年度设备费共计6万元。

图6 北平清华校内飞机机架实验室，1936年摄（摘自《新清华（网络版）》）

（二）科研情况

据庄前鼎先生在《国立清华大学航空研究所工作报告（1937年至1945年）》中的记载，除校庆前夕于北平清华校内由王士倬主持设计，华敦德、冯桂连、殷文友诸教授完成中国第一具自制5英尺航空风洞。该风洞最大直径为10英尺（即实验部分），最小直径为5英尺，可制成小型模型飞机进行实验，以便研究空气动力学与飞机之关系。

1936年，又由华敦德、王士倬等教授主持、由当时的助教以及第一届毕业的学生十余人参加，设计了试验段直径为15英尺（必要时可扩大至20英尺）的大型航空风洞，该设计登载于英国第一流的飞机工程杂志及国际应用力学报告内。

另有冯桂连与助教张捷迁指导设计、制造、安装当时国内第一台木结构回流式风洞，由冯桂连设计、监造一架滑翔机，殷文友、张捷迁设计了单翼教练机等（见图7）。

图 7　殷文友、张捷迁的单翼教练机，1936 年摄（摘自《新清华（网络版）》）

清华机械系航空组因建造中国第一航空风洞，曾获得中国工程师学会廿五年度（1936 年）杭州年会论文第一名。

航空工程研究所

一、发展概况

航空工程研究所于1936年年底成立，并在南昌开始15英尺口径风洞建造工程。1937年航空工程研究所因战事迁川，航空机械学校请求建1英尺口径小型风洞并赠之。研究所于1939年春季随西南联大航空工程学系迁入昆明，可谓历经曲折。对于航空工程研究所由赣迁川、由川迁滇及其工作内容，庄前鼎先生于1938年订工作计划书一篇，于1941年3月、1941年4月、1942年、1946年各订工作报告书一篇，对该时段工作进行规划、总结，详见清华大学档案馆之《国立清华大学航空研究工作报告》。

（一）航空工程研究所的成立及南昌航空风洞的建设

航空组成立后，正值世界各国航空事业突飞猛进之际。航空组成员认为若想进一步推动我国航空事业的发展，唯有赖于航空研究工作的辅助，而尤以空气动力学部分的研究最为重要，即利用航空风洞，试验飞机机翼机身之特性，以供飞机制造及采购选择之参考与决定。同时主张学生机关应有责任推动任何与国防有关的学术研究工作。故此，在北平清华风洞设计、建造的基础上，由航空组教授、助教及第一届航空组毕业学生十余名，共同负责完成了15英尺口径航空风洞之绘图及设计工作。经航空委员会转呈民国政府批准协款请求后，于1936年年底，清华大学航空工程组与航空委员会合作成立国立清华大学航空工程研究所筹备委员会，聘请航空委员会高级技术人员钱莘觉、王伯修、王士倬及校中顾毓琇、庄前鼎、华敦德、冯桂连等为筹备委员，请顾毓琇为航空研究所所长、庄前鼎为副所长。1938年3月，因顾毓琇离校，由庄前鼎任航空工程研究所所长（见图1）。

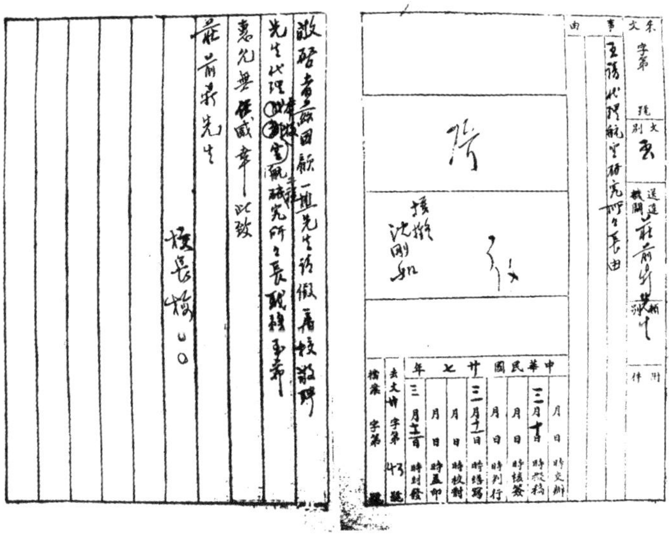

图1 聘书

函聘庄前鼎代理航空工程研究所所长①

函请代理航空研究所所长由

敬启者：

兹因顾一樵先生请假离校，敬聘先生代理本校航空工程研究所所长职务，函希惠允，无任感幸。

此致

庄前鼎先生

校长梅〇〇

清华大学航空研究所成立后，经积极筹备，于1936年年底派员前往南昌，于1937年年初正式开始15英尺口径风洞的建造工程，并派美籍航空教授华敦德博士及教员张捷迁先生留驻南昌负责督造。经民国政府批准，南昌15英尺口径风洞的建造设备费及全部员薪经常费由清华大学负担三分之一、航空委员会负担三分之二（航空委员会补助协款18万元），由清华负责主持建造（关于南昌15英尺口径航空风洞建造时期的航

① 梅〇〇. 函聘庄前鼎代理航空研究所所长. 北京：清华大学档案馆，全宗号X1，目录号3：3，案卷号034.

空研究所经费收支情况，详见教学科研部分《航研所总收入总支出清单（1936 年 11 月 8 日至 1938 年 1 月 6 日）》。风洞的设计工作由清华航空组完成，其设计主要通过收集欧美各国出版材料，做薄壳钢筋洋灰建筑试验并请基泰工程公司顾问校核。风洞钢筋洋灰建筑工程由江西南昌复兴建筑公司主持进行。钢架钢板洞口工程由上海新中工程公司承包。风洞马达系向万泰洋行订购英国汤逊电机制造厂 500 匹马力电动机，试验秤向美国定制。7 月中旬，特请美国航空专家冯・卡门博士专机飞赣，加以视察。1937 年 12 月初风洞的全部土木建筑工程已大致完成。但因抗战，南昌遭日军空袭频繁，无法进行马达安装等工作，航空研究所不得不抛弃垂成之作，随同航空机械学系于 1937 年底迁至四川成都。①

航空研究所于南昌建造的 15 英尺口径风洞（见图 2），系远东最大的航空风洞，曾博得欧美航空界的赞许。航空研究所有关该风洞的论文，登载于英国第一流飞机工程杂志及国际应用力学报告内，其他研究论文亦被美国第一流航空杂志所采登。

图 2 在建的南昌 15 英尺口径航空风洞（庄人隽老师提供）

（二）在川期间的航空工程研究所

1938 年 4 月底，航空研究所迁抵成都，借用四川大学一部分房屋，另租用部分房屋，进行日常工作。因南昌风洞未完成，故拟在川重建一具 5 尺口径小型航空风洞，以供试验与研究之用。因航空研究所计划随西南联大迁入昆明，最终未能实施兴建工

① 张捷迁．国立清华大学 15 英尺口径风洞［J］．航空机械，1929，4（9）．

程。1938 年夏季，航空机械学校来函，请求航空研究所代为设计、建造一具 3 英尺口径小型风洞，以供教学之用。航空工程研究所建造了一具 1 英尺口径小型风洞，连同全套马达、秤等捐赠该校。另外，1938 年秋季，航空工程研究所建造完成了一架滑翔机，赠送教育部体育委员会，作为表演及倡导滑翔运动之用。该滑翔机为抗战前研究制造的中国第一架滑翔机，可谓中国滑翔机的始祖。

1938 年航空研究所西迁昆明之前，庄前鼎所长曾拟于迁滇之后三年内筹备建立十个部署，拟于昆明西山附近建造 5 英尺风洞，对于欧美各国有关航空事业的书籍、杂志文章以通俗的文字进行编译，以满足国内一般民众及航空人员的需要。详细计划列表如表 1 所示。

表 1　　航空工程研究所工作计划表

<table>
<tr><td rowspan="10">拟请主持筹备的各部工作人员</td><td>空气动力学研究部</td><td>秦大钧、冯桂连、钱学森、吕凤章、张捷迁、王守融</td></tr>
<tr><td>飞机发动机研究部</td><td>庄前鼎、陈继善、顾光复或刘史瓒、钱学森、李绍威、金希武</td></tr>
<tr><td>飞机构造材料研究部</td><td>陆志鸿、周惠久、林同骅</td></tr>
<tr><td>飞机结构研究部</td><td>林同骅、王德荣、殷文友</td></tr>
<tr><td>液体燃料研究部</td><td>庄前鼎、陆贯一</td></tr>
<tr><td>航空工程编译部</td><td>方毅（普通）、刘仙洲（工程）、尤佳章（工程/交大）</td></tr>
<tr><td>航空气象研究部</td><td>赵九章</td></tr>
<tr><td>航空无线电研究部</td><td>任之恭、尤佳章</td></tr>
<tr><td>航空仪器研究部</td><td>蔡柏龄（比国、法国巴黎大学）、刘治谨、林士谔（加大、麻省理大）</td></tr>
<tr><td>液体动力学研究部</td><td>王竹溪、钱自诚（柏林高工）</td></tr>
<tr><td>拟于两年内筹备建筑及购置的设备</td><td colspan="2">（1）5 英尺口径小型航空风洞。（2）10 英尺口径大型航空风洞。（3）高气压直立风洞。（4）试验水上飞机浮筒模型之水槽。（5）试验飞机发动机马力之水利测力器。（6）试验飞机发动机马力及汽油消耗量之千匹马力电力测力器。（7）飞机构造材料试验机全部。（8）飞机结构制造及试验研究机器。（9）金木工场全部制造飞机模型及金木工具机器。（10）液体燃料研究用化学仪器及药品。（11）试验汽油标准之全部化学仪器。（12）试验汽油爆炸性能（Knock Testing）之引擎及仪器。（13）航空气象研究仪器。（14）航空无线电研究仪器。（15）试验航空仪器及器材之仪器。（16）试验飞机发动机震动性能之仪器。（17）研究飞机构造金属原料结构之仪器。（18）电镀电焊及热炼全部机器</td></tr>
</table>

续 表

拟筹备进行的建筑	(1) 气动力学及液体动力学研究馆。(2) 飞机发动机及液体燃料研究馆。(3) 飞机构造材料及结构研究馆。(4) 航空气象无线电及仪器研究馆。(5) 航空工程图书馆。(6) 航空博物馆及战利品陈列馆。(7) 总办公厅及研究编译馆
拟筹备进行研究的工作	(1) 欧美各国战斗、驱逐等飞机之性能比较。(2) 欧美各国飞机发动机之性能比较。(3) 我国自制飞机设计模型之试验研究。(4) 我国国产飞机构造材料之试验研究。(5) 欧美各国飞机材料之试验研究。(6) 我国自制飞机设计及结构方面之研究。(7) 飞机汽油性能之比较研究。(8) 汽油代替品之研究。(9) 全国各地航空气象之研究。(10) 航空用仪器之比较研究及制造。(11) 航空无线电之研究及制造。(12) 水上飞机之性能研究

该计划对航空研究所西迁昆明后的发展做了详细规划，其中经费预算部分在教学科研部分介绍。

(三) 西南联大时期的航空工程研究所

1938 年 4 月，教育部令长沙临时大学改称西南联合大学，西迁昆明，同时令西南联大于工学院内成立航空工程学系。为集中航空人才，便于教学与研究事业工作的开展，航空工程研究所于 1939 年春季亦迁入昆明，隶属于清华大学，借用北门街七十一号为所址（见图 3）。为避免引起注意，清华大学改称航空研究所为清华研究所第二部（见图 4）。

图 3　昆明航空研究所全景（庄人隽老师提供）

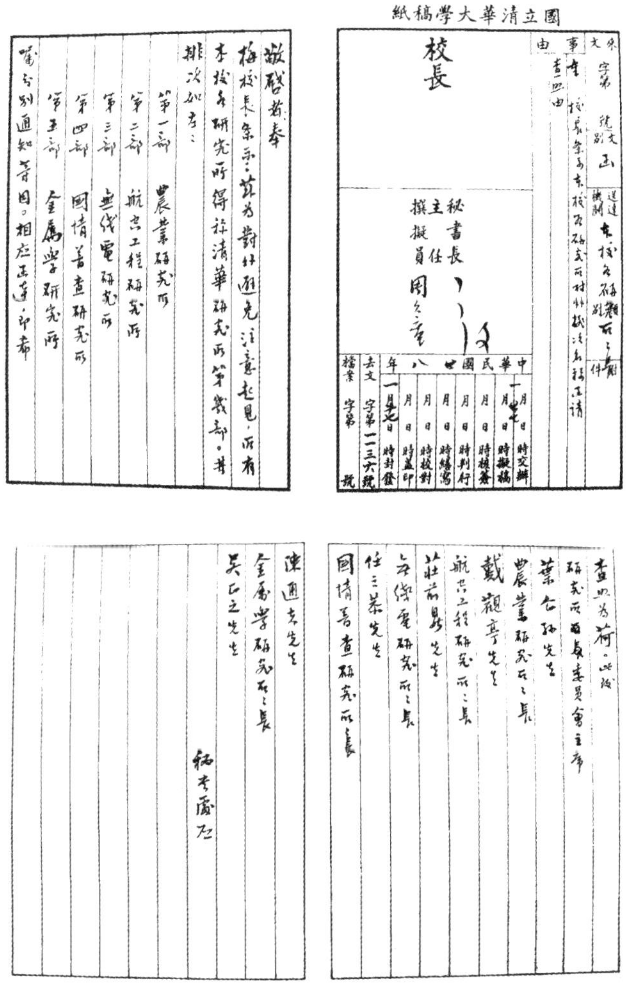
國立清華大學稿紙

校長

秘書長

主任

擬稿員

敬啟者：奉梅校長條示：茲為對外避免注意起見，所有本校各研究所得稱清華研究所第幾部。其排次如左：

第一部　農業研究所

第二部　航空工程研究所

第三部　無線電研究所

第四部　國情普查研究所

第五部　金屬學研究所

囑分別通知等因。相應函達，即希查照為荷。此致

研究所審查委員會主席葉企孫先生

農業研究所所長戴觀亭先生

航空工程研究所所長莊前鼎先生

無線電研究所所長任之恭先生

國情普查研究所所長陳達先生

金屬學研究所所長吳正之先生

秘書處啟

图4　改航空研究所为清华研究所第二部函

对外为避免注意，改称航空研究所为清华研究所第二部①

本校长条示本校各研究所对外排次名称

敬启者：

奉梅校长条示：兹为对外避免注意起见，所有本校各研究所得称清华研究所第几部。其排次如下：

① 秘书处．对外为避免注意，改称航空研究所为清华研究所第二部．北京：清华大学档案馆，全宗号 X1，目录号 3：3，案卷号 087，8、9、10.

第一部 农业研究所

第二部 航空工程研究所

第三部 无线电研究所

第四部 国情普查研究所

第五部 金属学研究所

嘱分别通知等因。相应函达，即希查照为荷。

此致

研究所委员会主席叶企孙先生、农业研究所所长戴观亭先生、航空工程研究所所长庄前鼎先生、无线电研究所所长任之恭先生、国情普查研究所所长陈通光先生、金属学研究所所长吴正之先生。

秘书处启

航空研究所除协助西南联大航空工程学系外，于1940年夏季完成昆明5英尺口径风洞的建造工程，后因空袭将该风洞连同航空研究所迁建于白龙潭上庄小山谷内的清华基地。1939年秋，航空研究所与西南联大地质地理气象系合作成立高空气象组，于嵩明西灵应山成立高空气象台，并与盟军的空军合作，获得美十四航空队陈纳德将军的赞许。其间，航空研究所积极开展空气动力学方面的研究工作与改良机型的研究试验工作；利用高空气象台进行气象理论研究；开展云南国产木材、铝矿的提炼、发动机润滑油、金属合金等航空材料的研究；接受滑翔总会委托开展研究制造滑翔机的工作并参加昆明滑翔运动，获得滑翔总会的嘉奖；研究设计并试制直升机，举办试飞员训练班等。编译方面，航空研究所发表研究论文百余篇，编译国外先进空气动力学教材及其他书籍数十余种，其中数种被国立编译馆采为大学教科用书。

航空研究所规模虽小，但在空气动力学方面所具有的风洞试验设备，与美国各大学的研究所相比不相上下。航空研究所曾接待美国国务院派来中国的航空专家博郎博士及由华顿德参加的美国陆军部派赴德日航空调查团，航空研究所所做工作均获赞许。

（1）协助西南联大航空工程学系。航空工程研究所西迁昆明的初衷即为集中人才。航空系致力于教导学生，造就航空工程之人才；航空研究所则致力研究事业。

航空研究所与西南联大航空工程系毗邻而建，一方面，为便利航空工程系教授从事研究工作，航空研究所专为航空系教授各辟一办公室；另一方面，航空研究所中诸教授在从事研究工作的同时，亦均在航空工程系中担任教学工作、教导学生。对于西南联大航空系之教学设备，大部系由航空研究所教授设计、建造或直接向航空研究所借用。如西南联大航空系 3 英尺口径直流风洞即由航空研究所秦大钧教授主持设计、由吕凤章先生督促建造完成。该风洞电动马达亦由航空研究所购置，发动机及机架方面的设备大部系向航空研究所借用，但因种种原因未安装完成，无法作为教学之用。故每年联大航空系学生的空气动力学实验均在航空研究所新建之 5 英尺口径风洞中进行。

（2）昆明 5 英尺口径风洞的建造及迁移。航空研究所迁入昆明，随即着手进行 5 英尺口径风洞的建造工程。根据南昌风洞的设计，缩小三成，与抗日战争前清华大学机械系航空组的 5 英尺口径风洞相仿，其长度展至 70 余英尺。风洞马达利用之前由清华迁出的百匹直流电动机，其他转风板、整流罩、减速轮以及秤仪器等则由航空研究所自行设计建造，风洞本身则用钢板铆钉制造。昆明 5 英尺口径航空风洞的建造始于 1939 年春季，直至 1940 年夏季全部完成，建造工作颇费周折。昆明风洞建成后，成为中国当时唯一可供试验及研究的航空风洞（见图 5）。相关研究论文亦再度获得中国工程师学会廿九年（1940 年）年底第九届贵阳年会论文第一名（详见《清华航空研究所昆明 5 英尺风洞报告》，冯桂连、张听聪）。此外，航空研究所还建造完成烟气风洞一具，可以拍摄气流情形；建有液体水槽一具，可以研究流线型状态等；与清华无线电研究所合作，研究制造风洞气流扰乱度表一具，可以测验风洞内气流的扰乱程度。

1941 年秋季，昆明空袭频繁，城北校区数次被炸，严重威胁航空研究所新建的 5 英尺口径风洞的安全。当时校内各研究所均已迁移。风洞的修建绝非易事，且该风洞为当时国内唯一可供试验研究的航空风洞，对航空研究及国防意义重大。故自 1941 年年底开始，费时半年，航空研究所将 5 英尺口径航空风洞迁建于白龙潭上庄小山谷内的清华基地。受限于经费，仅建瓦屋 10 间，供作宿舍及办公室、研究室、试验室等之用。当时借用清华基地的新绥汽车公司，将其自建的草屋及瓦房 34 间捐赠给航空研究所作为所址。1942 年年底，航空研究所利用制造滑翔机的余款，加建围墙，并另建瓦房 5 间作为宿舍及气象组办公室之用。后于 1944 年春自建图书馆 4 间。适逢清华校款

图5 航空研究所昆明5英尺口径航空风洞（庄人隽老师提供）

拮据，无力负担风洞的迁建及相关建造工程，航空研究所迁建、建造工程，未用清华分文，仅向航空委员会请得补助经费15万元，其余或自筹、或接受捐赠。至此，航空工程研究所雏形已具。

（3）与联大地质地理气象系合作成立高空气象组。1939年秋，航空研究所与联大地质地理气象系合作，于嵩明西灵应山借公地自建台址8间，成立高空气象台。

其中，地面仪器一部分由联大地质地理气象系提供。高空气象台成立后，向空军军官学校借得自记测风仪、高空探测仪器及气压表图书等，部分向美国订购，因战事滞留海防、香港。风筝施放工作，因钢线未到而无法实施。无线电探测仪器由中央研究院气象研究所赠送，终因发报机内电池之缺，无法放射。1940年夏，高空气象组自行研究制造水银气压表，解决了高空气象台因外购气压表无法运到、无法获得精确的地面气压记载问题。同时，应航空委员会委托代制50具水银气压表，另为中央气象局制造10具水银气压表，以供应战时之需，使各地气象台得以继续工作。

美空军十四航空队驻昆时，高空气象组与该队气象台合作，除供给该台嵩明气象记录外，亦派人协助盟军开办无线电探空仪训练班，获得该队司令陈纳德将军的赞许。美空军离昆明时，盟军气象台赠高空气象组气象台仪器一部、北半球天气图全套及气象图书多种（见图6）。

西南联大准予航空研究所与地学系合作建立高空气象组①

函达一一五次常务委员会议议决案（於嵩明县境内合办高空气象台，由本校地质地理气象学系供给全部地面观测仪器至该台，建筑维持等费均由清华航空研究所负担）

兹经第一一五次常务委员会议议决：本校地质地理气象学系提议与清华大学航空研究所于嵩明县境内合办高空气象台，应照准。由本校地质地理气象学系供给全部地面观测仪器，并请李宪之、赵九章二先生前往主持该台工作。至该台建筑维持等费，均由清华航空研究所担负。等语；记录在卷。除分函外，相应函请查照。

此致

清华大学办事处

西南联大常务委员会办公室启

廿八年（1939 年）八月四日

函请嵩明县政府协助航空研究所设置高空气象台②

关於本校航研所在贵县建筑气象台事兹再派教授李赵两先生前来接洽租地及兴工等事项即希查照予以协助由迳启者

敝校航空研究所前为勘查高空气象等，曾派赵九章、亢玉壎两先生前来贵县接洽，当承贵县政府备予协助，函深感荷！兹再派教授李宪之、赵九章两先生前来正式办理租借曹家村山地手续及兴工事项，呈拟在该项工程当未达成以前，先行借用贵县县立中学校舍数间，以便开始地面气象观测工作。相应备函即希查照予以协助呈转饬该校知照

此致

嵩明县政府

校长梅〇〇

① 函嵩明县政府协助航空研究所协查设置高空气象台地址．北京：清华大学档案馆，全宗号 X1，目录号 3：3，案卷号 099，48.

② 函嵩明县政府协助航空研究所协查设置高空气象台地址．北京：清华大学档案馆，全宗号 X1，目录号 3：3，案卷号 099，44.

图 6 嵩明高空气象台全景（庄人隽老师提供）

二、负责人简介

顾毓琇 （字一樵，著名教育家、科学家、诗人、戏剧家、音乐家和佛学家。1936年年底至1938年3月任航空工程研究所所长）（见图7）

1902年12月24日生于江苏省无锡市，1923年毕业于清华大学，后赴美国麻省理工学院深造，以四年半时间获得学士、硕士、博士学位。回国后，先后任浙江大学电机工程系教授兼主任、国立中央大学工学院院长、国立清华大学工学院院长，创建国立清华大学电机系、无线电研究所，分别任主任和所长。

图 7 顾毓琇

1936年年底，清华大学航空工程组与航空委员会合作成立国立清华大学航空研究所筹备委员会，顾毓琇出任航空研究所首任所长，直到1938年3月。

1950年移居美国，先后任麻省理工学院教授，宾夕法尼亚大学教授、荣誉教授，当选为美国国家科学院理论及应用力学委员会委员等，被聘为清华大学、北京大学、两岸五所交通大学等十几所院校的名誉教授。

江泽民同志曾这样评价顾毓琇：“顾老师博古通今，学贯中西，教书育人，师表天下。毕生孜孜好学，且心系祖国统一，献计献策，为众所敬仰。顾老师的崇高精神，将永远激励后人。”

朱镕基总理对顾毓琇的评价："顾老师毕生治学严谨，文理兼通，为人师表，乃众之楷模，顾老师心系祖国和人民，拳拳之心，永昭后人。"

庄前鼎　1938年3月起任航空工程研究所所长。

见航空工程组负责人简介。

三、研究员队伍

1938年后，由庄前鼎任研究所所长，所中研究及教务事务多由秦大钧、冯桂连分担（见图8）。

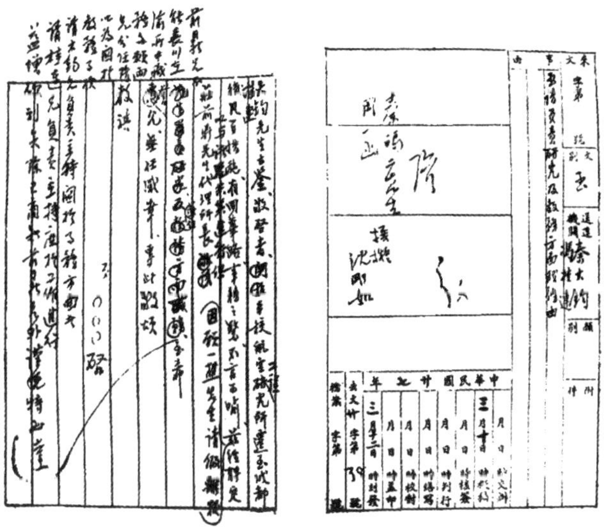

图8　函请秦大钧、冯桂连负责航研所研究及教务方面事务①

函请秦大钧、冯桂连负责研究及教务方面事务由

大钧、桂连先生大鉴，敬启者：

本校航空工程研究所迁至成都后，凡百措施，有同华路，事务之紧不言而喻。兹因顾一樵先生请假离校，迳聘定庄前鼎先生代理所长以与诸兄共策进行。但前鼎先生不能长川在渝，所中职务多赖两兄分任。琦以为，关于教务事务须请大钧兄负责主持，

① 函请秦大钧、冯桂连负责航研所研究及教务方面事务．北京：清华大学档案馆，全宗号X1，目录号3：3，案卷号034，12.

关于事务方面者请桂连兄负责主持，庶务工作进行益增便利矣。除已商知前鼎兄外，谨特函达，函希詧允，无任感幸，惠此敬颂。

教祺

梅〇〇启

后相继聘岳劼毅为教授、与地学系合聘赵九章为教授、聘金希武为副教授、聘张听聪为教员、聘吴本荏为助教、聘亢玉瑾为助理等，并先后聘钱学森为航空研究所副教授、教授（见图9）。

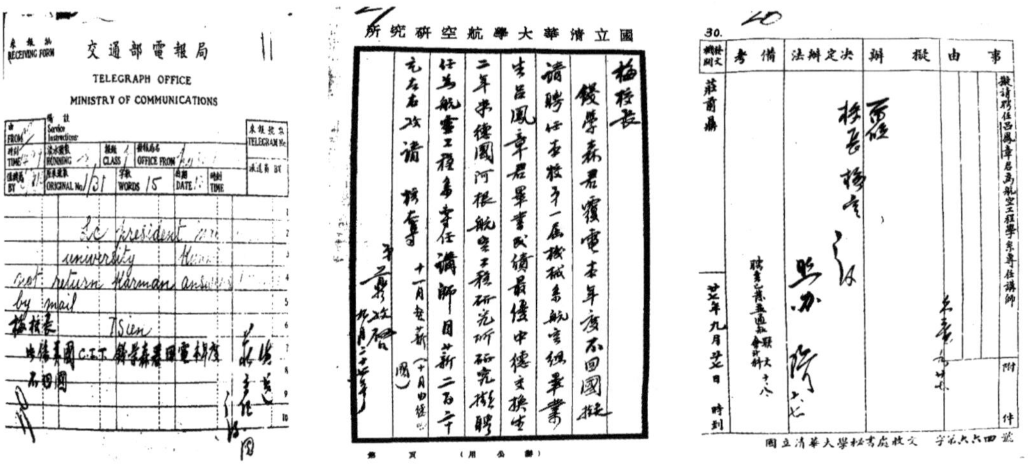

图9　航空工程研究所聘任钱学森先生的文书往来

（1）民国廿七年（1938年）钱学森就回国事宜复电清华大学①

庄前鼎就“钱学森本年度不回国，请聘吕凤章”事宜函梅校长

梅校长：

钱学森君覆电本年度不回国，拟请聘任本校第一届机械系航空组毕业生吕凤章君，毕业成绩最优，中德交换生二年半，德国阿根航空工程研究所。研究拟聘任为航空工程系专任讲师，月薪220元左右。敬请核裁。十一月起薪（十月由德回国）。

弟鼎敬启九月二十七号

---

① 民国廿七年钱学森就回国事宜复电清华大学．北京：清华大学档案馆，全宗号X1，目录号3：3，案卷号041：1，28－30.

附钱学森覆电：

梅校长：此系美国 C. I. T. 钱学森君回电本年度不回国。

（2）民国廿八年（1939 年）聘钱学森为航研所副教授①

附钱学森简历：

钱学森：民国廿三年（1934 年）上海交大机械工程学士，同年考选清华留美公费，民国廿五年（1936 年）在美国麻省理工的航空工程硕士，民国廿七年（1938 年）在麻省理工得航空工程博士，民国廿七年至廿八年（1938—1939 年）在美国商务航空部服务。

附第四次聘任委员会议决案：

第四次聘任委员会议决案：（廿八年七月五日即 1939 年 7 月 5 日）聘钱学森先生为航空工程研究所副教授，月薪 280 元（见图 10）。

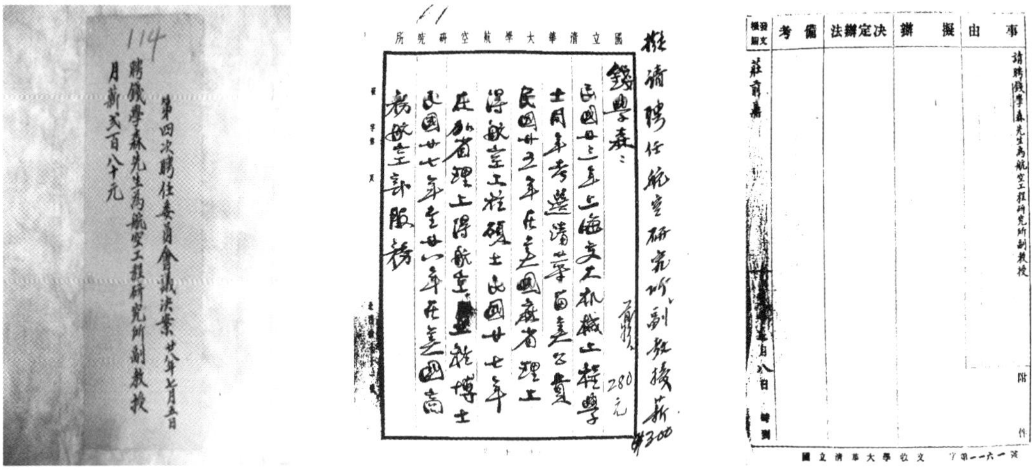
114
第四次聘任委員會議決案 廿八年七月五日
聘錢學森先生為航空工程研究所副教授
月薪貳百八十元

國立清華大學航空研究所
擬請聘任航空研究所副教授薪300
錢學森：民國廿三年上海交大機械工程學士同年考選清華留美公費 民國廿五年在美國麻省理工碩士 民國廿七年在麻省理工得航空博士 民國廿七年至廿八年在美國商務航空部服務
280元

事由：请聘錢學森先生為航空工程研究所副教授

图 10　庄前鼎请聘钱学森先生为航空工程研究所副教授
拟请聘任航空研究所副教授薪 300 元（庄前鼎批：280 元）

附聘请信函：

民国卅年（1941 年）张捷迁函庄前鼎建议聘钱学森（见图 11、图 12）。

① 民国廿八年聘钱学森为航研所副教授．北京：清华大学档案馆，全宗号 X1，目录号 3：3，案卷号 041：1，61；全宗号 X1，目录号 3：3，案卷号 041：2，114.

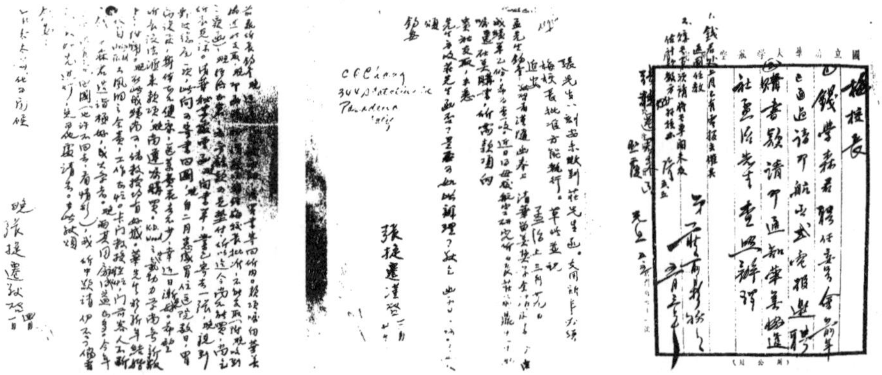

图 11　民国卅年（1941 年）张捷迁函庄前鼎建议聘钱学森及庄前鼎函梅校长请聘钱学森[①]

张捷迁于民国卅年函庄前鼎建议聘钱学森

前鼎所长钧鉴：

晚近日接手教两封，嘱买书寄回所内，款项嘱向华美协进社支取，晚即函该社，谓款项非经梅校长批准，不能支取（附晚收到其复函）。晚经济正窘，亦无余款可先垫付，所以迄今尚不能买，尚乞所长见谅。清华秘书处曾函晚开书单，业已寄去一张。晚亲到邮政总局一次，此间可寄书回国。晚自二月患感冒住医院数日，胃病复发，身体正不健康，医药费花去不少，幸近日渐见好。希望所长设法汇来款项，晚当遵嘱购买。K. D. Wood 之空气动力学尚无新版书，附闻。晚在此成绩尚可，诸教授均有好感。华先生于新年结婚，彼负 Wright Field 大风洞之全责，工作甚忙。卡门教授至忙，门前客人不断。钱学森君造诣极好，成大学者。晚与其同房办公，得益甚多。今年暑假，彼有意回国（也许不回去，看情形），我所中欲请伊否？倘有意，最好先进行，免为他处请去。

专此敬颂

钧安

庄太太前代为问候

晚张捷迁敬启

四月一日

---

① 民国卅年张捷迁函庄前鼎建议聘钱学森及庄前鼎函梅校长请聘钱学森．北京：清华大学档案馆，全宗号 X1，目录号 3：3，案卷号 041：2，22－25.

庄前鼎函梅校长建议聘钱学森

梅校长：

①钱学森君聘任委员会前年已通过，请即航空或电报邀聘

②购书款请即通知……

弟庄前鼎敬启

五月三号

前鼎先生大鉴：

昨接手示，并附张捷迁君两函，阅悉。一是关于聘钱学森君任教事，此间于上月已拍电报催其返国，唯至今尚未得复。至购书事项，请张君将书单开来并估计所需款数，此间方好核办。特此奉复，尚希台察转告为幸。即颂

时祉

梅贻琦敬启

五，六

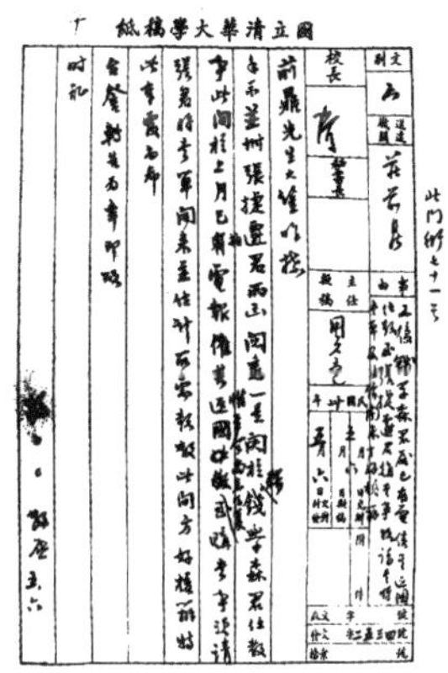

图12　梅校长函复钱学森君前已有电催其返国任教

（3）民国卅三年聘钱学森为航空工程研究所教授①（见图13、图14）

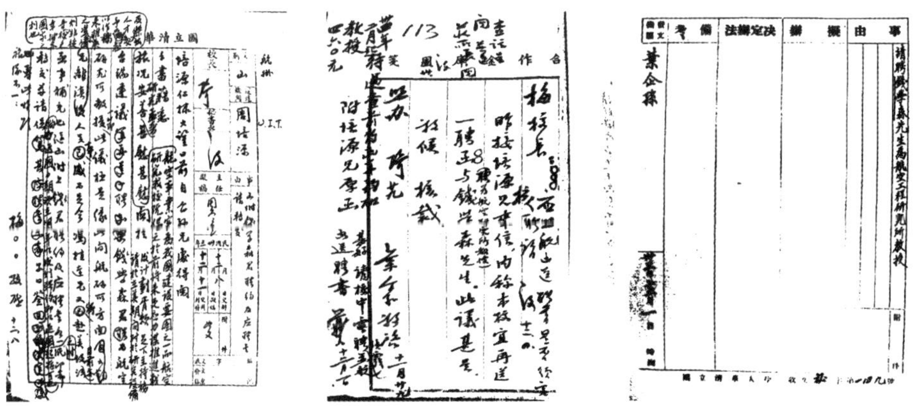

图13　叶企孙请聘钱学森为航空工程研究所教授及梅校长批示

---

①　民国卅三年请聘钱学森为航空工程研究所教授．北京：清华大学档案馆，全宗号X1，目录号3：3，案卷号041：2，113、115－117.

梅校长：

昨接培源兄来信，内称本校宜再送一聘函（聘为航空研究所教授）与钱学森先生。此意甚是。

敬候核裁

叶企孙敬启

十一月廿九

附梅校长批示：

照办。待遇查校约函再酌加。三十四起，教授，460 元。

琦

廿九

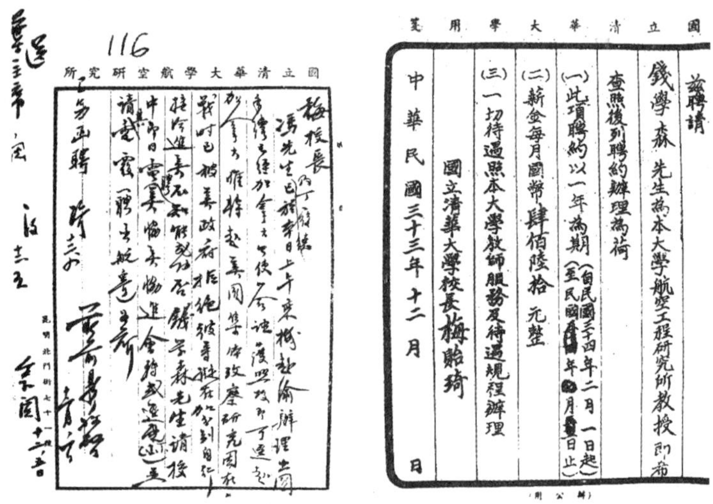
國立清華大學航空研究所

國立清華大學用箋

茲聘請

錢學森先生為本大學航空工程研究所教授即希

查照後列聘約辦理為荷

(一)此項聘約以一年為期(自民國三十四年二月一日起至民國 年 月 日止)

(二)薪金每月國幣肆佰陸拾元整

(三)一切待遇照本大學教師服務及待遇規程辦理

國立清華大學校長梅貽琦

中華民國三十三年十二月 日

图 14　梅校长发聘书聘钱学森为航空工程研究所教授

兹聘请

钱学森先生为本大学航空工程研究所教授，即希查照后列聘约办理为荷。

（一）此项聘约以一年为期（自民国三十四年二月一日起至民国××年×月×日止）

（二）薪金每月国币肆佰陆拾元整

（三）一切待遇照本大学教师服务及待遇规程办理

国立清华大学校长梅贻琦

中华民国三十三年十二月（1944 年 12 月）

国立清华大学航空工程研究所研究人员略表如表 2 所示。

表 2 国立清华大学航空工程研究所研究人员略表

职别	姓名	籍贯	备注
所长/教授	庄前鼎	江苏青浦	美国康奈尔大学机械硕士，麻省理工学院化工科硕士及助理研究员，波士顿斯成工程公司原动厂工程师，底特律城爱迪生公司电力厂工程师，主持试验事务
教授	冯桂连	广东	美国麻省理工学院飞机工程硕士，曾执飞行执照，后在德国研究空气动力学二年
教授	秦大钧	江苏无锡	前国立东南大学学士，法国国立高等航天航空学院毕业，获法国国授航空工程师学位，德国亚琛工业大学航空机械研究所研究员，德国航空工程博士，历任上海中国公学光华大学及南京中央大学物理教员，第四节国际应用力学会议中国代表，国立北洋工学院航空工程主任教授
教授	林同骅	福建	唐山交通大学土木工程学士，美国麻省理工航空工程硕士
教授	钱学森	浙江杭州	1934 年毕业于国立交通大学（今上海交通大学），机械工程学士，同年考选清华留美公费生，1936 年在美国麻省理工获得航空工程硕士，次年在加州理工学院获得航空工程博士，1938—1939 年在美国商务航空部服务。1944 年 12 月聘为航空研究所教授，因种种原因未到
教授	岳劼毅	陕西	1945 年 1 月聘
教授	方毅	福建	航空研究所编译组（1938 年 8 月聘）
副教授	王德荣	江苏无锡	国立交通大学工学士，英国帝国理工学院特许工程师，伦敦大学工硕士，曾任国立清华大学土木工程学系助教
副教授	周惠久	吉林	国立交通大学唐山工学院工学士，美国伊利诺伊大学工程力学硕士，密西根大学冶金工程硕士，曾任国立清华大学助教，广西大学教授
副教授	李登科	江苏松江	国立北洋工学院机械工程学士，曾在英国航空工程学院实习，英国帝国理工学院研究资源委员会服务一年，曾任前北洋工学院机械工程教员两年

续 表

职别	姓名	籍贯	备注
副教授	林致平	江苏无锡	1931年交通大学土木工程学系毕业，中英庚款资送赴英，1937年在伦敦大学获博士学位，回国后任航空机械学校飞机构造教官，1939年8月聘为航空研究所副教授
副教授	金希武		1939年12月与航空工程学系合聘
专任讲师	赵九章	浙江吴兴	1938年8月与地学系合聘
专任讲师	吕凤章	江苏丹阳	国立清华大学机械工程学士，德国国立阿亨高等工科大学航空研究所研究两年，德国国家特许工程师
教员	张捷迁	辽宁	东北大学工学士，天津整理海河委员会绘图员，天津整理海河工程处工程员，1939年12月聘为航空研究所教员
教员	张听聪	湖南	国立北平大学工学院机械系学士，曾任北平大学工学院助教，后聘为航空研究所助教，1940年6月聘为航空研究所教员
助教	陈文龙	江苏江阴	国立交通大学工学院学士，曾任中国航空公司助理工程师
助教	谭振华	广东中山	国立北洋工学院航空工程系学士，曾任国立西北工学院航空工程系助教（1939年8月聘）
助教	张学曾	江苏武进	国立清华大学工学院机械系学士（1939年8月聘）
助教	亢玉瑾	山西临汾	国立清华大学理学士（1938年11月聘为助理，次年8月聘为助教）
助教	刘同声	江苏淮阴	国立清华大学航空工程学系毕业（1939年8月聘）
助教	吴本荏		1939年1月聘
助教	胡宁		1939年8月聘
助教	陈绳祖		1940年4月聘
助教	高仕功		1940年5月聘
助教	王宪刘		1941年8月聘
助教	徐淑英		1941年10月聘

注：该表编制主要参考：国立清华大学航空工程研究所研究人员略历表．北京：清华大学档案馆，全宗号X1，目录号3：3，案卷号098，100；清华大学航空研究所教师异动的来往文书．北京：清华大学档案馆，全宗号X1目录号3：3，案卷号041：1；清华大学航空研究所教师异动的来往文书．北京：清华大学档案馆，全宗号X1目录号3：3，案卷号041：2.

国立清华大学航空工程研究所内各部工作内容分配表如表3所示。

表3 国立清华大学航空工程研究所内各部工作内容分配表（庄前鼎拟）[①]

部署/题目	研究人员	工作内容
空气动力学组工作题目	秦大钧、冯桂连、吕凤章、张捷迁、张听聪、胡宁	单流3英尺风洞之设计建筑，回气5英尺风洞之设计建筑，利用南昌风洞电动马达15英尺双流回气风洞之设计，利用水利试验整个飞机之双流回气风洞之设计，空气动力学教材模型之购置制造，滑翔机之制造，直立风洞模型之制造
结构材料组工作题目	林同骅、王德荣、周惠久、殷文友、张捷迁、王守融、吴本荏	教练机之设计制造，结构实验室之筹备，飞机模型之制造，机翼机架部分之整理陈列，飞机制造材料之收集陈列，飞机制造材料之试验，飞机制造材料实验室之筹备，金相学实验室之筹备
高空气象组工作题目	李宪之、赵九章、元玉瑾	昆明高空气象之测候记录收集，高空气象研究组设备之筹备购置，高空气象记录之分析与整理，高空风力之测定，昆明附近气流扰动之实测
航空编译组工作题目	刘仙洲、方叔远、庄前鼎、曹国惠、王守融、张学曾及研究所教授助教同人全体	《航空工程大学图书》《中国空军光荣史》《空战纪事敌机轰炸纪录》《航空研究所工作计划及工作报告》《航空研究季刊》《各国航空杂志之译述》
航空发动机部分工作题目	陈文龙管理 秦大钧、庄前鼎、陈文龙、××光、董树屏	飞机发动机陈列室之布置，飞机发动机实验室之筹备，飞机发动机模型之整理制造
金木工场工作题目	庄前鼎、李辑祥、李宗海、曹国惠、载中孚、徐铭昌	金木工场之筹备完成，金工木工电焊工具设备之购置
航空工程图书室	张听聪管理 庄前鼎、李辑祥、秦大钧、冯桂连、林同骅、王德荣、周惠久、吕凤章、李宪之、刘仙洲、方叔远、赵九章、唐贯芳、孙德源	国际航空工程出版物品之征集，各国航空工程书籍杂志之购置，各国航空公司图标照片目录之征求，国内航空机关出版物品之征集

① 国立清华大学航空工程研究所工作分配表（庄前鼎拟）．北京：清华大学档案馆，全宗号X1，目录号3：3，案卷号098，201.

续 表

部署/题目	研究人员	工作内容
航空研究所绘图室	陈文龙管理 庄前鼎、刘仙洲、陈文龙、李荣亭、陆以信	飞机各部分陈列品之绘制细图，航空研究所论文图表，编译文章之图表，工程图书之图表
航空研究所文书工作	张学曾管理 庄前鼎、方叔远、张学曾、孙德源、陆以信	文书之拟稿整理抄录印发，信件公函之编目存卷
航空研究所庶务工作	张听聪、陈文龙管理 庄前鼎、周惠久、吕凤章、张听聪、陈文龙、孙德源、徐铭昌、萧光×	研究所内各部分清涤整理及灭火管制（陈文龙 萧光×） 家具物品之制造购置（张听聪 徐铭昌 萧光×） 研究所资产文具之保管整理（吕凤章 孙德源）

四、 教学科研

（一）航空研究所教学工作

航空工程研究所于1936年年底成立，除着手航空风洞的建造并开展相关空气动力学研究外，还负担协助清华航空工程组及联大航空工程学系的教学工作，航空研究所诸教授均在航空工程系中担任教学工作、教导学生。同时航空研究所昆明5英尺口径风洞还负担联大航空系学生的空气动力学实验课程。其教学课程详见航空工程组及航空工程学系相关部分。

1939年，中央教育文化基金董事会原设于北洋大学工学院的航空动力学讲座，因“华北事变”中途停设，原讲座负责人秦大钧转航空研究所服务。同年5月，中央教育文化基金董事会与航空研究所商议，将航空动力学讲座移设航空研究所，仍由秦大钧负责。中央教育文化基金董事会除支付秦大钧薪金国币4800元外，另付航空研究所设备补助费2000元（见图15、图16）。

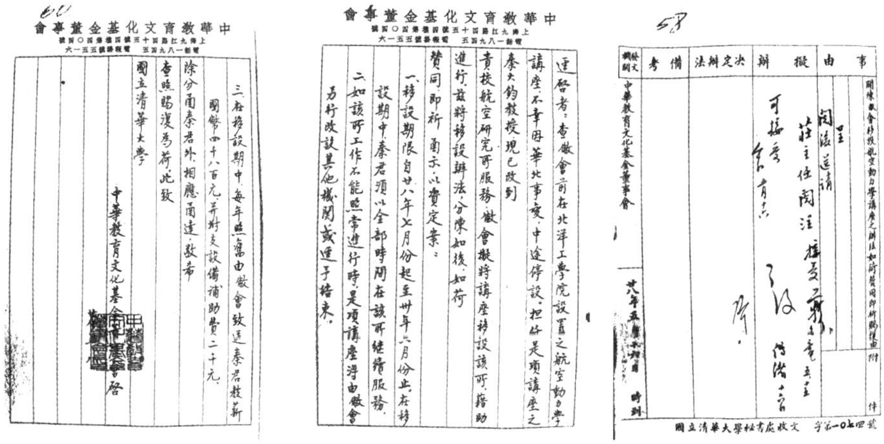

图 15　中央教育文化基金董事会函航空研究所欲将航空动力学讲座移设航研所事宜[①]

开陈敝会移设航空动力学讲座之办法如尚赞同即祈赐复由

迳启者：

查敝会前在北洋工学院设置之航空动力学讲座，不幸因“华北事变”，中途停设。担任是项讲座之秦大钧教授，现已改到贵校航空研究所服务。敝会拟将讲座移设该所，借助进行，兹将移设办法，分陈如后，如荷赞同，即祈函示，以资定案：

一、移设期限自廿八年七月份起至卅年六月份止。在移设期中，秦君须以全部时间在该所继续服务。

二、如该所工作不能照常进行时，是项讲座得由敝会另行改设其他机关或迳予结束。

三、在移设期中，每年照准由敝会致送秦君教薪国币四千八百元，并附支设备补助费二千元。

除分函秦君外，相应函达，敬希查照赐复为荷

此致

国立清华大学

中华教育文化基金董事会启

廿八年（1939 年）五月八日

---

① 中央教育文化基金董事会函欲将航空动力学讲座移设航研所事宜．北京：清华大学档案馆，全宗号 X1 目录号 3：3，案卷号 041：1，56.

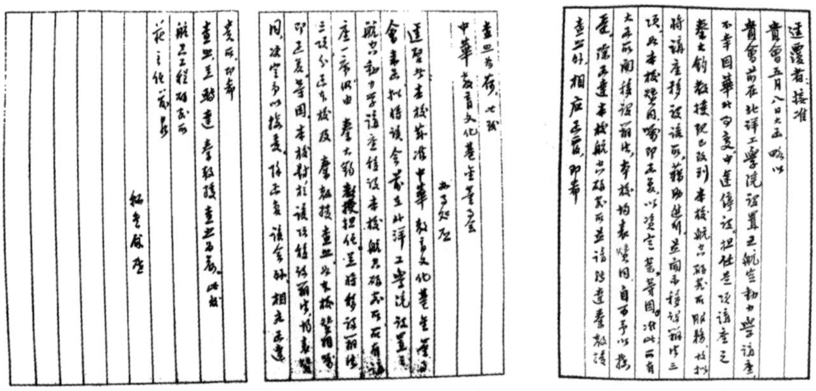

图 16 航空工程研究所复函中央教育文化基金董事会航空动力学讲座移设事宜①

准函拟将航空动力学讲座移设本校航研所，
呈开示办法三项本校均表赞同乐於接受函复查照由

迳启者：

本校兹准中华教育文化基金董事会来函，拟将该会前在北洋工学院设置之航空动力学讲座移设本校航空研究所，所有讲座一席，仍由秦大钧教授担任。呈将移设办法三项，分函本校及秦教授查照。如本校赞同，嘱即函复。等因。本校对于该项移设办法，均表赞同，予以接受。

除函复该会外，相应函达贵所，即希查照，呈转达秦教授查照为荷。

此致

航空工程研究所庄主任前鼎

秘书处启

迳覆者：

接准贵会五月八日大函，略以贵会前在北洋工学院设置之航空动力学讲座，不幸因华北事变，中途停设。担任是项讲座之秦大钧教授现已改到本校航空研究所服务，故拟将讲座移设该所，借助进行。并开示移设办法三项，如本校赞同，嘱即函复，以资定案，等因。唯此所有大函所开移设办法，本校均表赞同，乐于接受。

除函达本校航空研究所呈请转达秦教授查照外，相应函覆，即希查照为荷。

此致

中华教育文化基金董事会

办事处启

① 航空工程研究所复函中央教育文化基金董事会航空动力学讲座移设事宜. 北京：清华大学档案馆，全宗号 X1 目录号 3：3，案卷号 041：1，57.

1940年春，应空军军官学校委托，航空研究所于北门街所中开设试飞员训练班。当时，中国空军部队以及各修理厂与各飞行站中，均无试飞员担任验收飞机的重要职务，故时任空军军官学校总顾问的前十四航空队陈纳德将军向航空委员会周至柔主任建议，由航空研究所开办试飞员训练班。在昆明击落第一架日机的“飞将军”即为航空研究所试飞员训练班一期毕业生（见表4）。

表4　航空研究所试飞员训练班毕业生统计表

训练班期	第一期	第二期
开班时间	1940年春	1941年春（因昆明空袭频繁未继续）
毕业人数	8人	—
学生来源	航校一期至六期的高才生	—
学程学期	一学年（计学科、术科各6个月）	—

试飞员训练班在昆明北门街七十一号航空研究所内举办，其科目分为计学科和术科，各占六个月。前者在航空研究所内上课，后者在各修理厂和制作厂中实习，由航空研究所内教授随同指导。此外，还开设由美国飞行教官担任的初级飞行术科与高级飞行术科。试飞员训练班学员必须具备精湛的飞行技术，在熟习航空工程学识后，方可胜任试飞的工作。各科目课程表如表5所示。

表5　各科目课程表

<table>
<tr><th rowspan="2">科目</th><th rowspan="2">计学科</th><th colspan="2">术科</th></tr>
<tr><th>术科</th><th>初级飞行术科与高级飞行术科</th></tr>
<tr><td>课程</td><td>物理学、数学、英文、空气动力学、发动机学及内燃机原理、飞机学及飞机结构材料、高空气象学、仪器学及试飞学等</td><td>飞机各部分之装拆修理、发动机各部分之装拆修理、飞机制造程序及检查方法、飞机仪器之修理与飞机各部分的检查等</td><td>美国飞行教官担任指导</td></tr>
<tr><td>学期</td><td>6个月</td><td>6个月</td><td>—</td></tr>
<tr><td>地点</td><td>昆明北门街七十一号航空研究所</td><td>各修理厂与制作厂，航空研究所教授陪同指导实习</td><td>—</td></tr>
</table>

（二）航空研究所科研工作

（1）空气动力学组建造航空风洞及相关研究。清华大学航空工程组与航空委员会合作，于1936年年底成立国立清华大学航空研究所，后因战事于1937年迁移成都，1939年春又随西南联大航空工程系西迁昆明，前后共计建造完成四个航空风洞。

其一为南昌15英尺口径航空风洞，该风洞由航空组教授、助教及第一届航空组毕业学生共同设计，由华敦德博士及张捷迁先生负责督造完成。该风洞为远东最大的航空风洞，曾博得欧美航空界的赞许。建筑期间美国航空专家冯·卡门博士亦曾乘专机飞赣加以视察检查。航空研究所有关南昌15英尺风洞的论文，曾登载于英国第一流飞机工程杂志及国际应用力学报告内，其他研究论文亦被美国第一流航空杂志所采登。昔因抗战军兴，南昌遭日军空袭频繁，未能完成风洞马达等的安装工作。后遭日机轰炸中弹，航空研究所曾一度向航空委员会请协款修复风洞，未果。

函庄前鼎关于南昌风洞损坏情况①

机丙昆　〇〇五六号

前鼎所长吾兄天鉴，

前嘱调查南昌机场风洞损坏情形，当即电请本军第五地区司令部查询，兹据该部子码电称：“查该窠筒距地面10英尺以下之钢筋水泥全部崩毁，风洞损坏约全部百分之六十强”等语特函奉复并虞。

台安

弟晏玉×

二月五日

中国航空建设协会总会函航空研究所修复南昌风洞无协款可拨事宜②

关于贵所嘱拨款维持昆明航空风洞及修建南昌航空风洞一案请查照由

案准

贵所函请本会拨款维持昆明航空风洞暨修建南昌航空风洞一案，查本会近以后各

---

① 函庄前鼎关于南昌风洞损坏情况．北京：清华大学档案馆，全宗号X1目录号3：3，案卷号098，91.

② 关于贵所嘱拨款维持昆明航空风洞及修建南昌航空风洞一案请查照由．北京：清华大学档案馆，全宗号X1目录号3：3，案卷号098，146.

办事会停顿，会费捐款收入减少，每月经费，已仅能维持，一切设施正谋紧缩，关于贵所所嘱拨款补助，最近期间，歉难照办，相应函复，即请查照为荷。

此致

清华大学航空研究所

中国航空建设协会总会

中华民国卅五年（1946 年）八月廿一日

其二为 1938 年夏应航空机械学校要求，由航空研究所设计、建造的 1 英尺口径小型风洞。建造完成后，航空研究所将该风洞连同全套马达、秤等捐赠航空机械学校，以供教学之用。

其三为航空研究所西迁昆明后为联大航空工程学系建造的 3 英尺口径直流风洞。该风洞由航空研究所秦大钧教授主持设计、吕风章先生督促建造完成。连同风洞电动马达、发动机及机架方面的设备一并借与联大航空系，昔因种种原因未安装完成，无法作为教学之用。

其四为航空研究所西迁昆明后，于 1940 年夏建造完成的 5 英尺口径航空风洞，后因空袭频繁威胁风洞安全，于 1942 年将该风洞迁建于白龙潭上庄小山谷内的清华基地。该风洞为当时国内唯一可用之试验风洞，对航空研究及国防意义重大。风洞建造完成后，不仅负担航空研究所空气动力学方面的专题研究工作，如举行风洞校正试验、风洞扰流的试验、机翼阻力的试验、机翼最大举力的试验等，还负担代航空委员会带领各飞机制造厂作改良机型的研究试验工作以及每年联大航空系学生的空气动力学实验。

此外，航空研究所建造完成烟气风洞一具，可以拍摄气流情形；建造完成液体水槽一具，可以研究流线型状态等；与清华无线电研究所合作，研究制造风洞气流扰乱度表一具，可以测验风洞内气流的扰乱程度。

航空研究所利用风洞进行空气动力学方面的研究，其工作大致可分为两部分①：一是利用风洞试验机翼和飞机模型的专题研究，二是纯粹理论的研究。在试验方面，曾举行：①风洞校正的试验；②风洞扰流的试验；③机翼阻力的试验；④机翼平面

---

① 本部分内容，主要参考《国立清华大学航空研究所工作报告（1937 年至 1945 年）》，庄前鼎，北京：清华大学档案馆，全宗号 X1，目录号 3：3，案卷号 098.

光滑的试验；⑤机翼最大举力系数的试验等。理论方面的研究工作：①回气风洞的效率；②清华航空风洞的能力比率；③影响回气航空风洞能力比率的因素；④日本九六式机翼切面特性的探讨；⑤应用源泉定理、反影像定理决定一个流线型周及技术流线型附近所生之压力；⑥飞机翼切面特性的探讨；⑦飞机性能及其翼剖性的比较；⑧风洞转角月牙板的研究；⑨探求翼举力沿翼展分布之简单法；⑩风洞螺旋桨之研究；⑪最小阻力飞机之研究；⑫飞机襟翼接近地面时举力与力矩之理论计算；⑬飞机落地时纵向操纵性质研究；⑭最小机翼剖面阻力之理论计算；⑮无尾飞机之利弊及其最优良之形式；⑯从机翼翼展载荷曲线估计洗流的图解方法；⑰计算飞机最高速度之新图等。

除了航空研究所的专题研究外，另一个重要的工作是代航空委员会带领各飞机制造厂作改良机型的试验。例如，①航委会机械处某处长托试的机翼模型；②航委会第一飞机制造厂委托代行驱逐机机翼的试验、油箱形状与位置的试验以及边层控制的研究等；③航委会第二飞机制造厂委托改良飞机阻力的试验、改良飞机操纵性的试验等；④中美飞机制造厂委托教练机各种飞行性能的试验等；⑤航委会第一制造厂设计课荣课长委托设计制造之新机机翼模型试验；⑥第一厂朱厂长委托设计新机所用机翼模型的性能试验；⑦第一厂设计制造之机翼模型性能的试验；⑧日新滑翔社委托该社所制滑翔机的机翼模型试验；⑨本所设计初级滑翔机机翼模型的试验；⑩本所设计中级滑翔机机翼模型的试验；⑪本所六三〇号机翼模型的性能试验；⑫直升飞机旋翼模型的试验等。

复函航空委员会关于日本九六式驱逐机翼切形图研究结果①

案准

贵会造戊字第640号公函，附日本九六式驱逐机翼切形图一份，嘱转送本校航空工程系加以研究此项翼形之来源及其特性，并嘱将研究结果覆送。等因。当经送请本校航空工程教授殷文友先生及成都航空研究所分别加以研究之后，查殷教授研究结果，业承抄送前来。相应函覆，即希查收备用。

---

① 复函航空委员会关于日本九六式驱逐机翼切形图研究结果．北京：清华大学档案馆，全宗号X1目录号3：3，案卷号098，47.

函本校航空研究所研究结果，即引转送，呈希查照为荷。

此致

航空委员会

附件（计十二页）

校长梅〇〇

廿七年（1938年）八月十三日

关于日本九六式驱逐机翼切形图冯桂连研究结果函 航空委员会、中央空军军官学校①

案准前准

贵会造戊字第640号公函，附送日本九六式驱逐机翼切形图，请研究见后。等因。现本校航空工程教授殷文友先生对于上项翼切形之研究结果，业经本校以七二三号公函先行覆送外，兹再将本校航空工程研究所冯桂连先生研究结果，备函送上，即希查收参考为荷。

此致

航空委员会

附件共六页

校长梅〇〇

（2）高空气象方面的研究工作。1939年秋，航空研究所与联大地质地理气象系合作，于嵩明西灵应山成立高空气象台。成立伊始，便开始进行了地面观测工作。后向空军军官学校借用自记测风仪，开始对风速及风向连续记载。曾与中央研究院气象研究所合作施放无线电探空仪。

① 关于日本九六式驱逐机翼切形图冯桂连研究结果函航委会．北京：清华大学档案馆，全宗号X1 目录号3：3，案卷号098，50.

函中央研究院气象研究所竺可桢关于合作施放无线电探空仪事宜①

请于敝校合作在嵩明气象台工作以期研究事业之推进由

迳启者：

敝校航空研究所为发展航空及气象专门学术研究起见，近在嵩明县境内筹设高空气象台，拟先举行风筝及气球高空探测。唯为适国内西南各边省之环境并谋高空气象研究事业之推广与普遍，自非渐次采用无线电探测高空方法不可。但该项仪器价格甚昂，必需自制方可有大规模之推进。前闻贵所订有大批该项仪器，并曾派员在美国专门研究该仪器之施放与制造。敝校谨以为该项工作之推进，必须集中力量不可，在此外汇紧缩之期，可藉此节省费用且可得各专家之合作，亦易收事半功倍之效。兹特函商贵所请予合作。请贵所将该项已订购之仪器送交敝校，并派员前来协助工作。关于工厂器材之购置，敝校已备有专款为发展此项工作之用。此后集中人力、物力，研究成绩必可更有把握矣。事关学术研究，想贵所必予赞同也。相应函达，敬希示复为荷。

此致

国立中央研究院气象研究所　竺所长

校长梅〇〇启

廿八年（1939 年）九月廿八日

为获得精确的地面气压记载，航空研究所于 1940 年夏，自行研究制造水银气压表，并代航空委员会委托制五十具，为中央气象局制造 10 具，使各地气象台得以继续工作。美空军十四航空队驻昆时，高空气象组与该队气象台合作，供给该台嵩明气象记录。

理论研究方面，主要有：①海洋不稳定吹流的理论；②气温之波浪分析；③气压预报；④冷热气团在滑动及交换运动中之变化；⑤无线电高空气象仪之类型及其比较等。

（3）开展航空材料的研究。航空研究所开展的航空结构材料部分的研究工作，主

① 函中央研究院气象研究所竺可桢关于合作施放无线电探空仪事宜．北京：清华大学档案馆，全宗号 X1 目录号 3：3，案卷号 099，79.

要包括云南国产木材的研究、铝矿的提炼、发动机润滑油的研究以及金属合金等。

航空研究所的吕凤章先生曾在德国阿根高工研究所内举行竹性能的试验，之后积极与云南丽江庐山森林植物园联系，进行云南航空国产木材的研究。

与云南丽江庐山森林植物园来往书函①

事由	拟办	决定办法	备考	发文机关	
函奉西南运输处收据一纸即希查收并请迅掷垫款	呈阅后存查（查此项木材样品已运到交航研所垫款已照收汇矣）　光旦		查庐山森林植物园款已于月十日汇去计汇新币叁百玖拾玖元叁角贰正，另汇新币壹拾贰元正	庐山森林植物园	敬启者查本园为贵校代采之云杉木材样品两种业于三月三十一日运送下关西南运输处交吴副处长仲裔代收并于四月八日函请贵校迳向西南运输处接洽验收各在案兹将该处收据一纸随函奉上即希查收至本园垫用国币壹百九十九元六角六分亦请迅予掷下以便归垫相应函达即烦查照见复为荷此致国立清华大学昆明办事处　附收据一纸　庐山森林植物园启　五月八日
附件				时到：廿九年五月十七日	
国立清华大学收文　字第一五九二号					

关于薄壳机翼及机身试验的研究方面，航研所教授林同骅发表理论研究论文《薄壳机身应力的分析及薄层板剪力的研究》，载于民国廿七年（1938 年）《美国航空协会报告》。助教王守融借用联大工学院材料试验机及航委会第十修理厂试验机，进行相关试验。

周惠久教授在航研所内筹备完成金相学试验室、照相暗室及金属合金熔铸室等。范绪箕教授在白龙潭研究自制完成弹性光测仪器，可用以测验飞机材料的弹性状态。

航空研究所向滑翔机总会请得补助费，从事制造滑翔机材料的三层板的研究工作，自行设计制造层板机器。

此外，航空研究所还研究试制牛酪胶及豆类胶、云南特产的紫胶，均有良好结果。

---

① 函奉西南运输处收据一纸即希查收并请迅掷垫款．北京：清华大学档案馆，全宗号 X1，目录号 3：3，案卷号 098，125.

庄前鼎复函关于紫胶运送事宜①

国立清华大学航空研究所

成都航空研究院王副院长禹朋兄勋鉴

紫胶第一批已运出，第二批新紫胶装竹篮二十八只，共净重壹仟叁佰捌拾伍市斤(1 市斤 =500 克)，已交第二转运所存库。可电该所负责运送清华航空研究所庄前鼎。

庄前鼎

（4）研究制造滑翔机。早在清华大学机械系航空组时期，冯桂连先生已研究制造完成中国第一架滑翔机（详见民国廿六年三月《清华工程季刊》第一卷第一期“清华自造之滑翔机”——冯桂连）。航空研究所迁移成都时期，于 1938 年秋季制造完成一架滑翔机，并捐赠体育委员会。

1942 年夏，航空研究所呈送关于研究制造滑翔机及协助推进滑翔运动等计划获滑翔总会批准。航空研究所即开展设计及试验模型、征集材料、购置机器等工作，同年 9 月中开始制造，并于年内全部完成。次年 5 月，云南滑翔分会举办昆明航空滑翔展览会命名献机典礼时，航空研究所制造的三架滑翔机中，其一被定名为“清华号”，另一被定名为“昆明号”，余一架参加展览（见图 17）。

图 17 昆明航研所研制的滑翔机（庄人隽老师提供）

① 庄前鼎复函关于紫胶运送事宜．北京：清华大学档案馆，全宗号 X1 目录号 3：3，案卷号 098，176.

此外，航空研究所还为昆明滑翔分会设计了跳伞塔。

（5）研究设计并试制直升机。鉴于1940年美国薛戈司基的直升飞机试飞成功，航空研究所即建议国民政府研究、设计、试制直升机。后获航空委员会补助费15万元，航空研究所开始旋翼操纵系统的探讨与研究。该部分是直升机研究最困难的部分，经数次模型的更换改良与试验，理论设计部分局部完成。

（6）编译著作。以风洞专题研究与改良机型试验为基础，航空研究所发表研究论文百余篇并编译大量专门书籍。其中，航空研究所有关南昌15英尺风洞的论文，曾登载于英国第一流飞机工程杂志及国际应用力学报告内，其他研究论文亦被美国第一流航空杂志所采登，详列如下。

编译方面，以编译可作为大学教材书或参考书为旨，进行专门航空工程书籍的编译工作，包括：①《应用空气动力学》，美国伍特原著，庄前鼎、顾逢时合译，由国立编译馆印，作为大学教材书；②《气动力学概论》，美国克兰敏原著，庄前鼎、陈绳祖合译，航空委员会编译处印，作为空军军官学校教本；③《飞机翼形及螺旋桨原理》，英国掰洛欧氏原著，吕凤章译，国立编译馆印；④《飞机材料学》，英国铁特登原著，周惠久、张听聪合译；⑤《空气动力学》，庄前鼎、刘维政编著，国立编译馆特约编辑，作为机械与航空二系三年级选科书；⑥《理论气象学》，赵九章编著，国立编译馆印；⑦《兵器学》，庄前鼎编译；⑧《英、德、法、华航空工程名词》，吕凤章、岳劼毅、杨彭基编订，航空研究所与中国机械工程学会合印。以灌输航空常识为旨，进行通俗读物的编著，包括：①《中国空军烈士传》，方毅编，航空委员会印；②《降落伞部队》，庄前鼎、张桐生合编，中国滑翔总会印；③《炸弹的威力》，庄前鼎编；④《空军战略的检讨》，庄前鼎编；⑤《防空壕洞》，庄前鼎编；⑥《战争机械化》，庄前鼎、孟庆基编著，三民主义青年团印，作为国防小丛书。此外，曾为重庆《中央日报》《扫荡报》联合版主编《国防常识》特刊。

研究论文方面，截至1945年，航空研究所发表论文一百余篇，其内容除关于航空风洞的建造以及利用风洞进行空气动力学方面的专题研究和改良机型的试验外，还涉及高空气象的研究、飞机结构材料的研究等诸方面，成果颇丰［详见《国立清华大学航空研究所工作报告（1937年至1945年）》之《清华航空研究所论文一览表（1936—1945年）》］。

（三）航空研究所经费

1938 年航空研究所西迁昆明之前，庄前鼎所长曾拟于迁滇之后三年内筹备建立十个部署，包括空气动力学研究部、飞机发动机研究部、飞机构造材料研究部、飞机结构研究部、液体燃料研究部、航空工程编译部、航空气象研究部、航空无线电研究部、航空仪器研究部以及液体动力学研究部。航空研究所各部完全建立，其设备建筑费用约需百余万元，除航空工程系另立预算，另需请求中美文化基金会及中英庚款董事会每年补助。

1938 年度航空研究所预算定为 7.2 万元，航空委员会补助 11 万元，总共 18.2 万元，为第一年度经费。第二年度经费总共 60 万元。其预算支配拟定如表 6 所示。

表 6　　1938—1939 年度航空研究所预算支配表

项目＼年份	1938 年度（元）	1939 年度（元）
航空研究教授等薪资	22000	40000
购地经费（每亩 200 元，100 亩）	20000	
房屋建筑	20000	50000
空气动力学研究设备	20000	150000
飞机发动机研究设备	20000	100000
飞机构造材料研究设备	20000	50000
飞机结构研究设备	20000	20000
液体燃料研究设备	5000	20000
航空仪器研究设备	5000	20000
飞机模型制造工程设备	10000	10000
翻译经费	5000	10000
图书杂志	5000	10000
航空气象		20000
航空无线电设备		20000
水动力学研究设备		50000
临时预备费	10000	30000
总计	182000	600000

1938 年计划小规模进行，为研究所的进一步发展初步基础。拟于昆明西山附近先购地建造 5 英尺风洞，利用前年购置之 70 匹马力电动马达进行研究工作，并就其他研究部分之初步设备进行购置，同时建造简单而切于需要之房屋数所。对于欧美各国有关航空事业的书籍、杂志文章以及专业术语，积极进行编译工作，以满足国内一般民众及航空人员的需要。

航空研究所建造南昌 15 英尺口径航空风洞时，经民国政府批准，由清华大学负担该风洞的建造设备费的 1/3 及全部员工薪资，航空委员会负担 2/3 建造设备费（航空委员会补助协款 18 万元）。

函航空委员会请拨十八万元航空协款之余款①

贵会补助本校航空工程研究所协款十八万元之余款十一万元请先以半数五万五千元拨发以查照惠允由利进行新查照惠允由

案准

本校航空工程研究所前为在南昌与贵会合作建筑航空风洞及为其他航空设备及研究之用，曾蒙蒋委员长核准由贵会补助经费拾捌万元。此项协款第一期计肆万伍仟元，第二期计贰万伍仟元，业经本校于上年度先后领讫。并已将在南昌所建筑之航空风洞土木工程全部落成。不幸敌机袭赣，致本校在该处之航空研究工作，未获继续进行。目下本校航空研究所业由赣转蓉随校迁滇。同时并与贵会在滇之中央飞机制造厂洽妥合作，将在该厂场内或其附近，先行建筑 5 英尺口径风洞，所有建筑材料如钢板等均已够定，预计半年内可以完成，需费约贰万余元。此外由赣运滇之五百匹马力电动马达亦已运抵香港，需款约同上数。总共需款五万余元，亟待支付。复查此项航空研究工作，对于飞机制造及各国飞机性能优劣之比较选择关系最为重要，当经我国军政最高当局及美国航空专家予以讨论及注意。现值抗战紧张时期，此项研究工作，尤属当务之急。除已由本校本年度经费预算中，酌拨款以补助该所外，所有贵会前允于本年度补助该所之前项协款余数拾壹万元，拟请先以半数伍万伍仟元拨给本校，以资转给，而利航空研究事业之进行。

---

① 贵会补助本校航空工程研究所协款十八万元之余款十一万元请先以半数五万五千元拨发以查照惠允由利进行新查照惠允由．北京：清华大学档案馆，全宗号 X1 目录号 3：3 案卷号 098，80.

相应备函呈达，请烦查照，惠予拨款，无任感荷。

此致

航空委员会

附送南昌航空风洞被炸照片一张

校长梅○○

民国廿七年（1938年）十一月十六日

其间经费收支情况如下：

清华大学航空研究所总收入及总支出清单①

（由1936年11月8日起至1938年1月6日止）

（1）收入项目（单位：元）	
汇　款（汇机校）	66000.00
息　金（机校收）	273.47
汇　款（汇本所）	30000.00
息　金（本所收）	185.77
杂　项	98.56
共　计	96557.80
（2）支出项目（单位：元）	
风洞混凝土部分工程费（由机校付）	37500.00
风洞工程酬劳金	2900.00
本所办公费（由机校领）	5124.98
（内4710.00元入办公费账，除414.98元系由航机校直接支付，单据见航机校）	
汇出款项（本所）	29565.80
风洞混凝土部分工程费（本所付）	10128.27
风洞钢铁部分（本所付）	3948.46
风洞工程酬劳金（本所付）	1702.76
风洞模型工程费（本所付）	404.35
木工厂工程费（本所付）	1704.18
本所办公费（本所自领）	3579.00
共计	96557.80

① 清华大学航空研究所总收入及总支出清单（由民国廿五年十一月八日起至廿七年一月六日止）. 北京：清华大学档案馆，全宗号X1，目录号3：3，案卷号098，204.

航空研究所经费可分为两部分：学校经常费和校外补助费、事业费。其中，学校经常费在清华航空工程系独立预算，无法获得国家经常费资助，但该部分所占份额甚少。航空研究所成立后至1940年，其经常费仅8万元，1944年物价飞涨，经常费仅26万元。而同期航空委员会航空研究院1944年经费为7000万元，该院空气动力学组（即维持航空风洞进行试验与研究之一组）之经常费亦有150万～160万元1944年美国航空咨询委员会经常费为2000万美元。航空研究所主要依赖校外补助费及事业费用，主要由航委会、滑翔总会、航空建设协会、中央气象局等单位拨发补助费或协款，开展研究工作，其中艰辛可见一斑。1939—1945年，航空研究所历年来的经费如表7所示。

表7　　航空研究所历年经费一览表

<table>
<tr><th></th><th>年度</th><th>数目（元）</th><th>补助机关</th><th>备注</th></tr>
<tr><td rowspan="8">学校经常费</td><td>1939</td><td>60000</td><td rowspan="8"></td><td rowspan="8">学校经常费部分，仅包括薪资、图书、设备及杂项消耗，不包括研究经费、事业经费</td></tr>
<tr><td>1940</td><td>60000</td></tr>
<tr><td>1941</td><td>60000</td></tr>
<tr><td>1942</td><td>60000</td></tr>
<tr><td>1943</td><td>130000</td></tr>
<tr><td>1944</td><td>260000</td></tr>
<tr><td>1945</td><td>500000</td></tr>
<tr><td>小计</td><td>1130000</td></tr>
<tr><td rowspan="10">校外补助费及事业费</td><td>1939</td><td>55000</td><td>航委会</td><td></td></tr>
<tr><td>1940</td><td></td><td></td><td>航委会公函停给补助费</td></tr>
<tr><td>1941</td><td>150000</td><td>航委会</td><td>迁建补助</td></tr>
<tr><td rowspan="2">1942</td><td>245000</td><td>滑翔总会</td><td>制造换滑翔机</td></tr>
<tr><td>150000</td><td>航委会</td><td>气压表定钱</td></tr>
<tr><td rowspan="4">1943</td><td>105000</td><td>滑翔总会</td><td>制造滑翔机</td></tr>
<tr><td>500000</td><td>滑翔总会</td><td>滑翔材料研究补助</td></tr>
<tr><td>35000</td><td>中央气象局</td><td>气压表定钱</td></tr>
<tr><td>100000</td><td>航委会</td><td>紫胶研究及扰乱度表研究补助</td></tr>
<tr><td>1944</td><td>150000</td><td>航委会</td><td>直升机补助费</td></tr>
</table>

续 表

<table>
<tr><th></th><th>年度</th><th>数目（元）</th><th>补助机关</th><th>备注</th></tr>
<tr><td rowspan="4">校外补助费及事业费</td><td rowspan="2">1944</td><td>92500</td><td>航委会</td><td>气压表尾款</td></tr>
<tr><td>35000</td><td>中央气象局</td><td>同上</td></tr>
<tr><td>1945</td><td>1920000</td><td>航空建设协会</td><td>研究补助费卅四年六月份起每月16万元</td></tr>
<tr><td>总计</td><td>3537500</td><td></td><td></td></tr>
</table>

航空工程学系

一、发展概况

以抗战胜利为节点，航空工程学系的发展可以分为两个历史阶段，其一为西南联大时期的航空工程学系，其二为复员后的清华航空工程学系。

（一）西南联大时期的航空工程学系

1937 年抗战军兴，北平沦陷，清华与北大、南开迁至湖南长沙，组成长沙临时大学。1938 年 4 月教育部电令长沙临时大学改称西南联合大学，西迁昆明，并令西南联大成立航空工程学系。1938 年 7 月 21 日，以清华航空工程组为基础，于工学院内成立航空工程学系（见图 1、图 2）。

通知本校工学院添设航空工程系由

兹经第八十二次常务委员会议议决："本校遵照部令自下学期起，在工学院添设航空工程学系。并照施嘉炀、庄前鼎二先生所拟创立该系之开办费预算计共 6 万元，以后每年经常费预算计每年需款约 2.8 万元及该系学程表通过。除关于该系薪俸部分清华大学允暂照校补助外，其所需开办费应该由教育部拨给"等语记录在卷，除公布并分函各部分外，相应函请查照。

此致

附批示：

教务处批：检阅该系课程表

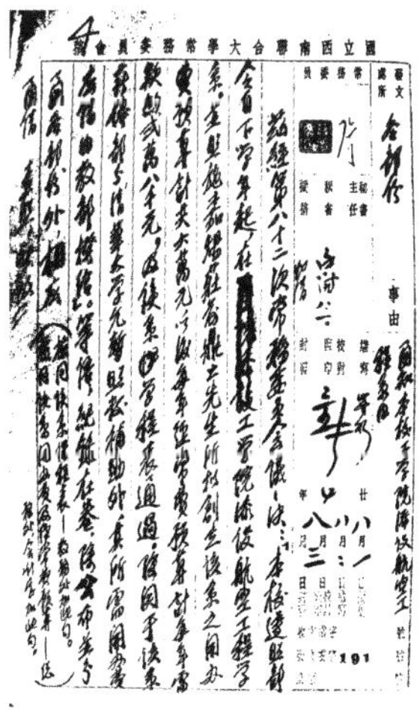

图 1　联大工学院添设航空工程系的通知①

① 通知西南联大工学院添设航空工程系由．北京：清华大学档案馆，全宗号 X1，目录号 3：2，案卷号 1，4.

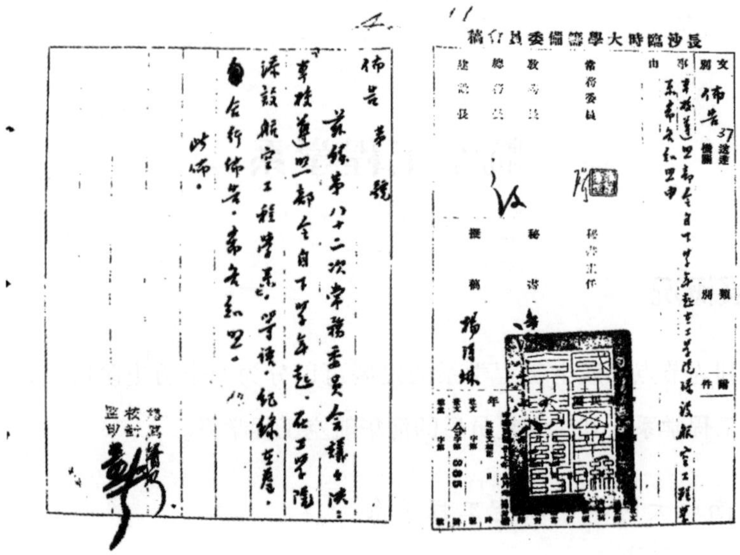

图2 本校遵照部令自下学年起在工学院添设航空工程学系希各知照由

总务处、会计室批：检阅该系开办费及经常费预算

布告添设航空工程系①

布告 第37号

兹经第八十二次常务委员会议议决："本校遵照部令自下学年起，在工学院添设航空工程学系"等语，记录在卷，合行布告。希各知照。

此布

新成立的航空工程学系，由庄前鼎出任首届系主任，之后由冯桂连、王德荣先后担任系主任（见图3、图4、图5）。

聘请庄前鼎先生为本校航空工程学系主席希各知照由

布告 第38号

兹经第八十二次常务委员会议议决："聘请庄前鼎先生为本校航空工程学系主席"等语。记录在卷，合行布告，希各知照。

此布

① 布告添设航空工程系．北京：清华大学档案馆，全宗号X1，目录号3：2，案卷号1，41.

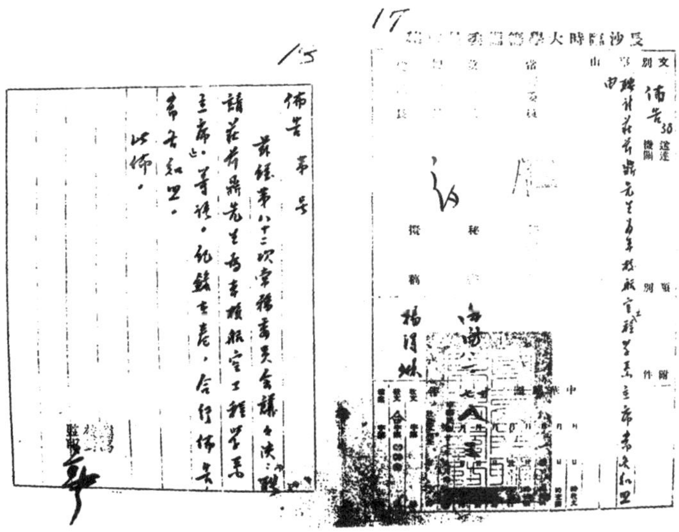

图 3 布告聘请庄前鼎为航空工程系系主任[①]

施嘉炀请聘冯桂连为航空工程系教授兼主任

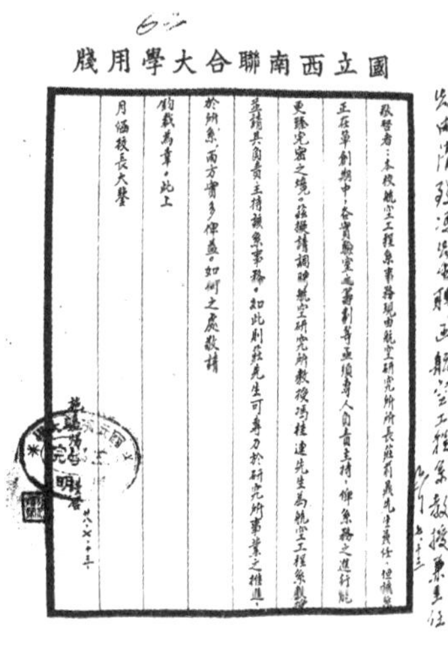

图 4 请聘冯桂连为航空系教授兼主任[②]

敬启者：本校航空工程系事务现由航空研究所所长庄前鼎先生兼任。但该系正在草创期中，各实验室之筹创等亟须专人负责主持，俾系务之进行能更臻完密之境。兹拟请调聘航空研究所教授冯桂连先生为航空工程系教授并请其负责主持该系事务。如此则庄先生可专力于研究所事业之推进，于所、系，两方实多裨益。如何之处敬请。

钧裁为幸。此上

月函校长大鉴

施嘉炀 谨启

廿八年（1939 年）七月十三日

---

① 布告聘请庄前鼎为航空工程学系主席．北京：清华大学档案馆，全宗号 X1，目录号 3：2，案卷号 004，17.

② 聘冯桂连为航空工程系教授兼主任．北京：清华大学档案馆，全宗号 X1，目录号 3：3，案卷号 041：1，63.

附梅校长批示：

兹由清华致冯先生聘函航空工程系教授兼主任

琦 七月十三日

为航空系主任冯桂连先生辞职照准
聘请王德荣先生继任由

兹经第一四六次常务委员会议议决：冯桂连先生请准辞去本校工学院航空工程学系主任职，应照准。聘请王德荣先生为本校工学院航空工程学系主任。等语。记录在卷。合行布告，希各知照。

此布

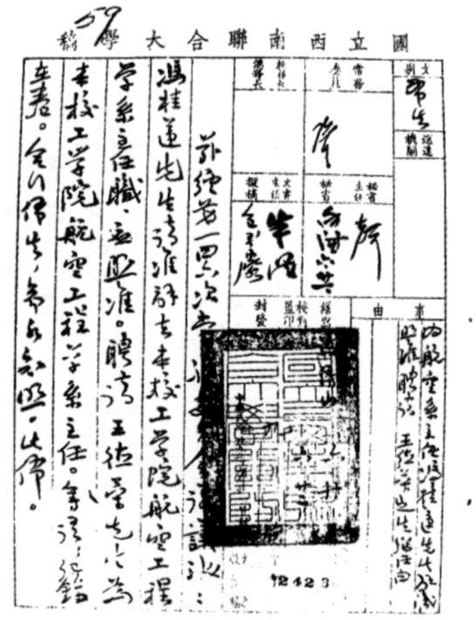

图 5 布告继聘王德荣为航空系主任[①]

为培养航空人才，1939 年春航空工程研究所迁入昆明，与航空工程学系合作，前者致力于研究事业，后者致力于教导学生，造就航空工程人才。航空系学生由本系教授与航空研究所教授共同授课，航空系教授也于航空研究所内从事研究工作。其间，在航空研究所的协助下，航空系曾建造一具 3 英尺口径直流风洞，惜未安装完成。故航空系学生空气动力学试验，均在航空研究所 5 英尺口径风洞中进行。自 1938 年西南联大成立航空工程学系，至 1946 年航空工程学系随清华大学复员，航空系共培养毕业生八届。

（二）复员后的清华航空工程学系

抗战胜利后，清华航空工程学系随清华大学于 1946 年迁回北京。原航空工程系建于昆明的风洞及所属房舍由云南大学接管使用。

战后的清华园，损失惨重，航空馆及图书亦破坏殆尽。[②] 复员后的清华航空工程学系，在原有基础上进行恢复、扩充。一方面聘任诸多专职教授，扩充教职队伍；另一方面新建 3 英尺口径航空风洞、烟风洞以及学生实习工厂，并配备美制、德制和日制的航空发动机等设备（见图 6）。

---

① 布告继聘王德荣为航空系主任. 北京：清华大学档案馆，全宗号 X1，目录号 3：2，案卷号 004，59.

② 详细统计数据见教学科研部分。

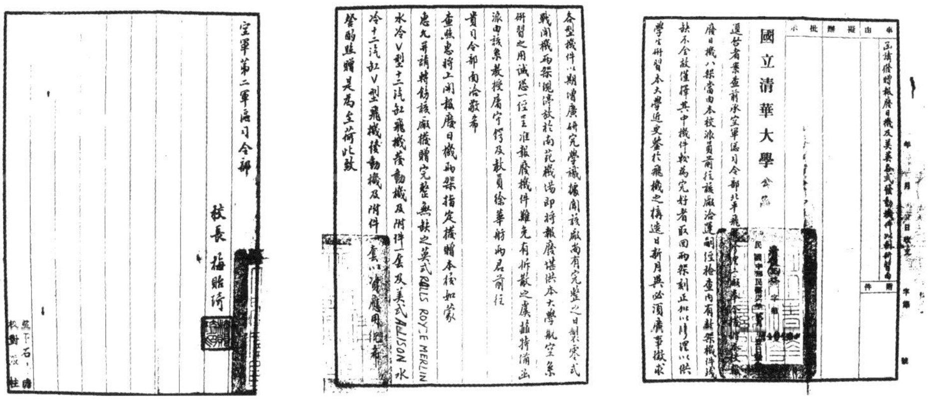

图 6　函空军第二军区司令部拨赠报废日机及美英各式发动机件以利研习由[①]

函覆拨赠报废日机及美英各式发动机件以利研习由

国立清华大学公函　清复（36）发　字第 404 号

中华民国卅六年贰月壹日（1947 年 2 月 1 日）发出

迳覆者：

案查前承空军总司令部，北平飞机修理工厂奉令拨赠本校报废日机八架，当由本校派员前往该厂洽运，嗣经检查内有数架机件残缺不全，故仅择其中机件较为完好者取回两架，刻正加以修理以供学生研习。本大学近更鉴于飞机之构造日新月异，必须广事征求各型机件，以期增广研究学识。据闻该厂尚有完整之日式零式战斗机两架，现停放于南苑机场，即将报废，堪供本大学航空系研习之用。诚恐一经呈准报废，机件难免有拆散之虞，兹特备函派由该系教授屠守锷及教员徐华舫两君前往贵司令部面洽。

敬希查照惠将上开报废日机两架制定拨赠本校。如蒙惠允并请转饬该厂拨赠完整无缺之英式 RALLS ROYCE MERLIN 水冷 V 型十二汽缸飞机发动机及附件一套及美式 ALLISON 水冷十二汽缸 V 型飞机发动机及附件一套，以资应用。

统希詧酌照赠，是为至荷。

此致

空军第二军区司令部

校长　梅贻琦

---

① 函空军第二军区司令部拨赠报废日机及美英各式发动机件以利研习由．北京：清华大学档案馆，全宗号 1，目录号 4：2，案卷号 206，29.

复员后的清华大学航空工程学系由王德荣先生任系主任，后由顾培慕接任系主任、宁榥任代系主任。自 1950 年开始，由沈元出任清华大学航空工程学系主任，直至 1951 年成立清华航空工程学院。

1947 年，在航空工程学系与航空研究所的基础上，清华大学航空工程学研究所成立。该研究所与航空工程学系联合设置，由航空工程学系主任王德荣兼任所主任。

1951 年，第一次院系调整时，西北工学院、北洋大学、厦门大学三校航空学并入清华航空工程学系，成立清华大学航空工程学院。至此，清华航空工程学系结束其历史使命。

二、负责人简介

庄前鼎 （1938 年 7 月 29 日至 1939 年 7 月 25 日任航空工程学系主任）

见航空工程组负责人简介。

冯桂连 （1939 年 7 月 25 日至 1940 年 6 月 23 日任航空工程学系主任）

空气动力学家、教育家。

1909 年出生于广东省。1933 年获美国麻省理工学院飞机工程硕士学位；1933—1935 年于德国格廷根大学师从曾为冯・卡门老师的 L. 普朗特，研究空气动力学。

1935 年起被聘为清华大学机械系航空工程组教授，曾与助教张捷迁设计、制造了中国第一架滑翔机。1939 年 7 月 25 日至 1940 年 6 月 23 日，任国立西南联合大学航空工程学系主任。

王德荣 （1940 年 6 月 23 日至 1950 年任航空工程学系主任）（见图 7）

图 7 王德荣

结构力学家，航空航天教育家。

1908 年 12 月 24 日出生于江苏省无锡市。1932 年从上海交通大学土木工程系毕业后，任清华大学土木工程系助教。1935 年报考了航空工程专业并通过了第三届中英庚款考试，于 1937 年获伦敦大学帝国理工学院硕士学位，后到英国 GLOSTER（格罗斯特）、HAWKER（霍克）和 SHORT（肖特）等著名飞机制造工厂实习。

1938 年回国后应聘到西南联合大学航空工程系任教授，1940 年 6 月 23 日起任国立西南联合大学航空工程学系主任。1946 年清华大学复校，王德荣转任清华大学航空工程系教授、主任，直至 1950 年。

1948 年 8 月被清华大学派赴美国考察航空教育。1949 年 5 月辗转回到解放后的北京。1952 年 6 月起参加北京航空学院（现北京航空航天大学）的筹建工作，并长期担任教授和飞机系主任。曾任中国力学学会第一届常务理事、第二届理事，北京力学学会第一届理事长，中国航空学会第一、第二届理事，《航空学报》主编，教育部力学教材编审委员会结构力学编审组组长，航空工业部科学技术委员会特邀委员。1961 年年底以 53 岁的高龄光荣地加入中国共产党。1963 年经教育部批准提升为北京航空学院第一位一级教授。

顾培慕　（1948—1950 年任清华大学航空工程学系主任）（见图 8）

简介略。

图 8　顾培慕

宁榥　（1948—1950 年任清华大学航空工程学系代系主任）（见图 9）

中国航空教育家、航空发动机专家。

1912 年 8 月 11 日出生于北京市密云县（即北京市密云区）。1936 年毕业于清华大学机械工程系航空组。1940 年获英国牛津大学科学硕士学位。1941 年回国后历任西南联大航空工程学系、清华大学航空工程学系、清华大学航空工程学院、北京航空学院教授。1948—1950 年任清华大学航空工程学系代系主任。

图 9　宁榥

宁榥是航空工业部科学技术委员会委员、中国科学院工程热物理学科组员、中国工程热物理学会副理事长、国际燃烧学会中国分会第一届主席，中国航空学会第一、第二届常务理事和第三届理事以及航空动力专业委员会主任。宁榥长期从事航空发动机教学和研究工作，主要著作有《冲压发动机的松弛振荡燃烧》，还主编《涡轮喷气发动机燃烧室》《燃烧室空气动力学基础》等书。1984 年指导研究生发明沙丘驻涡火焰稳定器，获国家发明一等奖。

沈元 （1950—1951 年 3 月任清华大学航空工程学系主任）（见图 10）

图 10 沈元

空气动力学家，航空工程学家，航空教育家。

1916 年 4 月 26 日出生于福建省福州市。1936 年考入清华大学机械系航空工程专业，1940 年毕业于西南联合大学航空工程系，留校任教。1943 年赴英国留学，1945 年获伦敦大学帝国理工学院博士学位。

1946 年回国，任教于清华大学航空工程学系。1950—1951 年任清华大学航空工程学系主任。第一次院系调整后，出任清华大学航空工程学院院长。

1952 年 10 月，参与北京航空学院的组建工作并任副院长。1980 年 10 月，任北京航空学院院长，1982 年 11 月起任名誉院（校）长。1956 年 11 月加入中国共产党。1980 年当选为中国科学院院士（学部委员），任数学物理学部常委，国务院学位委员会委员，民盟中央科技委员会副主任，中国航空学会第一、第二届理事长，中国空气动力学研究会名誉理事长，中国力学学会第一、第二届副理事长，《中国大百科全书》总编辑委员会委员，还是第五、第六届全国政协委员，第七届全国政协常委，中国航空学会理事长，中国航空学会名誉理事、顾问。1990 年 12 月被国家教委授予“从事高校科技工作 40 年成绩显著”荣誉证书，1991 年被授予航空航天工业部“劳动模范”称号，1992 年被授予航空航天部“有突出贡献专家”称号。

三、教师队伍

1938 年 7 月航空工程学系于昆明成立，次年春季航空工程研究所亦迁入昆明。航空系与航空研究所开展合作，其中，航空系致力于教导学生，以培养航空工程人才。故在航空系担任功课、教导学生的教授，不仅有航空系教授，还有航空研究所诸教授。航空工程学系在机械系航空组的基础上，不断发展壮大，其间曾聘冯桂连、刘治谨、李锦安等为航空工程学系教授，聘周久惠、林同骅、金希武等为航空工程学副教授，聘吕凤章、梁守槃等为专任讲师（见图 11）。

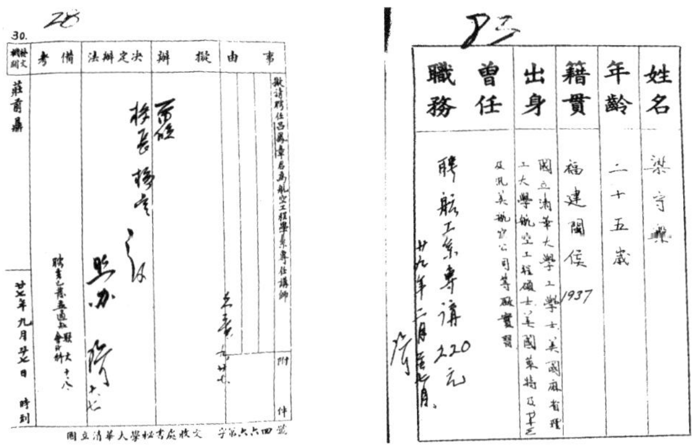

图 11　拟请聘任吕凤章、梁守槃为航空工程学系专任讲师[①]

庄前鼎请聘任吕凤章为航空工程学系专任讲师

附梅校长批示：照办。琦十七

聘任梁守槃为航空工程学系专任讲师

附梁守槃简历：梁守槃，二十五岁，福建闽侯，1937 年获国立清华大学工学士，美国麻省理工大学航空工程硕士，美国莱特及 P + W 及泛美航空公司等厂实习。

附梅校长批示：聘航工系专讲，220 元。廿九年（1940 年）二月至七月琦

1944 年专聘钱伟长为航空工程学系副教授（见图 12、图 13）。

敬启者：

敝系新聘副教授钱伟长先生因现尚在美国，故其应聘书一时不克送上。

此致

清华大学办事处

王德荣　启

九月廿一日

① 拟请聘任吕凤章、梁守槃为航空工程学系专任讲师．北京：清华大学档案馆，全宗号 X1，目录号 3：3，案卷号 041：1，28、83.

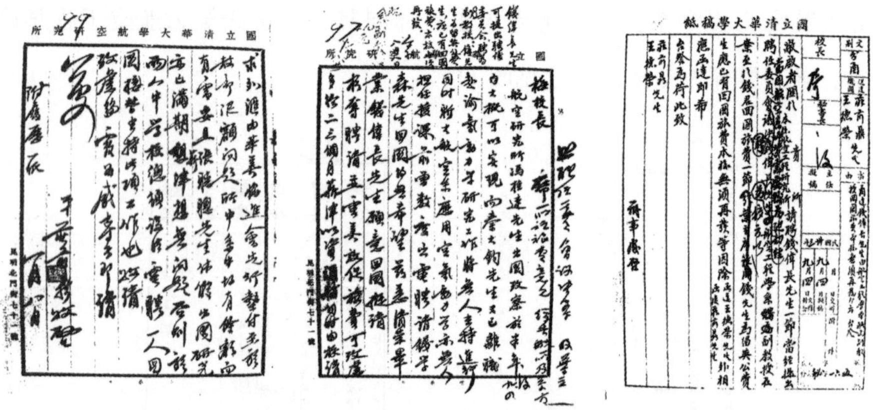

图 12 民国卅三年（1944 年）聘钱伟长为航空工程学系副教授①

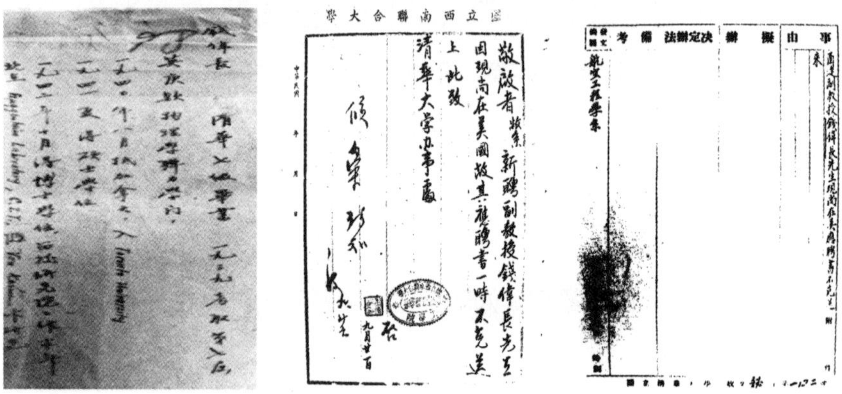

图 13 航空工程学系函达副教授钱伟长先生现尚在美国应聘书不克送来

复校后，航空工程学系在原有基础上积极扩充、发展，另聘顾培慕、宁榥、陆士嘉、沈元、屠守锷等为专职教授，聘何庆芝等为讲师。到 1950 年，航空系教师共 17 人，其中教授 5 人（见表 1、表 2）。

表 1 1950 年度航空工程学系教师人数表（人）

教授		副教授		讲师		助教		总计			
专	兼	专	兼	专	兼	专	兼	专任	兼任	其中女教师数	计
5				4		8		17		1	17

注：本表摘自一九五〇年度清华大学教师职员及工警人数表．北京：清华大学档案馆，全宗号 2，目录号校 1，案卷号 50008，2.

① 民国卅三年聘钱伟长为航空工程学系副教授．北京：清华大学档案馆，全宗号 X1，目录号 3：3，案卷号 041：2，96、97、98、99、100.

表 2　　航空工程学系部分教职人员及聘任时间统计表

职别	姓名	聘任时间	备注
教授	庄前鼎	1938 年 7 月聘	
教授	王德荣	1938 年聘	
教授	冯桂连	1939 年 7 月聘	
教授	宁榥	1941 年聘	
教授	王宏基	1944 年聘	
教授	顾培慕		
教授	丁履德		
教授	陆士嘉	1949 年聘	
教授	沈元	1950 年聘	
副教授	周惠久	1938 年 11 月聘	
副教授	金希武	1939 年 12 月聘	与航空研究所合聘
副教授	程木藩	1939 年 12 月聘	
副教授	王兆华	1941 年 7 月聘	
副教授	钱伟长	1944 年聘	因在美，聘书未送到
副教授	屠守锷	1945 年聘	后聘为教授
专任讲师	吕凤章	1938 年 9 月聘	
专任讲师	梁守槃	1940 年 2 月聘	
讲师	何庆芝	1948 年聘	
助教	严国泰	1941 年 9 月聘	

1947 年，在航空工程学系与航空研究所的基础上，清华大学航空工程学研究所成立。该研究所在人员方面与航空工程学系联合设置（见表 3、图 14）。

表 3　　清华大学航空工程学研究所现有人员一览表

<table>
<tr><td rowspan="8">清华大学航空工程学研究所现有人员一览表</td><td>所名</td><td colspan="2">航空工程学研究所</td></tr>
<tr><td>主任</td><td colspan="2">王德荣</td></tr>
<tr><td rowspan="4">研究所工作人员</td><td>教授</td><td>2 人</td></tr>
<tr><td>副教授</td><td>2 人</td></tr>
<tr><td>讲师</td><td>1 人</td></tr>
<tr><td>助教</td><td>8 人</td></tr>
<tr><td colspan="2">研究生</td><td>无</td></tr>
<tr><td>备注</td><td colspan="2">1. 本所与航空工程学系联合设置
2. 所主任由航空工程学系主任兼任
3. 本所创办伊始设备尚未齐备，故本年暂不招生</td></tr>
</table>

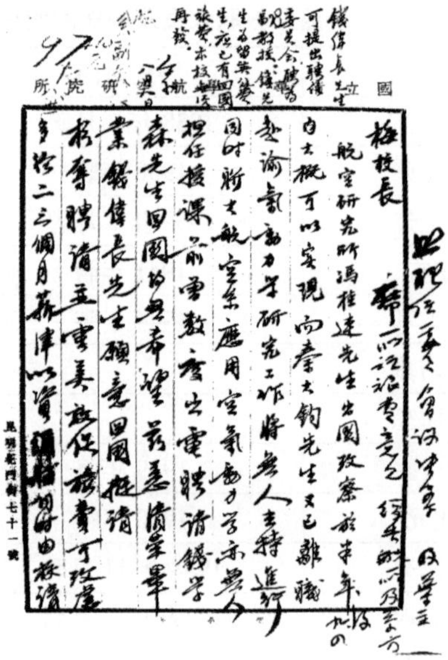

图 14 航空工程学研究所人员概况①

四、教学科研

（一）航空工程学系教学工作

1938 年西南联大成立航空工程学系，其学生来源不限于机械系三年级的优秀学生，亦准机械系二年级优秀学生进入航空工程学系学习。同时，为培养更多航空人才，教育部令航空工程学系自 1944 年起开设双班（见图 15）。

教育部决定指令西南联大航空工程学系自卅三年度（1944 年）起设双班由

教育部训令（字第 078230 号）

令国立西南联合大学：

本部为积极培养航空工程人才起见，经决定并令该校航空工程学系自卅三年度（1944 年）起改设双班，所需经费候另案饬知，仰即遵照办理，具报此令。

部长 孙立人

---

① 航空工程学研究所人员、设备概况．北京：清华大学档案馆，全宗号 1，目录号 4：2，案卷号 081，93.

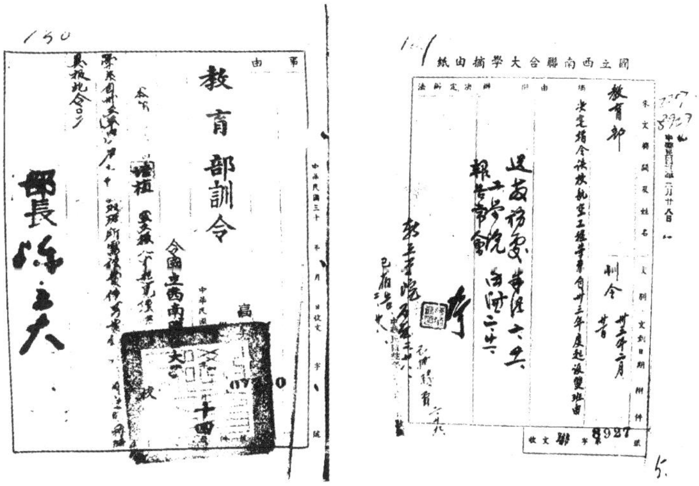

图 15　教育部令航空工程学系自卅三年度（1944 年）起设双班[①]

自西南联大成立航空工程学系，经 1946 年随清华大学复员，至 1951 年三校航空学并入成立清华航空工程学院，航空工程学系共培养毕业生 13 届，其中包括中科院院士屠守锷、沈元、李敏华、王仁、郭仲衡以及中国工程院院士陈士橹等（见表 4、表 5）。

表 4　　西南联大时期航空工程学系历届入学新生、毕业生统计表

年度/届	1938	1939	1940	1941	1942	1943	1944	1945
入学人数（人）	44	72	49	46	32	18	32	29
毕业人数（人）	42	72	40	43	27	17	20	29
学生来源	准机械系二年级优秀学生进入							
学程学期	一学年（16 星期）							
学生费用	（1）学费：40 元（免）；（2）生活费：平均每生每年 200 元；（3）实习费：免							

注：①本表入学人数参考《清华大学史料选编（学生、教授名录）三（下）》，国立西南联合大学历年大一学生注册名单（清华大学档案），（1937—1945 年）（工学院航空工程学系）。

②毕业人数以清华大学档案馆收藏的西南联大历届上报教育部毕业生名册为底本，参阅清华大学、北京大学档案馆增补原三校学籍的毕业生。

① 教育部令西南联大航空工程学系自卅三年度起设双班．北京：清华大学档案馆，全宗号 X1，目录号 3：2，案卷号 1，129.

表5　　1950年度清华大学航空工程学系学生人数统计表

项目	一年级			二年级			三年级			四年级			总计		
	计	男	女	计	男	女	计	男	女	计	男	女	计	男	女
人数（人）	41	40	1	28	28		17	17		42	42		128	127	1
入学程度	本科：高中毕业或同等学力　　研究生：大学或学院毕业														
修业年限	四年														
备注	编制：本表按当日实际在校学生数编制，系主任，沈元，制表日期：12月16日														

注：本表摘自华北区　一九五〇年度清华大学学生人数表（高教表二）. 北京：清华大学档案馆，全宗号2，目录号校1，案卷号50008，1.

另据《国私立大学院校及专科以上学校概况调查表（1950年11月1日）》记载，1950年清华大学航空系学生人数统计为：男129人、女1人，共计130人。见《国私立大学院校及专科以上学校概况调查表（1950年11月1日）》，北京：清华大学档案馆，全宗号2，目录号校1，案卷号50008，9.

教学方面，西南联大航空工程学系与迁滇的航空研究所相互配合，在航空工程学系教导学生的教授，不仅有航空系的教授，航空研究所诸教授均在航空工程学系担任授课工作，而且课程设置更为全面、细致。

西南联大航空工程学系的课程编制除延续原清华航空工程组的课程设置外，主要参照美国麻省理工学院航空工程系的课程编制。航空工程学系在其课程总则中规定：一年级修工学院的共同课程，二年级学机械系的基础课程，航空系只为三、四年级开设关于航空理论和航空工程方面的课程。航空工程学系共开出21门课程，并按照课程性质，设置飞机工程和发动机工程两个组，各组所学课程基本相同。航空工程学系的课程以理论课程为主，在动力学方面，除原有的秦大钧讲授的“理论空气动力学”外，新开出程本蕃讲授的“流体力学”、吕凤章讲授的“空气动力学”“应用空气动力学”、金希武讲授的“发动机动力学”等课程。其中，理论课程学分占全部课程学分的34.5%。在航空工程技术方面，亦有新增课程，如“发动机制造方法”“飞机材料及实验”“高等飞机结构”“航空仪器”“领航学”“飞机构造及修理”“飞机修造实习”等。① 其中，航空工程学系学生的空气动力学试验均在航空研究所5英尺口径风洞中进行（见表6）。

① 清华大学校史编写组. 清华大学史稿［M］. 北京：中华书局，1981.

表 6 西南联大工学院航空工程学系必修、选修课程及任课教师表[①]（1940—1941 年）

课程	必修或选修	学期	学分	教师
飞机结构（一）	Ⅲ	上	3	王德荣
流体力学	Ⅲ	上	3	程本藩
内燃机（一）	Ⅲ	上	3	梁守槃
应用空气动力学（一）	Ⅳ	上	3	冯桂连
飞机原动机	Ⅳ	上	3	金希武
飞机设计	Ⅳ	上	3	程本藩
航空仪器	Ⅳ	上	2	
飞机螺旋桨	Ⅳ	上	2	
理论空气动力学	Ⅳ	上	3	秦大钧
高等飞机结构	Ⅳ	上	3	王德荣
飞机发动机制造方法	Ⅳ	上	3	金希武
飞机概论	Ⅱ		2	张听聪
飞机材料	Ⅲ		1	王德荣
飞机结构	Ⅳ		3	王德荣
空气动力学	Ⅳ		3	冯桂连
内燃机（二）	Ⅲ			梁守槃
机架试验	Ⅲ		1.5	王德荣
应用空气动力学（二）	Ⅳ		3	冯桂连
飞机设计	Ⅳ		3	
飞机原动机试验	Ⅳ		1.5	金希武
空气动力学试验	Ⅳ		1.5	冯桂连
航空发动机	Ⅳ		2	金希武
理论空气动力学	4		3	秦大钧
高等飞机结构	4		3	王德荣
发动机动力学	4		2	金希武
飞机发动机设计	4		3	金希武
航空仪器	Ⅳ，4		2	梁守槃
高等微积分	4		3	徐贤修

注：①学期栏内空白者，表示全学年课程；填上下者，表示上下学期课程。

②必修或选修栏内，用罗马数码字填写者，表示某年级必修课程，如Ⅰ、Ⅱ、Ⅲ、Ⅳ等码各表示第一年级、第二年级、第三年级、第四年级必修课程；用阿拉伯数字填写者，表示某年级选修课程，如 1、2、3、4 等码各表示第一年级、第二年级、第三年级、第四年级选修课程。

---

① 清华大学校史研究室．清华大学史料选编［M］．北京：清华大学出版社，1993.

（二）航空工程学系科研工作

联大航空工程学系的开办费约 12 万元，清华自拨 5 万元，余款由中华文化教育基金委员会和中英庚款委员会资助。成立伊始，设备简陋，其教学、试验设备大部系由航空研究所教授设计、建造或直接向航空研究所借用，航空工程学系仅有发动机实验室、飞机模型实验室及风洞。发动机实验室于 1940 年由金希武负责筹建，拥有 E or dV/8 发动机一架、朋兹柴油机一架及西门子航空发动机一架。联大航空工程学系曾建有 3 英尺口径直流风洞，由航空研究所秦大钧教授主持设计、由吕凤章先生督促建造完成。风洞电动马达亦由航空研究所购置，发动机及机架方面的设备大部系向航空研究所借用，但因种种原因未安装完成，无法作为教学之用，只得借用航空研究所的低速风洞进行模型试验。①

联大航空工程学系主要致力于教学工作，学术研究工作较少，发表的学术论文如《端变位法》《不连续性质连续梁之力距分布解法》（王德荣）《航空发动机连杆之主杆及辅杆设计的探讨》（金希武）等。其中，《航空发动机连杆之主杆及辅杆设计的探讨》一文曾在工程师学会上宣读。

1946 年航空工程学系随清华大学复员。原机械系航空工程组所建航空馆及图书在抗战中损失殆尽（见图 16、表 7）。仅航空馆一项，损失 80000 元。

在西南联大航空系基础上，清华航空工程学系不断扩充、发展，延续原航空系课程设置，继续开设“空气动力学”“飞机设计”“发动机动力学”等课程，新建流体力学实验室，建造完成烟风洞和开流式木制风洞，在室外建有一具椭圆形回流式风洞。拥有美制、德制和日制的航空发动机及 CFR（Cooperative Fuels Research）内燃研究机等新设备（见图 17）。

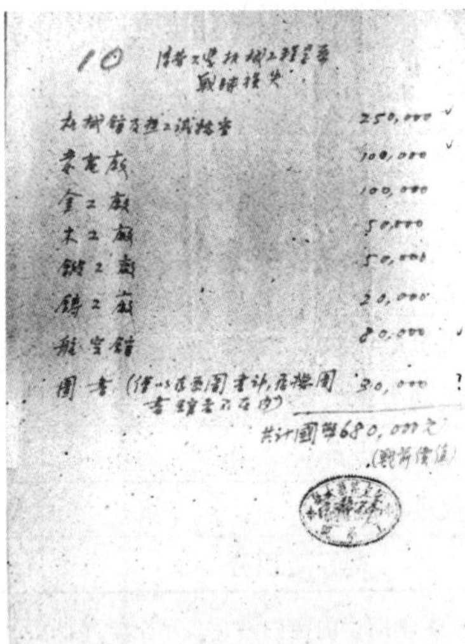

图 16 清华大学机械工程学系战时损失②

① 清华大学校史编写组．清华大学史稿［M］．北京：中华书局，1981.

② 清华大学机械工程学系战时损失．北京：清华大学档案馆，全宗号 X1，目录号 3：2，案卷号 130：1，10.

表 7　清华大学机械工程学系战时损失

机械馆及热工试验室	250000
发电厂	100000
金工厂	100000
木工厂	50000
锻工厂	50000
铸工厂	20000
航空馆	80000
图书（仅以存系图书计存盘图书馆暂不在内）	30000
共计国币 680000 元（战前价值）	
李辑祥	

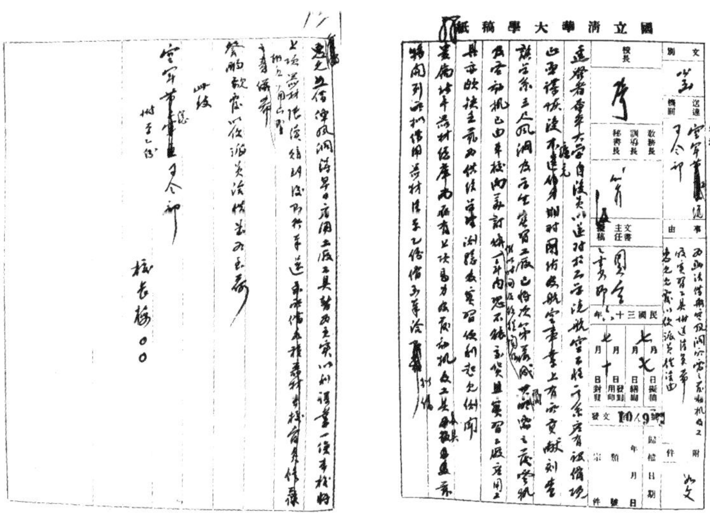

图 17　函空军司令部借用航空风洞所需之发动机及工厂实习工具由[①]

函空军司令部洽借航空风洞所需之发动机及工厂实习工具，附送借单希惠允见覆以便派员接洽由

迳启者：

查本大学自复员以后，对于工学院航空工程学系应有设备现正亟待恢复扩充期，

① 函空军司令部借用航空风洞所需之发动机及工厂实习工具由．北京：清华大学档案馆，全宗号 1 目录号 4：2，案卷号 206，88.

对国防及航空事业上有所贡献。刻查该学系三（英）尺风洞及学生实习工厂已将次第完成，其风洞所需之发电机及电动机已由本校向美订购，惟以时间及路程关系，一年内恐不能交货，且实习工厂应用工具亦颇缺乏。维供经学生测验及实习便利起见，侧闻贵局北平器材总库尚存有上项马力及发动机及工具，兹特开列所拟借用器材清单一份，备函来洽拟借。惠予照借。俾风洞等早日应用，工厂工具暂为充实以利课业。一俟本校将上项器材陆续购到后，即行来还。相应备函即希。

此致

空军总司令部

校长梅〇〇

民国卅六年（1947年）七月十日

1947年，以航空工程学系及航空研究所为基础，成立航空工程学研究所。航空工程学研究所创办伊始，与航空工程学系联合设备（见图18）。

清华大学航空工程学研究所设备概况

本所系与航空工程学系联合设备，现以创办伊始，各种设备正在筹设中：计空气动力学方面风洞，现将兴建完成。动力部分已向美订购，发动机方面已向美订购CFR引擎一架。飞机结构方面之材料试验机、精密应变仪等，均在订购中。

航空系 启

卅六年（1947年）七月二十六日

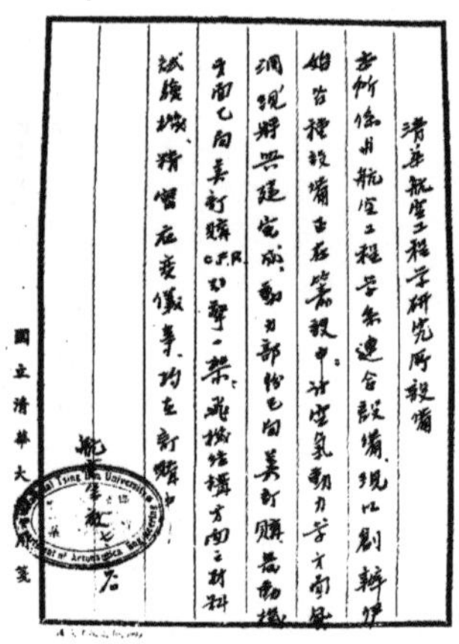

图18 清华大学航空工程学研究所设备概况①

① 航空工程学研究所人员、设备概况．北京：清华大学档案馆，全宗号1，目录号4：2，案卷号081，94.

航空工程学院

一、发展概况

1951 年 3 月，中央教育部对院校航空学专业进行第一次院系调整，将西北工学院、北洋大学、厦门大学的航空学并入清华大学航空工程学系，成立清华大学航空工程学院。同时，教育部拨专款修建新航空馆。三校航空系均派员赴京参加清华大学新建航空学院工作。新成立的清华航空学院汇集四校航空人才，由沈元出任院长（见图 1、图 2）。

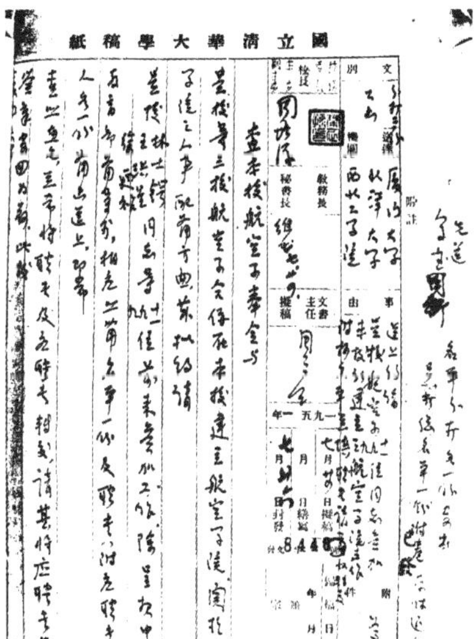
國立清華大學稿紙

图 1　约请三校航空系同志参加清华大学新建立之航空学院工作事宜[①]

呈上约请各校航空系（十一、九、九）位同志参加本校新建立之航空学院工作（附抄名单并聘书请查照转交）

---

① 约请三校航空系同志参加清华大学新建立之航空学院工作事宜. 北京：清华大学档案馆，全宗号 2，目录号校 1，案卷号 51025，2.

查本校航空系奉命与贵校等三校航空系合并，在本校建立航空学院。关于该学院之人事配备方面，兹拟约请贵校林士锷、王洪星、徐迺祚同志等十一、九、九位前来参加工作，除呈报中央教育部备呈外，相应照备名单一份及聘书（附应聘书）每人各一份，备函送上。

即希查照惠允，并希将聘书及应聘书转交，请其将应聘书早日签字并寄回。为荷。

此致

厦门大学

北洋大学

西北工学院

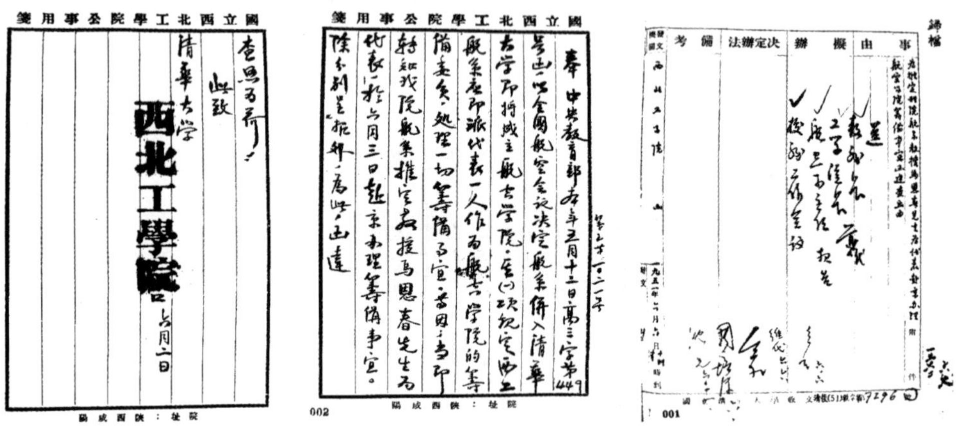

图 2　西北工学院派代表赴京办理航空学院筹备事宜[①]

为拟订我院航系教授马恩春先生为代表赴京办理航空学院筹备事宜函达查照由

奉中央教育部本年（1951 年）五月十二日高三字第 449 号函，以全国航空会议决定航系并入清华大学即将成立航空学院，其（一）项规定，西工航系应即派代表一人作为航空学院的筹备委员，处理一切筹备事宜等。因当即转知我院航系教授马恩春先生为代表，于六月三日赴京办理筹备事宜，除分别呈报外，为此函

① 西北工学院派代表赴京办理航空学院筹备事宜．北京：清华大学档案馆，全宗号 2，目录号校 1，案卷号 51025，1.

达。查照为荷。

此致

清华大学

西北工学院 启

六月二日

1952 年 4 月全国第二次高校院系调整时，中央教育部和中央重工业部根据政务院“以培养工业建设人才和师资为重点，发展专门学院、整顿和加强综合大学”的方针，决定把清华大学航空工程学院与北京工业学院航空系及四川大学航空系合并，成立北京航空学院（现北京航空航天大学）。同年 6 月成立筹备委员会，同年 10 月 25 日在中法大学旧址召开成立大会。

至此，航空工程学院作为独立的学院体系暂时告别了清华大学，但清华大学的很多院系仍继续开展着许多有关航天航空方面的研究。

二、负责人简介

沈元 （1951 年 3 月至 1952 年 10 月任清华大学航空工程学院院长）

详见航空工程学系负责人简介。

三、教师队伍

根据中央教育部指示，西北工学院、北洋大学、厦门大学的航空学专业的教师，除部分自愿留原校工作外，均被清华航空学院延聘。除原清华航空工程学系教师人员外，另有各校航空学教授、副教授、讲师、助教等共计 29 人并入清华大学航空学院（见表 1）。

表 1 并入清华大学航空学院各校教师名单①

原校	北洋	北洋	北洋	北洋	厦大	厦大	厦大	厦大	厦大	厦大	厦大	厦大	厦大	厦大	厦大
职别	副教授	副教授	副教授	教授	事务员	助教	助教	助教	助教	助教	讲师	教授	教授	教授	教授

① 并入清华大学航空学院各校教师名单．北京：清华大学档案馆，全宗号 2，目录号校 1，案卷号 51025，3.

续 表

姓名	张秉煦	张广生	张开敏	王洪星	陈天佑	谢希文	张启光	黄俊钦	刘龄德	连淇祥	阮孟光	黄逢昌	宋懿昌	程本蕃	林士锷
备注															
原校		西工	西工	西工	西工	西工	西工	西工	西工	西工	北洋	北洋	北洋	北洋	北洋
职别		助教	助教	助教	助教	讲师	教授	教授	教授	教授	助教	助教	助教	助教	副教授
姓名		张性原	叶祖荫	白师贤	荣湘涛	高为炳	马恩春	吴云书	梁炳文	徐迺祚	张能扬	高镇同	俞公治	杨应辰	张桂联
备注						现在哈大学习									

新成立的清华航空学院拥有教师40人，其中教授12人，具体数据如表2所示。

表2　　清华航空学院建教师统计

教授		副教授		讲师		教员	助教	统计	
专任	兼任	专任	兼任	专任	兼任			专任	兼任
12		6		7			15	40	

注：①该表摘自高等学校临时报表（1951年度第一学期）. 北京：清华大学档案馆，全宗号2，目录号校1，案卷号52004，3.

②参考填报1952年上半年高等学校临时报表. 北京：清华大学档案馆，全宗号2，目录号校1，案卷号52004，19. 清华大学一九五一年度第一学期工学院学生人数统计（1951. 10. 3）. 北京：清华大学档案馆，全宗号2，目录号校1，案卷号64021，10.

四、教学科研

第一次院系调整后成立的清华航空工程学院，其专业大致分为飞机设计方面和发动机方面，但具体名称未定。① 截至1951年度第一学期开学，清华航空工程学院在校学生有300余人，含本科生与研究生。其中本科生来源为高中毕业或同等学力的学生（见表3、表4）。

---

① 调整院系初步计划. 北京：清华大学档案馆，全宗号2，目录号校1，案卷号51004，5.

表 3　　1951 年度第一学期航空工程学院学生人数统计　　（单位：人）

<table>
<tr><th colspan="3">项目</th><th>男</th><th>女</th><th>总计</th></tr>
<tr><td rowspan="8">人数统计</td><td rowspan="4">本科生</td><td>一年级</td><td>116</td><td>4</td><td>120</td></tr>
<tr><td>二年级</td><td>109</td><td>2</td><td>111</td></tr>
<tr><td>三年级</td><td>63</td><td>4</td><td>67</td></tr>
<tr><td>四年级</td><td>49</td><td>1</td><td>50</td></tr>
<tr><td rowspan="3">研究生</td><td>一年级</td><td colspan="2">4</td><td rowspan="3">6</td></tr>
<tr><td>二年级</td><td colspan="2">2</td></tr>
<tr><td>三年级</td><td colspan="2"></td></tr>
<tr><td colspan="2">总　计</td><td>343</td><td>11</td><td>354</td></tr>
<tr><td colspan="3">入学程度</td><td colspan="3">本科生：高中毕业或同等学力
研究生：大学或独立学院毕业</td></tr>
<tr><td colspan="3">修业年限</td><td colspan="3">四年</td></tr>
<tr><td colspan="3">备　　注</td><td colspan="3">编制日期：1952 年 7 月 30 日</td></tr>
</table>

注：本表摘自清华大学一九五一年度第一学期学生人数统计表．北京：清华大学档案馆，全宗号 2，目录号校 1，案卷号 52004，39. 参考填报 1952 年上半年高等学校临时报表．北京：清华大学档案馆，全宗号 2，目录号校 1，案卷号 52004，19.

另据“高等学校临时报表（1951 年度第一学期）”记载，航空工程学院本科一年级人数为 121 人，共计 355 人。“1952 年 6 月 12 日填送本校概况调查表”记载，航空学院学生数统计为：男 344 人，女 11 人，总计 355 人。“高等学校临时报表（1951 年度第一学期）”，北京：清华大学档案馆，全宗号 2，目录号校 1，案卷号 52004：3。“1952 年 6 月 12 日填送本校概况调查表”，北京：清华大学档案馆，全宗号 2，目录号校 1，案卷号 52004：30。

据“清华大学一九五一年度第一学期工学院学生人数统计（1951. 10. 3）”记载。

表 4　　清华大学 1951 年度第一学期工学院学生人数统计　　（单位：人）

<table>
<tr><th colspan="3">项目</th><th>男</th><th>女</th><th>总计</th></tr>
<tr><td rowspan="6">人数统计</td><td rowspan="4">本科生</td><td>一年级</td><td>125</td><td>4</td><td>129</td></tr>
<tr><td>二年级</td><td>116</td><td>1</td><td>117</td></tr>
<tr><td>三年级</td><td>74</td><td>3</td><td>77</td></tr>
<tr><td>四年级</td><td>57</td><td>1</td><td>58</td></tr>
<tr><td colspan="2">研究生</td><td>7</td><td></td><td>7</td></tr>
<tr><td colspan="2">总　计</td><td>379</td><td>9</td><td>388</td></tr>
<tr><td colspan="3">备　　注</td><td colspan="3">编制日期：1951 年 10 月 3 日</td></tr>
</table>

注：本表摘自清华大学一九五一年度第一学期工学院学生人数统计（1951. 10. 3）．北京：清华大学档案馆，全宗号 2，目录号校 1，案卷号 64021，10.

根据中央教育部指示，将北洋大学、厦门大学、西北工学院三校航空学经费亦一同拨往清华航空学院，并拨款28亿元作修建新航空馆之用（见图3、图4、图5、表5、表6）。

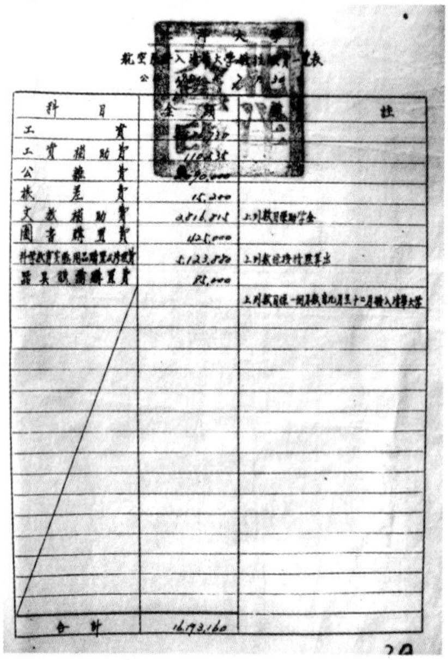

图3　北洋大学航空系并入清华大学航空学院经费表[①]图示

表5　　北洋大学航空系并入清华大学拨往经费一览表（1951年7月30日）

科目	金额（元）	备注
工资	5526730	
工资补助费	110535	
公杂费	2090000	
旅差费	15200	
文教补助费	2816815	上列数目是助学金
图书购置费	425000	
科学教育实验用品购置及修理费	5123880	上列数系按积点算出
器具设备购置费	85000	
合计	16193160	上列数目系一个月数， 自九月至十二月拨入清华大学

① 北洋大学航空系并入清华大学航空学院经费表．北京：清华大学档案馆，全宗号2，目录号校1，案卷号51025，6.

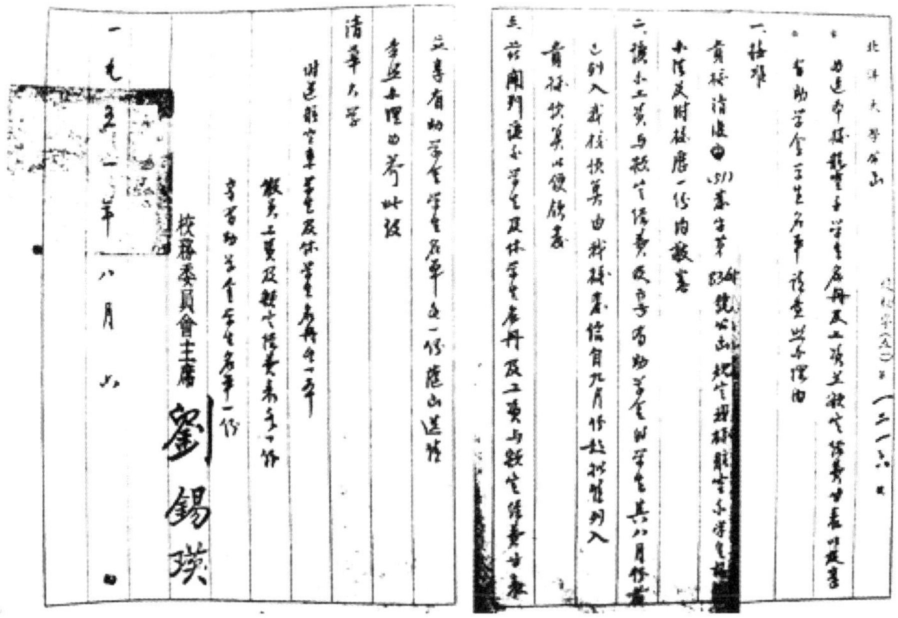

图 4　北洋大学函清华航空学院并入事宜①

函送本校航空系学生名单及工资呈额定经费等表以及享有助学金学生名单请查照办理由

一、接准贵校清复（51）发字第 8365 号公函规定我校航空系学生报到办法及附校历一份，均敬悉。

二、该系工资与额定经费及享有助学金的学生，其八月份者已列入我校预算，由我校发给，自九月份起拟请列入贵校预算，以便领发。

三、兹开列该系学生及休学生名单及工资与额定经费等表并享有助学金学生名单各一份，随函送请。

查照办理为荷。

此致

清华大学

附送航空系学生及休学生名单各一份

① 北洋大学函送本校航空系学生名单及工资呈额定经费等表以及享有助学金学生名单请查照办理由．北京：清华大学档案馆，全宗号 2，目录号校 1，案卷号 51025，6.

教员工资及额定经费表各一份

享有助学金学生名单一份

校务委员会主席　刘锡瑛

一九五一年八月六日

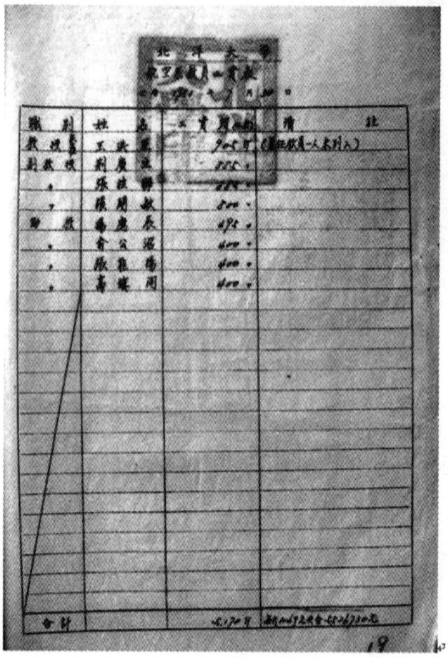

图 5　附北洋大学航空系教员工资表图示

表 6　　北洋大学航空系教员工资表（1951 年 7 月 30 日）

职别	姓名	工资额（小米）	备注
教授（系主任）	王洪星	905 斤	兼任教员一人，未列入
副教授	荆广生	885 斤	
副教授	张桂联	885 斤	
副教授	张开敏	800 斤	
助教	杨应辰	495 斤	
助教	俞公沼	400 斤	
助教	张能扬	400 斤	
助教	高镇同	400 斤	
合计		5170 斤	每斤 1069 元，共计 5526730 元

注：档案“全宗号 2，目录号校 1，案卷号 51025，3”关于并入清华大学航空学院各校教师名单中记载有“北洋大学助教俞公治”一人，而档案全宗号 2，目录号校 1，案卷号 51025，6，关于北洋大学函清华大学航空学院关于并入事宜中，其中所附北洋大学教员工资表中记为“北洋大学助教俞公沼”。本书为尊重原档案，只将档案所载内容原文誊下，特此说明。

工程力学系

一、发展概况（含工程力学数学系部分）

1957 年年初，为了适应经济发展与国防建设的需要，需培养新兴科学技术中有关力学及计算数学方面的专业人才，在钱学森先生的倡导下，成立了工程力学研究班，钱伟长教授为首任班主任，郭永怀教授和杜庆华教授为副班主任。工程力学研究班共办了 3 届，毕业生 323 人，其中大多数成为了我国力学学科教学和科研的骨干。

为了满足日益发展的国防与国民经济对力学人才的需求和高校对高质量力学教师的要求，1958 年 7 月 3 日，清华大学 1957—1958 年度第七次校务行政扩大会议决议，成立工程力学数学系，设立流体力学、固体力学和计算数学三个专业，相应建立了三个专业教研组，学制为六年。

工程力学数学系以数学、物理、力学等基础学科为基础，研究技术科学理论，又与生产实践相结合，解决工程设计提出的问题，培养有社会主义觉悟、又红又专的力学和计算数学人才。

1960 年 5 月，学校考虑到技术科学的共同性质，为促进航空航天项目的发展，又将动力机械系的工程热物理专业调整到工程力学数学系（注：工程热物理专业的前身为 1955 年成立于动力系的工业热工专业。1957 年春学校决定停办工业热工专业，改为成立面向军工服务的热物理专业，代号 410。1958 年 2 月热物理教研组在动力系馆正式成立）。1961 年根据国家的需要成立了固体力学专业、一般力学专门化。这时的工程力学数学系有四个专业和一个专门化；有五个专业教研组即 610、620、630、640 与 650 教研组和六个实验室。后来取消了代号，相应地称为流体力学、固体力学、计算数学、工程热物理和一般力学五个教研组。

从 1969 年起先后将计算数学调整到计算机科学与技术系和应用数学系；一般力学调整到精密仪器系，工程力学数学系改名为工程力学系。直到 1978 年，一般力学又调回到工程力学系。1972—1976 年，先后招收了 5 届工农兵学员，共计 363 人。

1977 年恢复高考招生制度。工程力学系流体力学、固体力学和工程热物理专业恢复招收本科生，学制 5 年。同年开始规模招收硕士研究生，学制 2~3 年。

1980 年固体力学、流体力学专业开始招收博士研究生。

1982 年基础课委员会中的理论力学和材料力学两个教研组与工程力学系合并，从此工程力学系又承担起全校力学课程的教学任务。

1983 年为更好地开展科学研究工作，成立了工程力学研究所；工程热物理专业与热能工程系合并成立热能工程与工程热物理研究所。

1985 年从科学发展和社会需要出发，将流体力学和固体力学专业合并为工程力学专业。

为进一步适应国民经济发展的需要和高科技发展对力学人才的要求，从 1990 年起，确定在本科招生中，力学系的专业改为工程力学（工程力学与计算机应用）及工程热物理（热科学、热能技术与控制）两个专业，主要培养力学及其相关的工程设计、新技术开发以及高新技术相结合的工程力学、工程热物理和计算机应用人才。

到 1991 年，全系设有七个教研组、包括六个研究室的工程力学研究所、地震波勘探开发研究所以及装备了现代化设备的十个实验室和计算机室。其中，固体力学、工程热物理学科被评为全国重点学科。

1993 年破坏力学实验室成为国家教委开放研究实验室。

1996 年力学学科被首批批准按一级学科行使学位授予权。

1998 年全面实行本科—硕士统筹培养计划，当年力学系有 41 名同学被纳入本硕贯通培养计划。工程热物理专业获得动力工程及工程热物理一级学科博士学位授予权（与热能系共建）。

1999 年逸夫技术科学楼建成，工程力学系迁入，教学和实验条件得到了极大改善。实行了系管教学，将教研组改为研究所，相继成立了固体力学、流体力学、工程热物理、工程动力学研究所。国家教委开放研究实验室，“破坏力学实验室”更名为“破坏力学教育部重点实验室”，2009 年更名为“应用力学实验室”。在全国首批百篇优秀博士论文的评选中，力学系有两篇博士论文入选。

2001 年在教育部重点学科的评估工作中，固体力学列一级学科（力学）第一，流体力学列二级学科第一、一级学科第六，工程热物理专业（与热能系共建）列一级学科（动力工程及工程热物理）第一。与华南理工大学和北京工业大学三校联合组建

“传热强化与过程节能”教育部重点实验室。

2002 年增设国防定向的“飞行器设计与工程”专业，招收 21 名国防定向生。

2003 年与热能系共建“煤的清洁燃烧技术教育部重点实验室”。

2003 年成立了“传热与能源利用”北京市重点实验室。

二、负责人简介

工程力学系历届系主任简介如下。

张维　（1958—1977 年任系主任）（见图 1）

图 1　张维

1913 年出生于北京市，1933 年毕业于唐山交通大学，英国帝国理工学院硕士，德国柏林高等工业大学工程博士。1947 年被聘为清华大学教授，1958 年任清华大学工程力学系系主任。中国科学院和中国工程院两院院士，瑞典皇家工程科学院外籍院士，德国工程师学会、国际桥梁与结构工程学会高级会员，我国著名力学家、教育家。曾任世界工程组织联合会副主席，联合国教科文组织执行局委员，中国科协副主席、书记处书记，全国政协科技委副主任，国务院学位委员会委员，国家教委科技委主任，欧美同学会、中国发明学会、中国教育国际交流学会副会长，中国力学学会、中国土木工程学会副理事长，中国老教授协会、茅以升科技教育基金会会长，清华大学副校长，校学术委员会主任，校务委员会副主任，深圳大学校长等职。

从事工程力学、弹塑性力学、板壳理论及结构工程特别是圆环壳、弯管的强度、屈曲、振动及其工程应用、核电站管道系统、快中子增殖堆主钠池的结构完整性与安全评价等教学与研究工作。运用解析法、半解析数值法、数值计算、力学试验等方法对具有较强工程背景的结构进行强度、稳定性分析。还从事“美国及欧洲主要国家的高等工程教育发展史”的研究。曾获世界工程组织联合会“工程教育优秀奖章”、联邦德国洪堡基金会洪堡奖章及大十字勋章、中国工程院科学技术奖、中国工程科学院高等教育学会及国家级优秀教学成果特等奖、国家教委科技进步一等奖等。发表论文百余篇，著作译著多部。

1955 年当选为中国科学院院士（学部委员）。

王和祥 (1978—1985年任系主任)(见图2)

1927年10月出生于北京市，1950年毕业于北京大学土木系，1952年任清华大学土木系助教、讲师、系教学秘书、力学研究班总支书记、办公室主任。1957年在苏联莫斯科土建学院读研究生并在原列宁格勒工学院物理系进修。1960年担任清华大学工程力学数学系讲师、副教授、副系主任、一般力学教研组主任、系党委副书记。1970年担任清华大学精密仪器系陀螺及导航仪器教研组主任、党支部书记。1978—1985年任清华大学工程力学系系主任、系党委副书记。曾任中国力学学会理事及教育委员会主任委员。1990年离休。

图2 王和祥

曾讲授自动调节原理、现代控制理论、振动理论及随机振动等课程，指导硕士研究生。与他人合译出版《土学及土力学》，合编出版《现代控制理论基础》等书籍。

曾领导及从事渔轮罗经、静电陀螺、静电陀螺稳定平台及磁浮转子样机的研制工作与鱼雷动力学的分析工作。

在随机振动在时域中的分析及其他领域曾发表十余篇论文，中国力学学会荣誉会员，享受国务院特殊津贴。

朱文浩 (1985—1988年任系主任)(见图3)

1933年1月出生于上海市。1955年毕业于清华大学动力机械系热能动力装置专业。同年留校工作，担任学生政治辅导员一职，任动力系团总支书记，直至1960年。在此期间和其他教师一起筹建了工业热工专业，后改为热物理专业。

1960—1964年在苏联莫斯科动力学院热物理专业读研究生，获副博士学位。留苏期间曾任莫斯科动力学院中国留学研究生党支部书记、动力学院中国留学生党总支书记。

图3 朱文浩

回国后在清华大学工程力学系任教师，教授工程热力学、统计热力学等大学生及研究生课程，建立低温真空等离子体实验室，从事低温等离子体热物性及测量技术的研究，指导硕士研究生。编著有《统计物理学基础》(朱文浩、顾毓沁)等。任中国高等教育学会工程热物理专业委员会副主任。1985—1988年任工程力学系系主任。1988—1989 年在德国斯图加特大学做访问学者。1988 年任教授。1991 年被评为对国家有突出贡献的专家，享受国务院特殊津贴。1991 年任清华大学图书馆馆长。1996 年退休。

余寿文　（1988—1992 年任系主任）（见图 4）

1939 年 5 月出生于福建省，1955—1958 年就读于上海同济大学结构系工业与民用建筑专业本科，1960 年清华大学工程力学研究班固体力学专业研究生毕业。他是联邦德国洪堡奖学金获得者，1985—1987 年在联邦德国 Darmstadt（达姆施塔特）工业大学力学研究所任客籍研究员。历任清华大学工程力学系助教、副教授、教授。

图 4　余寿文

现兼任中国工程教育认证专家委员会常务副主任，中国工程院教育委员会委员，中国高等教育研究会副理事长，中国高等工程教育研究会副理事长，中国高等教育学会常务理事，国际断裂大会（ICF）执委，国际断裂大会（ICF）荣誉会员。*Int. J. Damage Mechanics*（国际损伤力学学报）顾问编委，*J. Composite Structures* 编委，《机械强度》副主编，《力学学报》编委，《中国学术期刊（电子版）》顾问编委。

曾任清华大学工程力学系系主任（1988—1992 年），清华大学教务长（1992—1994 年），副校长（1992—1999 年），研究生院院长（1994—1999 年），清华大学学位委员会副主席（199—2007 年），中国力学学会副理事长（1990—1998 年），国际断裂大会（ICF）副主席（2001—2005 年），《固体力学学报》及 *Acta Mechanica Solida Sinica*（固体力学学报英文版）主编（1999—2007 年）。

长期从事断裂力学、损伤力学、信息与智能材料力学、细观力学、微接触力学、高等的研究与教学。与他人合作完成专著《弹塑性断裂力学》《损伤力学》《弹性理论》《准脆性材料细观损伤力学》等。在期刊和学术会议上发表论文 380 余篇，工程教育研究论文 50 余篇。曾获得国家自然科学奖三等奖 2 项（1987 年、1995 年），国家教委科技进步一等奖 2 项（1988 年、1995 年），国家教委科技进步二等奖（1986 年），中国高校自然科学奖二等奖 2 项（2001 年、2002 年），中国高校自然科学奖一等奖（2007 年），国家优秀教学成果二等奖（2006 年）等奖励。

岑章志 (1992—1997年任系主任)(见图5)

图5 岑章志

1946年出生于上海市，1963年9月至1968年12月就读于清华大学工程力学数学系一般力学专业，1978年10月至1981年3月在清华大学工程力学系固体力学专业读硕士，1981年6月至1984年12月在清华大学工程力学系固体力学专业读博士。1981年硕士毕业后留校任教至今。1991年担任教授。1992—1997年任工程力学系系主任，1997年1月任校长助理，1998年4月任校总会计师，2001年4月任副校长，2007年12月起任校务委员会副主任。

1989年3月至1990年7月应意大利外交部国际合作司邀请在米兰工业大学进行合作研究，1992年10月至12月和1999年7月至8月在奥地利Innsbruck（茵斯堡）大学进行合作研究，1997年7月至10月担任新加坡南洋理工大学访问教授。

曾任中国力学会理事，反应堆结构力学专业委员会、工程结构专业委员会成员，《工程力学》杂志常务编委，《压力容器》杂志编委。现任国际期刊 *Computers*, *Materials & Continua*（《计算机、材料及连续介质》）主编。

主要从事有限元、边界元及其耦合方法等计算力学领域的研究，先后参加和负责国家自然科学基金重大项目和面上项目、国家科技攻关项目以及来自工业部门的研究项目多项，涉及海洋结构、压力容器、动力机械和岩土工程等问题的动力和强度分析、极限和安全分析、软化和稳定性分析。已发表学术论文200余篇，合作出版2本著作，曾获国家科技进步二等奖1项，部委科技进步奖9项。

杨卫 (1997—2004年任系主任)(见图6)

图6 杨卫

1954年出生于北京市，1976年西北工业大学锻压专业本科毕业，1981年获清华大学工程力学系工学硕士，1984年获美国Brown（布朗）大学工学院博士学位。清华大学工程学系教授，中国科学院院士（2003年至今）、第三世界科学院院士（2005年至今）。

1978年5月至8月先后在清华大学机械工程系、工程力学系任教，1989年12月晋升教授。1997—2004年任清华大学工程力学系系主任，2004 年 4 月至 8 月担任清华大学航天航空学院常务副院长。1999—2004 年任教育部长江学者特聘教授。2004—2006 年任清华大学校学术委员会主任。2004 年 9 月至 2006 年 7 月担任国务院学位委员会办公室主任，教育部学位管理与研究生教育司司长。2006 年 8 月起担任浙江大学校长。

研究方向包括宏微观破坏力学、结构完整性评价、材料的增强与增韧。获得科研奖励有：1988 年研究项目“裂纹尖端奇异场与断裂准则”获得国家教委科技进步一等奖（第四获奖人），研究项目“固体材料的宏细观本构理论与断裂”于 1995 年获得国家自然科学三等奖（第一获奖人），研究项目“铁电陶瓷的力电耦合失效与本构关系”于 2005 年获得国家自然科学二等奖（第一获奖人）。出版中英文学术著作 11 种，发表学术论文 300 余篇，其中收入 SCI 源期刊的论文逾百篇。

三、教师队伍

1958 年力学系初建阶段是由学校基础教学部以及各系（如土木系、动力机械系、机械系等）抽调部分教师、从历届力学研究班毕业生以及提前毕业的学生中补充了部分教师组成基本教师队伍。后来陆续从本系毕业生中选拔留校学生，并注意吸收国内学者和归国留学人员形成现在的老中青结合的优秀师资队伍（见表 1）。

表 1　清华大学工程力学系历年教授聘任名单

时间	姓名
1956—1965 年	钱学森　钱伟长　张维　杜庆华　赵访熊　张福范
1977 年	
1978 年	黄克智
1979 年	
1980 年	王和祥　钟一谔　万嘉鐄　罗远祥
1981 年	
1982 年	
1983 年	王照林
1984 年	戴福隆　郑兆昌　沈孟育　过增元
1985 年	张兆顺　徐秉业　谢志成　周力行　席葆树
1986 年	
1987 年	蒋智祥　余寿文　官飞　王勖成　吴明德

续 表

时间	姓名
1988 年	傅维镳 朱之墀 陆明万 何衍宗 贾书惠 朱文浩
1989 年	杨卫 姚振汉 郑思樑 张如一 黄炎
1990 年	范钦珊 薛明德 杨宗发 董亚民
1991 年	陈熙 李方泽 岑章志
1992 年	沈熊 顾毓沁 刘宝琛 傅承诵 刘先龙 林文漪 杨慧珠 王正 王烈 傅正泰
1993 年	钟国成 王学芳 丁文镜 苏铭德 李德葆 章光华 周春田 孙庆平 李旭 蔡敏学 苗日新 符松 郑泉水
1994 年	金观昌 赵文华 朱德忠 邵敏 刘信声 丁占鳌 朱克勤
1995 年	任文敏 许宏庆 周辛庚 胡桅林 李万琼 王保国 程保荣 朱祖成
1996 年	樊友三 刘秋生 何积范 吴建基 吴翘哲 沈观林
1997 年	孙学伟 李志信 戴诗亮 薛克宗 谢大吉 张怀瑾 李苹 方岱宁 王波
1998 年	张健 王希麟 刘馥清 蔡乾煌
1999 年	李俊峰 梁新刚 宋耀祖 吴子牛
2000 年	庄茁 施惠基 琚诒光
2001 年	冯西桥 黄东涛 孙镇华 朴英
2002 年	任革学 谢惠民 张冠忠
2003 年	刘应华 崔桂香 张雄 汤荣铭 李路明

注：以上按照清华大学教授聘任时间排序。

力学系还聘请了院士、著名科学家和国内知名专家学者担任兼职教授（见表 2）。

表 2　清华大学工程力学系曾受聘过的兼职与双聘教授名单（不完全统计）

姓名	单位	职称	兼职时间
卞荫贵	中科院力学所	研究员	1983.08—1986.06
李沛滋	中科院声学所	科学院院士	1985.08—1997.08
张涵信	中国空气动力学研究中心	科学院院士	1987.07—2005.03
王西铭	国家海洋环境预报中心	研究员	1989.01—1991.01
马俊如	国家科委高技司	研究员	1991.09—1993.08
曲广吉	航空航天部 501 所	高工	1992.03—1998.04
张恩仲	哈尔滨锅炉厂	高工	1992.09—1995.12
孙恒虎	中国矿业大学	教授	1993.09—1997.08

续　表

姓名	单位	职称	兼职时间
罗学富	中国海洋石油科技开发公司	教授	1994. 02—1996. 01
洪景丰	中国核动力研究设计院	研究员	1994. 09—1998. 08
戴根华	中科院声学所	研究员	1996. 09—1998. 08
童秉纲	中国科技大学北京研究生院	科学院院士	1998. 04—2003. 05
凌国灿	中科院力学所	研究员	1999. 05—2000. 04
庄逢甘	中国航天科技集团科学技术委员会	两院院士	2000. 06—2006. 06
崔尔杰	中国航天空气动力技术研究院	科学院院士	2002. 06—2008. 05
高玉臣	北方交通大学	科学院院士	2003. 04—2005. 10

四、教学情况

（一）本科教学情况（见表3～表7）

表3　“文革”前入学的历届本科毕业生人数统计表　（单位：人）

专业 \ 毕业年届	1960	1961	1962	1963	1964	1965	1966	1967	1968	1969	1970	1971	小计
流体力学			36	25	23	24	41	35	30	25			239
固体力学			44	45	38	43	74	48	30	31			353
一般力学					12				23	22	136	128	321
计算数学	26		24	36	45	52	44	44	30	30			331
工程热物理			26	27	41	34	41	32	29	27			257
小计	26	0	130	133	159	153	200	159	142	135	136	128	1501

表4　“文革”期间入学的历届毕业生人数统计表　（单位：人）

专业 \ 毕业年届	1975	1976	1977	1978	1979	1980	小计
流体机械（610）			30	45	35	34	144
机械强度与振动	34		34	88	33	30	219
热工技术				40	37		77
小计	34		64	173	105	64	440

注：工农兵学员为三年半学制。

表 5　　　　1982—1989 年获学士学位的历届毕业生人数统计表　　　　（单位：人）

毕业年届 专业	1982	1983	1984	1985	1986	1987	1988	1989	小计
流体力学	25		33	33	28	28	29	29	205
固体力学	31	2	33	32	31	28	26	32	215
工程热物理		34	35	29	29	29	26	31	213
小计	56	36	101	94	88	85	81	92	633

表 6　　　　1990—1997 年获学士学位的历届毕业生人数统计表　　　　（单位：人）

毕业年届 专业	1990	1991	1992	1993	1994	1995	1996	1997	小计
工程力学	59	59	58	55	35	54	17	58	395
工程热物理	29	31	29	28	29	30	60	39	275
小计	88	90	87	83	64	84	77	97	670

注：另有结业生 5 人，大专（三年制）毕业生 4 人。

表 7　　　　1998—2003 年获学士学位的历届毕业生人数统计表　　　　（单位：人）

毕业年届 专业	1998		1999		2000		2001	2002	2003
	93 级	94 级	94 级	95 级	95 级	96 级			
工程力学	24	27	27	31	27	54	46	46	50
工程热物理	18	14	12	22	8	28	24	24	
热能与动力工程									24
小计	42	41	39	53	35	82	70	70	74
补行毕业					3			6	8
总计授学位书	42	41	39	53	120		70	76	82

注：从 1994 年开始本科实行本硕 6 年贯通培养，部分优秀学生本科学习 4 年。从 1997 年招生开始，本科生学制改为 4 年。从 1999 年开始，工程热物理专业改为能源与动力工程专业。

（二）研究生培养情况

1957 年中国科学院和清华大学联合设立了工程力学研究班，学制为两年。研究班不但成为工程力学系的先导，而且开启了力学系研究生培养之路。研究班共有三届毕业生，323 人，其中大多数人成为了我国力学学科科研和教学的学术带头人，为学科的发展做出了突出贡献。

1966年以前研究班共培养研究生40人，分设固体力学、工程热物理、计算数学等专业，指导教师有钱伟长、张维、赵访熊、杜庆华、王补宜、黄克智等教授。

（三）所获教学成果奖项

从力学系建系之初，就非常重视教学工作。对于人才培养，在多年教学研究过程中，力学系总结了许多非常好的经验并传承至今（见表8、表9）。

表8　　1992—2001年力学系获得教学成果奖名单

获奖年份	内容	获奖人	获奖等级
2001	参与式教学——研究生创新教学的有效途径	过增元、梁新刚、李志信、胡桅林、顾毓沁	北京市教育教学成果（高等教育）市级一等奖
1996	第七届全国优秀科技图书奖	过增元	二等奖
1996	湖北建行奖教金	黄克智、过增元	一等奖　二等奖
1995	香港柏宁顿（中国）教育基金会首届“孺子牛金球奖”	黄克智	杰出奖
1993	《固体力学重点学科建设与高水平博士生规模培养》	黄克智、张维、杜庆华、戴福隆、郑兆昌	国家级特等奖
1992	《板壳理论》	黄克智、夏之熙、薛明德、任文敏	国家级教材优秀奖
1992	《有限单元法基本原理与数值方法》	王勖成、邵敏	教委教材二等奖
1992	《燃烧学》	傅维镳	教委教材二等奖

表9　　全国优秀博士论文获得者名单

序号	年份	姓名	导师	论文名称	专业/学科
1	1999	谭鸿来	杨卫	材料断裂过程的宏微观研究	固体力学
2	1999	冯西桥	余寿文	脆性材料的细观损伤理论和损伤结构的安定分析	固体力学
3	2000	刘应华	徐秉业	结构极限与安定分析的数值方法研究及其工程应用	固体力学
4	2001	朱廷	杨卫	铁电陶瓷的电致失效力学	固体力学
5	2002	杜丹旭	郑泉水	多相材料有效性质的理论研究	固体力学

续 表

序号	年份	姓名	导师	论文名称	专业/学科
6	2003	杨春	过增元	深过冷液态金属比热的分子动力学模拟及实验研究	工程热物理
7	2004	姜汉卿	黄克智	应变梯度塑性理论断裂和大变形的研究	力学

五、科学研究

（一）概述

科学研究工作基本上可分四个阶段：第一阶段（1958—1966 年），从建立工程力学数学系至“文革”前，这个阶段是以我国航空、航天工程中的力学、数学和热物理等问题为主进行科学研究；第二阶段（1966—1977 年），这阶段科学研究工作受到很大的干扰和冲击，但在解决工程实际问题中取得部分应用性科研成果；第三阶段（1977—1998 年），这个阶段面向各行各业的力学与热物理问题，无论在基础理论研究还是在应用科学研究方面都取得了一批高水平科学研究成果；第四阶段（1999 年至今），在兼顾面向各领域的力学与热物理问题研究的同时，航空航天方面的研究逐步受到重视。

（二）科研项目

科研项目主要来自国家自然科学基金委、国家教育部、国家科技部、国家发改委、总装备部、国防科工委、航天科技集团、航天科工集团、航空一集团、航空二集团等以及横向协作项目和国际合作项目。

1992 年，傅维镳教授、周力行教授获国家级攀登计划项目，固体力学学科点“八五”期间主持承担一项国家重大项目、承担多项重点项目，参加长江三峡水轮机研究重大项目。

1994 年，杨卫教授获首届国家杰出青年基金；1995 年，郑泉水教授获国家杰出青年基金，同时获霍英东青年教师基金和霍英东青年教师奖；符松教授获国家教委资助年轻教师基金，同时获基金委优秀中青年人才专项基金，并于 1997 年获国家杰出青年基金。

1996 年，黄克智教授和符松教授分别获曹光彪基础研究基金。

1999 年，在过增元院士主持下，“航天技术和信息技术中的微细尺度传热”获得了国家自然科学基金委重大项目的支持，同时，国家自然科学基金委还支持了“航天技术中的特殊传热问题研究”课题的研究。

2000 年，作为首席科学家之一，过增元院士主持了 973 项目“高效节能的关键科学问题”，李志信、宋耀祖教授负责了“传递过程强化与控制的新理论”的研究工作。该项目提出了传热强化场协同理论，设计发展了系列换热器。2006 年，该项目继续获得 973 项目的支持。“宏微观固体力学与复杂结构的虚拟/智能化设计”获得清华大学“建设世界一流大学”（985）重点项目支持，批准支持经费 1500 万元。

2000 年 6 月 28 日，“清华一号”微小卫星顺利升空并正确进入 700 公里太阳同步轨道。29 日凌晨，卫星首次飞临北京上空，在卫星从地平线升起的瞬间，我校“清华一号”地面站成功实现对“清华一号”卫星的信号捕获，随即顺利进行了最小系统测试、软件上载、姿态调控以及收发信号、照相机载荷、GPS 接收机等测试工作。自 1998 年 10 月起，清华大学派出的 10 名教师组成的专业技术队伍赴英国萨瑞大学学习现代微小卫星技术，与英方人员共同进行设计研制的“清华一号”微小卫星。

2001—2004 年，宇航中心在国家有关科研计划和学校 985、211 建设计划的支持下，研制了我国首颗飞行质量小于 25 公斤的“纳星一号”纳型卫星，同时研制了 S 波段纳型卫星测控通信地面站，安装架设在中央主楼。2004 年 4 月，“纳星一号”成功搭载发射，通过宇航中心地面站，我校独立完成了对“纳星一号”的全部测控、实验任务。“纳星一号”纳型卫星及地面站是一次成功的创新，达到当代国际先进水平。

2002 年，“微纳米材料的力学和智能材料的力学”获得国家自然科学基金委创新群体项目支持（2002—2004 年），2005 年获得二期（2005—2007 年）的继续资助（见表 10、表 11、表 12）。

表 10　　1998—2004 年国家自然科学基金项目

年度	1998	1999	2000	2001	2002	2003	2004
项目数（个）	17	16	18	15	16	17	17
合同额（万元）	475	241	113	368	957	616	366

表 11　　1998—2004 年 863 项目

年度	1998	1999	2000	2001	2002	2003	2004
项目数（个）		3	9	3	4	0	2
合同额（万元）		142	228	122	1600	0	50

表 12 1998—2004 年 973 子课题

年度	1998	1999	2000	2001	2002	2003	2004
项目数（个）		3	2	0	2	1	3
合同额（万元）		685	432	0	225	100	857

（三）科研成果

（1）学术论文。自 1994 年以来，力学系在 SCI 上收录的论文逐年增长。除了数量上的增长外，在高水平学术期刊［如 *J. Mech. Phys. Solids*（《固体力学与物理学》杂志），*J. Fluid Mech.*（《流体力学》杂志），*Phys. Rev. B*（《物理评论 B》），*J. Appl. Phy*（《应用物理学》杂志），*Int. J. Heat Mass Tran.*（《国际传热传质》杂志）等］上发表的学术论文也在不断地增加，引用率也不断增加（见表 13）。

表 13 1994—2004 年被 SCI 收录的论文数

年度	1994	1995	1996	1997	1998	1999	2000	2001	2002	2003	2004
论文数（篇）	23	19	30	45	41	61	84	93	118	147	144

（2）科研成果及获奖。1978—1996 年登记科研成果 166 项，绝大部分通过了鉴定。共获科研成果奖励 269 项，其中国家级奖 35 项，部委、省市级奖 156 项，各种专项奖 79 项（见表 14、表 15、表 16）。

表 14 国家级奖励详细情况表

奖励级别	项目名称	获奖人	奖励年份
国家自然科学二等奖	张量函数表示理论与材料本构方程不变性研究	郑泉水、黄克智	2004
国家科技进步二等奖	基于场协同理论的传热强化技术及其研究	过增元、李志信等	2004
国家科技进步二等奖	海洋平台结构检测维修、安全评定与实时监测系统	程保荣等	2003
国家科技进步二等奖	压力容器极限与安定性分析及体积型缺陷安全评估工程方法研究	徐秉业、岑章志等	2001
国家自然科学四等奖	煤燃烧特性的宏观通用规律研究	傅维标等	1999

续　表

奖励级别	项目名称	获奖人	奖励年份
国家科技进步二等奖	中国正常人体惯性参数测定和统计	胡德贵等	1998
国家科技进步三等奖	多体光液柔性复杂系统稳定性与大幅晃动非线性动力学研究	王照林、李俊峰等	1997
国家技术发明三等奖	高灵敏度高温全息云纹光栅	戴福隆、谢惠民等	1997
国家自然科学三等奖	固体材料的宏细观本构理论与断裂	杨卫等	1995
国家自然科学三等奖	热流体工程中的热阻力、绕流、热驱动和热稳定	过增元等	1995
国家发明四等奖	双一次风通道通用煤粉主燃烧器	傅维镳等	1995
国家科技进步三等奖	光谱法连续测光瞬态温度装置	赵文华等	1995
国家发明三等奖	变能等离子喷涂厚陶瓷涂层技术	张冠忠等	1992
国家发明四等奖	SCD 双差动声光频移二维激光多普勒测速仪	沈熊等	1992
国家科技进步二等奖	叶轮机叶片颤振研究	沈孟育等	1992
国家级星火二等奖	华丰系列高效采暖炉	蔡敏学等	1992
国家级星火四等奖	水泥回转窑带火焰稳定器的喷煤管	吴学曾等	1992
国家科技进步一等奖	离心通风机内流理论及设计计算系统的应用研究	沈天耀	1991
国家自然科学三等奖	热等离子条件下颗粒的传热与阻力	陈熙	1991
国家发明四等奖	测光高温下材料力学性能的光学装置	金观昌等	1990
国家发明二等奖	大速差同向或旋转射流火焰稳定方法及通用煤粉燃烧器	傅维镳等	1989
国家发明四等奖	用云纹干涉法中的闪耀衍射及试栅的制配工艺	傅承诵等	1989
国家科技进步二等奖	人工心脏瓣膜性能体外检测技术与装置	席葆树等	1987
国家自然科学三等奖	裂纹扩展过程与断裂准则	黄克智等	1987
国家发明四等奖	旋启式水阻可控缓闭止回阀	王学芳等	1987
国家发明三等奖	引射式平焰烧嘴	吴学曾等	1987
国家科技进步三等奖	10－19 小氮肥造气鼓风机	沈天耀等	1985
国家发明四等奖	共振搅拌反应器	戴诗亮等	1984
国家科委发明三等奖	三维应力分析的全息光弹性材料和实验技术	戴福隆等	1981—1982
国家科委发明三等奖	层叠式气源发生器	蔡敏学等	1981—1982
国家自然科学二等奖	广义变分原理的研究	钱伟长等	1981—1982
国家科委发明四等奖	交流偏量式气桥双张检测器	蔡敏学等	1978—1980

表 15 部分专项奖情况表

奖励年份	奖励人	奖励名称
2004	杜庆华	何梁何利基金科学与技术进步奖
	吴子牛	第八届中国青年科技奖
	张雄	新世纪优秀人才支持计划
	刘应华	新世纪优秀人才支持计划
	冯西桥	霍英东教育基金会第九届高等院校青年教师基金（一等）
2003	刘应华	第七届茅以升北京青年科技奖提名奖
2002	杨卫	2002 年“全国五一劳动奖状”、奖章
	杨卫	2002 年“首都劳动奖章”
2001	黄克智	何梁何利基金科学与技术进步奖
	过增元	国家高科技研究发展计划做出突出贡献先进个人
	任建勋	国家高科技研究发展计划做出贡献先进个人
	李俊峰	茅以升科学技术奖北京青年科技奖提名奖
	李俊峰	教育部青年教师奖
2000	冯西桥	教育部跨世纪优秀人才基金
1998	符松	第四届中国青年科学家奖提名奖
1997	薛明德	美国机械工程师学会（ASME）设置的（Robert J. McGrattan）著作奖 1996 年度杰出论文奖
	符松	第五届中国青年科技奖
	符松	全国优秀留学回国人员奖
	符松	中国人民解放军图书奖
	符松	中国力学学会青年科技奖
	杨卫	北京市科技明星称号
1996	张维	中国工程科技奖
	郑泉水	第三届中国青年科学家奖
	徐秉业等	国家八五科技攻关星火科技成果奖
1995	傅维镳等	中国专利发明创造金奖
	郑泉水	杰出论文奖
	黄克智	首届“孺子牛金球奖”杰出奖
1994	杨卫	第二届中国青年科学家奖
	李荣先	第六届中国新技术新产品博览会金奖
1993	流体力学实验室	第一届周培源（tsi）奖用金全能一等奖

续 表

奖励年份	奖励人	奖励名称
1991	傅维镳等	中国专利发明创造优秀奖
1990	席葆树	全国高等院校科技工作先进者
1987	傅维镳	全国第三届发明展览会金牌奖
1983	张维等	中国出版工作者协会全国优秀科技图书一等奖
1981	范钦珊	中国出版工作者协会优秀科技图书奖

表 16　　1998—2004 年获得的专利情况表

年度	1998	1999	2000	2001	2002	2003	2004
发明专利	0	1	1	1	1	6	7
实用专利	0	1	3	5	2	2	2
总计	0	2	4	6	3	8	9

（3）科技成果的推广应用。工程力学系科技成果多以软件、高科技产品等形式得到推广应用。例如，模态综合技术理论及应用的计算机程序、热结构分析有限元通用程序、层叠式气源发生器、人工心脏瓣膜性能检测技术和装置、大速差同向射流稳定技术及其燃烧器、大型电子玻璃熔窑模拟技术、地下低温热源开发利用技术以及获国家星火奖的高技术产品等都得到了推广应用，并取得了良好的经济效益。“管壳式换热器强度设计规范”领先国际同类规范 15 年，被上千家企业采用。热法磷酸余热回收技术已向国内 16 个企业进行了技术转让，在新建的 28 套装置上采用，近三年利用本发明技术投产的项目新增产值已超过 5.13 亿元，年新增的上缴利税已达 7309 万元，年节支 3939 万元。依据传热强化场协同理论设计研发了系列换热器，年产值超过 1 亿元，利税超过 1000 万元，高效换热设备的应用已超过 600 家，产生了良好的节能效果。

（4）国内外学术活动。力学系各研究所常年坚持召开定期的学术讨论会，发扬学术民主精神。固体力学的破坏力学方向常年坚持每周讨论，其他研究所的学术活动也日益频繁。

1989—2006 年，由我系主持或参与主持的在校内召开的国际会议有 25 次，参加国内召开的国际会议 535 次。我系有 20 人在国际理论与应用力学联合会、国际材料学会、国际燃烧学会等十多个国际学术组织中担任领导工作。还有一些教授担任国际著名期刊的编委或顾问。

六、国际合作

从 1987 年开始国际合作项目迅速增加，共执行国际合作项目 140 余项，先后与日本 SMC（SMC Corporation）株式会社建立“清华大学 SMC 气动技术研究中心”（1994 年 4 月），与日本 IHI（IHI Corporation）株式会社建立“清华大学 IHI 研究中心”(2001 年 9 月)，与美国通用电气公司（GE）发动机公司建立“清华—通用电气推进与动力技术研究中心”，与日本大金工业株式会社建立了联合“清华—大金 R&D 中心”(2003 年 10 月)，积极参加了中欧框架协议合作等。利用日本新能源产业技术综合开发机构的资助，与日本九州大学合作，在北京昌平和甘肃建立了风能发电的示范基地。

七、实验室

力学系拥有“应用力学”教育部重点实验室，参与了“热科学与动力工程”教育部重点实验室和“传热与能源利用”北京市重点实验室的建设，代管校强度与振动中心实验室。

强度与振动中心实验室利用世界银行贷款于 1986 年正式建立，面向全国开放，为教学科研做出了应有的贡献并取得了良好的社会效益。

依靠 211 和 985 计划项目的支持，力学系的实验设备有了显著的提高，目前拥有价值超过 20 万元的设备 45 台（件），金额达 2347 万元。

航天航空学院

一、发展概况

清华大学自 1934 年 8 月于机械系成立航空工程组。1938 年 7 月西南联大以航空工程组为基础于工学院内成立航空工程学系。1946 年航空系随清华大学复员并不断扩充。1951 年 3 月第一次院系调整时，教育部将北洋大学、厦门大学以及西北工学院三校航空学并入清华大学航空工程学系，成立清华大学航空工程学院。1952 年 10 月第二次院系调整，航空工程学院脱离清华大学。

经历 14 余年的发展后，航空工程学作为独立的学院体系暂时告别了清华大学。但清华大学仍继续开展着许多有关航天航空方面的研究，且成果丰硕。1957 年年初由中国科学院和清华大学合办工程力学研究班，1958 年清华大学成立了工程力学数学系，1998 年成立了清华大学宇航研究中心，并于 2000 年、2004 年分别成功发射“航天清华一号”微小卫星和“纳星一号”。

新时期，“为适应我国对航天航空领域高素质人才培养和战略高技术发展的迫切需要，进一步集成并发挥我校多学科综合优势，以整体性、系统性、高水平的航天航空科学技术研究为主线，全面带动学校各相关学科的建设和发展”，经 2003—2004 学年度第 15 次校务会议（2004 年 4 月 26 日）讨论通过，恢复航空航天系（见图 1），工程力学系从机械工程学院划转航天航空学院，清华大学宇航技术中心保持跨学科特色并挂靠航天航空学院，于 2004 年 5 月 18 日成立航天航空学院（简称航院，见图 2），由王永志院士出任首任院长（见图 3），任杨卫为航天航空学

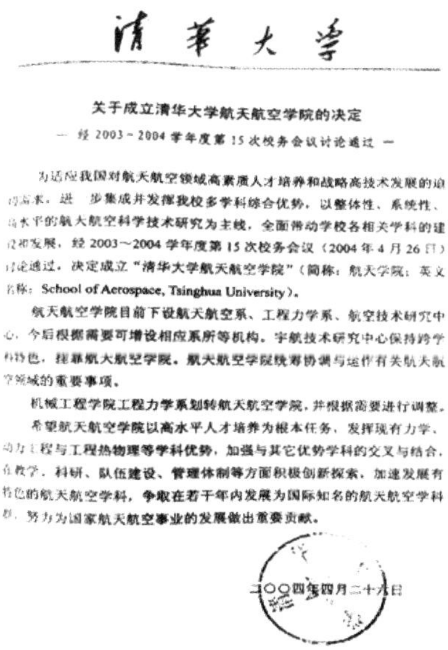
清華大學

关于成立清华大学航天航空学院的决定

— 经 2003～2004 学年度第 15 次校务会议讨论通过 —

为适应我国对航天航空领域高素质人才培养和战略高技术发展的迫切需求，进一步集成并发挥我校多学科综合优势，以整体性、系统性、高水平的航天航空科学技术研究为主线，全面带动学校各相关学科的建设和发展，经 2003～2004 学年度第 15 次校务会议（2004 年 4 月 26 日）讨论通过，决定成立“清华大学航天航空学院”（简称：航天学院；英文名称：School of Aerospace, Tsinghua University）。

航天航空学院目前下设航天航空系、工程力学系、航空技术研究中心，今后根据需要可增设相应系所等机构。宇航技术研究中心保持跨学科特色，挂靠航天航空学院。航天航空学院统筹协调与运作有关航天航空领域的重要事项。

机械工程学院工程力学系划转航天航空学院，并根据需要进行调整。

希望航天航空学院以高水平人才培养为根本任务，发挥现有力学、动力工程与工程热物理等学科优势，加强与其它优势学科的交叉与结合，在教学、科研、队伍建设、管理体制等方面积极创新探索，加速发展有特色的航天航空学科，争取在若干年内发展为国际知名的航天航空学科群，努力为国家航天航空事业的发展做出重要贡献。

二〇〇四年四月二十六日

图 1　关于成立清华大学航天航空学院的决定

院常务副院长，任符松、陆建华为航天航空学院副院长，任梁新刚为航天航空学院党委书记（见图4）。

关于成立清华大学航天航空学院的决定①

（经2003—2004学年度第15次校务会议讨论通过）

为适应我国对航天航空领域高素质人才培养和战略高技术发展的迫切需求，进一步集成并发挥我校多学科综合优势，以整体性、系统性、高水平的航天航空科学技术研究为主线，全面带动学校各相关学科的建设和发展，经2003—2004学年度第15次校务会议（2004年4月26日）讨论通过，决定成立“清华大学航天航空学院”（School of Aerospace，Tsinghua University）。

航天航空学院目前下设航天航空系、工程力学系、航空技术研究中心，今后根据需要可增设相应系所等机构。宇航技术研究中心保持跨学科特色，挂靠航天航空学院。航天航空学院统筹协调与运作有关航天航空领域的重要事项。

机械工程学院工程力学系划转航天航空学院，并根据需要进行调整。

希望航天航空学院以高水平人才培养为根本任务，发挥现有力学、动力工程与工程热物理等学科优势，加强与其他优势学科的交叉与结合，在教学、科研、队伍建设、管理体制等方面积极创新探索，加速发展有特色的航天航空学科，争取在若干年内发展为国际知名的航天航空学科群，努力为国家航天航空事业的发展做出重要贡献。

清华大学

二〇〇四年四月二十六日

航天航空学院聘陈一坚、刘兴洲、周远、庄逢辰、马兴瑞为兼职教授。② 2004年6月，杨卫调离清华大学，后任命梁新刚为常务副院长，庄茁任党委书记，李俊峰任航空宇航工程系主任，郑泉水任力学系主任。2016年7月，李路明任航院的常务副院长，李俊峰任党委书记，张雄任航空宇航工程系主任，冯西桥任力学系主任。2018年6月，李

① 关于成立清华大学航天航空学院的决定．北京：清华大学档案馆，全宗号2，目录号031，案卷号2004006.

② 兼职教授聘书．北京：清华大学档案馆，全宗号2，目录号031，案卷号2004006.

图 2　2004 年 5 月 18 日航天航空学院成立仪式

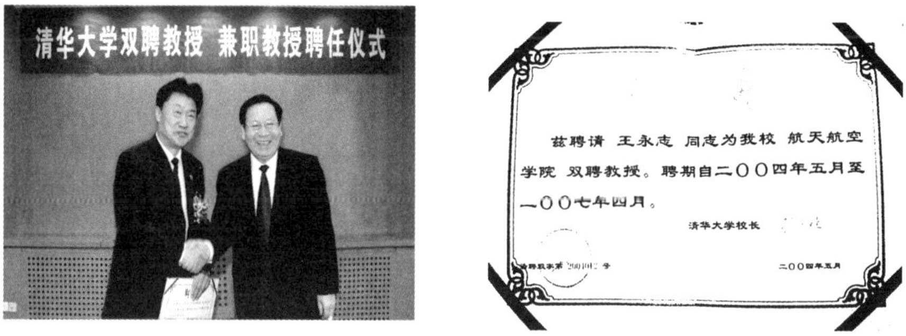

图 3　聘王永志为航天航空学院双聘教授及聘书[①]

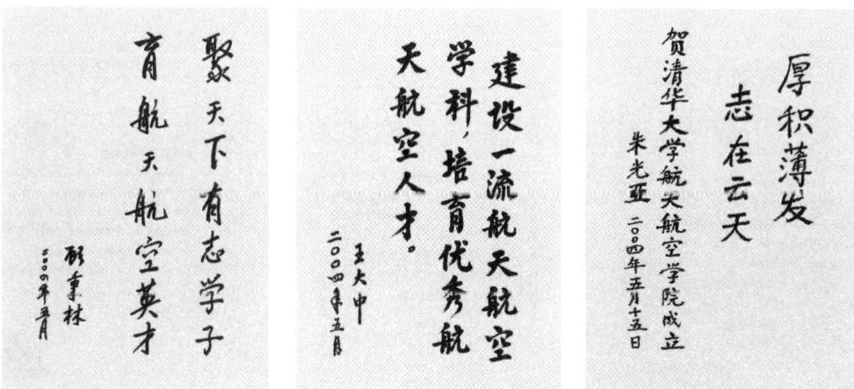

图 4　2004 年清华大学航天航空学院成立时贺词

① 双聘教授聘书．北京：清华大学档案馆，全宗号 2，目录号 031，案卷号 2004006.

路明担任航院院长，王永志院士任航院名誉院长，李俊峰担任党委书记，张雄任航空宇航工程系主任，冯西桥任力学系主任（见图5、图6）。

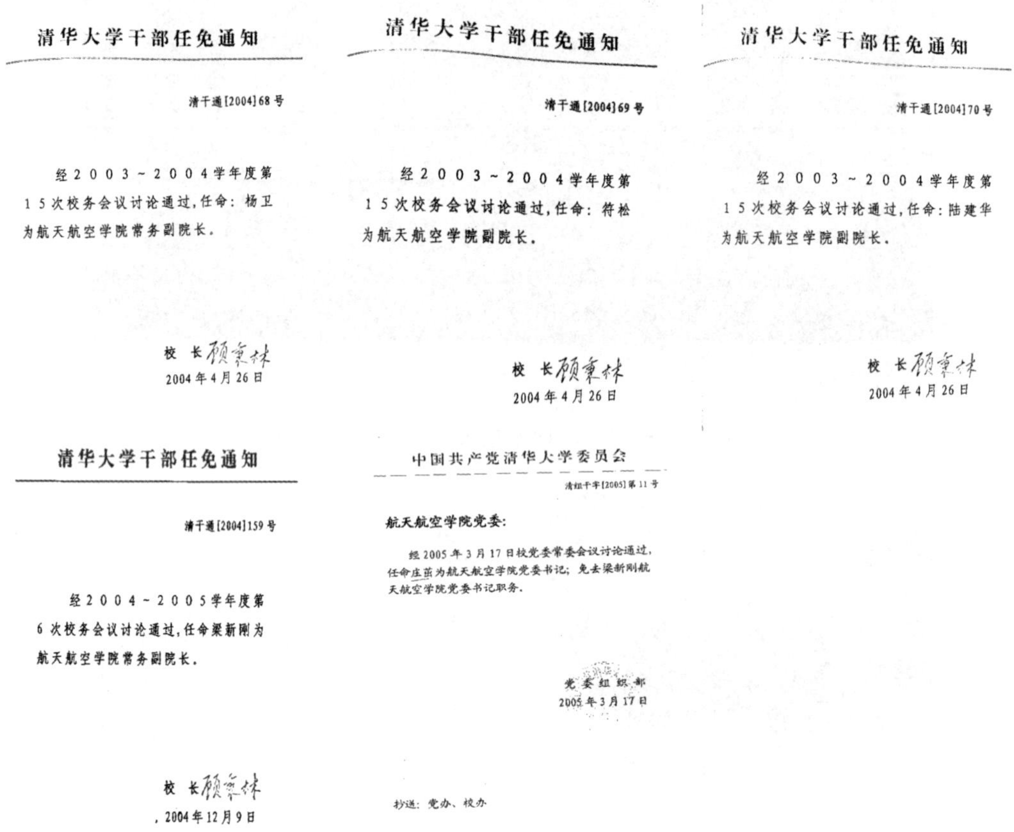

清华大学干部任免通知

清干通[2004]68号

经2003～2004学年度第15次校务会议讨论通过，任命：杨卫为航天航空学院常务副院长。

校　长 顾秉林
2004年4月26日

清华大学干部任免通知

清干通[2004]69号

经2003～2004学年度第15次校务会议讨论通过，任命：符松为航天航空学院副院长。

校　长 顾秉林
2004年4月26日

清华大学干部任免通知

清干通[2004]70号

经2003～2004学年度第15次校务会议讨论通过，任命：陆建华为航天航空学院副院长。

校　长 顾秉林
2004年4月26日

清华大学干部任免通知

清干通[2004]159号

经2004～2005学年度第6次校务会议讨论通过，任命梁新刚为航天航空学院常务副院长。

校　长 顾秉林
2004年12月9日

中国共产党清华大学委员会

清组干字[2005]第11号

航天航空学院党委：

经2005年3月17日校党委常委会议讨论通过，任命庄茁为航天航空学院党委书记；免去梁新刚航天航空学院党委书记职务。

党委组织部
2005年3月17日

抄送：党办、校办

图5　2004—2005年清华大学干部任免通知

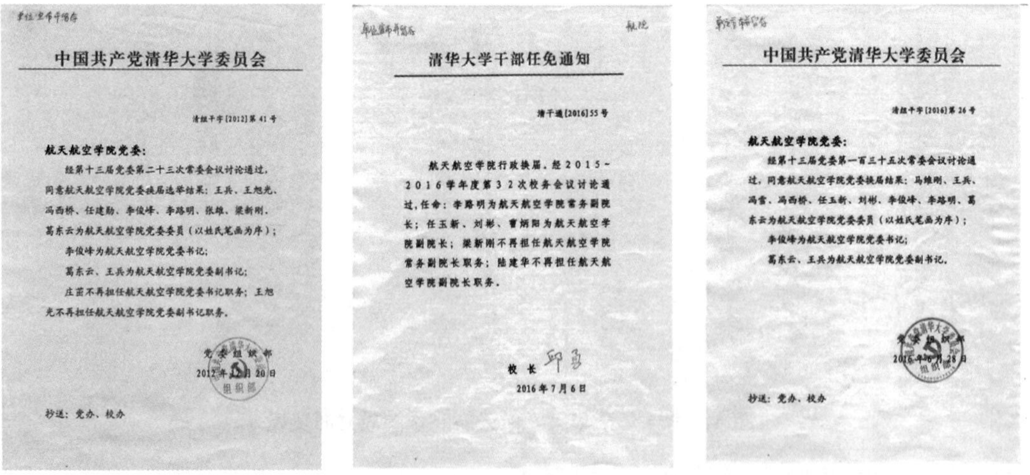

中国共产党清华大学委员会

清组干字[2012]第41号

航天航空学院党委：

经第十三届党委第二十三次常委会议讨论通过，同意航天航空学院党委换届选举结果：王兵、王旭光、冯西桥、任建勋、李俊峰、李路明、张雄、梁新刚、葛东云为航天航空学院党委委员（以姓氏笔画为序）；

李俊峰为航天航空学院党委书记；

葛东云、王兵为航天航空学院党委副书记；

庄茁不再担任航天航空学院党委书记职务；王旭光不再担任航天航空学院党委副书记职务。

党委组织部
2012年12月20日

抄送：党办、校办

清华大学干部任免通知

清干通[2016]55号

航天航空学院行政换届，经2015～2016学年度第32次校务会议讨论通过，任命：李路明为航天航空学院常务副院长；任玉新、刘彬、曹炳阳为航天航空学院副院长；梁新刚不再担任航天航空学院常务副院长职务；陆建华不再担任航天航空学院副院长职务。

校　长 邱勇
2016年7月6日

中国共产党清华大学委员会

清组干字[2016]第26号

航天航空学院党委：

经第十三届党委第一百三十五次常委会议讨论通过，同意航天航空学院党委换届结果：马维刚、王兵、冯雪、冯西桥、任玉新、刘彬、李俊峰、李路明、葛东云为航天航空学院党委委员（以姓氏笔画为序）；

李俊峰为航天航空学院党委书记；

葛东云、王兵为航天航空学院党委副书记。

党委组织部
2016年6月28日

抄送：党办、校办

图6　2012—2016年清华大学干部任免通知

目前，航天航空学院下设航空宇航工程系、工程力学系、航空技术研究中心、宇航技术研究中心（挂靠）。工程力学系下设4个研究所，分别为固体力学研究所、流体力学研究所、工程热物理研究所和生物力学与医学工程研究所。航空宇航工程系下设5个研究所和一个中心，分别为工程动力学研究所、飞行器设计研究所、推进与动力技术研究所、人机与环境工程研究所、空天信息研究所和发动机研究中心。

清华大学航天航空学院在“发展力学和热科学学科的优势，创建有特色的航空宇航科学与技术学科”的理念引领下，凝结力量，共同奋斗；凝聚人心，创建和谐；凝练学科，开拓进取；努力实现着“创特色、出亮点、上水平、争一流”的发展目标。

二、负责人简介

王永志　（2004年5月18日至2018年6月任航天航空学院院长，2018年6月至今任航天航空学院名誉院长）（见图7）

图7　王永志

中国工程院院士，中国载人航天工程开创者之一，中国载人航天工程首任总设计师。

1932年出生于辽宁省昌图县。1952年考入清华大学航空学院飞机设计专业。1955—1961年留学苏联莫斯科航空学院学习飞机设计，1957年服从祖国的安排改学火箭与导弹设计专业。

1961年回国后一直从事航天技术工作，参加了中国第一代战略导弹的研制。1980年后是第二代战略导弹研制的技术带头人，倡导并主持完成了长征二号E大推力捆绑火箭研制任务。1987年成为“863”计划航天领域专家委员会成员。1992年1月被任命为载人航天工程技术、经济可行性论证组组长，同年4月当选国际宇航科学院院士、俄罗斯宇航科学院外籍院士，同年11月被中央专委任命为中国载人航天工程首任总设计师。1994年当选中国工程院首批院士，2003年获国家最高科学技术奖。

2004年5月18日清华大学航天航空学院成立，王永志出任首任院长。

2005年，胡锦涛同志签署命令授予他“载人航天功勋科学家”荣誉称号及解放军一级英模奖章。

图8 杨卫

杨卫 （2004年5月18日至2004年8月任航天航空学院常务副院长）（见图8）

教授、中国科学院院士、第三世界科学院院士、美国工程院外籍院士。

1954年出生于北京市，1976年西北工业大学锻压专业本科毕业，1981年获清华大学工程力学系工学硕士，1985年获美国Brown（布朗）大学工学院博士学位。

1978年5月至2004年8月先后在清华大学机械工程系、工程力学系任教，1989年12月晋升教授。1997—2004年任清华大学工程力学系系主任，2004年5至8月担任清华大学航天航空学院常务副院长。2004—2006年任清华大学校学术委员会主任。2003年当选中国科学院院士，2005年当选第三世界科学院院士。2004年9月至2006年7月担任国务院学位委员会办公室主任，教育部学位管理与研究生教育司司长。2006年8月至2013年2月担任浙江大学校长。2013年2月至2018年2月担任国家自然科学基金委员会主任。2018年当选美国工程院外籍院士。

研究方向包括宏微观破坏力学、结构完整性评价、材料的增强与增韧、纳米力学、交叉力学。获得科研奖励情况：研究项目《固体材料的宏细观本构理论与断裂》于1995年获得国家自然科学三等奖（第一获奖人）；研究项目《铁电陶瓷的力电耦合失效与本构关系》于2005年获得国家自然科学二等奖（第一获奖人）；先后获得何梁何利奖、周培源力学奖、Eric Reissner奖、Calvin Rice讲座奖、W. T. Koiter奖章。出版中英文学术著作11种，发表学术论文300余篇，其中收入SCI源期刊的论文200余篇。

图9 梁新刚

梁新刚 （2004年5月18日至2005年3月任清华大学航天航空学院党委书记，2004年12月至2016年7月任清华大学航天航空学院常务副院长）（见图9）

教授，博士生导师。

1980—1985年在中国科学技术大学工程热物理系攻读学士学位，1991年10月获博士学位后到清华大学力学系任讲师，1993年被晋升为副教授，1999年被晋升为教授，2000年被确认具备博士生导师资格，1997年到美国加州大学伯克莱分校机械工程系田长霖教授的实验室访问工作一年。2000 年 9 月至 2001 年 9 月任清华大学力学系常务副主任。2001 年 10 月至 2004 年 5 月任清华大学力学系党委书记。2004 年 5 月至 2005 年 3 月任清华大学航天航空学院党委书记。2004 年 12 月至 2016 年 7 月任清华大学航天航空学院常务副院长。2006 年 1 月至 3 月任日本东北大学客座教授。曾获北京市教学成果一等奖、教育部自然科学一等奖各一项，国家自然科学二等奖一项（排名第三）以及国务院政府特殊津贴。

先后主持了国家自然科学基金的“微结构固体界面导热过程的分子动力学研究”“典型半导体材料纳米结构界面/表面对导热特性影响的研究”“空间站热管理及地面模拟”等多个航天 863 项目和总装预研项目。参加了“航天技术和信息器件中的微细尺度传热”国家自然科学重大基金项目和国家自然科学基金重点项目“微纳米流动与传热学”的研究，主持了沈阳飞机发动机设计研究所等横向合作项目。发表期刊论文 200 多篇，其中被 SCI 收录 100 多篇，先后有 7 篇论文入选 ESI（Essential Science Indicators），多次在国际会议上做特邀报告。

先后担任中国宇航学会理事、中国工程热物理学会传热专业委员会委员、中国计量学会热物性专业委员会委员、空气动力学学会临近空间专业委员会委员、宇航学会运载专业委员会委员、教育部科技委委员、多个国家重大项目/专项的专家，以及中国航天科技集团多个重点实验室的学术委员会委员、航天一院科技委的特聘专家等。担任了多个学术期刊的编委，如 *Nanoscale and Microscale Thermophy. Eng*、*Int J Thermal Sci*、《中国科学—技术科学》《载人航天》等，以及 *Heat Transfer - Asian Research* 的地区编委。担任了十多个国际会议的学术委员会委员以及部分会议的共同主席等。

庄茁　（2005 年 3 月至 2012 年 12 月任航天航空学院党委书记）（见图 10）

图 10　庄茁

教授，博士生导师。原航天航空学院党委书记，原清华大学校党委委员，原清华大学国家级力学实验教学示范中心主任，现为航院先进力学与材料中心主任，国防 973 首席科学家。

1995 年获爱尔兰国立大学都柏林大学院博士学位。2017 年获英国斯旺西大学荣誉博士学位。从事固体力学、飞行器结构力学、断裂力学和非线性有限元的研究。培养博士研究生34名和硕士研究生36名，发表学术论文280余篇，含SCI期刊130余篇、EI期刊60余篇。出版17部书，含专著3部（英文1部）、编著9部和译著5部。论文和著作他引6000余次。获得国家级和省部级的科技和教育奖励10余项。

担任北京市科协委员，北京力学会理事长，中国力学学会常务理事，计算力学专业委员会主任委员，国际计算力学学会（IACM）理事。教育部高等学校力学类专业教学指导委员会副主任委员。

李路明　（2016年7月至2018年6月任航天航空学院常务副院长，2018年6月至今任航天航空学院院长）（见图11）

图11　李路明

1968年生，博士，教授，博士生导师，长江学者特聘教授，国家杰出青年科学基金获得者，清华大学航天航空学院院长，神经调控技术国家工程实验室主任，科技部“脑神经调控创新团队”负责人。

1986—1991年就读于清华大学机械工程系获学士学位，1996年7月获得博士学位后就职于清华大学机械工程系任讲师。1996年8月至2003年4月任清华大学机械工程系无损检测教研室副主任。其中，1998年晋升为副教授，1998年10月至1999年10月前往英国萨瑞大学访问工作一年。2003年5月至2004年9月任清华大学机械工程系自动化所副所长，其中，2003年晋升为教授。2004年10月起担任清华大学航天航空学院人机与环境工程研究所所长。2011年4月至2016年7月担任清华大学航天航空学院航空宇航系主任。2012年4月起担任神经调控技术国家工程实验室主任。2016年7月至2018年6月任清华大学航天航空学院常务副院长。2018年6月起任清华大学航天航空学院院长。

紧紧围绕国家重大需求和重大工程开展科学研究。

1. 将载人航天高技术应用在医疗器械领域，开拓了神经调控研究方向，研制成功了国内第一个治疗帕金森病的植入式脑深部刺激器——脑起搏器，使我国成为继美国之后，全球第二个能够设计生产制造脑起搏器并将其应用于临床的国家。发明变频刺激、3T核磁相容脑起搏器等技术，建立了与脑起搏器相关的神经调控技术自主知识产权体系，并成功实现多个成果的产业化。研发成功的系列脑起搏器及迷走神经刺激器已在全国200多家医院实现规模化临床应用，7000多患者植入了其研发的产品，全系列脑起搏器于2016年获得CE认证，已经走出国门，在巴基斯坦、孟加拉国、印度尼西亚、英国等实现临床植入，并首次实现了国内规模化异地、国际跨境远程程控治疗，取得了重大经济社会效益和国际影响。

2. 围绕载人航天重大工程的需求，开展了围绕航天员选拔、训练、医监医保方法、技术与系统研究，发明的模拟发射超重负载的胸腹部柔性加载方法，成功应用于航天员训练和第二批航天员选拔，为三次成功的载人航天飞行做出了贡献。2009年，和中国航天员中心组建清华大学—中国航天员中心航天生物医学工程联合实验室。研制的神经肌肉刺激仪、航天员质量测量仪、生理信号测试盒、航天员心电读取装置已经装备“天宫一号”，并在“神九”任务中服务航天员，航天员质量测量仪应用于2013年“神十”太空授课教学。

发表学术和会议论文190余篇，其中SCI检索文章50余篇。申请专利140余项，其中发明专利100余项（已授权55项），美国专利5项（已授权2项）。2006年入选教育部“跨世纪优秀人才培养计划”。2010年获教育部高等学校科研优秀成果奖专利奖一等奖。2011年获国家自然基金委“国家杰出青年基金”支持。2012年入选长江学者奖励计划特聘教授；“脑起搏器研究”获评教育部“中国高等学校十大科技进展”。2015年获北京市先进工作者；国家科学技术进步奖二等奖；中国生物医学工程学会首届黄家驷生物医学工程奖唯一的一等奖；中国专利奖优秀奖；北京市科学技术奖一等奖。2016年“脑调控创新团队”入选科技部创新人才推进计划重点领域创新团队。2017年获第69届德国纽伦堡国际发明展金奖；第二十二届全国发明展览会“发明创业奖·项目奖”及第二届世界发明创新论坛“世界知识产权组织最佳发明奖”；入选第三批国家“万人计划”科技创新领军人才。2018年获第46届日内瓦国际发明展金奖；第12届北京发明创新大赛金奖及“创新大工匠”专项奖。

图12 李俊峰

李俊峰 （2012年12月至今任航天航空学院党委书记）（见图12）

1964年11月30日出生于黑龙江省，1983—1987年在北京大学力学系读本科，1987—1989年任北京大学助教，

1989—1993 年在莫斯科大学数学力学系读博士，1993—1995 年在清华大学工程力学系做博士后，1996—1998 年任清华大学副教授，1998—1999 年在英国 Surrey（萨里）大学研制“航天清华一号”卫星，担任姿态控制系统负责人，1999 年起任清华大学教授、博士生导师，2003 年任工程力学系副主任，2004 年任航空宇航工程系主任，2011 年任航天航空学院副院长。现任清华大学教授、博士生导师、教学委员会副主任、校务委员会委员、航天航空学院党委书记，兼任《力学与实践》主编，*IEEE Transactions on Aerospace and Electronic Systems*（美国电气电子工程师协会会刊：航空宇航与电子系统）《中国科学》《宇航学报》《空间科学学报》《空间控制技术与应用》《动力学与控制学报》*Theoretical & Applied Mechanics Letters*（力学快报）等编委。

主要研究方向有航天器姿态控制、充液航天器晃动、深空探测动力学与控制、卫星编队飞行动力学与控制等。研究成果应用于大型卫星、微小卫星、载人航天等任务中，曾获国家科技进步奖、教育部科技进步奖、军队科技进步奖等，主要论著有《深空探测动力学与控制》《太阳帆航天器动力学与控制》《航天器相对运动轨道动力学》以及 120 多篇国内外学术期刊论文。

主讲课程有理论力学、动力学与控制基础、航天器动力学、飞行器姿态控制系统、运动稳定性、高等动力学、现代航天技术概论等。主编《理论力学》（第 1、第 2 版）被评为“十五”“十一五”“十二五”国家级规划教材，翻译英文教材《工程矢量力学》《理解航天》《静力学》《动力学》，翻译俄文教材《力学》（朗道）《理论力学》（马尔契夫）《理论力学习题集》（密歇尔斯基）等。曾获国家级教学成果一等奖、国家级教学名师奖，负责并主讲的“理论力学”被评为国家精品课并入选国家级精品资源视频共享课，领衔的“基础力学教学团队”被评为国家级教学团队。

入选国家高层次人才特殊支持计划（万人计划）领军人才，多次被清华大学本科生投票评为“我最喜爱的教师”，被清华大学研究生投票评为“良师益友”等。

航天航空学院下辖两个系，工程力学系和航空宇航工程系。两系的主要领导有如下几位。

郑泉水 （2004—2011 年任工程力学系主任）（见图 13）

图 13 郑泉水

1961 年出生于江西省，1982 年年初获江西工学院土建系学士，1985 年年底获湖南大学工程力学系硕士，1989 年年底获清华大学工程力学系博士学位。1982—1993 年任江西工业大学土建系助教、副教授、教授，1993 年后任清华大学工程力学系教授（1999—2003 年为教育部长江特聘教授），2004 年至今担任清华工程力学系主任、航天航空学院学术委员会主任，2007 年后兼任南昌大学和澳大利亚莫纳什大学教授。目前还兼任 *Acta Mechanica Solida Sinica* 和《固体力学学报》主编、*IMA Journal of Applied Mathematics* 副主编和其他 7 个 SCI 源期刊编委。

20 世纪 80 年代，他解决了理性力学领域多年未能解决的 Cauchy（柯西）平均转动问题。20 世纪 90 年代为张量函数表示理论的建立做出了主要贡献，理论成果获广泛应用。还建立了新的细观力学方法（IDD 方法）。2000 年后致力于纳米力学和纳米多学科交叉研究，首创十亿赫兹机械振荡器，产生了广泛的国际影响。获得中国青年科技奖（1990 年）、国际工程科学联合会杰出论文奖（1994 年首届）、国家杰出青年科学基金（1995 年 A 类和 1998 年 C 类）、中国青年科学家奖（1996 年）、百千万人才工程第一二层次（1997 年）、国家有突出贡献的中青年专家（1998 年）、教育部长江特聘教授（1999 年）、国家自然科学二等奖（2004 年，第一获奖人）等国内外学术奖励和荣誉。

冯西桥 （2011 年至今任工程力学系主任）（见图 14）

图 14 冯西桥

男，1968 年出生，教育部长江学者特聘教授。现任清华大学工程力学系系主任（2011 年至今）、生物力学与医学工程研究所所长（2006 年至今），兼任北京国际力学中心秘书长（2007 年至今）和中华洪博学者协会秘书长、国际断裂学会（ICF）执行委员、*Engineering Fracture Mechanics* 主编、*Acta Mechanica Sinica*、*Applied Mathematics and Mechanics* 等期刊副主编以及 *International Journal of Applied Mechanics*、*International Journal of Damage Mechanics*、*Composite Structures* 等十几种期刊的编委。曾任中国力学学会秘书长（2010—2014 年）、中国力学学会青年工作委员会主任委员（2007—2011 年）和对外交流与合作工作委员会主任委员（2007—2011 年）、教育部力学类专业教学指导分委员会委员（2006—2010 年）、第九届固体力学专业委员会断裂与疲劳专业组组长（2015—2020 年）等职。

冯西桥在生物力学、软物质力学、损伤与断裂力学、稳定性理论等领域取得了多项创新性成果，已发表专著《损伤力学》《准脆性材料细观损伤力学》和《软材料表面失稳力学》3 部，SCI 论文 240 余篇（他人引用 8000 余次）。曾获国家杰出青年科学基金（2005 年）、中国青年科技奖（2007 年）、教育部长江学者特聘教授（2008 年）、全国优秀博士学位论文奖（1999 年）和全国优秀博士学位论文指导教师奖（2013 年）、霍英东教育基金会高等院校青年教师基金（一等奖，2004 年）、中国高校自然科学奖一等奖 3 项（2007 年、2015 年、2017 年）和二等奖 1 项（2001 年）、教育部跨世纪优秀人才基金（2000 年）、全国优秀科技工作者（2012 年）、清华大学优秀青年教师奖（2006 年）等奖励。

冯西桥在清华大学力学学科建设中做出了突出贡献。他曾主持完成了国家杰出青年科学基金项目、国家自然科学基金重点项目、重点国际合作项目、面上项目等 30 余个项目，具有广泛的国际学术影响。他作为主席或共同主席，组织了国际和国内学术会议 20 余个。

李俊峰（2004 年 5 月—2011 年 3 月任航空宇航工程系主任）

见学院主要领导人简介。

李路明（2011 年 4 月—2016 年 7 月任航空宇航工程系主任）

见学院主要领导人简介。

张雄（2016 年 7 月至今 任航空宇航工程系主任）（见图 15）

图 15 张雄

1966 年生于宁夏盐池县，1986 年毕业于宁夏大学物理系，1989 年 7 月和 1992 年 7 月分别获大连理工大学计算力学专业硕士和博士学位。1994 年 6 月于成都科技大学（现四川大学）博士后出站后到清华大学工作，先后任助研、副研（1994 年 12 月）、教授（2003 年 12 月）、博士生导师（2004 年 9 月）、工程动力学研究所所长（2007—2013 年）、航空宇航系党支部书记（2013年4月至2016年9月）和系主任（2016年至今），其间赴加拿大维多利亚大学、英国曼彻斯特理工大学和香港大学从事合作研究或学习。

2004年入选教育部首批新世纪优秀人才支持计划，获教育部自然科学奖二等奖（2009年）和一等奖（2008年）、国防科学技术进步奖一等奖（2015年）、钱令希计算力学成就奖（2016年）、杜庆华工程计算方法奖（2015年）、ICACM Computational Mechanics Award（2016年）、ICACM Fellows Award（2011年）、北京市高等学校教学名师奖（2015年）、北京市教育创新标兵（2003年）、北京市高等教育教学成果奖二等奖（2004年）等奖励。兼任中国力学学会理事、中国力学学会计算力学专业委员会委员、北京振动工程学会副理事长、*International Journal of Mechanics and Materials in Design* 副主编和多本国内外期刊编委、国际华人计算力学协会（ICACM）常务理事。已出版专著4部、教材3部，发表期刊论文140余篇，入选爱思唯尔中国高被引学者（Most Cited Chinese Researchers）榜单，1篇论文入选2012年度中国百篇最具影响国内学术论文。

近年来主要从事计算力学基本理论、数值方法及其在科学与工程中的应用等方面的研究工作，尤其是强冲击载荷作用下材料与结构力学行为的多尺度、多种介质、多物理场耦合数值分析方法的研究。以冲击爆炸等涉及特大变形的动力学问题为背景，对物质点法进行了系统研究和扩展，研发了三维显式并行物质点法数值仿真软件MPM3D，成功应用于超高速碰撞、侵彻、爆炸、边坡失效、金属切削和流固耦合等工程问题中。

先后主讲理论力学（国家精品课）、计算动力学（校研究生精品课）、有限元法基础（校挑战性示范课）等课程，其中有限元法基础被评为“2015届毕业生心目中的好教师及其课程”（在入选的14门课程中排名第一）。

三、教师队伍

截至2017年12月，航天航空学院事业编制人员123人，其中（新）教学科研系列60人，工程实验系列12人，教育职员4人。在岗教授、研究员56人，其中院士2人，博士生导师97人，副教授和副研究员45人，讲师、助理研究员6人。高级工程师7人，高级实验师1人，工程师和实验师4人。兼职与双聘教授20人，在站博士后62人，非事业编制合同制人员86人（见表1）。

表 1 2004 年航院成立后历年教授聘任名单

聘任时间	姓名
2004 年航院成立时	黄克智 过增元 余寿文 杨卫 薛明德 杨慧珠 符松 郑泉水 朱克勤 刘秋生 孙学伟 李志信 戴诗亮 方岱宁 张健 王希麟 李俊峰 梁新刚 宋耀祖 吴子牛 庄茁 施惠基 冯西桥 黄东涛 孙振华 朴英 任革学 谢惠民 张冠忠 刘应华 崔桂香 张雄 汤荣明 李路明
2004 年	殷雅俊 何枫
2005 年	郑钢铁 张兴 钟北京 李喜德
2006 年	陈民 任玉新
2007 年	陆秋海 许春晓
2008 年	王浩文 郑丽丽 姚学锋 王天舒
2009 年	陈常青 方菲 刘彬 周明
2010 年	岑松 邱信明
2011 年	王习术 冯雪 张会强
2012 年	陈海昕
2013 年	曹炳阳 宝音贺西
2014 年	曹艳平
2015 年	陈群 徐志平
2016 年	无
2017 年	郝红伟 高云峰

同时，航天航空学院还聘请众多院士、著名科学家和国内知名专家学者担任兼职教授（见表 2）。

表 2 2004 年航院成立后曾受聘过的部分兼职与双聘教授名单

姓名	单位	职称
庄逢甘	中国航天科技集团科学技术委员会	两院院士
崔尔杰	中国航天空气动力技术研究院	科学院院士
朱荣昌	空军军事理论部	研究员
高玉臣	北方交通大学	科学院院士
周远	中国科学院理化技术研究所	科学院院士
刘兴洲	中国航天科工集团三院三十一所	工程院院士

续 表

姓名	单位	职称
庄逢辰	总装备部装备指挥技术学院	科学院院士
陈一坚	中航一集团第一飞机设计研究院	工程院院士
王永志	中国人民解放军总装备部	工程院院士
杜善义	哈尔滨工业大学	科学院院士
马兴瑞	中国航天科技集团公司	教授
张育林	总装备部	教授
孙聪	中航一集团沈阳飞机设计研究所	研究员
陈善广	总装备部航天医学工程研究所	研究员
魏钢	空军装备研究院	研究员
李德仁	武汉大学测绘遥感信息工程国家重点实验室	两院院士
白以龙	中科院力学所	科学院院士
武哲	北京航空航天大学	教授
杨卫	国家自然科学基金委员会	科学院院士
葛昌纯	北京科技大学	科学院院士
李天	中航一集团沈阳飞机设计研究所	科学院院士
薛海中	中国电子科技集团公司第二十七研究所	研究员
乙晓光	空军指挥学院	研究员
辛毅	总装科技委	研究员
张乃通	哈尔滨工业大学	工程院院士
叶培建	中国空间技术研究院	科学院院士
俞梦孙	航空医学工程研究中心	工程院院士
由俊生	空军航空医学研究所	高级工程师
于全	总参第六十一研究所	工程院院士
刘行伟	空军装备研究院装备总体论证所	高级工程师
赵煦	空军某试验基地	工程院院士
刘尔琦	航天科工集团三院	研究员
钱永刚	解放军某研究所	高级工程师
姚富强	总参第六十三研究所	研究员
魏毅寅	航天科工集团三院	研究员
张涵信	中国气动研究与发展中心	科学院院士

续 表

姓名	单位	职称
徐吉峰	中国商飞北京民用飞机技术研究中心	研究员
姚建铨	天津大学精密仪器与光电子工程学院	科学院院士
马欧	中国空间技术研究院（航天五院）总体部	教授
王翔	中国空间技术研究院载人航天总体部	研究员
黄江川	中国空间技术研究院	研究员
刘永才	中国航天科工三院	工程院院士
方岱宁	北京理工大学	科学院院士
高德利	中国石油大学	科学院院士

四、教学情况

（一）本科教学情况

（1）毕业生概况。清华大学1938年成立航空系，为当时的中国培养了一大批优秀人才，也为我国航空学科的创建和航空科技的发展做出了重要贡献。在20世纪50年代初的高校院系调整中，航空系迁出清华大学，参与组建北京航空航天大学。50年代末，为了发展以“两弹一星”为代表的国防高技术，钱学森、钱伟长和郭永怀等力学大师倡议并参与创立了清华大学工程力学系。2004年，为适应我国对航天航空领域高素质人才培养和战略高技术发展的迫切需要，进一步集成并发挥清华多学科综合优势，以整体性、高水平的航天航空科学技术研究为起点，正式成立清华大学航天航空学院，现有航空宇航工程系与工程力学系，三个本科专业：工程力学、航空航天工程、能源与动力工程。

2009年，隶属国家基础学科拔尖学生培养计划和清华学堂人才培养计划、定位于工科基础的工程力学专业“钱学森力学班”创立并首次面向全国招生。钱学森力学班致力于构建一个开放性的创新教育模式，以有利于学生成长，为工程技术领域培养具有社会责任、专业伦理、人为关怀、领导力、国际视野和突出创新研究和发明能力的人才；设立专门的课程体系，采取因材施教的个性化教学方式，营造热爱科学的学术氛围，激发学生的学习兴趣；厚植学生的数学、力学基础，强化学生的创造力，力求使之成为力学领域顶尖人才或相关科学技术领域领军人才。

2011 年，清华大学开始与军队联合培养飞行学员，这一举措开创了空军海军与地方院校联合培养飞行人才的新途径，成为新时期军民融合的典范和样板工程。清华大学通过不断摸索尝试，形成了“3＋1，双学籍”的联合培养方式。学员在清华大学进行三年基础理论课的学习和军政、体能训练，在空军航空大学等单位完成一年基础飞行训练后，将被授予清华大学和军队航空院校的双学历和学位。清华大学航天航空学院作为培养的主体单位，已经在课程体系、培养模式、教师选配等方面形成了一套行之有效的方案，为飞行学员的培养工作奠定基础。截至 2017 年，清华大学已招收 7 批飞行学员，所培养的学员在离开校园到空军、海军相应部门上任后，均表现优异，得到一致好评。

航天航空学院学术委员会制订了新的本科培养目标：使毕业生具有航空宇航科学与技术、力学、动力工程及工程热物理领域的理论基础，基本掌握所学领域的专门知识；具有工程综合能力、创新意识、团队精神和社会责任感，具有较强的口头和书面交流能力，具有继续进行科学研究和探索的能力，了解所学技术领域的有关管理和政策等知识，了解社会发展的历史、文化、哲学和艺术等。并以此为基础制定了统一的教学平台，在低年级时侧重公共基础课的培养，在高年级时则形成不同的侧重方向，其目的是使航院培养的学生能适合宽口径的专业背景及具有很强的专业适应能力。

从 2005 年开始至今，航院在探讨学生培养特色方面进行了相应的调整和改革，其中包括专业调整历程为：2002 年 9 月在原有专业的基础上，增加飞行器设计与工程专业；2004 年 9 月将所有专业合并为工程力学与航空航天工程专业；因 2009 年开始招收钱学森力学班，2013 年 9 月毕业专业重新分为航空航天工程、工程力学专业及能源与动力工程专业；2011 年与空军大学联合招收飞行员“（3＋1）模式”（KJ；32 人），2013 年与海军工程大学联合招收飞行员“（3＋1）模式”（KJ；招生 1 人），2015 年后在原有专业的基础上增加工程力学与航天航空工程（KJ）专业（见表 3～表 5）。

表 3　　2004—2007 年获学士学位的毕业生人数统计表　　（单位：人）

专业 \ 毕业年届	2004	2005	2006	2007	小计
工程力学	45	47	31	37	160
热能与动力工程	26	22	19	20	87
飞行器设计与工程			21	19	40

续 表

专业＼毕业年届	2004	2005	2006	2007	小计
小计	71	69	71	76	287
补行毕业	4	2	3	1	10
总计授学位书	75	71	74	77	297

表 4　　2008—2012 年获学士学位的毕业生人数统计表　　（单位：人）

专业＼毕业年届	2008	2009	2010	2011	2012	小计
工程力学与航天航空工程	75	76	82	79	83	395
小计	75	76	82	79	83	395
补行毕业	1	0	2	0	1	4
总计授学位书	76	76	84	79	84	399

表 5　　2013—2018 年获学士学位的毕业生人数统计表　　（单位：人）

专业＼毕业年届	2013	2014	2015	2016	2017	2018	小计
工程力学与航天航空工程	72	66	69	61			268
工程力学（钱学森力学班）	25（首届）	28	27	28	30	24	162
工程力学与航天航空工程（KJ）			32（首届）	31	32	29	124
工程力学					22	16	38
航空航天工程					20	39	59
能源与动力工程					9	4	13
小计	97	94	128	120	113	112	664
补行毕业	0	3	3	5	1	2	14
总计授学位	97	97	131	125	114	114	678

（2）精品课程、教材以及名师。航院对教学、教材建设一贯非常重视，教学成果近年来一直名列全校前茅。在精品课建设、精品教材建设、教材编写等方面取得了突出的成绩（见表 6 ~ 表 9）。

表 6 航天航空学院本科精品课程一览表

序号	课程	负责人	入选类别与时间			
			国家	时间	市级	时间
1	材料力学	施惠基 殷雅俊	•	2003 年	•	2003 年
2	理论力学	李俊峰	•	2004 年	•	2003 年
3	弹性力学	杨卫 冯西桥	•	2004 年	•	2004 年
4	计算力学	刘应华 牛莉莎			•	2006 年
5	流体力学	符松	•			2007 年

表 7 航天航空学院本科精品教材一览表

教材名称	作者	出版单位	时间
应用力学	范钦珊	中央广播电视大学出版社	2002 年
理解航天（译著）	李俊峰	2003 年北京市高等教育精品教材建设	2003 年
理论力学	李俊峰	清华大学出版社	2004 年
工程力学（Ⅰ、Ⅱ）	范钦珊	高等教育出版社	2005 年
有限单元法	王勖成	清华大学出版社	2005 年
弹性理论基础（第 2 版）	陆明万	清华大学出版社	2005 年
理论力学	李俊峰	清华大学出版社	2005 年
工程断裂与损伤	庄茁	机械工业出版社	2006 年
材料力学	范钦珊	清华大学出版社	2008 年
实验力学	戴福隆、沈观林、谢惠民主编	清华大学出版社	2010 年

表 8 2004 年航院成立后部分获得省部级以上奖项的教学成果

成果名称	主要完成人姓名	主要完成单位	获奖时间	获奖名称	评定等级
新世纪工程力学课程教学资源库建设	范钦珊、李绯、殷雅俊、倪如慧、李斌	清华大学力学系	2004 年	北京高等教育教学成果奖	一等
理论力学课程体系改革与实践	李俊峰、张雄、陆明万、高云峰、陆秋海	清华大学力学系	2004 年	北京高等教育教学成果奖	二等

续 表

成果名称	主要完成人姓名	主要完成单位	获奖时间	获奖名称	评定等级
高水平创新性博士生培养模式与实践	杨卫、余寿文、徐秉业、郑泉水、黄克智	清华大学航空航天学院	2005 年	国家级	二等
坚持改革创新创建高水平国家基础课程力学教学基地	范钦珊、李俊峰、庄茁、殷雅俊、陆秋海	清华大学航天航空学院	2009 年	国家级教学成果奖	一等
新生研讨课建设与发展——新生与名师互动的研究型教学实践	朱克勤（第三完成人）	联合完成	2009 年	国家级教学成果奖	二等
建立中国工程教育专业认证制度的研究与实践	余寿文（第六完成人）	联合完成	2009 年	国家级教学成果奖	二等

表 9 航天航空学院名师奖获得者名单

姓名	获奖级别	年届
范钦珊	国家级教学名师奖获得者	2003 年第一届
李俊峰	国家级教学名师奖获得者	2011 年第六届
范钦珊	北京市教学名师奖获得者	2003 年第一届
李俊峰	北京市教学名师奖获得者	2007 年第三届
殷雅俊	北京市教学名师奖获得者	2011 年第七届
张雄	北京市教学名师奖获得者	2015 年第十一届
高云峰	北京市教学名师奖获得者	2017 年第十三届

其他奖项和课程建设情况，包括 2007 年被评为国家级力学实验教学示范中心；2008 年基础力学团队同时被评为北京市和国家级教学团队；2009 年获第七届周培源生力学竞赛团体赛特等奖；入选 2009 年度教育部双语教学示范课程建设项目“流体力学（英）”（符松）。

（二）研究生培养情况

目前，航院共开设研究生课程 60 余门。截至 2017 年 12 月，有 6 门研究生课程获

“清华大学精品课程”称号。

航院自2005年开设航天员工程硕士研究生班，目前共开设研究生课程60余门，截至2017年12月，共有6门研究生课程荣获“清华大学精品课程”称号（见表10）。

表10　　航天航空学院研究生精品课程一览表

序号	课程号	课程名称	负责人	入选时间
1	70330043	高等流体力学	朱克勤	2007年
2	60330024	张量分析	薛明德、郑泉水	2007年
3	60330084	弹塑性力学	岑松	2008年
4	70330084	计算固体力学	庄茁	2010年
5	70330113	计算动力学	张雄	2011年
6	80310052	运动稳定性	李俊峰	2012年

2014年9月，清华大学教培处、航天航空学院与总装司令部联合开办“导弹航天飞行理论”课程学习班，圆满完成导弹航天飞行理论研修班培训任务，通过培训，研修班15名学员开阔了视野，夯实了基础，完善了知识体系，提升了培训学员的理论水平、试验设计和技术应用能力。

工程热物理研究所过增元院士等多位老师倡导参与式教学方法，极大提高研究生学习的积极性和热情，显著提升研究生课程的教学效果。固体力学研究所杨卫等老师探索并实践了高水平创新性博士生的培养模式，在如何提高博士生培养质量方面总结了很好的经验，固体力学的13篇全国优秀博士论文就是这种探索的成果。

航空系自2017年春季学期开办面向广大研究生及研究人员的系列学术讲座。学术讲座每周一次，讲座的组织者由航空系系务会在每年年初指定，航空系教师均可向组织者推荐学术讲座专家。这些学术专家通常是在航空宇航相关领域具有较大影响力的国内外资深专家或是在相关领域具有巨大潜力的青年新秀。该系列讲座很好地促进了学术交流，开阔了研究生的学术视野，受到航空系研究生和老师的普遍欢迎。

2014年9月，清华大学教培处、航天航空学院与总装司令部联合开办“导弹航天飞行理论”课程学习班，圆满完成导弹航天飞行理论研修班培训任务。通过培训，研修班15名学员开阔了视野，夯实了基础，完善了知识体系，提升了培训学员的理论水平、试验设计和技术应用能力。

同时，航院十分注重研究生培养的实践环节。从1990年开辟第一个研究生社会实践基地——山东滨州实践基地以来（后成为第一个校级研究生社会实践基地），航院陆续开辟了多个实践基地，每年参加社会实践的博士生有60～80人次，实践单位达三十多家，遍布全国十多个省份。每人实践时间均在30个工作日以上，每年累计完成的科研项目60多项，解决的技术难题80多个，累积培训600多人。将博士生社会实践和本科生生产实习结合，形成“本研结合，以博带本”的社会实践模式，将博士生社会实践和本科生生产实习综合考虑，以项目为单位，博士生和本科生形成研究小组，既培养了博士生的指导能力又能让本科生快速开展研究，取得了很好的效果。航院连续三年获得清华大学博士生实践优秀组织工作一等奖和二等奖。

2007年，研究生和本科生共同参与的航空创新实践基地正式成立，实践基地鼓励学生自行设计制作微小型无人飞行器。组织参加了两届全国空中机器人大赛和两届全国航空航天模型科技实践锦标赛，获得一个冠军、两个二等奖。

近年来，航院研究生的学位论文的水平稳步提高。自2004年航院成立后，共有9篇博士论文被评为全国百篇优秀博士论文，共有55篇获得校级优秀博士论文，有47篇校级优秀硕士论文（见表11、表12、表13）。

表11　　2004年航院成立后“教学成果奖”获奖名单

获奖年份	内容	获奖人	获奖等级
2004年	高水平创新性博士生培养模式与实践	杨卫、余寿文、徐秉业、郑泉水、黄克智	国家级教学成果奖二等奖及2004年北京高等教育教学成果奖市级一等奖

表12　　2004年航院成立后全国优秀博士论文获得者名单

年份	姓名	导师	论文名称	专业/学科
2004	姜汉卿	黄克智	应变梯度塑性理论断裂和大变形的研究	力学
2005	刘哲	郑泉水	碳纳米管若干力学问题的研究	力学
2006	冯雪	黄克智	铁磁材料本构关系的理论和实验研究	力学
2008	王立峰	郑泉水	碳纳米管及相关纳米结构的力学性质研究	力学
2009	裴永茂	方岱宁	铁磁智能材料力磁耦合行为研究	力学

续　表

年份	姓名	导师	论文名称	专业/学科
2010	吴坚	黄克智	基于原子势的碳纳米管有限变形壳体理论	力学
	陈群	过增元	对流传递过程的不可逆性及其优化	动力工程及工程热物理
2011	柳占立	庄茁	微尺度晶体塑性的离散位错和非局部理论研究	力学
2013	李博	冯西桥	软物质材料的表面失稳研究	力学

表 13　　力学、航空宇航科学与技术学科优秀博士学位论文名单

序号	作者	导师	学位论文题目	获奖等级
1	李京阳	宝音贺西	载人登月多段自由返回轨道及受摄交会问题研究	2017 年航空宇航科学与技术学科全国优秀博士学位论文
2	陈浩森	方岱宁	铁电材料动态断裂力学研究	2016 年度中国力学优秀博士学位论文
3	任杰	符松	高超声速边界层 Gortler 涡二次失稳和转捩控制研究	2016 年度中国力学优秀博士学位论文提名奖
4	刘晓东	马兴瑞、宝音贺西	非中心引力场中的轨道动力学研究	2016 年航空宇航科学与技术学科全国优秀博士学位论文

航院毕业研究生已经在许多国家重点行业和领域施展着才华。在他们中产生了张涵信、吴有生、何友声、高金吉、高玉臣、杨卫、范本尧等中国科学院和中国工程院院士，还有中国人民解放军 63820 部队副司令员桂业伟少将，我国第一颗整星出口尼日利亚的总设计师周志成研究员等一大批杰出系友。

为满足社会的需求，航院将在保持优良传统的基础上探索创新人才的培养之路，为国家培养和输送更多栋梁之材。

五、科学研究

（一）概述

航院的科学研究工作秉承力学系的优良传统，以基础理论研究为基石，以工程应用为引领，在兼顾面向各领域的力学与热物理问题研究的同时，以国家重大需求为己任，深入开展航空航天航海以及相关方面的研究工作。

（二）科研项目

科研项目主要来自国家自然科学基金委、国家教育部、国家科技部、国家发改委、总装备部、国防科工委、航天科技集团、航天科工集团、航空一集团、航空二集团等以及横向协作项目和国际合作项目。

2005 年，航天航空学院主持的清华大学“十五”“211 工程”“微小型飞行器的测控与实验平台”项目启动，力学系承担了“小型飞行器空气动力学实验平台”“微小飞行器推进的真空试验与测控平台”和“卫星姿态动力学与控制半实物仿真平台”三个课题，总计经费 445 万元。

2006 年，航天航空学院主持的 985 二期建设项目启动，力学系获得的配套经费超过千万元，利用这些经费，购买了先进的并行计算机，购置了比较齐全的数值模拟软件，目前正在建设微/纳米力学与细胞力学测试平台、环境力学测量平台、电—磁—热力多场耦合加载与耦合测量平台、航空航天材料制备与表征平台、DSpace 实时控制台、流体力学旋转运动实验台、纳米薄膜热物性测试平台等先进的实验系统与设备。

2007 年，航天航空学院科研经费突破 5000 万元，航空航天与国防项目经费突破 1000 万元，新增国家自然科学基金数全校第一，经费超过 1000 万元。其中力学系可研究经费达到 3591 万元。

2009 年，科研经费突破 7000 万元，单项科研合同金额达到 3000 万元。

自国家自然科学基金委员会成立以来，我系获得的重点项目有 24 项，杰出青年基金 8 项。2001 年固体力学获得我校第一个国家自然科学基金委优秀创新群体支持，并于 2004 年获得延续资助。

2010 年，全院到账科研经费 7958 万元，新增科研项目 199 项，合同额约 1. 1394 亿元。

2011 年，到账科研经费首次突破亿元大关，共计 1. 0525 亿元，新增科研项目 168 项。过增元院士等人经过多年的潜心研究，提出以爱因斯坦的质能关系确定热质定量表达，建立了热质流体的基本方程。基于这一新理论，提出了传热优化的火积耗散极值原理，建立了普适导热定律，揭示新的能量形式——热质能；开展了航空活塞发动机关键技术攻关，成功开发出高压共轨燃油喷射系统样机，带动了航院学科交叉；先进机翼气动设计方法已经应用于 C919 飞机超临界机翼一体化设计；第一代单侧脑起搏器已经完成了 40 例临床试验，达到了非常好的效果。第二代可充电双侧脑起搏器临床试验也已经启动；参与建议了嫦娥二号飞行方案并助力“天宫一号”“神舟八号”交汇对接任务。

2012 年，航院科研工作蓬勃开展，多项科研指标位列全校前列，在科研经费、项目、高水平论文、科技奖项、重大科研平台等方面均有突破。到账科研经费 1.2268 亿元，新增科研项目 195 项。

2013 年，航院科研工作继续稳步发展，多项科研指标位于全校前列，在到账科研经费、新增项目、高水平论文发表、科技获奖、产学研转化等方面均有突破。李路明教授课题组研制的航天员质量测量仪、生理信号测试盒、神经肌肉刺激仪、心电传输装置随“神舟十号”上天，完成测试任务，同时该团队研制的脑起搏器获批产品注册证，打破了美国产品独家垄断的局面，技术达到国际先进水平，2013 年 12 月新闻联播播出了“国产脑起搏器打破美国独家技术垄断”；航空发动机研究中心研制的重油航空活塞飞发一体化无人直升机 TH600 完成系留悬停试验；我院教师助力“嫦娥三号”着月成功，参与了变推力发动机与着陆扰振模拟器设计、并进行了飞行器多体动力学建模和控制仿真。2013 年航院到账科研经费共计 1.295 亿元，新增科研项目 179 项。

2014 年，航院科研工作继续保持平稳发展的势头，在科研项目数、到账经费、高水平论文发表等方面均取得不错成绩，特别是在科研成果转化应用方面获得重要突破。李路明团队研制的可充电脑起搏器，获得国家食品药品监督管理总局三类有源植入医疗器械产品注册证。这是继美国之后第二个在原产国获得产品注册证的可充电脑起搏器产品，标志着我国的脑起搏器技术已经步入全球先进行列；王浩文团队携手隆鑫通用动力股份有限公司参加了第十届中国国际航空航天博览会，研发的具有全部自主知识产权的 XV－1 无人直升机以其优异的性能、先进的设计理念吸引了众多客商、媒体及投资机构的关注；周明团队牵头研发的具有完全自主知识产权和国际先进水平的电控高压共轨燃油喷射系统具备批量生产能力；研发的具有完全自主知识产权的新一代电控单缸柴油机完成样机制造、组装，成功实现“一次设计、一次点火、性能一次达标”，是我国首款排放达国Ⅲ标准的电控单缸柴油机；灵巧通信试验卫星工程任务取得圆满成功，我院教师承担了结构总体、卫星热控、减振等方面的研制工作。2014 年航院到账科研经费共计 1.2475 亿元，新增科研项目 177 项。

2015 年，航院科研工作取得了良好的成绩，新增科研项目、经费到账、高水平论文发表以及奖励等方面都在稳步提升。王兆魁负责的“清华科学卫星一号”项目通过方案评审，该卫星可实现厘米级的精密轨道确定、长波重力场恢复和大气密度探测；李路明团队研发的清华脑起搏器参展全国大众创业万众创新活动周，李克强总理询问了该技术进展，对清华团队的工作给予了充分肯定；王浩文教授带领的团队研发的无人直升机 XV－1 产品信息进入全军武器装备采购信息网，XV－2 型为目前国内最大的植保型无人直升机，试飞图片被国防部网站、人民网、新华网等多家权威网站转载；周明团队牵头研发的首款满足国Ⅲ标准排放的电控单缸柴油机取得三证（工信部、环保部、质监局），是我国首款第二代单缸柴油机，已实现批量生产；与珠海市政府签订项目投资框架协议，正在洽谈重油航空活塞发动机的产业化方面的合作；冯雪教授课题组正与长三角研究院在柔性电子器件方面展开产学研合作。2015 年航院到账科研经费共计 1.5531 亿元，新增科研项目约 203 项。

2016 年，航院科研经费规模继续保持稳步增长势头，通过进行内部资源整合，力争在“十三五”期间取得新的突破，为学科发展提供支撑。同时，不断提高论文发表和成果申报质量，提升教师对成果专利转化工作的重视度。2016 年围绕过增元院士提出（火积）新理论，“热学新理论及其应用”学术大会顺利召开，十多位院士畅谈新理论、新应用；李群仰副教授以共同通讯作者身份与合作者在 *Nature* 揭示二维材料摩擦演化之谜；冯雪教授与邱勇院士、尤政院士的三大核心柔性电子技术团队的研究成果，由清华大学与浙江省人民政府签约，在浙江省建设“柔性电子技术研究院”；航天生理信号检测盒、交会对接技术等多项成果助力“天宫二号”“神舟十一号”，实现飞船发射对接任务；王浩文教授团队研发无人直升机亮相第十一届中国国际珠海航展；周明牵头研发的首款第二代电控单缸柴油机实现了批量生产，由科技部党组书记、副部长王志刚带队，在校党委书记陈旭陪同下，考察调研航空发动机研究中心；“神经调控技术国家工程实验室”通过验收，同时“神经调控与脑科学国际合作联合实验室”通过教育部立项论证。2016 年航院到账科研经费约 2 亿元，新增科研项目约 183 项（见表 14～表 17）。

2017 年，航院到账科研经费 1.3482 亿元，新增项目 159 项，合同额约 1.27 亿元。

表 14　　2005 年以来历年新增的国家自然科学基金项目

年度	2005	2006	2007	2008	2009	2010	2011	2012	2013	2014	2015	2016	2017
项目数（个）	24	24	24	22	23	26	27	26	28	25	20	37	28
合同额（万元）	711	877	1148	1245	1110	994	2374	2433	2695	2526	1548	2870	2350

表 15　　2005—2009 年历年新增的 863 项目

年度	2005	2006	2007	2008	2009
项目数（个）	2	7	11	2	1
合同额（万元）	80	1190	465	118	50

表 16　　2005—2015 年历年新增的 973 项目

年度	2005	2006	2007	2008	2009	2010	2011	2012	2013	2014	2015
项目数（个）	1	1	2	0	2	3	3	5	4	4	5
合同额（万元）	10	350	830	0	331	727	224	1622	1949	586	691

表 17　　2016—2017 年新增的重点研发计划

年度	2016	2017
项目数（个）	15	7
合同额（万元）	6185	2448

（三）科研成果

（1）学术论文。航院在成立后，秉承力学系的重视科研成果发表的传统，在 SCI 上被收录论文的数量逐年增长。除了论文数量增长之外，在高水平学术期刊（如 *J. Mech. Phy. Solids*、*J Fluid Mech.*、*Phy. Rev. B*、*J. Appl. Phy.*、*Int. J. Heat Mass Tran.* 等）上发表的学术论文也在不断增加，引用率也不断增加（见表 18）。

表 18　　2005 年以来被 SCI 收录的论文数

年度	2005	2006	2007	2008	2009	2010	2011	2012	2013	2014	2015	2016
论文数（篇）	161	172	146	192	204	208	253	221	238	261	260	267

（2）科研成果及获奖情况（见表19、表20、表21）。

表19 国家级奖励详表

奖励级别	项目名称	获奖人	奖励年份
国家自然科学二等奖	范德华层状介质的滑移行为和力学模型	郑泉水（1/5）刘哲（2/5）徐志平（3/5）刘泽（4/5）刘益伦（5/5）	2017
国家科技进步二等奖	大型承压设备不停机电磁无损检测技术及应用	李路明（4/15）	2015
国家自然科学二等奖	广义协调与新型自然坐标法主导的高性能有限元及结构分析系列研究	龙驭球（1）岑松（2）陈晓明（5）	2013
国家技术发明奖二等奖	专用项目（LDPC 编码技术与应用）	陆建华（1）殷柳国（2）詹亚峰（3）	2011
国家自然科学二等奖	微纳尺度传热的尺度效应及其物理机制	过增元、李志信、梁新刚、张兴	2011
国家自然科学二等奖	电磁固体的变形与断裂	方岱宁、刘彬、黄克智	2010
国家技术发明二等奖	高效利用反应热副产工业蒸汽的热法磷酸生产技术	宋耀祖、张冠忠	2008
国家自然科学二等奖	离散型多相湍流和湍流燃烧的基础研究和数值模拟	周力行	2007
国家自然科学二等奖	铁电陶瓷的力电耦合失效与本构关系	杨卫、方岱宁等	2005
国家科技进步二等奖	压力管道安全检测与评价技术研究	刘应华、徐秉业等	2005
国家自然科学二等奖	张量函数表示理论与材料本构方程不变性研究	郑泉水、黄克智	2004
国家科技进步二等奖	基于场协同理论的传热强化技术及其研究	过增元、李志信等	2004

注：表格中获奖人一栏括号中的数字代表获奖者名次。

表20 航天航空学院部分专项奖表

奖励年份	奖励人	奖励名称
2017	张一慧	美国机械工程师协会最高论文奖——梅尔维尔奖
2017	张一慧	国际工程科学协会“青年学者奖”
2017	张宇飞	航空学会青年科技奖

续 表

奖励年份	奖励人	奖励名称
2017	过增元	亚洲热科学“杰出成就奖”
2016	张一慧	求是杰出青年学者
	冯雪	教育部青年科学奖
	冯雪	全国优秀科技工作者
	庄茁	全国优秀科技工作者
2013	邱信明	新世纪优秀人才支持计划
2012	曹艳平	新世纪优秀人才支持计划
	冯西桥	全国优秀科技工作者
2011	刘彬	中国力学学会青年科技奖
	曹炳阳	新世纪优秀人才支持计划
2010	陈海昕	新世纪优秀人才支持计划
	李震	新世纪优秀人才支持计划
2009	黄克智	第六届周培源力学奖
	陈常青	中国青年科技奖
	冯雪	教育部新世纪优秀人才支持计划
2008	何良菊	霍英东青年教师教师基金
	宋耀祖	第四届全国发明创业奖
	刘彬	教育部新世纪优秀人才支持计划
2007	宋耀祖，张冠忠	第二届全国杰出专利工程技术奖
	岑松	新世纪优秀人才支持计划
	冯西桥	中国青年科技奖
2006	李路明	新世纪优秀人才支持计划
	薛明德，李东风，黄克智	Sam Y. Zamrik Literature Award by 美国机械工程师协会压力容器与管道分会与国际压力容器技术协会
	岑松	“霍英东教育基金会第十届高等院校青年教师奖”研究类二等奖
	季葆华	北京市科委评选的“科技新星”
	王连泽	中国环境科学学会第六届优秀环境科技工作者奖
2005	过增元	ASME ICMM 会议颁发的 Lifetime Contribution Award in the Field of Microscale Heat and Mass Transfer
	谢惠民	新世纪优秀人才支持计划
	陈民	新世纪优秀人才支持计划

表 21 2004—2017 年获得的专利情况

年度	发明专利	实用专利	总计
2004	7	2	9
2005	1	3	4
2006	3	6	9
2007	11	5	16
2008	14	1	15
2009	16	2	18
2010	19	4	23
2011	19	2	21
2012	22	9	31
2013	29	1	30
2014	24	6	30
2015	27	7	34
2016	32	18	50
2017	45	10	55

（四）科技成果推广应用

2015 年王浩文教授的无人直升机技术包括三项专利，以无形资产与投资 3800 万元的隆鑫股份合作共同成立深圳隆华公司，占 38% 股份。

2015 年冯雪教授的成果——面向医疗的可穿戴超柔性电子技术，包含 3 项专利以 201 万元转让款 + 经营净收益 90% 转让给浙江清华长三角研究院。

2016 年李路明教授课题组的成果——植入式神经刺激器技术，包含专利技术 83 项，软件著作权 2 项，非专利技术 16 项，以 2616 万元转让给北京品驰医疗设备有限公司。

六、国际合作

以清华大学跻身世界一流大学为宗旨，以国际化作为教学方向，航院发挥力学、热科学及航空宇航学科的特色和优势，寻求多渠道、高水平、高质量的国际交流合作，让国际交流服务于教学、科研工作，不断地吸收世界优秀文化、成果，以此提升航院教师、学生的国际视野，增强国际竞争意识及影响力。

航院鼓励教师、学生参与多样化的国际交流活动。进入 21 世纪以来，航院的国际学术交流活动日益频繁。2017 年航院派出交流的教师和学生已达五百余人次，他们分别前往美国、英国、瑞典、巴西、日本、韩国等近三十个国家及中国港澳台地区参加学术会议、探讨科研合作、开展短期课程学习、参与国际竞赛、文化交流等。学院注重与国际著名研究机构、知名大学及海外专家建立长期、良好的合作关系，从而更好地推动学科发展和科研工作。2001—2017 年，航院累计接待了 1500 余人次来访的海外团组及专家到学院开展科学研究、讲座讲学、短期课程等交流活动。

航院已经与一批国际一流大学的学者建立了比较密切的合作与交流，这些大学包括美国哈佛大学、UIUC（伊利诺伊大学厄巴纳 - 香槟分校）、布朗大学、英国剑桥大学、帝国理工学院、法国多科性技术学院、巴黎矿业学院、德国马普金属研究所、日本东京大学、东京工业大学、东北大学、俄罗斯莫斯科国立大学、航空学院、韩国汉城大学、KAIST（韩国科学技术学院）、澳大利亚悉尼大学等。与东京大学、韩国的首尔国立大学在航空航天方面建立起定期的交流，与日本京都大学、首尔国立大学在能源方面建立起了定期的学术交流机制，与新加坡南洋理工大学建立起了双边交流机制，加入了 The Asia - Oceanic Top University League on Engineering（简称 AOTULE），定期参加学术交流活动。

七、 实验室

航院在成立之后，继承了力学系原有的“应用力学”教育部重点实验室、“热科学与动力工程”教育部重点实验室、“传热与能源利用”北京市重点实验室等，并且继续代管校强度与振动中心实验室。

为了适应教学科研发展的需求，航院在实验室建设和实验室资源投入方面做了非常多的工作。在 2012 年 4 月，神经调控技术国家工程实验室在航院成立。同年，为支持航院相关学科的发展，航院与河北院合作，在河北省廊坊市建立了航院试验基地 8000 平方米，包括低速风洞、高超声速水洞等。截至目前，航院拥有大型设备 68 台，总共实验室设备资产值超过 2 亿元。

第二篇　院士简介

系友中的院士

张维（1955 年）[①]

钱伟长（1955 年）

钱学森（1957 年）

郭永怀（1957 年）

李敏华（1980 年）

梁守槃（1980 年）

沈元（1980 年）

王仁（1981 年）

郑哲敏（1981 年）

① 注：括号中的时间为当选为院士的时间，余同。

胡海昌（1981 年）

黄克智（1991 年）

张涵信（1991 年）

俞鸿儒（1991 年）

蔡睿贤（1991 年）

郭仲衡（1991 年）

屠守锷（1992 年）

王永志（1994 年）

管德（1994 年）

郭孔辉（1994 年）

吴有生（1994 年）

谢友柏（1994 年）

刘兴洲（1995 年）

何友声（1995 年）

杜庆华（1997 年）

过增元（1997 年）

冯士筰（1997 年）

陈士橹（1997 年）

温俊峰（1997 年）

高金吉（1999 年）

陈一坚（1999 年）

钟群鹏（1999 年）

陶宝祺（1999 年）

高玉臣（2001 年）

戚发轫（2001 年）

杨卫（2003 年）

范本尧（2005 年）

李天（2005 年）

戴浩（2005 年）

李天初（2011 年）

方岱宁（2013 年）

高德利（2013 年）

吴立新（2013 年）

周志成（2017 年）

魏悦广（2017 年）

张维 （1955 年）

见系主任简介。

钱伟长 （1955 年）

力学及应用数学专家，教育家。

1912 年 10 月出生于江苏省无锡市，1935 年毕业于清华大学物理系，1942 年获加拿大多伦多大学应用数学系博士学位。1942—1946 年任美国加州理工学院喷射推进研究所研究工程师。

1946 年回国任清华大学教授。曾任清华大学力学教研组教授、清华大学第一届工程力学研究班班主任。

1952 年任清华大学教务长，1956 年任清华大学副校长、中国科学院力学研究所副所长；1982 年任上海工业大学校长、上海市应用数学和力学研究所所长。曾任国务院学位委员会学科评议组成员，国务院科学规划委员会委员，波兰科学院院士，中国力学学会副理事长，中国中文信息学会理事长，《应用数学和力学》期刊主编以及美国《应用数学进展》《国际工程科学月刊》编委。他还是香港特别行政区基本法起草委员会委员，澳门特别行政区基本法起草委员会副主任委员，中国和平统一促进会执行会长，中国海外交流协会会长。第五届全国政协常务委员，第六届至第九届全国政协副主席，第一、第四届全国人大代表。

他长期从事力学及应用数学研究，1941 年提出“板壳内禀理论”，其中非线性理论方程组被称为“钱伟长方程”；1954 年提出的“圆薄板大挠度理论”是国际上首次成功应用系统摄动法处理非线性方程的工作，获得 1956 年国家自然科学二等奖；1979 年合作完成的“广义变分原理的研究”获得 1982 年国家自然科学二等奖。著有《弹性板壳的内禀理论》《张力固定板的振动》《变分法及有限元》《广义变分原理》《穿甲力学》，合著有《弹性力学》，发表论文 160 多篇。

1955 年当选为中国科学院院士（学部委员）。

钱学森 （1957 年）

应用力学、航天技术和系统工程科学家。

1911 年 12 月出生于上海市，1934 年毕业于上海交通大学，考取清华大学公费留学生。1936 年在美国麻省理工学院获硕士学位，1938 年获加州理工学院博士学位；1946

年起任麻省理工学院航空系副教授、教授；1949 年任加州理工学院航空系教授；1955 年回国，曾任中国科学院力学研究所所长、中国科协主席、中国力学学会、中国自动化学会、中国系统工程学会、中国宇航学会理事长、名誉理事长等职。1956 年主持创办清华大学工程力学研究班。他是第三届至第五届全国人大代表，第六届至第八届全国政协副主席。

他是我国杰出的力学家，工程控制论的创始人，为我国航空航天事业的发展做出了卓越的贡献。早年在应用力学和火箭、导弹技术等许多领域都做过开创性的工作。他独立研究以及和冯·卡门合作研究提出的许多理论，为应用力学、航空工程和火箭导弹技术的发展奠定了基础。回国后长期担任火箭、导弹和卫星研制的技术领导职务，为创建和发展我国的导弹、航天事业做出了杰出贡献。在工程控制论、系统工程和系统科学、思维科学和人体科学以及马克思主义哲学等许多理论领域都进行过创造性的研究，做出了重大贡献。1956 年获中国科学院自然科学奖一等奖，1985 年获国家科技进步奖特等奖，1991 年被国务院、中央军委授予“国家杰出贡献科学家”荣誉称号和一级英模奖章。

在空气动力学方面，发表《可压缩流体中的边界层》（与冯·卡门合作），《跨声速流机翼》等 20 多篇论著；在壳体稳定方面，发表过《薄壳屈曲的一个理论》《球壳在外压下的翘曲》（与冯·卡门合作）等；在火箭与喷气推进方面，发表过《火箭与喷气推进的研究》《热核子动力学》等；还著有《物理力学讲义》《论技术科学》《星际航行概论》《激光》等重要著作。

1957 年当选为中国科学院院士（学部委员），1994 年当选为中国工程院院士。

郭永怀　（1957 年）

中国近代力学家。

出生于山东省荣成市，1935 年毕业于北京大学，1939 年考入西南联大研究生，1945 年获美国加州理工学院博士学位，1946 年被聘为美国康奈尔大学航空工程研究生院教授。1956 年回国，曾任清华大学第二、第三届工程力学研究班班主任。历任中国科学院力学研究所研究员、副所长，《力学学报》主编，是第二、第三届全国人大代表，第二届全国政协委员。1946 年与钱学森共同指出在跨声速流场中具有实际意义的是来流的上临界马赫数，而不是以往被重视的下临界马赫数。这项研究成果对航空技术中突破声障具有重要意义。1953 年前后在激波与边界层相互作用的研究中获出色成果，得出远场超声速流动与近场边界层相互作用的速度场和压力场的表达式（即庞加莱—莱特希尔—郭永怀方法，亦称奇异摄动法）。

他是我国近代力学事业的组织者和奠基人之一，也是我国核武器研制单位的技术负责人之一。在力学基础研究、火箭发动机、导弹的研制和第一颗人造卫星的设计、核武器的结构力学、结构强度、压力分布的研究计算和指导核装置的静态力学、动态力学实验以及钝锥绕流、爆炸力学等方面，为我国核武器和导弹的研制工作做出了巨大贡献。

与钱学森合撰论文《可压缩流体二维无旋亚声速和超声速混合型流动和上临界马赫数》，还撰有论文《在中等雷诺数下绕平板的不可压缩粘性流动》。

1957 年当选为中国科学院院士（学部委员）。

李敏华　（1980 年）

固体力学家，麻省理工学院第一位工科女博士。

1917 年 11 月 2 日出生于江苏省吴县（即今苏州市吴中区和相城区）。1935 年考入清华大学，1940 年毕业于西南联大航空系，后留在航空工程系任教。1944 年赴美麻省理工学院机械系学习，先后于 1945 年和 1948 年获得了硕士、博士学位。1949—1951 年任美国 NACA 路易斯发动机研究中心研究科学家，1952 年任美国勃洛克林理工学院机械系研究教授。1954 年回国。

1955—1956 年任中国科学院数学研究所力学研究室研究员，后任中国科学院力学研究所研究员、研究室副主任、主任。曾任中国力学学会常务理事、副秘书长，《力学学报》、航空学力学学会常务理事、副秘书长，《力学学报》《航空学报》和《固体力学学报》编委。曾于 1956 年获中科院自然科学三等奖，1978 年获全国科学大会奖。

1965 年当选为第三届全国人大代表。她是全国妇联执委，于 1983 年、1988 年先后当选为第六、第七届全国政协委员。1984 年加入中国共产党。

1980 年当选为中国科学院院士（技术科学部学部委员）。

梁守槃　（1980 年）

航空工程专家，导弹总体和发动机技术专家，中国导弹与航天技术的重要开拓者之一，中国第一枚导弹的总设计师。

1916年4月13日生于福建省福州市。1933—1937年在清华大学机械系航空组学习，获工学士学位。1938—1939年在美国麻省理工学院航空系学习，获航空工程硕士学位。早年从事航空工程教育，曾任教于西南联大航空工程学系。20世纪50年代起从事导弹研制工作，在发动机技术和导弹总体技术上尤有建树。1985年当选为国际宇航科学院（IAA）院士，1988年被美国国际空间大学创办者协会聘任为初始会员。1989年荣获航空航天部“劳动模范”称号，1990年被批准为首批享受政府特殊津贴的专家，1990年获一项国家级科技进步奖特等奖，1992年被批准为航空航天部有突出贡献的老专家，1993年任航天工业总公司高级技术顾问，1994年获求是科技基金会“杰出科学家奖”。

1980年当选为中国科学院院士（学部委员）。

沈元 （1980年）

详见航空工程学系负责人简介。

1980年当选为中国科学院院士（学部委员）。

王仁 （1981年）

力学家、地球动力学家和力学教育家。

1921年1月2日出生于浙江省吴兴县。1943年于西南联大航空工程系获工学士学位。1944年到贵阳第一飞机制造厂担任设计员。1945年抗日战争胜利后，到台湾省台中市参加接收日本人的飞机修理厂及建设生产双翼教练机工厂的工作，任台湾省台中市第三飞机制造厂工程师。1948年到美国西雅图的华盛顿大学航空工程系学习，担任该校风洞实验室的研究助理，1950年春获得理学硕士学位。其间被选为西格玛—科赛（Sigma - xi Society）学术性荣誉学会会员。1950年获洛克菲勒奖学金，到美国布朗大学应用数学部深造。1953年获哲学博士学位，并任该校副研究员。1954年秋转入芝加哥的伊利诺伊理工学院力学系任助理教授。

1955年4月回国后，历任北京大学副教授、教授、博士生导师，并于1984—1986年担任力学系系主任。曾先后担任了北京力学学会副理事长，中国地震学会副理事长，中国地球物理学会理事，中国力学学会副理事长、理事长，并任《力学学报》副主编、《国际力学科学》（*Inter. J. of Mech. Sci.*）《大地构造物理学》（*Tectonophysics*）等十几种国际、国内学术刊物的编委。1986年被任命为中国自然科学基金委员会副主任，1991

年届满后任特邀顾问。1978—1986 年任北京市第五届、第六届政治协商会议委员。

1981 年当选为中国科学院学部委员。

郑哲敏 （1981 年）

中国现代力学家。

1924 年 10 月出生于山东省济南市。1947 年毕业于清华大学，1952 年获美国加州理工学院博士学位，1955 年回国后在中国科学院力学所工作。曾任室主任、副所长、所长，1957—1958 年给工程力学研究班讲课。曾任中国力学学会副理事长、《力学学报》主编。

早年从事热应力、振动与水弹性力学、地震工程力学方面的研究。1952 年对输水管振动的分析曾为解决重要工程做出贡献。1960 年后致力于爆炸力学及其应用的研究，涉及爆炸成型、爆破、地下强爆炸、穿甲破甲、爆炸复合、瓦斯突出、水下沙土爆炸等问题。1964 年爆炸成型机理及应用获全国工业新产品展览一等奖，1982 年由于在流体弹塑性体模型及其应用方面的贡献获国家自然科学二等奖，1990 年“爆炸处理水下软基”获国家科技进步二等奖，1993 年获陈嘉庚技术科学奖，当选为美国国家工程科学院外籍院士。发表论文多篇。

1981 年当选为中国科学院院士（学部委员）；1994 年被选聘为中国工程院院士。

胡海昌 （1981 年）

现代固体力学家。

1928 年 4 月出生于浙江省杭州市。1950 年毕业于浙江大学土木工程系，1950 年秋起在中国科学院数学研究所力学研究室（后为力学研究所）工作。1957—1959 年在清华大学工程力学研究班讲课，1966 年起参加航天技术研究工作。1978 年起任北京大学兼职教授。1982 年创办并主编《振动与冲击》期刊。

1954 年在《物理学报》发表论文《论弹性体力学与受范性体力学中的一般变分原理》，提出固体力学中的三类变量广义变分原理。这一原理推广了最小势能原理，是用位移、应变和应力为自变函数的一种无条件变分原理。1955 年，日本学者鹫津久一郎（1921—1981 年）得到类似结果。他们的变分原理后来被称为胡鹫津原理。撰写科学论文《横观各向同性弹性力学的空间问题》（1953 年）、《在均布及中心集中载荷作用下圆板的大挠度问题》（1954 年）、《广义变分原理在近似解中的合理应用》（1982 年）

等多篇以及专著《弹性力学的变分原理及其应用》（1981 年）等。

1981 年当选为中国科学院院士（学部委员）。

黄克智　（1991 年）

固体力学家。

1927 年出生于江西省南昌市。1947 年中正大学土木系毕业，1952 年清华大学土木工程系研究生毕业。1978 年至今任清华大学教授，俄罗斯科学院外籍院士（2003 年），曾任工程力学研究所所长，校学术委员会主任，中国力学学会副理事长，《力学学报》主编。现任国内 13 所大学兼职教授或名誉教授。

主要研究方向集中在三个方面。塑性力学：应变梯度塑性理论，相变材料（形状记忆合金、铁电材料）的本构模型；破坏理论：断裂力学，裂纹尖端场，陶瓷相变韧化；板壳理论：薄壳渐近理论，压力容器分析；近年从事微米与纳米力学的研究。

发表专著七部，学术论文 300 余篇。已培养出研究生 69 名（包括指导博士后 6 名），其中"文革"前 7 名，"文革"后博士 39 名，硕士 17 名，博士后 6 名，另有正在就读的博士生 7 名。

获 40 余项国际、国家、部市级奖励，其中包括：普通高等学校优秀教学成果国家级特等奖《固体力学重点学科建设与高水平博士生规模培养》（1993 年）、国家自然科学二等奖 2 项（2004 年、2005 年）、国家自然科学三等奖 2 项（1987 年、1995 年）、美国机械工程师学会《压力容器技术》杂志年度唯一杰出论文奖 2 次（1997 年 McGratten 奖、2006 年 Zamrik 奖）、美国机械工程师学会 Melville（梅尔维尔奖章）奖（2004 年全美 ASME 全部刊物系列全年唯一优秀论文奖——关于纳米力学）、获清华大学首届 2004—2005 年"突出贡献奖"、1993 年全国教育系统劳动模范并授予"优秀人民教师"奖章、1995 年评为北京市劳动模范、2007 年全国十大系列（教育系列）英才。

1991 年当选为中国科学院院士（学部委员）。

张涵信　（1991 年）

空气动力学家。

1936 年出生于江苏省沛县，1958 年毕业于清华大学。1959 年和 1963 年分别在清华大学工程力学研究班和中国科学院力学研究所完成研究生的第一和第二阶段的学习。历任清华大学讲师，中国空气动力研究与发展中心研究员，中国力学学会和中国空气动力学学会副理事长。用摄动法成功地解决了当时国际上难以解决的钝头体高超声速绕流及其熵层问题，发展了钝头细长体绕流的熵层理论，提出了高超声速流动中第二激波形成的条件。首次提出了判定三维流动分离的数学条件，并证明实际流动的分离线是极限流线，且周围的极限流线向它会聚，仅在边界层方程描述流动的情况下，分离线才可能是极限流线的包络。发现了三阶色散项和差分解在激波处出现波动的联系；提出了建立高分辨率差分格式的物理构思，建立了无波动无自由参数的耗散（NND）差分算法。建立了云粒子侵蚀和真实气体实验模拟的相似准则。另外，为航天飞行器研制开发了大量数值计算软件。

撰写出版《高超声速空气动力学》《分离流动概论》等专著，他的关于三维分离流动特性研究获得1993年国家自然科学二等奖。

1991年当选为中国科学院院士（学部委员）。

俞鸿儒 （1991年）

气体动力学专家。

1928年6月出生于江西省广丰县（即江西省广丰区）。1946年考入同济大学数学系，1949年考入大连工学院（即大连理工大学）机械系，1953年毕业留校任教。1957—1959年任清华大学第一届工程力学研究班辅导老师。1962年中科院力学研究所研究生毕业。历任中科院力学研究所研究员、副所长、高温气体动力学开放实验室学术委员会主任。

在国内首先开展激波管研究，建成高性能激波风洞和配套的瞬态测量系统。提出方案并参与实现对激波管流动和有关瞬态测量的关键难点的突破。开创了在航天器研制中广泛应用激波风洞的实验，为中国高超声速流实验开创出一条节省资金的独具特色的新途径，促进了国内激波管事业的发展。提出利用普通激波管产生完整爆炸波的构思，已成功地用于冲击伤试验装置中。提出并采用爆轰驱动新方法建成爆轰驱动激波风洞，为提高实验气流焓值开辟了一条新的途径，致力于将气体动力学原理和方法应用于改善和革新与气体流动有关的生产工艺研究。从20世纪五六十年代研制成功中国第一代激波风洞开始，到20世纪70年代建立的激波风洞实验室，为中国人造卫星、战略导弹和各种航天器提供了大量的设计数据，解决了大量的疑难问题。

1991年当选为中国科学院院士（学部委员）。

蔡睿贤　（1991 年）

工程热物理与动力机械工程学家。

1934 年 2 月出生于广东省，1951 年考入清华大学航空学院，1952 年院系调整到北京航空学院，1954 年又转到交通大学，1956 年毕业于交通大学涡轮机专业。

曾主持完成国家攀登项目 1 项、国家 973 项目一项，先后在国内外重要刊物上发表论文 100 余篇，指导过 10 多名博士生和 10 多名硕士生，获部（委、院、省）级科研一等奖 1 次，二等奖 2 次，获国家级二等奖 1 次，三次被评为中国科学院优秀导师。2008 年荣获何梁何利科学与技术进步奖。

1991 当选为中国科学院院士（学部委员）。

郭仲衡　（1991 年）

应用数学和力学家。

1951 年考入清华大学航空系，1952 年留学苏联，1960 年获波兰华沙工业大学硕士学位，1963 年获波兰科学院基础技术问题研究所"最高表扬"的博士学位，1988 年当选为波兰科学院外籍院士。北京大学数学系教授，从事基础力学、应用力学、张量分析和数学力学等方面的研究。

首创两点张量抽象记法；在连续介质力学中率先使用 Lie 导数；得到非线性弹性动力学现存 3 个精确解中的 2 个；解决了 3 个本构基本量的正确定义及内蕴表达，所给出的伸缩张量率被称为"郭氏速率定理"；建立了开闭口薄壁杆件的统一理论；提出了对场问题普适可用的"主轴内蕴法"，简称"π－方法"。

1991 年当选为中国科学院院士（学部委员）。

屠守锷　（1992 年）

火箭技术专家、结构强度专家。

1917 年 12 月 5 日出生于浙江省南浔镇，1940 年毕业于清华大学航空系，次年赴美国麻省理工学院航空工程系留学，攻读硕士学位。1945 年回国后，先后在西南联合大学和清华大学任副教授、教授。1957 年后历任国防部五院研究室主任、总体设计部主任，七机部第一研究院副院长、总工程师、科技委副主任，航天部科技委副主任，航空航天工业部一院技术总顾问和航空航天部高级技术顾问。1957 年作为顾问参加了中国政府代表团与苏联的谈判，促成了我国第一次也是唯一一次导弹技术的引进。1965

年担任首枚国产远程导弹工程总设计师。1980 年主持首次国产远程导弹试射并取得成功。1985 年获国家科技进步特等奖。1999 年荣获中共中央、国务院、中央军委颁发的“两弹一星”功勋奖章。2006 年荣获“中国航天事业五十年最高荣誉奖”。

曾任我国近程、中程导弹副总设计师，远程导弹和长征二号运载火箭总设计师；中国科学院院士，“求是”科技奖获得者，党中央、国务院、中央军委颁发的“两弹一星”功勋奖章获得者。与梁守槃、任新民、黄纬禄并称为“航天四老”。

1992 年当选中国科学院院士（学部委员）。

王永志 （1994 年）

详见航天航空学院航空宇航工程系负责人简介。

1994 年当选中国工程院院士。

管德 （1994 年）

高级工程师。

1932 年出生于北京市。1949—1952 年在清华大学航空工程系学习。1952—1956 年在第二机械工业部第四局任编辑组长、指令检查室主任。1956—1961 年在沈阳飞机制造厂飞机设计室任设计员、空气动力组副组长。1961—1982 年在沈阳飞机设计研究所历任气动弹性组组长、空气动力室副主任、总体和空气动力室主任、高级工程师、副总设计师、副所长。1982—1985 年在沈阳飞机工业公司任副经理、总工程师。1985 年在航空工业部任科学技术局局长、部总工程师、部科学技术委员会主任、航空研究院院长。任北京航空航天大学兼职教授、博士生导师。1985—1993 年在中国民用航空总局任副局长。第八、第九届全国政协委员，中国航空学会第四、第五、第六届理事会副理事长。

1994 年当选中国工程院院士。

郭孔辉 （1994 年）

汽车专家，中国汽车工业研究领域第一人，汽车工业唯一的一位院士。

1935 年出生于福建省福州市，1952 年考入清华大学航空学院（入学第二年，该专业并入北京航空航天大学），大三时转到了华中工学院（即华中科技大学）汽车拖拉机系（该校后并入长春汽车拖拉机学院，即吉林工业大学前身）。

郭孔辉在汽车系统动力学及其相关领域造诣精深。曾获国家及部级科技进步奖7项，在国内外发表论文200余篇，出版专著两部。1986年获“全国五一劳动奖章”，2003年被评为“中国汽车工业50年50位杰出人物”之一，为我国汽车工业科学技术的发展做出了重要的贡献。

1994年当选为中国工程院院士。

吴有生　（1994年）

水弹性力学与船舶力学专家。

1942年4月出生于甘肃省兰州市，1964年毕业于中国科学技术大学，1967年清华大学工程力学系研究生毕业，1984年于英国伦敦布鲁纳尔大学获博士学位。中国船舶科学研究中心研究员、名誉所长。

曾长期从事舰艇结构与设备抗水下爆炸与核空爆研究，在理论、实验、应用及冲击环境记录仪研制等方面做出了贡献，解决了舰船抗核加固及战效预估的关键技术。20世纪80年代以来从事船舶流固耦合动力学、振动噪声、新型船及极大型浮动结构的研究。创造性地把水动力学与结构力学融为一体，建立了三维水弹性力学理论，并在该船舶力学新领域的前沿进行了二维与三维、频域与时域、稳态与瞬态、线性与非线性的系统性研究，创导了船舶水弹性力学实验研究，为发展应用技术做出了贡献，成果已在国内外用于新船型的研制，有重要的科学与应用价值。同时，从事船舶科学技术发展战略研究。

1994年当选为中国工程院院士。

谢友柏　（1994年）

机械学设计及理论和摩擦学专家。

1933年出生于上海市，1955年毕业于交通大学（上海），曾在清华大学工程力学研究班（1959—1962年）进修。现任西安交通大学教授、博士生导师，西安交通大学国家教委润滑理论及转子轴承系统开放研究室主任，清华大学摩擦学国家重点实验室学术委员会主任，国务院学位委员会学科评议组成员。

在国际上，与他的同事们首先提出转子轴承系统广义能量守恒原理，从理论和实验上证明可倾瓦轴承不是天然稳定的。首次在国内完成油膜刚度阻尼测量。发展了国外建立在简单系统上的摩擦学系统方法，提出摩擦学系统工程思想、构造理论和方法的框架，并在大型汽轮发电机组和高速透平机械转子轴承系统等的摩擦学设计和安全运行上，得到丰硕的理论及应用成果。在现代设计理论方面，科学地论证了创新设计过程的核心实际上是一个知识获取的过程，探讨了建立在分布资源环境基础上的现代设计理论和方法，发表论文百余篇。获得全国科学大会奖、国家自然科学奖（四等）、国家科学进步奖（二等奖）。

1994 年当选为中国工程院院士。

刘兴洲 （1995 年）

航空航天推进系统专家（冲压发动机技术专家）。

1933 年 3 月 7 日出生于天津市。1951—1952 年清华大学航空学院学习。1952—1956 年北京航空学院学习。1956 年毕业于北京航空学院航空发动机系。1957 年后任国防部五院空气动力研究所工程组长。1961 年留学苏联，1965 年毕业于原苏联莫斯科茹科夫斯基空军航空学院获副博士学位。

长期从事冲压发动机的研制工作，主持研制成功了低空超音速Ⅱ型、Ⅲ型冲压发动机，参与机弹一体化冲压发动机燃烧室试验研究，在整体式冲压发动机和超音速燃烧研究工作上取得重要进展，为冲压发动机技术的发展做出了重大贡献。Ⅱ型、Ⅲ型低空超音速冲压发动机研制均获航天部科技进步一等奖，“低空超音速系列冲压发动机技术”获国家科技进步一等奖。撰有《超音速冲压发动机的试验研究》《燃烧室内不良流线体挂火问题的研究》《冲压发动机在中国的发展》等，被评为国家级有突出贡献的中青年专家。

1995 年当选为中国工程院院士。

何友声 （1995 年）

流体力学与船舶流体力学专家。

1931 年 7 月出生于浙江省宁波市。1952 年毕业于上海同济大学，1957 年 2 月至 1958 年 8 月在清华大学工程力学研究班进修学习，兼任辅导教师。上海交通大学教授，曾任上海交大工程力学系主任、校党委书记。长期从事船舶原理、高速水动力学和出入水理论研究，在造船界首次提出“辛氏法端点修正”方法；在螺旋桨激振力、水翼兴波理论、气垫船原理等方面的研究取得创新意义的成果，拓宽了我国船舶原理的研究领域，为我国水翼水动力设计和改善船尾激振性能奠定了基础，使我国船舶的减震水平跃上新台阶。20 世纪 80 年代以来，在空泡流和水中兵器出入水的研究中取得了突破性进展，特别在解决水气干扰、燃气泡演化等关键难题上取得了重要成果，有力地支持了水下发射导弹和新型鱼雷的型号开发研究，为型号研制节省了可观的经费。近年来，又积极开展环境流体力学和河口水动力学研究，为上海市的经济发展、长江口的江河治理、国际航运中心的建设做出了贡献。同时，还开辟了高速水动力学研究领域。

1995 年当选为中国工程院院士。

杜庆华　（1997 年）

固体力学专家。

1919 年出生于浙江省杭州市，1940 年获上海交通大学学士学位，1948 年获斯坦福大学机械工程硕士学位，1949 年获哈佛大学航空工程硕士学位，1951 年获美国斯坦福大学工程力学博士学位。1952 年开始任清华大学教授，参与创办和领导工程力学研究班。杜庆华先生是我国力学教育的先驱者，也是我国著名的固体力学家。他在轻结构力学、工程弹塑性分析、机械结构强度与振动方面取得了丰硕的成果。他也是边界元法的国际知名学者，曾任首届国际边界元法组织科学执委，先后 10 次主持有关国际学术会议。其专著《材料力学》《弹性力学》《边界元法》等均在我国力学界产生较大影响，他主编的《工程力学手册》是我国第一部工程力学的大型工具书。先后发表论文 130 篇，其中学报文章 55 篇、指导 35 人完成博士论文。杜庆华先生曾先后获国家教委科技进步一等奖、二等奖和优秀教学成果国家特等奖，2004 年获何梁何利基金科学与技术进步奖。

1997 年当选为中国工程院院士。

过增元　（1997 年）

工程热物理学家。

1936 年 2 月出生于江苏省无锡市。1959 年毕业于清华大学动力机械系。清华大学教授，曾任校研究生院院长，机械工程学院院长。工作近 50 年来，先后在热等离子体、热流体力学、微纳米尺度流动与传热、能源的高效利用与热学新概念等学科方向取得了创新成果，作为首席科学家曾主持国家自然科学基金重大项目“航天技术和信息器件中的微细尺度传热”和 973 项目“高效节能的关键科学问题”，教学中开创了“参与式教学法”，为工程热物理学科的建设做出了重大贡献。目前的研究方向为能源的高效利用和热学新概念，微纳米尺度流动与传热。

中国工程热物理学会常务理事，中国力学学会理事，国务院学位委员会动力工程和工程热物理学科评审组召集人，国际传热传质中心委员，国际传热大会常务理事和中国首席代表，美国机械工程师协会会员，*Microscale Thermophysical Engineering*，*International Journal of Multiphase Flow*，*Sciences in China* 等国际学术刊物编委。

获得国家自然科学三等奖（1995 年）、国家科学技术进步二等奖（2004 年）、教育部自然科学一等奖（2007 年）、北京市高等教育教学一等奖（2001 年）、ASME ICMM2005 Lifetime Contribution Award，2005 年。

出版专著 3 部，发表论文 300 余篇。

1997 年当选为中国科学院院士。

冯士筰 （1997 年）

物理海洋和环境海洋学家。

1937 年 3 月出生于天津市，1962 年毕业于清华大学工程力学数学系。青岛海洋大学教授。我国风暴潮研究的开拓者之一。与合作者提出了超浅海风暴潮理论和数值预报模型；主持完成了国家“七五”和“八五”重点科技攻关风暴潮专题，为我国风暴潮数值预报的发展做出了突出贡献；撰写了专著《风暴潮导论》。其 À 氏余流和长期物质输运研究已立足于国际研究的前沿，与合作者提出的新型长期输运方程式已被成功地应用于美国 Chesapeake（切萨皮克）湾时均盐度场以及富营养化问题的模拟和预测；建立的斜压浅海环流方程组已成功地应用于渤海、黄海、东海环流的数值模拟和机制研究。

1997 年当选为中国科学院院士。

陈士橹 （1997 年）

飞行力学专家，俄罗斯宇航科学院外籍院士。

1920 年 9 月出生于浙江省东阳市，1945 年毕业于西南联大航空工程系，获学士学位。先后任教于西南联大、清华大学、上海交通大学、华东航空学院和西北工业大学。

1959 年创建了西北工业大学宇航工程系，历任系主任和航天工程学院名誉院长。1994 年当选为俄罗斯宇航科学院外籍院士。中国宇航无人飞行器学会名誉理事、中国宇航无人飞行器学会名誉理事、陕西省宇航学会名誉理事长、美国宇航学会（AIAA）副资深委员。历任中国航空学会第一届至第三届理事，中国宇航学会第一、第二届理事，国务院学位委员会第一、第二届学科评议组成员、航空宇航组第二届召集人。

陈士橹长期致力于弹性飞行器飞行动力学及控制研究，被评鉴为开拓新的学科研究分支。在弹性飞行器建模、伺服气动弹性动态耦合、稳定性分析、主动控制系统的设计等方面形成了较完整的理论体系和新颖的分析研究方法，成果达到国际先进水平，并被成功地应用于飞航等型号设计。

在国内外发表学术论文100多篇，先后荣获国家教委科技进步一等奖1项，陕西省高校科技理论成果二等奖1项，陕西省科技进步二等奖1项，光华基金二等奖1项。主编有《飞行器飞行力学》，撰有《现代飞行器动态特性的几个问题》《最优过程理论在飞行力学中的应用》《弹性飞行器纵向稳定性分析》等论文。

1997年当选中国工程院院士。

温俊峰　（1997年）

航空发动机设计专家。

1929年4月20日出生于内蒙古自治区五原县，1950年考入清华大学航空系，1953年加入中国共产党，1956年毕业后留北京航空学院任教，1962年到苏联莫斯科航空学院进修两年。

回国后在北京航空学院发动机系任讲师兼强度试验室主任，筹建了我国第一个发动机薄壳强度课题研究组及其试验设备。1967—1987年任航空部贵州航空发动机研究所总设计师，为歼七系列和歼八Ⅱ系列各型飞机（涡喷13AII型发动机），主持设计研制成功10多种型别的发动机。

在我国设计研制航空发动机中做出了重大贡献。主持解决了发动机高空台“放炮”、性能、重量和寿命等一系列重大技术问题。1984年荣立航空工业部一等功。1985年和1990年分别获国家科学技术进步奖一等奖，获部级科技进步奖一、二、三等奖各一次。

1997年当选为中国工程院院士。

高金吉　（1999年）

设备诊断工程专家，主要从事设备故障诊断与自愈工程以及维修与安全保障信息化和智能化研究。

1942年12月出生于辽宁省本溪市。1966年毕业于北京化工学院化工机械专业，1989—1993年在清华大学工程力学系固体力学专业学习，1993年获工学博士学位。

1988 年被评为国家级有突出贡献的中青年科技专家，1992 年获得国务院政府津贴，1999 年当选为中国工程院院士（机械与运载工程学部），现任该学部副主任。

1988 年任中国石油辽阳石油化纤公司副总工程师，1991 年晋升为教授级高级工程师。2000 年始任北京化工大学教授、博士生导师，现任化工安全教育部工程研究中心主任、国家故障预防与监控基础研究实验室主任。兼任国家安全生产专家组石油化工组组长、中国设备管理协会副会长、设备诊断工程委员会主任委员、中国振动工程学会副理事长、中国机械工程学会流体工程分会副理事长、中国安全科学研究院高级顾问等职。2005 年被世界工程资产管理（WCEAM）大会聘为国际筹划指导委员会委员并担任第三届世界工程资产管理与智能维修（WCEAM－IMS2008）大会主席。

1999 年当选为中国工程院院士。

陈一坚 （1999 年）

飞机设计专家，我国“飞豹”飞机总设计师。

1930 年 6 月 21 日出生于福建省福州市。1952 年毕业于清华大学航空系飞机设计系。1982—1984 年担任 603 研究所总工程师兼所长，1984 年以后担任总工程师，现任中航一集团第一飞机设计院研究员。

长期从事飞机设计研究工作，主持参加了多个型号飞机的设计和研制，为我国航空工业的建设和发展做出了突出贡献。曾获国家科技进步特等奖 1 项、二等奖 1 项，部级科技进步一等奖 4 项、二等奖 1 项。主编出版有设计手册 2 套、译著 3 册。荣立一等功 2 次，荣获部级劳动模范。

1999 年当选为中国工程院院士。

钟群鹏 （1999 年）

中国失效分析首席科学家。

1934 年 10 月出生，1952 年 10 月考入清华大学航空工程学院，后转入北京航空学院。1957 年 7 月北京航空学院金相热处理研究生毕业后留校。现为北京航空航天大学教授、博士生导师，失效分析预测预防研究所所长。30 多年来，在材料韧脆转移的数学模型和冷脆断裂的机理及控制、压力容器的失效分析和双参数弹塑性安全评估技术、宏微观断口物理数学模型和定量反推方法等方面进行了系统的和有开创性的研究，先后获得各种奖励 14 项。

1999 年当选为中国工程院院士。

陶宝祺　（1999 年）

智能材料结构专家。

1935 年 1 月出生于江苏省常州市。1952 年考入清华大学航空学院，1953 年调入北航。1957 年毕业于北京航空学院飞机工艺专业。现任南京航空航天大学教授。

在我国航空领域率先开展智能材料结构的研究，提出了结构强度自诊断自适应原理，对于强度自适应驱动元件的构造原理、稀疏传感阵列检测分布参数的模型和方法、复合材料结构原始缺陷及损伤类型的小波分析特征提取和神经网络识别方法进行了深入的研究，解决了传感元件的组合和在结构中的合理分布和形状记忆合金驱动器的结构形式等关键技术问题。建立了基于非接触式信号传输系统的智能旋翼试验平台，解决了在旋转工况下多种测试信号和高压功率信号的非接触式同步传输关键技术。主持完成了某型号直升机应力及振动测试项目，实现了国内首次在系留状况下对大型直升机进行全面的全机结构考核。

1999 年当选为中国科学院院士。

高玉臣　（2001 年）

固体力学专家。

1937 年 5 月出生于吉林省长春市。1960 年毕业于北京大学数力系，1966 年清华大学工程力学系研究生毕业。现为哈尔滨工程大学教授，主要研究方向为裂纹尖端场、复合材料细观力学及非线性连续力学。在裂纹尖端场方面，得到了理想塑性及幂硬化塑性材料中准静态扩展裂纹的一系列奇异解，发现了动态扩展裂纹的平面应变塑性场的奇异性必然伴有激波，发现了静止裂纹的理想弹塑性混合型裂尖场应包含弹性区，揭示了大变形弹性裂纹的扩张区及收缩区。在复合材料细观力学方面，建立了纤维复合材料的桥连模型及界面疲劳磨损模型。在非线性连续介质力学方面，提出两种弹性大变形本构关系，完成了大变形情况下应力张量的分解，解决了若干大变形奇异点问题。

2001 年当选为中国科学院院士。

戚发轫　（2001 年）

空间技术专家，“神舟号”飞船总设计师。

1933年4月出生于辽宁省瓦房店市，1952年考入清华大学航空工程学院，1957年毕业于北京航空学院飞机系。毕业后分配到国防部第五研究院（现中国运载火箭技术研究院）工作。1967年调入中国空间技术研究院从事卫星和飞船的研制，1968年作为“航天十八勇士”的一员，成为我国自行研制的第一颗卫星“东方红一号”的技术负责人之一，并提出完整的地面实验方案，为保证发射做出贡献。后曾任研究院副院长、院长，同时担任过“东方红二号”“东方红三号”等多个卫星型号和飞船的总设计师。1992年1月，中央专委批准载人航天工程立项，戚发轫担任“神舟”飞船总设计师兼总指挥，于1999年11月20日早上6点30分，“神舟号”飞船首飞获得成功，完成了中国首次载人飞行。

作为总设计师，戚发轫在解决卫星和飞船研制过程中的重大工程技术问题上发挥了指导和决策作用，做出了系统的、创造性的成就和贡献。曾获国家科技进步特等奖2次、一等奖、三等奖各1次，航空航天部劳动模范，“全国五一劳动奖章”获得者，国家有突出贡献的中青年专家，享受政府特殊津贴。2000年获中国工程科技奖，2003年获何梁何利基金科学与进步奖的技术科学奖。2003年当选国际宇航科学院院士。

2001年当选为中国工程院院士。

杨卫 （2003年）

见系主任简介。

范本尧 （2005年）

卫星总体技术专家。

1935年8月出生于广东省汕头市，1958年毕业于清华大学工程力学研究班。曾任通信卫星总设计师、中国宇航学会专业委员会副主任。现任导航卫星领域首席专家、导航卫星总设计师。

负责研制成功卫星再入防热结构，突破了卫星返回时的复杂防热技术。主持研制了我国第一代通信卫星，在卫星总体技术、结构优化设计和抗空间电磁干扰等方面做出了贡献；主持研制了我国新一代通信卫星，制订了全新的卫星方案，采用了多项先进技术，达到了国外同类卫星先进水平；主持研制成功我国新一代导航定位卫星，制订了利用两颗静止轨道卫星实现区域导航定位的卫星方案，充分体现了中国特色和自主创新，首次实现了“双星共位”运行。三十多年来主持研制了十多颗应用卫星，在解决重大工程技术问题上发挥了指导和决策作用，为我国卫星工程做出了重要贡献。获国家科技进步一等奖2项、三等奖1项，部级科技进步一、二、三等奖6项。

2005年当选为中国工程院院士。

李天　（2005年）

飞机空气动力学专家。

1938年10月出生于吉林省吉林市。1963年毕业于清华大学工程力学数学系流体力学专业。现任中国一航沈阳飞机设计研究所副总设计师、研究员，北京航空航天大学和中国航空研究院博士生导师。长期从事飞机空气动力研究和设计工作，在飞机空气动力学领域做出了重要贡献，创造性地解决了飞机研制过程中遇到的许多重大技术难题并在工程设计中得到验证和应用，完善了我国飞机气动布局的设计方法，研究并设计了新一代综合高性能布局方案等。培养博士生12人，硕士生21人。

2005年当选为中国科学院院士。

戴浩　（2005年）

自动化网络专家。

1945年8月出生于江苏省阜宁县，1963年开始在清华大学工程力学数学系读本科，1968年毕业，1982年获清华大学硕士学位。曾任某部第六十一研究所总工程师，现任某部第六十一研究所研究员。

担任某系统二期工程副总设计师，破析了网络软件DECnet的目的代码，发现并修改了程序中的致命错误；逆向编制链路层的专用协议文本，实现了国产微机与DECnet的互通。任该自动化网三期工程总设计师时，统一了该系统网络和应用的技术体制，在网络动态重组等方面有重大创新，建成了网络实体可信、用户行为可控等功能的专用网络。曾获全国计算机应用一等奖、国家科技进步一等奖。在工程实践的基础上，编写了专著，发表论文50余篇。

2005年当选为中国工程院院士。

李天初　（2011年）

计量专家。

1945年11月出生于贵州省贵阳市。1970年毕业于清华大学工程力学系，1991年获清华大学博士学位。1994 年被聘为中国计量院研究员，1996—2005 年担任中国计量院量子部主任，2002 年被聘为北京理工大学兼职教授、博士生导师。2006 年获“全国质量监督检验检疫系统先进工作者”称号，2009 年获“中央国家机关五一劳动奖章先进个人”称号。

2011 年当选为中国工程院院士。

方岱宁 （2013 年）

材料力学领域专家。

1958 年 4 月出生于江西省南昌市。1982 年和 1986 年分别在南京工业大学获本科和硕士学位，1993 年在以色列理工学院（Israel Institute of Technology，简称 Technion）获博士学位。1995—2008 年任清华大学工程力学系副教授、教授、长江特聘教授。教育部“长江学者奖励计划”特聘教授，北京大学“迈士通”冠名讲席教授。国家杰出青年基金和教育部跨世纪人才基金获得者，全国百篇优博导师，国务院政府特殊津贴获得者。现任北京理工大学党委常委、副校长。

2013 年当选为中国科学院院士。

高德利 （2013 年）

油气钻探专家。

1958 年出生。1982 年 1 月毕业于华东石油学院开发系并获得工学学士学位，1984 年获得西南石油学院矿场机械硕士学位，1990 年获得石油大学油气井工程专业工学博士学位，1992 年在清华大学力学站完成博士后研究并被晋升为清华大学固体力学副教授。2005 年任中国石油大学（北京）校学术委员会副主任、主任，2006 年任中国石油大学石油工程教育部重点实验室主任，2008 年任油气资源与探测国家重点实验室学术委员、油气钻探方向带头人。

2013 年当选为中国科学院院士。

吴立新 （2013 年）

海洋专家。

1966 年 9 月出生于安徽省桐城县（即安徽省桐城市）。1988 年 7 月本科毕业于清华大学工程力学系流体力学专业，1994 年 7 月博士毕业于北京大学力学系流体力学专业。中国海洋大学物理海洋“筑峰工程”第一层次教授、国家杰出青年基金获得者、山东省“泰山学者”特聘教授、教育部“长江学者”特聘教授、国家自然科学基金委创新群体学术带头人、科技部重点领域创新团队学术带头人。现任中国海洋大学副校长、青岛市政协副主席、民盟山东省委副主委、民盟青岛市委主委。

2013 年当选为中国科学院院士。

周志成 （2017 年）

卫星总体技术专家，中国工程院院士。

1984 年毕业于成都科技大学（现四川大学）工程力学系，1987 年获清华大学工程力学系动力学与控制专业硕士学位。现为中国航天科技集团有限公司科技委常委、型号总设计师，五院通信卫星事业部部长、博士生导师。

我国通信卫星工程、航天器动力学学术带头人之一。任我国新一代大型地球静止轨道卫星公用平台（“东方红四号”）总设计师，是我国通信卫星进入国际先进行列并打入国际市场的开拓者之一。长期工作在卫星研制一线，主持研制成功十余颗应用卫星。在“东方红四号”卫星平台的军用、民用和国际商业卫星研制过程中，主持攻克大容量、长寿命、高可靠等重大技术问题，为我国卫星工程技术跨越发展做出了创新性贡献。获国家科技进步一等奖 2 项、三等奖 1 项，国家技术发明二等奖 1 项。

2017 年当选为中国工程院院士。

魏悦广 （2017 年）

力学家，北京大学教授。

1960 年 1 月出生，1992 年毕业于清华大学工程力学系获固体力学博士学位。1992 年 7 月至 2016 年 11 月为中国科学院力学研究所博士后、副研究员、研究员。其中 1995 年 1 月至 1998 年 8 月为美国哈佛大学高访学者，2000 年 8 月至 2001 年 3 月为美国哈佛大学访问教授。

魏悦广主要从事跨尺度力学、弹塑性断裂力学、复合材料力学等研究。建立了协同考虑应变梯度和表界面效应的跨尺度力学理论；建立了可压缩应变梯度理论和适合应变梯度理论的有限元方法，并由此预测出金属的微尺度断裂强度高达其宏观屈服强度十倍以上的重要结论，突破了传统力学理论的预测极限，引起跨尺度力学研究在国际上的广泛开展。近年来，他将跨尺度力学理论成功应用于发动机叶片先进热障涂层强韧及破坏机制的表征。共发表学术论文300余篇。分别于2008年和2013年获得国家自然科学二等奖，1995年获得国家自然科学三等奖，1994年获得中国青年科技奖，1993年获中国科学院青年科学家奖，1999年获国家杰出青年基金等。

魏悦广曾主持国家科技部973、基金委创新研究群体、国家外专局及中科院国际团队等重要项目，均为首席科学家。现担任《力学学报》等七种国内外重要刊物的主编、副主编和编委等。

2017年当选为中国科学院院士。

第三篇　回忆与感悟

清华正芳华　航院恰当年

航空工程系建系八十周年暨工程力学系建系六十周年庆贺大会举行

（记者　李　萌）

4 月 28 日上午，即将迎来 107 周岁华诞的清华园春和景明、阳光明媚。清华大学航天航空学院的师生和校友在大礼堂举行庆贺大会，热烈庆祝航空工程系建系八十周年、工程力学系建系六十周年。校党委书记陈旭，中国载人航天工程首任总设计师、清华大学航天航空学院院长王永志院士，中国科学院院士黄克智、过增元、冯士筰、姚建铨、徐建中、杨卫、方岱宁、吴立新、何雅玲、陆建华、魏悦广，中国工程院院士戚发轫、杜善义、刘永才、李天初、周志成，英雄航天员费俊龙，以及国内外知名力学、工程热物理与航空宇航专家、各兄弟院校代表、学校相关老领导、校内部分单位负责人、各界校友和师生代表 700 余人出席大会，一同回顾了清华航空与力学学科发展历程、共谋未来发展蓝图。大会由航天航空学院党委书记李俊峰主持。

陈旭在致辞中代表学校向长期支持、关心清华大学航天航空学院发展的各位来宾和各界人士表示感谢，向航院全体师生员工和海内外校友表示问候与祝贺。陈旭说，清华大学的力学与航天航空学科有着悠久而辉煌的发展历史。1938 年国难当头，清华人秉持科学报国的理想，正式创立航空工程系，为民族解放事业作出了巨大贡献。20 世纪 50 年代，由于高校院系调整航空工程系迁出清华。1958 年，为了适应国防科技和先进工业发展需要，清华大学成立工程力学数学系，培养了众多力学、航天航空、国防科技战线的骨干和栋梁。2004 年，基于服务国家航天航空事业和建设世界一流大学的需要，学校在力学系和相关研究机构的基础上组建了航天航空学院。复建 14 年来，学院秉承着“创特色、出亮点、上水平、争一流”的建设理念，逐步完善学科体系，形成鲜明的办学特色和优秀传统，在学科建设、人才培养、科学研究和师资队伍建设方面取得了长足进步，进入了崭新的发展阶段。

陈旭指出，航天航空学院过去 80 年的辉煌成就，在于紧密围绕社会主义现代化建设，坚持顶天立地的研究特色，形成了宝贵的办学理念和基本经验。当前，清华正处于新百年发展的起步阶段，全面深化综合改革，扎实推进“双一流”建设。希望航天航空学院在过去发展的坚实基础上，继续坚持立德树人，把为国家培养新一代高层次高水平的科技创新人才作为学院根本任务，不忘育人本心；继续加强师资建设，发扬传帮带的优秀传统，鼓励教师潜心学术研究，产出一流科研成果；继续保持特色优势，面向国家重大战略需要和国际科技前沿，解决国民经济和国防建设的重大工程和科学问题，服务国家与社会。

王永志在致辞中说，清华大学航天航空学科 80 年来，涌现出以王士倬、顾毓琇、钱学森等为代表的一系列优秀清华人，他们串起了中国近代航空和力学的发展史。历经几代清华人的辛勤耕耘，清华大学航天航空学院为了适应国家对航天航空领域高素质人才培养和战略高技术发展的迫切需要，继承和发挥清华多学科的优势，以整体性、高水平的航天航空科学技术为结合点，带动了相关学科的建设和发展，在人才培养和学科建设上取得了不俗的成绩。王永志表示，新时代国家的快速发展为清华航天航空学院的未来提供了无限可能，全院师生定当不忘初心、砥砺前行，一定要在为清华建设世界一流大学、为实现中华民族伟大复兴的新征程中作出更多的新贡献，创造新辉煌。

中国航天科技集团公司党组副书记、副总经理袁洁，北京大学工学院院长张东晓，北京航空航天大学宇航学院院长杨立军分别代表合作单位与兄弟院校发言，回顾了清华力学与航天航空学科八十年的发展历程、成就经验，向清华航空工程系和工程力学系建系纪念表示祝贺。

黄克智院士和过增元院士分别从个人求学成长经历和清华航天航空学院的发展、科技成果等角度发言，高度赞扬清华航天航空学科取得的成就，畅想未来发展蓝图。

91 岁的黄克智院士讲述了自己与清华七十年来的情结，回忆了力学系六十年来的发展历程。他说道，清华培养了我，是我的根；力学系的成长就是我的成长，是我的家；我是清华人，做好清华的工作是我的第一任务。感人故事娓娓道来，博得了现场的阵阵掌声。

年过八旬的过增元院士饱含深情地回忆了力学与工程热物理学科建立的时代背景与发展历程。结合近年来学院的学术成果，他特别强调，科技是国家的利器，创新是科技的灵魂，一定要把创新放到科技的引领位置，一直走在学术前沿。

时任航天航空学院常务副院长李路明介绍了航院在学科发展、科研成果、教师队伍和人才培养等方面的近况。钱学森力学班首席教授郑泉水和2017级本科生特奖获得者李晨宁分别作为教师和学生代表致辞。

郑泉水在发言中表示，清华的力学与航天航空学科有着优秀的教育传统和师资生源，创办的“钱学森力学班”在工科教育领域已经形成广泛影响与良好口碑，未来将进一步平衡力学学科的量化基因与创新基因，推动全校性的学科交叉牵引，致力于打造创新型工科教育的典范。

中国力学学会理事长杨卫院士，中国海洋大学副校长吴立新院士，英雄航天员费俊龙少将作为校友代表先后致辞，对母校的培养和教育表示感谢，并为清华航天航空学院多年来取得的成绩感到自豪。

杨卫在致辞中说，清华航空人与力学人薪火相传，经历了从积贫积弱时励志自强的航空梦，到1958年时横跨理工、剑指航天的工程力学梦，再到近20年新的航天航空梦，始终与民族同呼吸共命运，家国情怀令人动容。

费俊龙表示，首批13名航天员均是在清华航天航空学院完成硕士研究生的学业，感谢学院对航天员的精心教育和对航天关键技术的科研攻关，感谢清华为祖国航天事业作出的不可磨灭的贡献。

栉风沐雨八十载，砥砺歌行六十年，清华正芳华，航院恰当年。在新的历史时期和机遇下，所有清华航院人将以更加饱满的热情迎接挑战，再续华章，迎接更加辉煌的明天。

编辑：襄　楠　徐　静

审核：清　柳

摘自清华新闻网4月29日电

清华固体力学近十年

（黄克智 教授）

时间过得真快，庆祝力学系成立五十周年的大会好像才过去不久，马上又要迎来力学系成立六十周年的庆典。我有幸参加和见证了力学系建系、创业、守业、发展的全过程，因而在庆祝力学系成立五十周年的大会上我做了一次讲话，题目是“我与清华固体力学”。在老一辈教授的带领下，在全体中青年教师的努力下，大家克服重重困难，在建系五十年后，清华固体力学已经成为一支由老、中、青三代相结合，具有高水平且团结向上的团队。这期间我们培养了大批优秀人才，像高玉臣、杨卫、方岱宁、魏悦广等一批中国科学院院士都是由清华培养，再“送”到兄弟单位负责领导工作。像邓勇，孙守光，宋军，戴耀等都是我们培养的优秀学生，他们在重要岗位上发挥着领军作用。在全国实行百篇优秀博士学位论文评选活动的十几年中，力学学科共评选出 33 篇“百篇优秀博士论文”，单我们清华固体力学团队培养的博士生中就有 13 位博士生的论文当选。我们培养出来的学生对母校都有着极为深厚的感情，现在已有 9 名同学回到清华力学系工作（他们是冯西桥，刘应华，冯雪，陈常青，吴坚，柳占立，李博，岑松，杨春）。

进入 21 世纪以来，固体力学系原有的团队人员也有了较大的变动。有的老教授已经离世（如张维，杜庆华），有的已经退休（如余寿文，薛明德等）。我们深感力量之不足，于是大家统一目标，把引进人才作为当前的首要任务。新陈代谢，吐故纳新永远是生命的延续和支持。这几年我们相继引进了一批优秀的青年学子回到母校共同承担建设祖国、培养人才的光荣任务。如 21 世纪初回国的刘彬、陈常青、冯雪。近十年我们又引进了几位杰出青年——徐志平、吴坚、李群仰、李晓雁、柳占立、张一慧、李博。但同时也有青年骨干调离清华去支援兄弟单位（如杨卫、方岱宁、季葆华），这些人的调离对我们团队产生了不小的影响，当时人才断层的危机感深深困扰着我们，我们一心想从外单位引进一位称职的学术带头人。可是这件事难度很大，几经周折，我们意识到一个问题，清华本就是培养人才的摇篮。我们已经为国家送出去一大批优秀人才，为什么不为自己培养、锻炼几个骨干力量呢？于是我们开始选拔现有的、有能力、有责任心的青年，把他们放到领导岗位，加速培养，加强锻炼，让他们尽快挑起担子，领着大家往前走。目标一定，我们立刻调整了领导班子，推荐刘彬出任航院副院长的位置，陈常青担任固体力学研究所所长，冯雪承担教育部重点实验室的主任以及力学所所有实验机构的总管……无形中他们成为固体领域的一个集体领导小组。近几年来，在他们的努力下，固体力学系的情况大有改变，请看下面的介绍。

一、固体所情况介绍

我们固体力学团队现有在职教师近 30 名（包括生物力学）见表 1。

表 1　　人才情况介绍

杰出人才	数量（人）	领军人才	数量（人）	青年人才	数量（人）	奖励	数量（项）
中科院院士	1	教育部长江学者	2	基金委优秀青年	6	自然科学二等奖获得者	11
兼职院士	5	国家杰出青年	7	青年千人	5	全国优秀博士	9
中国青年科技奖获得者	3	万人计划拔尖人才	2	万人计划领军人才	1		

近十年来，航院各方面工作有了很大改变。

首先是航院领导班子进行了换届。在原先的基础上新的领导工作更有效率，我个人认为新的领导班子具备以下三个特点：

（1）新的领导班子具有更为开阔的眼界，能够紧跟国家的改变快速发展。

（2）航院是一个多领域、多学科的集体单位。新任领导更加重视全面平衡发展，也更加注意各单位的团结和谐。

（3）新的领导班子更加注重发动集体的力量，关注各个方面的工作。如工会活动，对外宣传，对退休老师的关怀等。

其次是清华固体力学系的人才队伍建设取得了较好成果，究其原因主要有以下几点：一是近期引进的青年人才无一不是同龄人中的佼佼者，有的甚至在国际上也极具影响力。他们很多人在回国后获得青年千人计划、优秀青年基金、青年拔尖人才等荣誉称号，资助率是全国力学学科中较高的单位之一。二是为他们创造良好的工作环境和条件。研究生招生工作和实验室建设已成为发展的瓶颈。前几年，固体力学所实行了实验室建设和研究生招生对刚入职老师适当倾斜的政策，由资深教师主动拿出一部分戴帽研究生名额，确保刚入职老师每两年招收博士研究生和硕士研究生各 1 名，为刚入职老师发展提供基本条件。三是研究方向引导。对青年教师，除鼓励他们自由探索、发挥各自优势和特色之外，还引导他们积极参与国家重大项目的研究工作，并取得了明显成效。近十年，固体力学所不仅保持在超润滑、三维屈曲自组装制造等研究方面的优势，还在柔性电子器件、两机专项等应用领域取得了突破，成为国际与国内力学与应用相结合领域的亮点，克服了近些年来清华固体力学所在应用领域的不足。

十年前，我已八十高龄，在清华力学系已经工作了六十年。我终生奋斗的目标有两个（在清华建立一支高质量的力学团队和为清华培养一批高水平的研究生），现已基本实现，因年事已高我自动退出教学工作的第一线，专门潜心于我喜爱的学术研究工作。我们固体力学学科已经有了合适的接班人，看到他们现在的工作成绩我十分放心，我相信他们一定会比我做得更好。

下面由我来介绍一下团队的主要组成人员。

二、团队主要组成人员

1. 庄茁

庄茁长期担任航院党委书记，他为人诚恳厚道，热心于公益事业，所在的航院党委多次得到校党委的表扬并被评为先进党委，曾获“北京市高校先进基层党组织”的荣誉。他卸任院党委书记后，便把全部精力投入教学科研中，短短几年成绩显著。他提出了裂纹在曲面壳体扩展的三维断裂力学理论模型和扩展有限元方法，应用于飞机座舱盖穿盖弹射救生系统，自 2013 年以来，对数百架现役某型飞机的救生装备进行了全面性能提升，遇险弹射的 10 余名飞行员全部救生成功，故而获得了军队的科技奖励。在晶体力学基础理论研究中，他提出了考虑单臂位错源长度和背应力的塑性流动应力公式，准确预测微纳米尺度强度和变形的尺寸效应。作为国家重大安全基础研究项目“国防 973 项目”的首席科学家，庄茁在 2017 年取得英国斯旺西大学荣誉博士学位。

2. 郑泉水（国家杰出青年科学基金、长江学者奖励计划获得者，钱学森班首席教授）

郑泉水在 2010 年作为主要发起人成立了清华大学微纳米力学与多学科交叉创新研究中心，希望通过现代力学发展微纳米尺度的创新研究。2014 年他的课题组在普通大气环境下观察到了微纳米尺度石墨片的高速超润滑现象，为超润滑概念提供了实用化的可能。2009 年，工程力学系负责承办清华学堂计划——钱学森班，设立专门的课程系统，采取因材施教的个性化教学方式，营造热爱科学的学术气氛，激发学生的学术兴趣，厚植学生数学、力学基础，强化学生的创造力，力求使之具备成为力学领域顶尖人才或相关科学技术领军人才的能力，几年下来，已初见成效。郑泉水担任 973 项目首席科学家，曾获两项国家自然科学二等奖以及中国青年科技奖。

3. **冯西桥（国家杰出青年科学基金、长江学者奖励计划获得者、中国青年科技奖、全国优秀科技工作者，力学系系主任）**

冯西桥 1985 年考入清华大学，从本科生到硕士、博士一直在清华大学工程力学系学习，在清华大学核研院从事博士后研究，之后获得联邦德国洪堡奖学金赴德国达姆施塔特工业大学和荷兰代尔夫特理工大学任洪堡研究员。1999 年 5 月，回到清华大学工程力学系担任副教授，2001 年晋升为教授、博士生导师。他是一个典型的清华人，做事认真，治学严谨，重视教书育人。他在生物力学、软物质力学、损伤与断裂力学、稳定性理论等领域取得多项创新性成果，已发表专著三部，SCI 论文 260 篇（被 SCI 他人引用 8000 余次）。他是首批全国百篇优秀博士学位论文获得者，曾获中国青年科技奖、长江学者特聘教授、杰出青年科学基金、全国优秀科技工作者等奖励，获得教育部自然科学奖一等奖 3 项（2007 年、2015 年、2017 年）。目前担任国际断裂学会执行理事，*Engineering Fracture Mechanics* 主编，曾担任中国力学学会秘书长（2010—2014 年）等职务。

他在清华大学的力学学科建设和教学工作中做了大量工作，贡献突出。他主持完成了国家杰出青年基金项目、国家自然科学基金重点项目、重点国际合作项目、面上项目等三十余项，具有广泛的国际学术影响。

4. **谢惠民（国家杰出青年科学基金获得者）**

谢惠民主要从事实验固体力学和无损检测技术研究，在微尺度光学测量技术及多场耦合测量理论、技术及其应用等方面做出了很多原创性研究工作。

已发表 SCI 论文 100 余篇，授权发明专利 40 余项，获得了多项学术奖励。

5. **刘应华（国家杰出青年科学基金获得者）**

近十多年来，刘应华主要从事破坏力学与结构完整性评价研究，与合作者在塑性极限与安定分析、弹塑性和蠕变断裂力学及含缺陷压力容器和管道完整性评估领域得出了系统性和独创性的研究成果，形成了较为完整的应用理论体系，得到了国内外同行的广泛认可和积极评价。他提出的典型介质服役环境下在用压力容器和管道的寿命预测方法，在全国石油、化工、冶金、轻工、电力等行业得到了广泛应用，已被 2 项国家标准和 2 项政府技术规范所采纳。发表学术论文 260 多篇，其中 SCI 收录 112 篇，EI 收录 136 篇，出版专著 3 部（被 SCI、EI 等论文他引 1800 多次）。获国家发明专利 9 项、软件著作权 6 项。获 2005 年和 2011 年国家科技进步二等奖，2012 年美国机械工程师学会颁发的 J. M. Chalmers 设计和安全奖，2013 年国家杰出青年科学基金。

6. **岑松**

岑松在有限元领域中，取得过多项重要原始创新。第一，提出“形状自由有限元法”概念，致力于发展精度高且几乎不受单元形状优劣影响的新型有限元方法；第二，创立了新型有限元自然坐标系列方法；第三，破解 MacNeal 局限定理，建立了实用性优异单元模型和算法。且成果已嵌入国产主流结构设计软件，成为我国建筑设计的重要技术支撑。出版英文专著 2 部，中文著作 6 部，主编有限元 SCI 专刊 3 辑，SCI 论文收录 61 篇，EI 文章 100 篇，百篇优博论文获得者，获 2013 年国家自然科学奖二等奖，2017 年被授予英国斯旺西大学荣誉教授。

7. **刘彬（国家杰出青年科学基金获得者，航院副院长）**

刘彬为了进行超大规模有限元等隐式计算模拟，与合作者发展了并行效率优良的稀疏线性方程组并行算法，该算法可在 15 分钟内高效利用 2000 个核计算十亿个自由度的固体力学问题，远超著名的商业计算软件 Abaqus、Nastran 等。利用此并行算法已发展了针对波动方程叠前逆时偏移的高扩展性方法，成功应用于石油部门中地震勘探的采油地质反演计算。此外，刘彬所在的研究团队正致力于与国产有限元软件公司及商飞相关部门合作，有望对大飞机的整机结构分析发挥关键作用。2010 年获得国家自然科学二等奖。

8. **陈常青（国家杰出青年科学基金获得者，固体力学所所长）**

陈常青长期坚持多功能材料与结构力学研究，是我国力学领域迄今为止最年轻的国家杰出青年科学基金获得者，曾先后获得中国青年科技奖、国家自然科学二等奖，“万人计划”的领军人才，以及全国百篇优秀博士论文。最近，陈常青提出了纤维网络模型，揭示了纤维网络材料既强又韧的机理，材料和结构的多功能载体，并提出了变厚度折叠构形的渐进设计方法，向任意形状结构的折叠逆向设计迈出了关键的一步。

9. 冯雪（国家杰出青年科学基金获得者，教育部重点实验室主任，国家优秀青年科学基金项目获得者，万人计划的拔尖人才）

冯雪是从我们固体力学所送到美国伊利诺伊大学的优秀人才之一，在西北大学黄永刚与 J. Rogers 合作的团队做博士后学习后回国工作，回国后，他不断努力，最终成长为固体力学团队的学术带头人之一。过去固体力学团队在结合国家重大需求方面的研究比重总是逊于基础理论研究，从冯雪开始，这种情况得到极大的改善。这种改善不仅体现在价值观上，更体现在实际行动上，他乐于帮助青年同事找到既有重要理论意义又满足国家重大需求的项目，这也满足固体力学领域长期以来提倡“既顶天，又立地”的奋斗目标。

他主要致力研究超常规环境下的力学与微器件，分别发展了针对高温/超高温、可延展/超柔性等超常规环境的新型实验方法、微器件与集成技术，其发展的高温光学及其光电成像系统用于飞行器考核试验，可延展柔性电子技术用于健康医疗及复杂环境下监测。发表 SCI 论文 131 篇（SCI 他引 1495 次）授权国家发明专利 24 项，国防专利 3 项、自主软件著作权 4 项。2017 年获国防科技卓越青年人才基金、2016 年获国家杰出青年基金、2016 年获教育部技术发明一等奖（排名第一）、2016 年获教育部青年科学奖、2016 年获机械工业科学技术一等奖（排名第一）、2016 年入选第七届全国优秀科技工作者、2014 年作为首席科学家获批国家 973 项目、2012 年获得基金委优秀青年基金、2011 年第十二届中国力学学会青年科技奖、2009 年入选教育部“新世纪人才支持计划”、2006 年获全国百篇优秀博士论文奖等。目前担任军委科技委创新特区领域专家、军委科技委主题论证组组长；还应邀先后担任了 *Journal of Applied Mechanics* 副主编，*Flexible and Printed Electronics*、*npj Flexible Electronics*、《中国科学：技术科学》编辑等。

冯雪获得的创新性成果主要包括以下两个方面。

（1）发展了可与人体/物体自然共型贴合的可延展柔性集成器件及其制备、表征方法，利用自主研发的可延展柔性器件自然贴附人体，实现生理参数随体测量。作为第一作者，相关结果发表在（*Science Advances*、*Advanced Functional Materials*、*ACS Nano*、*JMPS*）等极具影响力期刊。类皮肤无创血糖测量的工作（Science Advances，2017）被 *IEEE* 旗舰杂志 Spectrum 搜狐、新浪、《中国日报》《北京日报》、*China Daily*、凤凰网等主流媒体报道。柔性光电调控的工作（ACS Nano，2016）获选 ACS editors’ choice，

并被 *Nano Today* 专栏报道。申请人致力于将其研发成果在浙江产业化，由浙江省政府与清华大学决定共建柔性电子技术研究院、柔性电子技术产业园及产业基金，战略性培育柔性电子上下游产业链，其产品心电贴获 CES 可穿戴设备创新大奖。推动了可延展柔性器件与医疗、军民两用集成器件的有机结合，为中国传统半导体行业开辟一个多学科交叉创新示范点。

（2）发展高温光学理论实现高温复杂环境下清晰光学成像，建立形貌、氧化烧蚀、变形、应力、温度等在线全场测量方法，解决了高超声速飞行器大尺寸前缘高温风洞考核、某战略导弹弹头烧蚀外形测量等重大国防项目中存在的问题，填补了我国高温风洞在线动态可视化测试方面的空白。相关成果获得 2016 年教育部技术发明（专项）一等奖（排名第一）和 2016 年机械工业科学技术一等奖（排名第一）。

10. **曹艳平**

曹艳平的研究领域为超声弹性成像、软材料和生物材料力学、接触力学等。至今在国内外知名学术期刊发表论文 115 篇，其中 SCI 论文 106 篇（近几年 SCI 他人引用 1100 余次），并有 4 篇论文入选 ESI。申请发明专利 10 项。获 2017 年度教育部自然科学奖一等奖。现担任中国医学装备学会超声装备技术分会“超声弹性成像标准与质控专业委员会”主任委员。

11. **杨春**

杨春作为 2003 年全国优秀博士学位论文获得者，2005 年入选北京市科技新星计划。她自 2003 年以来致力于细胞力学、力学生物学、力学信号转导领域——细胞感知胞外基质弹性机理问题的研究，发现了一种新的力学信号转导方式，一条新的 Wnt 表达调控通路，建立了一种新的数据处理方法；其成果论文发表于 *PNAS*，*ACS Nano*，*Cell Research*，*Scientific Reports* 等国际著名期刊。

12. **徐志平（国家优秀青年科学基金项目获得者，万人计划拔尖人才）**

徐志平面向国家在航天航空、能源环境领域对高性能纤维与高效过滤薄膜的需求，开展微纳米结构及其宏观聚集体的固体力学研究；工作以多尺度理论分析为主，以实验表征与测试为辅，揭示微纳米结构及其界面的力学行为与输运机制，建立考虑微结构及其演化规律的宏观材料力学理论与定量预测模型。

主要成果包括建立了赝 Hall - Petch 关系等力学理论与模型；建立了低维材料及其界面的热输运理论和器件热稳定性设计准则，研究拓展了连续介质力学理论与方法，将多尺度力学分析方法应用于创新性材料力学设计。

他主持国家自然科学基金委、军委科技委、三菱重工等机构资助项目，发表 SCI 论文 70 余篇（被 SCI 他引 3000 余次）专利 9 项。2012 年获首届基金委优秀青年基金、2017 年获国家自然科学二等奖。

13. 李群仰（国家优秀青年科学基金项目获得者，国家“千人计划”青年项目获得者）

李群仰主要从事微纳米尺度固体表面黏着、接触和摩擦方面的研究。近些年借助微、纳米尺度力学实验与分子数值模拟、连续介质力学建模相结合的手段，对不同材料表面摩擦的微观机理开展了一系列探索性研究，提出了二维材料的原子“褶皱”摩擦模型，并被大量实验和模拟计算证实。首次提出了主导层状二维材料摩擦行为的关键因素是界面的接触“质量”，颠覆了人们认为微观摩擦仅受真实接触“面积”影响的传统认识。同时，他所发展的磁悬浮微力标定仪也成为原子力显微镜定量测量的推荐标定手段之一。

14. 李晓雁（国家优秀青年科学基金项目获得者，国家“千人计划”青年项目获得者）

李晓雁近年来致力于新型微纳米结构材料的力学行为的研究，采用宏微观力学理论、多尺度模拟和原位电镜实验相结合的方法探索多种新型微纳米结构材料的变形和断裂行为。在孪晶材料力学方面，他提出了新的尺度律描述材料的强度与特征尺寸之间的关系，并发展了一种小尺度下测量材料断裂韧性的方法。在低维材料力学方面，他发展了一种适用于二维材料的高效、具有原子尺度分辨率的跨尺度计算方法，对于低维材料组成的三维聚集体，首次定量表征了三维纳米陶瓷纤维海绵在室温以及高温（400～800℃）下的力学性能。在锂离子电池中的关键力学问题方面，从原子尺度上揭示了非晶锂化硅的韧脆转变机制，建立了非晶材料韧脆转变的准则，建立了锂化内应力诱导自发分层的理论模型。以上研究工作中所发现的一些微观变形和断裂机制已被一些国内外知名研究小组实验证实，并用于解释相关的实验现象和设计高性能的新型材料，他所提出的尺度律和理论模型已经被国内外一些研究小组用于构建本构关系和进一步研究新型材料。

现已在顶级国际期刊上发表 SCI 论文 26 篇，获得 2013 年国家“千人计划”、2015 年国家自然科学基金委优秀青年基金、2017 年北京高校第十届青年教师教学基本功比赛一等奖等荣誉。

15. 柳占立（国家优秀青年科学基金项目获得者，国家“千人计划”青年项目获得者）

柳占立的研究领域主要是计算固体力学，2012 年加入固体力学所后，和庄茁老师合作，结合固体所发展布局和国家重大工程需求，主要开展了页岩油气力学和冲击波防护力学的研究。在页岩油气力学方面，发展了流固耦合断裂力学理论和计算方法并形成页岩水力压裂模拟软件，该软件被中石油勘探院酸化压裂中心用于指导大物模实验和现场施工设计；在冲击波防护方面，建立多尺度理论和计算方法，揭示金属和高分子复合材料衰减冲击波能量机制，研究得到国家挑战科学计划及国家重大安全基础研究项目支持，研究成果有望用于新一代防爆装备设计。2013 年入选国家“千人计划”青年项目，2017 年获基金委优秀青年基金，全国百篇优秀博士论文获得者。发表 SCI 论文 77 篇（他引 489 次）EI 论文 7 篇，中英文专著 2 部。

16. 吴坚（全国百篇优秀博士论文获得者）

吴坚的论文《基于原子势的碳纳米管有限变形壳体理论》被选为 2010 年全国优秀博士学位论文，相关论文被 *Science Watch* 选为 2009 年 5 月的 22 篇 *New Hot Paper* 之一。是第一篇入选 *New Hot Paper* 的力学文章。*New Hot Paper* 是由 *Science Watch* 每两个月从 22 个学科研究领域（ 工程类是其中的一个领域）引用率在前 0.1% 的论文，每个领域遴选一篇的论文。待吴坚转入柔性电子元件领域，会在芯片与器件设计方面取得不俗的成果。

17. 张一慧（国家“千人计划”青年项目获得者，国家优秀青年科学基金项目获得者）

张一慧从清华固体力学所到美国西北大学，在黄永刚与 J. Rogers 的团队做博士后，他主要致力于三维结构组装和非常规软质复合材料两个方向的研究，在国际上率先提出将可控力学屈曲应用于微尺度三维结构组装的理论，并引入剪纸/折纸、叠层、可重构设计概念，原创性地提出一套可适用于各种高性能材料和复杂几何拓扑的三维微结构组装方法，为先进三维微器件系统的制备提供了一种新的重要途径。基于这种新方法，百余种现有方法无法成型的三维单晶硅微结构的制备成为现实，并实现可隐身微型天线、自驱动游泳微机器等新型器件的应用。

2015 年年初张一慧在 *Science* 发表封面文章后，美国加州大学 Mc Meeking 院士写信邀请他在该校任教，但他还是坚持要回国回到清华母校来工作。

上述他发表于 *Science* 的封面文章还曾获得中国科学院和中国工程院共同主办的“2015 年世界十大科技进展新闻评选”提名。虽然他在这一领域的成果是从 2015 年始才开始发表，但国际上已有多个研究组开始采用这种力学组装方法开发新型的三维微结构和微器件，并开展更深入的基础研究工作。

张一慧于2015年入选中组部“青年千人计划”，2017年获得国家自然科学基金委优秀青年基金资助。他陆续在顶级刊物发表系列高水平论文，获得了《麻省理工学院技术评论》全球35位35岁以下创新者（2016年）、香港求是科技基金会求是杰出青年学者奖（2016年）、美国机械工程师协会梅尔维尔（Melville）奖章（2017年）（注：协会最高论文奖，自1927年首次颁奖以来，共有74篇论文获此奖项；这是第一篇由中国大陆的研究机构独立完成的获奖论文）、美国机械工程师协会应用力学部杰出论文奖Journal of Applied Mechanics Award（2017年）、国际工程科学协会青年学者奖章（2018年）（注：表彰处于独立科研生涯早期且已在其工程科学研究领域作出有影响力工作的优秀学者；张一慧是该奖设立近20年来的第17位获奖者，也是首次获得该奖的亚洲任职学者）等荣誉。

18. 李博（国家优秀青年科学基金项目获得者，国家“千人计划”青年项目获得者）

李博的研究方向主要是软材料与生物软组织多场耦合力学。他结合软材料领域的重要需求，紧跟学科前沿，围绕软材料与生物软组织的多场耦合力学，利用连续介质力学、随机动力学、统计力学等方法，开展了软材料与生物软组织的本构关系、表面失稳与形貌演化的实验与理论研究。通过多年系统研究，李博攻克了强非线性、大变形、多重分岔、多场耦合等方面的难题，建立了软材料与生物软组织的变形稳定性力学理论与计算方法，发现了巴基球失稳、形貌协同振荡等多种新现象与新规律，揭示了宏观、微观尺度上表面失稳、形貌产生的物理新机制，提出了在膜—基系统表面制备微纳米形貌的电致失稳、缺陷调控新方法，对软材料力学、稳定性理论做出了创新性的贡献。

已发表SCI论文65篇（SCI他引680余次）。2013年全国优秀博士学位论文奖，2015年入选中组部“千人计划”。

值此校庆之际，我很高兴有机会向大家汇报清华大学固体、生物力学队伍的现状。我相信，经过大家的努力，不久的将来这支团队将跻身世界一流的行列。

继往开来，传承创新

——庆祝清华大学航空系建系八十周年

（清华大学航天航空学院航空宇航工程系）

2018 年 5 月，清华大学航天航空学院将迎来建院十四周年暨航空工程系建系八十周年庆典，值此激动人心的日子到来之际，抚今追昔，谨以此文对清华航空系的历史沿革、发展现状和规划进行回顾、介绍和展望，和所有师生、系友以及关心清华航空宇航科学与技术学科发展的同人们共勉。

一、历史沿革

清华大学航空学科的发展可以追溯到 20 世纪 30 年代，是在机械工程系下设航空研究所，1938 年成立航空系，它培养了一大批德才兼备的优秀人才，为我国航空学科的创建和航空科技的发展做出了重要贡献。

早在 1934 年，清华大学就在工学院机械工程系设立三个组：原动力工程组、机械制造工程组和航空工程组，其中航空工程组是我国最早创办的航空工程专业。1935 年冬天由空气动力学大师冯·卡门教授推荐，聘请了美国教授华腾多夫（F. L. Wattendorf）博士担任航空客座教授，同时筹备推进航空研究事业，开始了教学和研究工作。1934—1935 年，由王士倬教授主持设计建成了我国第一座航空风洞。1936 年，又由华腾多夫、王士倬等教授主持，和当时的助教以及第一届十余名毕业生参加，设计了试验段直径为 15 英尺（1 英尺约等于 30.48 厘米）的大型航空风洞。该风洞的设计得到了当时欧美航空界的赞许，曾登载于英国飞机工程杂志及国际应用力学报告内。① 1936 年，学校在旧电机馆东面专门建成航空馆；同年底“国立清华大学航空研究所”成立，由顾毓琇任所长、庄前鼎任副所长。其间，由冯桂连、张捷迁设计及制造了中国第一架滑翔机，殷文友、张捷迁设计了单翼教练机。抗日战争爆发后，清华大学航空研究

① 资料来自 2004 年校史研究室的《清华历史中的航空工程系》。

所于1938年4月迁至成都，借四川大学部分房屋开展研究工作。曾制造滑翔机一架赠送教育部，另曾拟重建一座小型风洞，后因迁移而作罢。1938年，清华大学在西南联大成立航空工程系，清华大学航空研究所也于1939年春奉教育部之命迁到昆明；首任系主任为庄前鼎，后由冯桂连、王德荣分别继任。在战争的环境中频繁辗转迁移，使研究所面临研究经费不足、设备简陋缺少、参考资料匮乏、生活待遇菲薄等困难，但师生们仍以高昂的热情进行教学与研究。①

航空工程系成立前后培养了一批批优秀人才，其中有许多人在国内外航空航天科技界和教育界发挥了重要作用。建系前，航空工程组先后有3届毕业生共30人；建系后的1939—1946年有8届毕业生共126人。当时的课程设置是参照美国麻省理工学院航空工程系编制的，开设有21门课程，又分为飞机工程、发动机工程两个组（专业）。1940年，由时任空军军官学校总顾问、前十四航空队的陈纳德将军建议，航空工程系还承办了试飞员训练班，学习为期1年。要求学员必须具备精练的飞行技术，在熟习航空工程学识后，方可胜任试飞的职务。第一期录取学员8人，均系航校高才生，其中有在昆明击落第一架日机的“飞将军”。②

清华航空研究所是航空工程系的重要教学基地。1939年航空研究所迁至昆明后，着手建造试验段直径5英尺的钢制回流式风洞，并于1940年夏天建成；还与清华无线电研究所等合作研制了测试仪器。这是当时国内唯一可供试验研究用的风洞，该风洞承担了航空工程系空气动力学的教学实验和国家多项抗日战争急需的专题研究任务。1939—1945年，在师生共同努力下取得了大量卓越的研究成果：共发表空气动力学的专题试验研究方面和理论研究方面论文108篇，其中多数为英、美一流航空工程杂志及国际应用力学杂志刊载；1939年建立高空气象台，在高空气象方面的研究取得大量实测资料和理论研究成果，并研制了多种气象仪器供各地气象台使用；研制了初级滑翔机2架、中级滑翔机1架，还于1943年协办昆明航空滑翔展览会，参观民众10余万人。1940年直升机在美国首次试飞成功后不久，清华航空研究所就在国内首次开展了直升机的研究设计工作；另外，清华航空研究所还进行了飞机结构材料的研究工作。在这一时期，尤其要提到的是周培源教授在湍流研究中的工作。周培源教授1939—

① 资料来自2004年校史研究室的《清华历史中的航空工程系》。

② 同上。

1952 年执教于清华大学（含国立西南联合大学时期），1943—1947 年利用休假在美国加州理工学院做研究工作。1940 年他发表于《中国物理学报》第 4 卷第 1 期以及 1945 年发表于《应用数学季刊》第 111 卷第 1 期的两篇论文，为现代高阶湍流计算模式奠定了严密的理论基础，至今仍被国际湍流研究者广泛引用①。

20 世纪中叶因全国性学科调整，清华大学的航空系被调去参与组建北京航空学院，清华大学航空学科不复存在。20 世纪 50 年代末，清华大学蒋南翔高瞻远瞩，看到即将兴起的、以“两弹一星”为代表的高技术与国防科学，在清华大学又建立了工程力学数学系和自动控制系。这两个系的成立以航天航空学科为背景，并为我国的航天航空事业培养了大批人才。之后，随着国防科研与地方院校逐渐脱离，清华大学与航天航空学科的联系也被逐渐削弱。在20 世纪 80 年代设立的航天基金曾维系了清华与航天的联系，但随后错过了 80 年代后期在清华大学成立航天学院的契机。② 20 世纪 90 年代后期，清华大学以王大中校长、贺美英书记为首的校领导认真地审视了清华大学对国防科研介入的情况，提出了发展航天航空学科的目标。当时，在有关主管的支持下，清华大学在航天航空领域取得了若干有价值的科研成果，其中部分成果稳居国内外前沿水平，但这些技术和成果尚缺少有效的集成和深化。王大中校长建议以微小卫星为突破口来系统地介入航天领域，并发挥高校在高技术创新和管理模式上的特点。1997 年 7 月，清华大学成立小卫星研究组，着手申请航天领域的高技术项目。为促进清华大学在航天领域的起飞，王校长建议通过国际合作的方式来加速这一研究。1997 年 11 月，以英国萨瑞大学 M. N. Sweeting（斯维廷）教授率领的 SSTL 代表团来访，与清华大学签署空间研究合作的谅解备忘录。1998 年 7 月，双方签署清华大学—萨瑞大学空间合作协定。清华大学在 1998 年 10 月成立了宇航技术中心，1999 年主管部门批文同意在清华大学进行航天研究。1999 年 2 月，“清华 1 号”（后更名为“清华航天一号”）项目启动；2000 年 7 月“清华航天一号”卫星成功发射。“清华航天一号”的研制得到了清华同方公司的大力支持。2000 年 12 月，在微小卫星研制的基础上成立航天清华卫星公司。从 1999 年 7 月开始，清华大学开始预研一种新型的、具有自主知识产权的纳型卫星。2002 年年初，在工程星成功研制的基础上，清华大学设计的纳型卫星委托清华

---

① 资料来自杨卫 2004 年发表在《新清华》上的“清华大学航天航空学科的过去、现在和未来”。

② 同上。

航天卫星公司制造。随后，又开展了纳星地面站的研制并于2004年3月底验收。2004年4月，纳星1号成功发射。

进入21世纪以来，为适应我国对航天航空领域高素质人才培养和战略高技术发展的迫切需求，进一步集成并发挥我校多学科综合优势，以整体性、高水平的航天航空科学技术研究为结合点，全面带动各相关学科的建设和发展，经过长期酝酿和精心筹备，2004年5月18日，清华大学航天航空学院（简称航院）正式成立，恢复航空航天系，工程力学系从机械工程学院转变为航天航空学院，清华大学宇航技术研究中心则以跨学科方式挂靠航院。清华航院的定位，一方面是高水平的、整合的航天与航空学科培育基地，满足航天航空领域重大国家需求的先导性、创新性研究的组织者；另一方面是继承和发扬老一辈清华航空人的精神，引导清华大学师生为我国的民用和国防航天航空事业贡献力量。

清华大学航空宇航科学与技术学科于2005年设立硕士点。2007年11月19日，经校务会议讨论，决定将清华大学航天航空学院的航空航天系更名为航空宇航工程系（简称航空系），工程动力学研究所行政体制划入航空宇航工程系。2011年，清华大学航空宇航科学与技术学科获得一级学科博士学位授予权。2011年11月成立了航天航空学院航空发动机研究中心。2012年1月成立了跨院系的联合研究平台——清华大学航空发动机研究院，挂靠航院。2017年11月航空发动机研究院实体化，学科建设仍然依托航空宇航工程系。2017年年底，清华大学航空宇航科学与技术在第四轮全国学科评估中名列本学科教育部部属高校第一。

清华大学自2011年开始与空军（2013年海军也加入进来）开展联合培养飞行学员工作。清华航院特别是本学科承担了主要的培养任务。经过近7年的不懈努力，已有四批学员共计128人完成在清华的学习阶段，转入飞行学习与训练阶段，首批学员已进入战斗值班。通过该项工作，清华实现了为我国国防事业直接贡献自己的力量这一目标。为我军高水平飞行人才培养，开辟了一条全新的道路，也为飞行人才培养方面的军民融合开拓了全新的范式。

二、发展规划

目前，清华大学航天航空学院下设航空宇航工程系、工程力学系、宇航技术研究中心和航空技术研究中心。清华大学航空宇航科学与技术主要依托航空宇航工程系进行学科建设。

清华大学航空宇航科学与技术学科的总体发展目标可以概括为“入主流、有特色、上水平”，学科成立以来的前15年发展可以用一个“三步走”的目标来描述。在第一个五年，完成学科布局，培育多个在航天航空领域具有明显优势的高层次研究方向，构建成适合承担国家重大航天航空研究需求的学院。在第二个五年，完备学科建设，形成在航天航空领域高端研究占有优势的，从学科发展到重大科研任务组织可一体化运行的实体。在第三个五年，形成可为我国航天航空领域研究起先导作用、国际知名研究实体。到2020年，力争在教学、科研和人才培养方面，本学科全面跻身世界一流，总体处于世界20名左右，并树立若干引领方向。在基础研究方面取得若干重大原创性成果，形成2~3个具有重要国际影响的学术群体；在面向国家重大战略需求的科学研究方面取得系统、平台级别的重大成果，并突破一批关键技术；在教育、教学方面取得显著进展，人才培养的国际国内声誉显著提高。

三、发展现状及展望

（一）优势与特色

建院十多年来，依托航空系为主建设的航空宇航科学与技术学科已逐渐建成学科方向齐全，在航空航天高端研究领域占有优势、有特色，具有一级学科博士学位授予权的学科。

1. 师资队伍

本学科会聚了一批优秀学者，是一支精干、充满活力的基础研究与面向国家重大需求工程研究并重的队伍。现有博士生导师33人（教授21人，副教授12人），年龄主要集中在35~55岁，结构合理。导师中本校、外校和海外学历者约各占总人数的1/3，导师结构合理。现有在校研究生和老师比例约为3.7∶1，每位导师年均招收1名研究生，处在合理的比例范围。目前建设的飞行器设计、推进技术、人机环境、发动机技术、航天器动力学与控制、冲击动力学、结构振动与控制、无人机技术、航空宇航电子等研究团队或方向覆盖了现代航空宇航技术的主要方向和关键领域。各研究方向的学术带头人里有国家名师1人、长江学者2人、科技部领军人才1人，杰出青年2人、AIAA Fellow 1人、Associate Fellow 1人、千人计划1人、青年千人1人，新世纪优秀人才 3 人，洪堡学者 1 人。

2. **科学研究**

清华大学航空宇航科学与技术一级学科包含飞行器设计、航空宇航推进科学与工程、航空宇航制造工程、人机与环境工程、飞行器动力学与控制、空天信息技术与应用六个研究方向，有国家工程实验室和教育部工程中心。研究涉及国家航天航空领域各种型号相关的飞行器设计技术、空间通信技术，国家重大工程——两机专项及推进技术相关的发动机设计、燃烧、结构、控制等技术，国家载人航天工程相关的航天员医监医保研究，与无人机密切相关的重油活塞发动机设计、制造等，并在飞行器动力学控制、空气动力学模拟仿真、空间热科学与控制、仿真模拟计算方法等基础研究方面取得了重大成果。几年来，获得国家科技成果 2 项、省部级科技成果 10 项，1 项科技成果入选 2012 年度"中国高校十大科技进展"，研究成果推广应用在 C919 超临界机翼设计、重油发动机、脑起搏器等方面。发表 SCI 检索文章 381 篇，授权专利 70 项。有三名教授入选 Elsevier 中国高引用学者榜单。2012—2016 年，获得研究经费超过 6 亿元人民币，承担科研项目 630 余项。获得国家级和军队奖励 4 项（二等奖 3 项、三等奖 1 项）、省部级奖励 6 项（一等奖 2 项、二等奖 3 项、十大科技进展 1 项）、其他奖项 7 项。

清华大学航空宇航学科队伍已经成为国内重要的研究力量，并在多个方向形成了特色和优势。航空宇航学科在过去的几年里发展迅速，人数不多但精干的研究教学队伍在人才培养和科学研究方面都取得了许多成绩，为未来学科的进一步发展奠定了良好的基础。

3. **研究生培养**

本学科研究生招生人数目前稳定在每年 40 人左右，报名人数有逐年增长的趋势，最近一次招生的报录比例约为 5∶1，生源情况良好。为了保证生源质量，近几年采取了多项新的招生改革措施。包括将传统的笔试改为综合考试，从而吸引更多不同专业背景的生源，同时更好地考核考生的综合素质；钱学森力学班、本院和本校其他直接推荐学生、外校直接推荐学生进行统一考核；鼓励导师招收海外生源等措施。2011 年起，清华大学允许副高级以上职称的教师在满足一定资格要求的前提下经评审后可担任博士生导师，本学科是第一批改革的学科。

课程教学方面，本学科的研究生培养方案主要分六个方向，追求知识体系的完备性，教学内容包括研究方向、课程学习、文献阅读、选题报告、科学研究、学术交流、学位论文及实践环节等方面的要求和进度计划，体现了重视基础、鼓励交叉、导师自主等原则。开设的核心课程由哲学、数学、专业基础课三大模块组成，均由具有多年教学经验的知名教授讲授。

本学科现有支撑研究生学习、科研创新的相关实验室和实验中心 10 处，配备先进的实验仪器设备 28 种，各类专业软件齐全。各课题组均为博士生配备专用办公环境。现有研究生精品课程三门。鼓励博士生参加社会实践，组织学术论坛、参与国际国内学术交流。对研究生参加国际会议予以资助，2012—2016 年研究生出国参加国际学术会议 139 人次，涵盖 20 多个国家和地区。此外，鼓励研究生在本学科高水平期刊上发表学术论文，并在评定奖学金时予以倾斜。

在博士生培养方面与国际接轨，建立了严格的博士生分流淘汰机制，以博士生资格考试为例，每年举行两次，每名学生至多参加两次资格考试。资格考试的首次不通过率原则上不低于当年资格考试全体学生 15%。对于两次未通过资格考试的学生，予以分流或淘汰。在学位论文评审方面，采取了隐名评审和公开评审结合的制度，本学科 2010—2015 年研究生学位论文在国务院学位办、北京市学位办的论文抽检中，无不合格论文，且多名博士生的学位论文在全校的优秀博士论文评选中获奖。

本学科毕业生就业一直处于求过于供的状况。研究生毕业去向主要是航空航天工业部门及部队科研机构，博士生就业率达到 100%。成立学科这几年间，部分毕业生已经成为各自单位的骨干。近年，学校就业指导中心及学院针对本学科开展过一次毕业生就业质量评估问卷调查。邀请了航天/航空/航海领域和军队的技术专家及人力资源部门领导，以及有关学术科研单位的教授学者共计 31 人，最后回收有效问卷 28 份。其中航空 9 份、航天 6 份、航海 1 份、部队 2 份、学术科研单位 10 份。被调查者普遍认为本学科毕业研究生的整体质量良好，从工作能力、基本素质、钻研精神等方面相比其他院校的毕业生更为突出。从就业质量上看，被调查者认为本学科毕业研究生就业情况不错的，基本覆盖了航天航空的主要科研、教学、管理部门和单位，符合学院对学生的培养目标。

（二）学科建设及其主要成就

清华大学航空宇航科学与技术一级学科包含飞行器设计、航空宇航推进理论与工程、人机与环境工程、飞行器动力学与控制、空天信息技术与应用、航空宇航制造工程六个二级学科（研究方向）。

航空宇航科学技术学科将重点发展空间通信与网络、人机环境与医学工程、飞行器设计、航空发动机科学技术等重点研究方向，同时注重学科间或不同学科方向间的交叉。强化重大实验条件建设，为建设世界水平、清华特色的航空宇航科学技术学科提供支撑。除了现有的国家工程实验室和教育部的工程中心，正在建设及计划建设的实验平台包括：空气动力学及水动力学、航空发动机及燃气轮机先进结构、无人直升机、航空活塞发动机、神经调控、互联网卫星等。

1. **飞行器设计**

飞行器设计研究方向的建设主要依托航空系飞行器设计研究所（始建于 2005 年 10 月）。

飞行器设计学科从无到有，在国家重大科技工程中发挥着越来越重要的作用，为探月工程、大飞机、高超、高分遥感、载人航天等重大专项工程提供了关键技术、基础理论和方法方面的支撑。自主研发的 TH150 无人直升机实现成果转化，填补了 200 公斤级全自主国产无人直升机的空白。独立研发了全机的 11 个子系统，拥有完整自主知识产权，关键部件均可国产化。2014 年 11 月 TH150 军用型 XV－1 无人直升机参加珠海航展；2015 年 7 月民用型 XV－2 实现首飞；7 月 20 日，XV－1 通过总装信息采购服务中心相关审核和认证，产品信息已进入全军武器装备采购信息网。研制了充液多体航天器动力学建模及仿真软件，成果应用于东方红五号卫星、风云四号卫星、首个高轨卫星、嫦娥五号探测器、某型导弹和长征六号运载火箭等十几个型号的研制中。相关研究打破了国外技术封锁，解决了型号研制中的关键技术难题，使我国航天研制部门具备了自主知识产权的工具软件。通过竞争获得了 C919 超临界机翼的优化设计，在业内取得显著成果。飞行器设计专业毕业的研究生基本上都在相关工业部门从事研发工作，并且在新型号研制方面起到重要作用。

2. **航空宇航推进理论与工程**

航空宇航推进理论与工程研究方向的建设主要依托航空系推进与动力技术研究所（简称推进所）以及发动机研究中心（后转为发动机研究院并实体化）。

推进所成立于 2005 年 10 月。推进理论与工程学科紧紧围绕航空航天在高超声速、两机的重大需要，面向先进发动机的湍流燃烧、高超声速推进与热防护、新型组合发动机模式转换研究、新型材料热端部件完整性设计取得新的进展。参加了国家某种重大专项的研究工作，承担多项研究任务，参研人员获得管理部门的表彰。与航天三院建立了联合研究中心，实现更加紧密的合作，围绕组合动力等开展研究。通过人才引进，建设了十多套超声速和高超声速试验装置，在高超声速实验技术研究方面领先国内高校。在压燃式重油活塞发动机整机研发与设计方面完成了初步验证，成为唯一具有重油活塞发动机整机研发能力的高校。力推“推力矩阵”概念，并在微小型涡轮发动机研制方面取得突破。反应标量小尺度混合机制及建模，催化重整吸热新途径研究，材料制备过程的热场设计和工艺优化的研究方面处于国际领先水平。

急国所急、为国分忧，瞄准我国航空事业中的“心脏病”，清华大学于2008年开始酝酿筹备建立航空发动机研究院；2011年11月成立了航天航空学院航空发动机研究中心；2012年1月成立了跨院系的联合研究平台——清华大学航空发动机研究院，挂靠航院；2017年11月航空发动机研究院实体化。研究中心/研究院的成立和发展受到了陈希、顾秉林、胡和平、陈吉宁、陈旭、邱勇等历任校领导的高度重视和大力支持。

研究院横跨航空/力学/机械/材料/热物理/信息/控制/电子等各大学科，纵跨基础研究与工程应用，重点开展航空发动机总体设计、航空发动机控制、叶轮机械气动热力、发动机燃烧、发动机结构、系统与多体动力学、旋翼机等相关方向的研究。成立几年来，研究院紧密围绕国家重大需求开展各项科研工作：完成了基于动态总能理论和系统动力学的航空发动机顶层规划及总体设计的理论研究和技术实现，形成了以压燃式重油航空活塞发动机和可变热力循环航空涡轮发动机为动力、推力矩阵及特色旋翼机为平台的飞/发一体化技术发展路线图。截至2017年年底已完成多项航空发动机整机及关键技术项目，项目总经费达15.03亿元，获得授权专利29项。航空发动机研究院的主要研究领域包括：①航空涡轮发动机总体设计、全权限数字式电子控制技术（FADEC）、叶轮机械气动热力、航空发动机轻量化、发动机燃烧等；②压燃式重油航空活塞发动机总体、高压共轨燃油喷射技术、单级可调高压比涡轮增压技术、飞轮电机、发动机匹配与标定等；③重油无人直升机总体设计、飞行力学与飞行控制、大传动比面齿轮副设计、主动可控离合、最优转速旋翼控制等；④推力矩阵总体设计、空气轴承、多点分组顺序高压燃油喷射、智能控制等。

3. 人机与环境工程

人机与环境工程研究方向的建设主要依托航空系人机与环境工程研究所（简称人

机所）。人机所是清华大学航天航空学院2004年成立后为创建“航空宇航科学与技术”一级学科而成立的研究所之一，隶属航空宇航工程系。

人机所秉承学院“入主流、有特色、上水平”的学科发展思路，紧紧围绕国家载人航天工程需求，开展以航天医学工程为特色的学科建设。在航天工程方面，以高可靠性为特色，为国家重大工程提供以嵌入式仪器为核心的机—电—软件一体化工程解决方案，所研制的航天员质量测量仪、生理信号测试盒、神经肌肉刺激仪等型号产品已经装备在“天宫一号”，其中航天员质量测量仪还被作为教具应用于“神舟十号载人飞船”航天员太空授课，演示了在太空测量航天员质量的过程。研究所同时将航天高可靠性技术应用在医学工程领域，开展植入式神经刺激器的研发工作，所研制的清华脑起搏器入选2012年度“中国高校十大科技进展”，并于2013年获得产品注册证，打破了美国公司垄断，使我国成为全球第二个能够研制、生产脑起搏器的国家；在基础研究方面，强调医工交叉与医工结合，重点研究植入有源医疗器械的可靠性和神经工程。2012年，依托研究所的“神经调控技术国家工程实验室”建设项目获得国家发改委批复，这是我国神经调控领域唯一的国家级研究平台。2013年12月10日，中央电视台《新闻联播》以“国产脑起搏器打破美国独家技术垄断”为题对“清华脑起搏器”进行了报道。2015年，脑起搏器研究工作获北京市科学技术奖一等奖和中国生物医学工程学会首届黄家驷生物医学工程奖唯一的一等奖。脑起搏器研究成果入选了国家“十一五”“十二五”重大科技成就展，获得了纽伦堡国际发明展金奖、世界知识产权组织最佳发明奖。

4. 飞行器动力学与控制

飞行器动力学与控制研究方向的建设主要依托航空系工程动力学研究所。工程动力学研究所前身为工程力学系动力学与振动教研组，简称动振教研组，包括一般力学教研室、理论力学教研室、振动教研室、振动实验室、转子动力学研究室、地震波与勘探研究室，1999年更名为工程动力学研究所。2004年5月18日，航天航空学院成立，工程动力学研究所为工程力学系下设的四个研究所之一。2007年，工程动力学研究所行政体制划入航空宇航工程系，支持航空宇航系的建设，但学科建设仍依托力学学科。工程动力学研究所内涵丰富，学科上包含一般力学与力学基础、振动与波、结构动力学计算等方向。现有教师16人，分布在动力学与控制、振动与控制和计算动力学三个研究室，以及振动实验室和地震波勘探开发研究所。

工程动力学研究所针对航空航天、国防和石油等领域重大工程中动力学问题，开展基础理论、数值模拟、实验技术和工程应用的研究，例如，深空探测，非开普勒轨道控制，大型柔性充液航天器动力学与控制；旋转机械在线监测诊断系统，空间站动力学参数的在轨识别，500 米口径大型射电望远镜馈源支撑系统动力学与控制；强冲击载荷作用下材料与结构力学行为的多尺度、多种介质、多物理场耦合数值分析方法的研究，核设备强度分析与安全评价；弹性波衍射层析成像、小波去噪、多波多分量地震勘探预测裂缝性油气藏、坝体地震地质分析等。

经过多年的积累，研究所在航天器动力学与控制、多体动力学及设计优化、冲击动力学、振动与波四个特色方向的研究上已经达到国内领先和国际先进，在国内外均有一定的影响力。

5. 空天信息技术与应用

空天信息技术与应用研究方向的建设主要依托空天信息技术研究所。空天信息技术研究所隶属航空系，依托宇航技术研究中心，于 2006 年组建。

空天信息技术与应用是以航天航空系统信息化为主形成的交叉学科，研究在大时空尺度下空天信息的获取、传输与处理，航天航空信息设备与航天航空信息系统的规划、设计、开发、制造与应用。主要包括空天通信与网络系统、空间测量探测与空间导航、空间信息处理等。空天信息技术与应用对航空宇航学科向信息化发展具有重要作用，对国民经济社会发展与国防建设具有重要影响。

自主研发了我国首颗低轨移动通信小卫星，工程任务获得圆满成功，该卫星具有我校特色的多功能小卫星平台，该成果获得 2014 中国卫星应用创新奖，并入选 2014 年中国航天十大新闻。该卫星通信技术达到国际先进水平。

6. 航空宇航制造工程

航空宇航制造工程研究方向的建设主要依托机械系制造工程研究所。制造工程研究所的前身是成立于 1952 年的机械制造工学教研组、金属切削机床及刀具教研组和工程画教研组，并在 1994—1999 年由机械制造工艺、设备及自动化教研组、国家 CIMS 工程研究中心制造系统实验室、机器人研究室、工程图学与计算机辅助设计教研组逐步合并建设成立。

航空宇航制造工程是以航空航天器制造为主形成的一门交叉性学科，主要包括先进材料/结构/工艺一体化成形制造技术、数字化制造及智能化技术、飞行器制造过程质量控制技术等。航空宇航制造工程融合了机械工程、仪器科学与技术、材料科学与工程、控制科学与工程、计算机科学与技术等学科的技术，代表着先进制造技术发展方向，对于航空航天技术的发展具有重要作用。

（三）国际影响

近年来，本学科在神经调控、深空探测、飞行器设计、航空发动机、微小卫星等重点发展方向上取得了一系列成果，在国内外产生了显著影响。

依托神经调控技术国家工程实验室，开发了具有自主知识产权的系列脑起搏器及衍生神经调控产品，应用医院达到58家，市场占有率近40%，成为高端医疗器械国产化的成功典范。同时，实验室与包括哈佛大学医学院在内的国际多所著名大学开展合作研究，提升了本学科的国际影响力。

在多目标深空探测轨道全局优化方面与美国 NASA－JPL、ESA 水平相当，达到了国际先进、国内引领水平，为形成系统厚实的理论成果奠定了基础，本学科老师和研究生组队多次参加国际轨道优化竞赛并取得优异成绩，以2015年竞赛为例，本学科代表队在来自世界的36支代表队中荣获亚军，也是亚洲参赛团队迄今为止在此项赛事上取得的最好成绩。

在C919飞机研制过程中，实验室所提交的超临界机翼气动设计方案通过了包括荷兰 HST、德国 ETW 等风洞实验考核和多家多轮次第三方 CFD 考核，成功中选。自主开发的气动优化设计平台被型号设计单位采用，NSAWET 气动分析软件被中国商飞北研中心选为其核心 CFD 软件开发基础。相关工作获得来自麻省理工、剑桥等专家高度评价。

近几年举办国际会议5次，累计参会人数485人次。老师出国交流累计110人次，并有逐年增长趋势。本学科老师任21种国际学术期刊的主编、编委等工作，在国际学术机构中任职37人次。另外，通过和国外著名大学及研究机构［如 Swansea（斯旺西）大学、瑞典皇家理工学院、德国宇航中心等］联合举办国际研讨会以及系列讲座，和相关部委联合举办论坛活动（如“清华脑起搏器论坛——世界帕金森病日关爱活动”等），提升了本学科的国际影响。

（四）发展潜力及未来展望

本学科发展潜力可以概括为以下几方面。

1. 基础与技术基础研究厚积薄发、前景光明

在主要学科方向上经过多年积累取得了一批具有重要国际或国内影响力的科研成果（如基于神经调控的脑起搏器技术、重油活塞发动机相关技术、TH150 无人直升机和 TX－V2 无人直升机技术、深空探测技术、不规则引力场轨道理论、基于无网格的高速冲击计算技术、气动优化技术、多体动力学/振动和优化技术等），一些成果已形成了拥有自主版权的软件，一些成果已成功实现转化或在转化中，一些成果在未来几年内有望转化。这些成果不仅提升了本学科的影响力，在此基础上发展的计算工具和实验装备，成果转化所产生的效益和影响反过来也有望进一步推动相关方向的基础研究和技术研究，并吸引更多的优秀人才到本学科队伍。

2. 基础人才建设有起色

在学科各主要方向上培养或引进了学术带头人，并形成了搭配合理的老中青教学和科研人才梯队。在人才队伍中，有不少极具发展潜力的青年人才，在未来几年内有望承担更加重要的科研和教学任务，并成长为本学科的中坚力量，是本学科长远发展的重要保障。

3. 研究团队初步成型

借助清华人事制度改革的东风，本学科成立了多个在国内外有重要影响力的科研团队，如脑起搏器团队（校级）、发动机团队（院级）、无人机团队（院级）、卫星互联网团队（院级）、结构完整性团队（院级）等。这些研究团队的建立不但凝聚了力量，还促进了学科方向交叉，团队成员既相互协作又能发挥各自的科研优势和特色，形成了“1＋1＞2”的效果。团队的成立对于本学科实现在我国航空航天事业中入主流、有特色、上水平的目标将起到重要的推动作用。

4. 核心技术类路径清晰、有望突破，预期研究成果影响巨大

由于本学科总体体量不大，因此在发展战略上并不搞面面俱到，而是主抓一些有特色的核心技术平台，包括脑起搏器平台、发动机平台、无人机平台、卫星互联网平台等。上述平台经过多年发展，均形成了大量专有的技术储备、技术专利，组建了相对稳定的人才梯队，开发和建设了比较完善的软硬件设备和环境，预计在不远的将来会产生有重大影响的研究成果。

展望未来，本学科将进一步凝练学科方向，加强对重点方向的支持，重点发展空间通信与网络、人机环境与医学工程、飞行器设计、航空发动机科学技术等重点研究方向。进一步强化重大实验条件建设，建设航空宇航实验基地，包括先进飞行器设计实验平台、空天先进动力系统实验平台和神经调控交叉研究平台，为建设国际一流、清华特色的“航空宇航科学技术”学科提供平台支撑。未来拟筹建航空发动机国防科技重点实验室，以非传统布局无人机、载人航天和探月工程、超燃冲压发动机、航空/燃气轮机发动机、大推力运载火箭发动机和组合动力等国家重大需求为牵引，进一步加强人才队伍建设、基础实验设施建设、学科建设及人才培养，开展具有前沿性的应用基础和关键技术研究，提升科学研究水平。

本学科将在现有基础上，进一步发挥各方向和研究团队的优势和特色，重点依托本学科拥有的若干平台进一步推动和深化社会服务。在未来学科建设中，本学科将做到：（1）坚持社会主义核心价值观，继承并发扬清华大学教书育人的优良传统：严谨求实的治学精神，同时鼓励本学科教师勇于创新、勇于改革，大胆尝试新的教学理念和方法，大胆选择具有挑战性的研究课题，在科学研究上允许试错；（2）坚持育人为本、德育为先，定期通过教学研讨、教学示范，让青年教师从老一辈教学名师的言传身教中汲取营养，体验其高超的教学艺术和风范，提高自身教学水平和修养，同时鼓励青年教师在继承中发展，继承中创新，结合自身特点形成有个人特色的教学风格；（3）积极推动和探索多种形式的人才联合培养模式，建设灵活高效的联合研究中心，进一步加强面向广大人民群众和中、小学生的航空航天科普教育，定期向社会开放特定实验室，使高校成为推动社会进步、国防发展的一支重要力量，向社会传递崇尚科学、追求真理的正能量。

八十年的风雨历程见证了清华航空系的成立、成长、调整再到重生，其间不变的是一代代清华航空航天人始终追求卓越、勇于创新，始终以服务国家重大建设为己任的精神。这种精神将成为推动清华航空宇航科学与技术学科在未来不断发展、走向一流的强大动力和源泉。

四、致谢

本文内容参考了梁新刚教授（清华航院首任书记、前常务副院长）提供的清华航院建院相关背景资料，在此表示衷心感谢。

参考文献

［1］校史研究室．清华历史中的航空工程系［N］．新清华，2004.

[2] 杨卫. 清华大学航天航空学科的过去、现在和未来 [N]. 新清华，2004.

[3] 全国第四轮学科评估——清华大学航空宇航科学与技术学科评估简况表 [R]. 清华大学航空宇航工程系编写组，2017.

[4] 双一流建设学科方案——清华大学航空宇航科学与技术学科 [R]. 清华大学航空宇航工程系编写组，2017.

[5] 清华大学航空宇航科学与技术学位授权点自我评估和总结报告 [R]. 清华大学航空宇航工程系编写组，2015.

工程力学与航空航天的情结

（余寿文　教授）

一、历史长卷

清华大学的航空系科成立迄今已近八十年，工程力学数学系成立近六十年，工程力学研究班开班六十一年。近日细阅2001年出版的《清华大学九十年》，追溯航空系与航天学院的历史轨迹，回忆六十年来自己在清华园中的经历与见闻，看到时世的变迁与系科建设的演化相关联。从《清华大学九十年》一书中摘记以下几个关节点的大事，大体可勾画出航院系科发展波澜起伏的图景：

（1）1935年，机械工程系航空工程组建成国内第一个5英尺回气式航空风洞（王士倬主持设计）。1936年，航空研究所成立，顾毓琇任所长、庄前鼎任副所长。1937年，邀请美国航空专家冯·卡门博士视察清华大学航空研究所在江西南昌兴建的15英尺口径航空风洞（后被迫往成都迁移）。1940年，航空研究所在昆明北门街71号建成国内唯一可用的5英尺航空风洞，并受空军军官学校委托举办试飞员训练班。

（2）抗日战争胜利后，清华迁回北平校区，建立了航空试验馆。1947年5月1日，在工学院下设航空工程学系，王德荣任系主任。

（3）1951年5月5日，教育部转发政务院文化教育委员会批复，将厦门大学、北洋大学、西北工学院三校航空系并入清华大学航空系，改设航空学院。1951年11月2日，校委会议决定，成立航空学院工作委员会。1952年10月24日，教育部决定正式成立北京航空学院，清华航空学院独立成立北京航空学院。1953年9月，航空学院等院师生从9月1日起，分批搬迁到北京航空学院院址。

（4）1957年2月25日，教育部和中科院合作在清华大学设立的工程力学研究班（第一届120人）正式开学。工程力学研究班共举办3届，学习期限两年。分别于1959年1月，1960年7月，1962年1月举行毕业典礼。工程力学研究班是钱学森先生回国后为发展航天和宇航事业最早设立的人才培养单位，钱学森本人还开设了“宇宙航行”

的讲座和水动力学课程。1958 年，工程力学研究班的十几位学员，如吕德鸣、范本尧、郑兆昌、潘先觉、张如一、朱之墀等参加建设上海的探空火箭基地，并参与 1960 年 2 月 19 日发射我国第一枚 T－7M 试验型探空火箭。1960 年 5 月，毛泽东同志参观了中国研制的探空火箭 T－7M，并与当年的讲解员第一届工程力学研究班学员潘先觉进行了交谈。

（5）1958 年 7 月 3 日，校务行政会议（扩大）议决：增设工程力学数学系，原拟为火箭—导弹—航天培养人才，还在北京清河永泰庄建设超音速风洞，后来因为国防办学体制尚未理顺，未能进入国防工业人才管理与供给体制。所以在办学与专业定位上，工程力学数学系仍偏于培养技术科学类的研究工程师类型的人才。直至 1966 年，工程力学系才与体制完全脱钩。1970 年 8 月，学校专业调整方案中，将工程力学系三个专业列入第二步调整方案，前景不明；流体力学专业建设多年的代号为“103”的超音速风洞也无偿调拨给北京重型电机厂作叶栅风洞。

（6）“文化大革命”期间招收学员，学制三年。固体力学专业改名为机械强度与振动，其他专业亦相继改名改制或划归他系。

（7）1979 年 6 月，“文革”结束后的清华大学工程力学系设有调整后的固体力学、流体力学、工程热物理三个专业。属于服务于各工程行业的技术科学类的工程专业。学生就业和研究项目来源于各个行业（1989 年曾有统计，与第一至第八机械工业部等十三个部委局办均有合作课题及人员交流）。但航空航天仍然作为工程力学系的主要服务与合作对象之一。20 世纪 90 年代末期，航空航天部在清华大学设立“航天基金”，在张维副校长与时任航空航天部部长林宗棠校友的推动下，设立了两期约六十项“航天基金”，其中承担基金的团队大部分在工程力学系。张维先生多次向校部建议：“工程学科不能只设在地上，还要上天，入地，下海。”

（8）在各方力量推动下，1998 年 9 月，校务会议决定成立清华大学宇航研究中心并召开了成立大会。2000 年 6 月 28 日，“清华一号”微小卫星搭载俄“宇宙－3M”型运载火箭升空，进入太阳同步轨道，它凝聚了我校宇航研究的各方力量，也催生了后来成立的清华大学航天航空学院。

（9）2004 年，清华大学航天航空学院正式成立。培养航空航天工程和工程力学专业的人才，开启了航空航天和工程力学真正交缘的新征程。

这近八十年的历史，波澜起伏，沧海桑田。航院的浮沉与国运的兴衰密切相关；

有抵御外侵、抗击日寇的航空工程系；有为两弹一星出过力的工程力学研究班和工程力学数学系；有脱离航空航天体制的身穿“百家衣”且与航空航天“藕断丝连”的工程力学系；有为国家安全强军卫国而复建的航天航空学院。在这几十年的征程中，工程力学与航空航天就像是一对兄弟，为富国强军，为民族复兴，承担着重任，曲折前行。

二、 工程力学和航空航天的结合的个人经历

20 世纪是应用力学大发展的时期，在固体力学方面，有限元——计算力学、断裂力学的发展，既响应着航空航天发展的需求，又为航空航天工程提供了具有强大生命力的理论武器。作为一名工程力学系固体力学的教师，我也历经了联结固体力学与航空航天工程的绵长断续的历史流程。

1963 年年末，当导弹采用整体加劲壁板与壳体结构时，杜庆华教授带领我、刘宝琛和几位研究生，开展了在轴压与内压下整体加劲圆筒（火箭筒身及连接段）的试验与理论研究，任务完成后，于 1965 年年初向协作单位提供了正交异性圆筒极点式失稳临界载荷的确定方法、平板试样和 10 个缩尺圆筒的试验结果（同年，美国发表各向同性情形的结果）；此前还获得过各种轻结构夹层平板应力状态的渐近解。

在参与和负责建设的工程力学系 212 热应力试验室中，为歼击机用的蒙皮桁条热结构的热阻进行了测定，并得到气动加热瞬态温度边界层的计算方法。

1979 年以后，我所在的破坏力学研究室承接的第一个正式协作任务就是飞机加劲蒙皮与桁条的断裂力学分析，并参与了航空结构蒙皮用铝合金板材断裂韧度的试验方法研究与标准制定，完成了两期“航天基金”的研究项目。

进入 21 世纪之后，国家自然科学基金委启动了重大研究计划，支持空天飞行器基础力学问题研究与近空间飞行器的基础力学问题研究。我们就此开展了压电器件在冲击载荷下的响应与波的传播问题研究；铁电材料器件在疲劳载荷和辐照外环境下热效应与材料力学行为研究；在空间失重情形下的骨应力与电磁作用下的损伤与愈合的演化方程研究。这些虽然并非直接用于航天工程的具体器件，但是对其损伤与破坏的力学响应的了解与防范都是有意义的，而它们本身也是工程力学研究的前沿问题。

由于工程力学或更广义的应用力学与航空航天工程本身是紧密相连的；许多工程力学的问题是为了解决空天工程的需求才被提出来的，工程力学的基础理论与方法又

会直接影响航空航天器件和大系统的环境、强度和寿命，二者相辅相成。一个属于技术科学，一个属于工程学，两者的要求有别，具有多样性。若用一种标准来评价两件有区别的事物必然有差别和矛盾。工程力学与航空航天工程两者的区别及其衍生的矛盾，只有从学科的差异与需求的多样性来理解，也只能通过对需求的多样性、学科的差异评价和绩效的要求侧重点不同来解决。这个问题解决得好，学科结合的问题也会更容易解决。在航空航天学院这个大集体中，两个体量相当的学科联结才会有较好的合作与交融。

三、 两个专业和学科发展的总结和前瞻

（1）工程力学和航空航天工程，从国际上的专业分类和学科分类来讲，属于不同类别。我们既应看到它们之间的区别，也应看到两者的共同点及其融合。当前世界科技的发展呈现出强烈的学科交融特点。以前常讲多学科与学科分支，现在更强调学科综合。这是由古希腊到欧洲文艺复兴时期，再至今日学科综合发展的新时代分合螺旋上升的客观进程所决定的。今后，工程力学与航空航天都将面临新的发展前景。

以前，工程力学是重在分析工程实际材料构件和结构及其在外部介质和外力作用下运动的力学。实际上，当今世界的科技发展，既重于工程又交互于自然，更重于生命——人们的生存、保健、幸福。于是工程力学向着更广义的应用力学开拓，要上天、入地、下海，探微观、观宇宙、识人体、揭认知。不仅要理工综合，而且要走向理工文交叉。

而航空器和航天器的发展也是先以气体动力、器体外形、结构强度、燃烧推进、控制调节等作为主干学科，服务于国防与其他应用领域；然而新世纪即使在航空航天工程也涌现出新的航天器与应用业态。它服务于国防，也在航海、钻地、深空、宇宙、信息传输、气候、宇航和太空舱外的人体健康等方面有了新的应用需求。并从原先的航天工程向着更广义的宇宙航行开拓，这时面对的时空尺度有大至宏观宇宙、星系，小至微观原子和更精微的尺度。

（2）于是对于近年来，除去少数航空航天体制内的院校，我国一些工程力学专业与面向航空航天工程的办学与服务模式是如何过渡的，我在此进行一个仅代表我个人观点，且可能并不全面的总结和前瞻。

从工程力学与航空航天专业及学科发展的这几十年的历程来看，工程力学和航空

航天工程的结合大概有三种不同的模式：近代的、现代的、新时期的。

①近代的，从20世纪50年代起至20世纪末，是作为技术科学的工程力学基础上主导并服务于航天工程的时代，主要服务于航天器的气动外形、结构强度、推进和控制工程。而力学作为工程科学或技术科学便是研制航天器的重要理论依托。所以在近代，工程力学与航天工程之间的结合是该时代的学科与工程结合的一个典型，可称之为一种“近代模式Ⅰ”。火箭导弹和人造卫星便是其典型的产品对象。

②新千禧年的到来，在中国土地上一下子冒出了数以近两位数计的含工程力学的航天学院，其中不少是原来工程力学的系科拓延而成的。工程力学的专业与学科做工程力学，航天航空工程的师生做航空航天工程，类似于“并联”模式。两者也带有交叉感应，但来不及深刻的融合，不妨称其为一种暂态的模式——力学与航天工程结合的“现代模式Ⅱ”，其中的一部分是一种“过渡模式”。

③但是，现在的和今后的航天航空工程，已经和20世纪七八十年代前那种和工程力学深深结合的阶段不同了，它们的业态发生了重要的变化。诚如钱学森先生后来提出的，它是一种复杂的系统工程，不再只是紧紧依靠气体力学、结构力学与工程控制和燃烧学作为主导学科了。它拓展到电磁、核能、信息、智能、量子、通信、安全直至成本、商务及其在气象、环保、农业等领域应用的大集成。相似地，其人才培养过程更趋向综合，如果说什么是它的基础，就是集理、工、文（社会科学）大成的科学技术及其工程实现。我们不妨称之为“新时期的模式Ⅲ”。它是新的信息、智能、物联网式的专业与学科集成模式。这样的模式还在发展与试验中，并不求一律，而是必然发展出多样性来。

纵观这大几十年工程力学与航空航天工程的三种模式变迁的源与流，或许这历史的变化会给我们一些新的启迪。从以上的需求与前瞻可见，工程力学与航空航天工程都在不断拓宽自己研究与应用的领域。因此，人们对于“入主流”的概念也在同时拓展。主流者不仅是指当前的主流，也应瞻望预见多年后的主流，因此钱学森先生的研究从气体力学、壳体结构稳定、工程控制延伸到系统科学直至复杂巨系统科学。他希望清华的力学与航天学科要培养出具有正确的价值观与方法论的帅才与领军人才。因此，应该了解整个科学，从一个专业或一般工程的学习中能培养跨界领军的人才队伍。当然，领军人才的培养，有学校培养与岗位成才的接力发展阶段。我们应当从这样的宏大的视野中来展望今后的工程力学与航空航天工程人才培养的明天。

清华大学流体、空气动力学教学与研究发展史的回顾

（章光华 教授）

一、 早年的历史

清华大学的空气动力学教学与研究始于1934年。当时学校首次接受外界资助，设立航空讲座，建立风洞实验室和发动机实验室，在机械系四年级成立航空工程组，选录有志学习航空工程且成绩优良的学生。1934—1935年，由王士倬教授主持，在清华大学建成国内第一个回流式航空风洞，试验段直径为5英尺。1935年冬，由空气动力学大师冯·卡门教授推荐，学校聘请了美国教授华腾多夫（F. L. Wattendorf）进行了航空讲座，同时筹备推进航空研究事业。1936年，由华腾多夫、王士倬两位教授主持，航空工程组的助教和第一届毕业生等十余人参加，设计了试验段直径为15英尺的大型航空风洞。该风洞的设计得到了当时欧美航空界的一致好评，曾刊载于英国一流的飞机工程杂志以及国际应用力学报告。当时的航空委员会曾先后补助款项23万元，选址在江西南昌。

1936年年底，国立清华大学航空研究所成立，顾毓琇教授任所长，庄前鼎教授任副所长。研究所成立后的首要任务便是在既有筹备工作的基础上派员去南昌选定地点，兴建口径15英尺的风洞，这是当时远东最大的风洞。该风洞于1937年动工建造，华腾多夫教授和张捷迁先生受托驻留南昌负责监理。1937年年底，风洞的土木建筑工程大体完成，向英国订购的500马力电动机也已运抵香港。唯因“七七事变”爆发，南昌频遭日寇飞机轰炸，安装马达等项工作无法进行，不得不放弃垂成之功。1946—1952年我在南昌读中学，家住城南老飞机场附近，曾多次近距离见到该风洞的残骸——一座巨大的圆筒形钢筋混凝土结构，直径足有20～30米。

1937年冯·卡门教授应邀访问清华大学。他于“七七事变”前夕经由莫斯科抵达北平，并于1937年7月9日经南京转赴南昌，亲自检查风洞建设。冯·卡门教授留华两周余，曾举行两次公开演讲，后经日本返回美国。

抗日战争爆发后，清华大学航空研究所于1938年4月迁至成都，1939年春又迁至昆明。1938年，清华大学航空工程系成立。当时的课程设置完全参照美国麻省理工学院航空工程系实施。程本藩教授主讲流体力学，秦大钧教授主讲理论空气动力学，吕凤章教授主讲应用空气动力学。清华大学航空研究所是本校重要的教学基地。该所1939年迁至昆明后，立即着手建造直径5英尺的钢制回流式风洞，由冯桂连和张听聪两位教授主持设计建造。该风洞于1940年建成后，不仅为航空工程系进行教学实验，也承担了多项抗日战争急需的专题研究任务，是当时国内唯一可供研究工作使用的风洞。1939—1945年，清华大学（国立西南联合大学）航空工程系和航空研究所的同人，在侵华日军空袭频繁、驻地辗转迁移、研究经费不足、生活待遇菲薄等艰苦条件下，取得了大量卓越的研究成果：在空气动力学专题实验研究和理论研究方面发表论文108篇，其中多数为英、美一流航空工程杂志及国际应用力学杂志刊载，编译国外先进空气动力学教材及有关书籍十余种；在高空气象方面取得大量实测资料和理论研究成果，研制出中国第一架滑翔机，在国内首次开展了直升机的研究设计工作。

另外，这里还应该提到周培源教授在湍流研究中取得的首创成就。周培源教授1938—1952年执教于清华大学（含国立西南联合大学时期），其间，曾利用休假时间在美国加州理工学院做研究工作。1940年他发表于《中国物理学报》第4卷第1期以及1945年发表于《应用数学季刊》第111卷第1期的两篇论文，为现代高阶湍流计算模式奠定了理论基础，至今仍被国际湍流界广泛引用。

抗日战争胜利后，清华大学于1946年迁回北京，原航空工程系建于昆明的风洞及附属房舍交由云南大学接管使用。在北京重建的航空工程系由王德荣教授任系主任，聘请钱学森、顾培慕、宁晃、陆士嘉、沈元、屠守锷（锷）、丁履德、王宏基为专职教授（钱学森教授因在国外未能应聘到校）。开设的课程有空气动力学、发动机动力学、飞机设计等，空气动力学由陆士嘉教授讲授。系内有供教学使用的小型风洞和烟风洞各一座，以及美制、德制和日制的航空发动机共8台。

中华人民共和国成立后，在1952年的院系调整中，中央决定将清华大学航空工程系合并于新成立的北京航空学院（北京航空航天大学的前身）。由此直到1957年与中科院力学研究所合作创办工程力学研究班这段时间，清华大学暂缺为航空工程服务的流体、空气动力学教学与研究。

二、 工程力学研究班的诞生与贡献

根据1956年国务院修订的《科学技术发展12年规划》，1957年年初，在钱学森、钱伟长、郭永怀、张维等老一辈科学家的倡导下，成立了由中国科学院和清华大学合办的工程力学研究班（以下简称力学班），编制隶属清华大学，首任班主任由钱伟长担任，郭永怀和杜庆华为副班主任。力学班的学员来自三个方面：①重点工科院校本科四年级学生；②相关工厂和企业研发部门的科技人员；③高等院校的年轻力学教师。学制定为两年制研究生（当时我国尚无学位制）。毕业后，②、③两部分学员回原单位工作；①部分研究生分配至高等院校和科研部门工作。

20世纪50年代初期，我国的高等教育制度全面学习苏联，而苏联在某种程度上是把力学归类于数学学科的。因此，1952年院系调整时教育部只在北京大学设立了数学力学系，在工科大学并没有力学专业。对此，我国老一辈的著名力学家有不同看法。特别是钱学森先生回国后，明确提出了“技术科学”的概念。1957年6月15日，他在清华大学大礼堂所做题目为“论技术科学”的演讲中就明确指出：技术科学是介于基础科学与工程技术之间的科学，它的研究对象是工程领域中共同的、具有规律性的问题。从现代的观点来看，力学是技术科学，是一门来源于工程又服务于工程的科学。创办力学班的宗旨正是基于钱先生的这个思想：从不同的工程专业选拔学员，他们既具有较坚实的数学、物理及力学的基础知识，又经历过相应工程对象设计和实践的初步训练。对这样的学员在现代力学理论及其在工程中的应用两方面做进一步培养，较快地造就一批既有坚实理论基础，又能结合工程需求进行力学研究和教学的高层次人才。

根据上面所说的培养目标，力学班的教学环节大体安排如下：前一年半主要是课堂教学和实验室教学；最后半年则让学员深入各种工程领域，发现、研究和解决问题，然后撰写毕业论文。

力学班分流体力学和固体力学两个专业。从第一个学期到第二个学期，下列几门主要课程是两个专业都要学习的：钱伟长先生讲授的应用数学、郭永怀先生讲授的流体力学概论、杜庆华先生讲授的弹性力学、郑哲敏先生讲授的分析力学，以及周寿昌先生讲授的自然辩证法。从第二个学期到第三个学期，有一些课程是针对流体力学或固体力学专业开设的。单就流体力学专业的课程来说，有郭永怀先生讲授的边界层理论、潘良儒先生讲授的理论流体动力学、孙天风先生讲授的气体动力学和钱学森先生讲授的水动力学。几位大师的授课都有指定的参考书，但那是供学员自学时参考用的。就我的体验来说，大师们的讲课别开生面，他们将自己多年的研究经验与课程内容融会贯通，深入浅出地传授给我们，让我们对国际上先进的力学研究现状和研究方法有一个较为全面的了解。

加强实验教学是力学班的另一个特点。第一个学期，学员每星期都有半天时间去到清华大学或北京航空学院的各实验室，自己动手做一些基础性的实验，包括材料强度、水动力学和空气动力学实验。

第四个学期，学员必须分别深入厂矿或工程研究单位，研究和解决问题，最后写出毕业论文。我承担的课题是风力发电机的叶轮设计，辅导教师是杨乍生先生，同组还有两三位同学。由于当时国内风力发电并不多见，我们接到课题后，一时不知从何入手，于是就想到力学所去求见钱学森先生，请他给我们一点指导。幸运的是钱先生在百忙之中抽出了十几分钟，接见了我们。了解我们的来意后，钱先生强调说："设计风力发电设备不能'闭门造车'，首先要搞清楚该设备安装于何处，那里的自然环境、特别是风力资源如何。至于叶轮设计，并不复杂，国外有许多公开资料可供查阅参考。"钱先生的这段教诲，我至今印象深刻。

1958 年 8 月，中科院力学所决定组建一个设计院，设计和研制发射人造卫星的火箭。设计院院长由郭永怀先生兼任，杨南生研究员担任专职副院长，组成人员先由力学所和力学班各抽调一部分人参加。从力学班抽调的应届毕业学员有吕德鸣、朱之墀、郑兆昌、张如一、范本尧等 11 人，分别承担火箭的气动力、结构、控制和发动机等几方面的研制和设计任务。他们先集中在北京，在钱学森先生直接指导下工作。1958 年 11 月，设计院迁往上海。在中央领导的密切关怀和上海市委的全力支持下，设计院各部门人员的数量增加到数百名，火箭各重要部件的制造和总装都安排在上海最先进的工厂进行。设计院同人日夜奋战，经历多次失败、改进的周折，终于 1960 年 2 月 19 日在上海南汇县（上海南汇区）海边成功发射了一枚代号为 T－7M 的小型火箭。在这次成功发射的基础上，再经过一年多的努力，1961 年 9 月 13 日，又在皖南广德山区成功发射了代号为 T－7M 的中型火箭。这两次火箭升空，虽然技术指标与人们的期待还有一定差距，但发射的成功揭开了我国火箭探空事业的序幕，作为清华人的第一届力学班十几位学员，也为我国第一枚探空火箭的升空贡献了一份力量。

清华大学工程力学研究班总共办了 3 届，毕业的学员 323 名。回顾力学班的贡献，有以下三个突出方面：①为我国工程力学事业奠定了坚实的人才基础。从力学班毕业的学员以及在力学班工作过的辅导教师，日后绝大多数成为我国各主要研究、教学单位的骨干，其中不乏工程力学届的领军人，例如，空气动力学方面的张涵信院士和俞鸿儒院士，以及水动力学方面的何有声院士。②为我国按钱学森先生提出的“技术科学”思想培养高层次力学人才提供了一个示范性的模式。创办力学班之前，我国只有个别综合性大学设有数学力学系。而在力学班之后，国内许多重点工科大学都纷纷设立了工程力学系，犹如雨后春笋。③催生和抚育了清华大学 1958 年成立的工程力学数学系。

三、 工程力学系的成立及进一步发展

清华大学工程力学数学系成立于 1958 年，张维先生为首任系主任，全系设有流体力学、固体力学、计算数学和工程热物理四个专业（1976 年计算数学专业调入本校计算机科学系后，改名工程力学系）。当时明确的建系目标是为我国的航天航空事业培养高质量人才。

建系伊始，流体力学专业面临的任务是专业课程设置和实验室建设。因为最高年级的学生是由本校工程物理系转过来的三年级学生，所以建系后立即就要开设专业课程。而系内最早的流体力学教师队伍，只有刚从第一届力学班毕业的张涵信、张兆顺、蔡敏学、李德鲁、朱之墀和我，以及本校其他专业 1958 年毕业的沈熊、王学芳等几位同人。1960 年后，我们的教师队伍才相继聘入了从第二届力学班毕业的时爱民、吴翼斌、王秀根、李永锡、沈天耀，以及留苏归来的沈孟育、席葆树和潘文全。相继开设的专业课程有流体力学、气体动力学、边界层理论（后改名为黏性流体力学）、流体力学实验技术、机翼理论和高超声速空气动力学。在最初两年，为上述课程的设置，张涵信做出了重要贡献。他一边跟郭永怀先生做在职研究生，一边讲授几门理论流体力学课程（包括当时较少有人涉及的高超声速空气动力学）。

我被分配到力学系的头三年，承担的任务是实验室建设。第一项任务是带领一批三年级学生，在本校西主楼建立一个低速风洞教学实验室。这是一个木制直吹式风洞，试验段横截面为 0.8m × 0.8m。该风洞于 1959 年年初建成，20 世纪 70 年代以前，承担了流体力学专业的大部分教学实验。

紧接着，系领导决定着手建立超声速风洞实验基地，并指定我参与筹建工作。超声速风洞的规模和技术难度比低速风洞要大得多。当时的航空工业部所属沈阳112厂，正在引进苏联代号为AT-1的暂冲式超声速风洞。1959年春，我和流体教研室另三位同人，被派往沈阳参加该风洞的安装和调试工作，为了学习他们的经验，准备回来设计建立同类风洞。在沈阳工作将近半年时间回来后，我当即受命主持代号为103的超声速风洞的设计和制造。设置103风洞的地点选择在校外清河镇的一个废弃水泥厂。103风洞形式上是按苏联AT-1风洞缩小尺度设计的，AT-1风洞的试验段横截面为600mm×600mm，而103风洞为220mm×220mm。但是，二者仍有较大差别：AT-1风洞采用了十多个直径8米、耐压8大气压的球形储气罐，耗费钢材量大，占地面积多，而103风洞只采用两个耐压220大气压的高压储气罐，体积比前者小得多，对于马赫数相近的吹风试验，二者的试验时间却相差不远。然而，要让储气罐内从220大气压快速下降的高压气体，进入风洞稳流段后稳定在一个较低的固定压力，就对风洞的压力调节措施提出了很高的要求。这个难题解决后，103风洞于1963年建成。1962年年初，我重回教研组从事教学工作，103风洞实验室的后续工作由沈天耀负责。

令人遗憾的是，建成后的103风洞，并未对我校的空气动力学教学和科研发挥应有的作用。最初是由于体制问题，我校未能承担航空航天方面的课题；接着就是“文革”，全校的教学科研都处于停顿状态。在这将近七八年的时间内，103风洞实验室不但完全闲置，而且耗费人力和财力去维护和看管。因此，当时主管学校工作的部门认为该实验室是一个无用的包袱，并于1972年年初决定将其全部设备，包括房舍和地皮都无偿移交北京重型电机厂。应对方要求派出技术人员，协助将该风洞改建为测试汽轮机叶片性能的跨声速翼栅风洞，我又再次受命，与王秀根和马远乐两位同人一道去该实验室协助改建工作直至1975年改建完毕。据我所知，改建后的翼栅风洞，头几年曾为北京重型电机厂设计汽轮机叶片提供过试验验证，但工厂毕竟不是研究机构，没有足够的此类试验要做，也不想耗费成本维持这个大型实验室。所以20世纪80年代初期，厂方就把这个实验室撤销了，风洞也随之化为废铁。103风洞实验室的建设和改建，花费了国家大量的财力和人力，最后未能发挥应有作用。

“文化大革命”以后，计算数学专业并入本校计算机科学系，而承担全校力学基础课教学的理论力学教研室和材料力学教研室并入工程力学系。从此全系的教学和研究工作逐渐转入正轨。1982 年成立了与工程力学系并列的工程力学研究所，下设与流体、空气动力学相关的研究室有：湍流及湍流模拟研究室（张兆顺主持）、计算流体力学研究室（沈孟育主持）、气动声学研究室（朱之墀主持）、现代流体力学量测技术实验室（席葆树主持，后改生物力学研究室）和激光测速实验室（沈熊主持）。1990 年，根据原国家教委拓宽大学本科学科知识面的精神，原流体力学和固体力学两个专业合并为工程力学专业，但在专业内仍分流体和固体两个学科方向。1990 年前后，又有在国内外获得博士学位的符松、朱克勤、吴子牛等几位同人应聘加入我系流体、空气动力学的教学研究队伍，在很大程度上增强了这支队伍的后劲。

1998 年，清华大学宇航研究中心成立，目的是进一步发挥清华多学科的综合优势，以现代航天航空科学技术的研究为结合点，全面带动各相关学科的建设与发展。该中心成立之初，完成了与空气动力学相关的“人造卫星推进器羽流研究”课题。其后又承担了国家高技术发展计划项目中 NS－1 实验卫星的自主研制。该卫星于 2004 年 4 月 18 日在西昌卫星发射中心由长城－2C 火箭发射升空，并顺利地完成了各项在轨功能测试。

2004 年 5 月 18 日，清华大学航天航空学院（以下简称清华航院）成立，王永志院士任院长，学院下设航空宇航工程系、工程力学系以及航空技术研究中心和宇航技术研究中心。航空宇航工程系下设 5 个研究所：工程动力学研究所、飞行器设计研究所、推进与动力技术研究所、人机与环境工程研究所以及空天信息技术研究所。工程力学系下设 4 个研究所：固体力学研究所、流体力学研究所、工程热物理研究所以及生物力学与医学工程研究所。

事实表明，清华航院成立后，密切了工程教育与技术科学教育的结合，进一步扩大了我校与国内外航天、航空工程技术界的联系和合作，在教学、科研、队伍建设、管理体制等方面都有不少创新，为我国现代航天、航空事业做出重要贡献。清华航院成立至今，学院同人在教学与研究方面的成就数不胜数。我因退休多年，对近些年来学院的发展了解得既不够全面，也不够深刻。所以，本文的历史回顾就此打住。

力学引航，神舟竞渡

（庄 茁 教授）

清华大学的校史镌刻着中华民族从危难之际到解放之日，从振兴之时到复兴之日的发展历程。清华的学科建设紧密结合国家社会发展，与时俱进地满足国家对高水平专业人才的需求。2018 年，迎来了清华工程力学系六十周年和航空工程系八十周年华诞。几代清华人在力学和航空学科领域的奋斗历程，不仅奠定了极其坚实的学术基础，而且铺垫了厚重而又独特的精神和文化底蕴。

清华的航空学科创立于民族危难之际。1934 年，在工学院机械工程系设立了航空工程组，这是我国最早创办的航空工程专业。1936 年，学校建成航空馆。1938 年，西南联大工学院设立航空工程系。1946 年，南迁的师生返回清华园，重建航空工程学系。1951 年，成立航空工程学院。1952 年，航空专业本科生招生人数达 328 人，可谓壮观一时。然而，在当年的全国第二次高校院系调整中，航空学院“离开”了清华园，直至 2004 年成立航天航空学院。从 20 世纪 30 年代，设计建成我国第一座航空风洞、第一架滑翔机、第一架单翼教练机、远东最大的风洞，到 21 世纪初，国内高校成功发射第一颗微小卫星，清华的航空宇航学科从创立、调整到重建，倾注了几代清华航空人的心血，为我国的“两弹一星”工程和航天航空事业的创建发展和科技进步做出了重要贡献，为国家培养了大批优秀人才，钱学森、王永志是校友中的杰出代表。

1958 年，在钱学森、郭永怀、钱伟长、张维等大师们的关怀、支持和亲身参与下，工程力学系的前身工程数学力学系成立。历经几代清华人的辛勤耕耘，裨益于杜庆华、黄克智、过增元、杨卫等著名学者半个世纪的精心创建，工程力学系在甲子之年已成为中国力学界、工程热物理界的翘楚，成为凝练学科的平台，创新科研的基地，培养人才的摇篮，在国际上也具备广泛的影响力。力学学科的发展始终坚持“固本求源创新，顶天立地树人”的理念。“固本”谓之注重理论基础，广其基方能增其厚；“求源”谓之追溯知识源泉，传承发展。这“固”和“源”又隐喻着工程力学系的固体力学、流体力学和热物理等主要专业，“顶天”意指学科建设和科学探索的国际前沿性，

“立地”意指解决国民经济和国防建设的重大工程和科学问题，而立德树人是学校人才培养工作的根本宗旨。

清华的航空学科重建于民族振兴之时。2004 年 5 月 18 日，清华大学航天航空学院成立，国家最高科技奖获得者、中国载人航天工程总设计师王永志院士亲自担任院长。学校对航院学科发展提出的要求是“入主流，有特色，上水平”。

2005 年 3 月，我被任命为院党委书记，直至 2012 年 12 月。在这 8 年的双肩挑工作中，在王院长领导下，我与常务副院长梁新刚和院务会其他同志密切合作，与全院师生共同奋斗，在学科建设、人才培养、科学研究和文化传承诸方面圆满完成了学校党委交给的任务，在原工程力学系的基础上创办了航空宇航学科。力学引航，神舟竞渡，基本实现了我们提出的“人才费楼、班评点室”的建设目标，航院有了长足的发展。往事历历在目，至今难以释怀。

“人才费楼”的“人”指本科生和研究生的培养，这是学校一切工作的出发点和落脚点。航院 80% 以上的毕业生选择到国家重要行业和领域就业。在毕业生中形成人人立志上大舞台、成大事业、有大作为的可喜局面。他们有的成为高等院校的骨干教师、科研院所的研究员、国家公务员和企业管理精英等，还有的工作在国防工业的航天、航空和航海领域，即所谓的“三航”领域。在我国各个航天发射基地，每当有型号发射任务，在火箭和卫星的研制团队以及基地发射队伍中，都有航院的毕业生。王翔博士成为天宫空间站总指挥，容易博士成为某型火箭副总师。2005 年，我们承办了航天员工程硕士班，景海鹏、翟志刚等 13 名首批航天员获得清华的工程硕士学位。自 2011 年起，通过与空军联合招收飞行员本科生班，我们为人民空军培养了一批批优秀的飞行员和指挥员，首届毕业生已经驾驶歼 – 10 飞机保卫祖国的领空。

“才”是教师队伍建设，就是保证在师资队伍中拥有具有国际影响的学术大师和勇于创新的青年才俊。“教育大计，教师为本”，只有一流的教师才能培养出一流的人才。力学学科具有好的传统，一贯注重教授治学、人才培养和团队建设。老一辈教师坚信“青出于蓝而胜于蓝”的亘古不变的真理，把自己的国内外学术职务推荐给年轻人去担任，让年轻教师引领新学科的潮头，大力培养和引进有发展潜力的优秀人才。例如，固体力学专业培养了 13 名百篇优秀博士学位论文获得者，占全国力学优秀博士的 45%；近十年引进的青年教师都具有全国百篇优秀博士学位论文获得者、国家“千人计划”青年项目获得者、优秀青年科学基金项目获得者或国家杰出青年科学基金获得者等荣誉。同时注意对骨干教师的鼓励和引导，强调立德树人的学术责任和示范作用，抓好创新团队建设，产生了3个973项目首席科学家团队。

“费”是科研经费。2004年，全院科研经费2000万元左右，教师年人均20万元，在全校工科院系中排名比较靠后，我们提出3年翻一番的计划。向外发力，纵横驰骋，2012年达到1.2亿元，教师年人均120万元科研经费，在全校院系中步入“小康水平”。更令人欣喜的是在2016年，航院科研经费达到1.9亿元。在2017年，产生单个项目超过亿元的重大项目，这些都是全院师生拼搏进取的科技成果。

“楼”是蒙民伟科技大楼。1998年，工程力学系迁入逸夫技术科学楼，随着2004年航院的成立和新学科建设的需求，我们明显感到科研面积不足。2005年10月，我们请求学校基金会负责香港联络的原常务副校长杨家庆帮助，向1946年航空系本科生、香港著名企业家蒙民伟先生求助，支持航空宇航工程馆的建设。在学校的帮助下，对母校怀有深厚感情的蒙先生慷慨资助1亿元。2012年，蒙民伟科技大楼落成，由此大大改善了航院师生的科研条件，使实验室面积净增加3000平方米。可惜蒙先生生前没有看到这栋新楼落成，但他的名字永远被镶嵌在大楼上，也永远铭记在航院人的心中。

“班评点室”的“班”是钱学森力学班。2007年，黄克智院士和原副校长余寿文等约见校领导，提出在航院背景下发展力学传统优势学科，创新工程力学本科生培养模式，得到陈希书记和顾秉林校长的认同。在国家最高科技奖获得者郑哲敏院士的协调下，有幸获得钱学森先生的冠名首肯。2009年，首批钱学森力学班开学，郑泉水教授担任首席，钱永刚先生担任顾问。此时恰逢清华大学启动“清华学堂人才培养计划”，钱学森力学班探索面向全校的力学拔尖创新人才培养途径，在大类招生目录中保留了“工程力学”专业，每年吸引了各地高考成绩优异的学生报名，在清华各院系本科生的入学平均成绩排名中稳居前三。钱学森力学班培养了许多优秀的学生，如2017年全国周培源大学生力学竞赛的个人第一名，校特等奖学金的获得者等。在2009年和2017年全国周培源大学生力学竞赛团体赛中，清华力学代表队两次获得唯一特等奖。

“评”是接受国内外学科评估。2011年，力学学科接受国际评估。通过函评和现场考察，来自国外顶尖大学的教授团队给予清华力学学科高度评价和在国际上同类学科的清晰定位，总体上达到国际一流水平。在2017年的全国一级学科评估中，清华力学学科评为A+，在全国参评的80个单位中排名前2%，令人感到欢欣鼓舞。在2001年、2006年、2011年、2017年的4次国内学科评估中，清华力学都排名第一，有区别的是前两次我们是孤独的第一，后两次是并列第一，按照教育部的评估规则，并列将成为新常态。

“点”是航空宇航学科博士点。2004年，在工程力学系的基础上，创办航院。至2005年年末，航空系只有1名编制教师。教师队伍的来源是仅从国内外引进，还是靠自我组建起来，院里有不同观点。考虑到引进几十名满足清华标准的教师不是几年内的事情，而学科建设只争朝夕。2006年年初，院党委把全院具有航空院校学历和做过航空航天项目的教师聚集一起，召开了航空宇航学科临时党支部扩大会议，讨论航空宇航学科建设，动员这批教师离开原研究所调入航空系。26名教师响应院党委号召，以学科建设大局为重，迅速组建航空系，成立飞行器设计、动力学、发动机和人机环境等研究所，同时在机械系成立航空制造研究所，在自动化系成立导航与控制研究所，初步形成“小航院、大学科”的布局，才有了2006年的航空宇航硕士点。经过5年的努力，形成了40多人的教师队伍，2011年获批航空宇航博士点，航空学科建设初见成效。2017年，航空宇航学科参加全国一级学科评估，在参评的25个单位中排名第八，在非国防科工和军队院校中排名第一，发展态势被看好。

“室”是争取力学国家重点实验室，这是至今未能完成的目标。清华力学学科的条件具备，只要不忘初心，砥砺前行，夙愿定会实现。

清华的航空学科和力学学科腾飞于民族复兴之日。回顾航空学科80年和力学学科60年的奋斗历程，我们深刻体会到，国之弱则学科衰，国之强则学科兴，将其融入发展力学学科的优势和创建航空宇航科学与技术学科之中。我们要坚持“中国特色、世界一流、清华风格”的发展道路，改革创新，奋勇争先。清华航院的发展愿景，寄托着航院全体师生和校友的期盼，也寄托着国家和民族的期盼，任重道远。

工程热物理研究所简介

（工程热物理研究所）

工程热物理研究所创建于1958年。1988年被评为国家重点学科，1998年获得一级学科博士学位授予权，并设有博士后科研流动站。2001年以全国第一名的成绩再度被评为国家重点学科。2003年在全国一级学科评估中获得第一名。2004年为适应国家对航天航空事业发展的需要，清华大学工程力学系工程热物理研究所整体进入清华大学航天航空学院。

当前，在保持工程热物理学科优势的同时，研究领域进一步向航天航空拓展。目前研究所的教学科研队伍共16人，其中新教研系列教授和副教授共8人。主要研究方向有热质理论及其应用、微纳米传热学、传热优化与节能技术、航天器热控制与热管理、湍流燃烧和多相燃烧以及燃烧化学反应动力学和层流燃烧等。近年以来，研究所在基础理论及其工程应用方面取得了可喜的成绩。例如，过增元院士团队首创了热学新理论体系（热质理论），形成了很有特色的研究方向，已被Web of Knowledge的ESI（基本科学指数）数据库列为研究前沿（Research Front，2012—2015年）。2014年，汤森路透（Thomson Reuters）研究报告中将创立的火积理论应用于能源设备优化设计评为数学、计算机科学与工程领域TOP 10热点前沿。2013年获得了国家自然科学基金委变革性重大项目资助（基金委历史上第3个同类资助项目）；2014年在国家自然科学基金委工材学部工程热物理学科“十三五”战略规划中，明确把“热质理论”作为传热学和热力学两个学科唯一的引领性发展方向，并视为到2020年唯一可能取得里程碑成果的研究领域。另外，过增元院士本人获2014—2015年Thomson Reuters全球高被引科学家奖，过增元院士、王沫然教授、张兴教授和陈群教授分别获爱思唯尔2014—2017年中国高被引学者，过增元院士2017年获亚洲热科学与工程联合会颁发的杰出成就奖。

20世纪80年代以来，研究所共获国家级奖10项，其中包括自然科学（5项）、技术发明（3项）和科技进步（2项）。“十三五”期间，研究所全体师生将再接再厉、砥砺奋进，在教学、科研和人才培养方面，全面跻身世界一流。

论创新性工科的力学课程体系

（郑泉水 教授）

摘要：如何培养技术创新拔尖人才，既是钱学森之问，更是时代之问——进入21世纪后，创新被国家置于发展全局的核心位置。力学的技术科学或工程科学属性，内在地决定了它能够并且应该在回答钱老之问时，起到基础性的作用。按照这个信念，清华大学于2009年设立了定位于工科基础、同属清华学堂人才培养计划暨国家拔尖人才培养计划的钱学森班。作为负责钱学森班的首席教授，我在本文里首先论证三个基本观点：①力学同时拥有定量化“基因”和技术创新“基因”；②前者在以往发展得很好，后者却相对发育不良；③这种发展不平衡有可能正是近30年来力学遭遇较大困境的内在根源，并且影响到工科创新。接着，在简要介绍钱学森班的培养方案和实践案例的基础上，力图表明，以“通过研究学习”为牵引，可以构建一个大幅删减总课时要求却同时加强基础科学地位的课程体系，激发学生的强烈学术志趣，有效实现对技术创新基因的强化。实践说明，这个培养模式受到了学生们的热烈欢迎和诸多学科导师们的认可。最后，对力学面向未来技术创新的关键发展方向，进行了讨论。

刚进入21世纪，中国就发生了一场似乎与力学为工科基础相矛盾的运动：一方面，中国在迅速成为“世界工厂”后，对技术创新提出了迫切需求；另一方面，全国曾有过的数目近百的力学系，“一夜之间”（十年）就结构性地近乎消失殆尽了，即从实体运行的力学系，退化为与某个或某些工科系合并后的实体学院下的虚体系，如清华大学和西安交通大学的工程力学系，都成了各自新设立的航天航空学院下的虚体系。短期看，这固然突出了特定工科，有利于行业研究项目的获取和部分学生的职业去向，且好像（但事实并非如此）有利于更好的本科生源。但长期看，却削弱了力学作为工程科学或技术科学的独特存在，也不利于一个学校整体的工科发展。类似的单独力学系全面消失的现象，十几年前就在美国发生过，但人家可是伴随着“去工业化”和以信息技术为代表的“高科技”运动而发生的。

那么，究竟是什么引发了上述运动呢？根本的原因是产业需求的变迁。以计算机、网络为代表的信息技术，在短短的半个世纪里，带给了全球社会经济等方方面面翻天覆地的变化。在产业界，微软、苹果、亚马逊等一大批信息类公司挤入了全球市值最高之列；类似的现象在中国也可以列举阿里巴巴、腾讯等公司。映射到大学，则是产生了基于信息科学的新工科——信息科学与工程；与此相对照，其他工科则都是基于物质科学。具体到清华大学，恰恰是庞大的信息科学与技术学院没有将力学列为工科基础课，其他工科学院则都列了（见图1）。

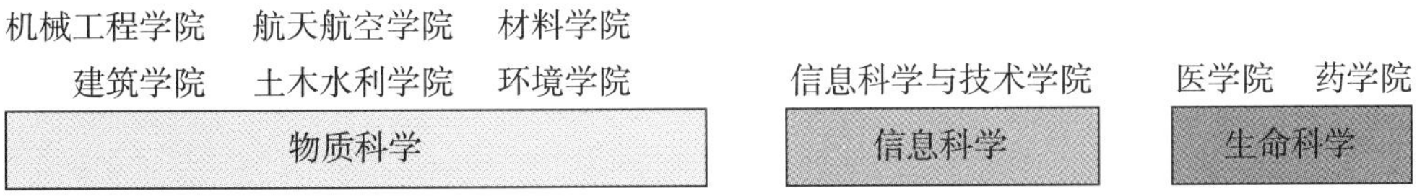

图1 清华大学工科学院的核心科学基础

需求变化带来的冲击，不仅仅只针对力学，也发生在一些传统的工科，如我国的机械系也曾面临过很大的招生压力。

撰写本文的一个更大背景是“钱学森之问”所揭示的国家之痛：“现在中国没有完全发展起来，一个重要原因是，没有一所大学能够按照培养科学技术发明创造人才的模式去办学，没有自己独特的创新的东西，老是‘冒’不出杰出人才。这是很大的问题。”钱老对这个问题也许是有答案的，因为钱老在退休后的几十年间最为关心、思考最多、研究最多的问题，就是如何理解并破解这难题。钱老说：“我是在20世纪30年代去美国的，开始在麻省理工学院学习。麻省理工学院在当时也算是鼎鼎大名了，但我觉得没什么，一年就把硕士学位拿下了，成绩还拔尖。其实这一年并没学到什么创新的东西，很一般化。后来我转到加州理工学院，一下子就感觉到它和麻省理工学院很不一样，创新的学风弥漫在整个校园，可以说，整个学校的一个精神就是创新。”去年，钱老独子钱永刚先生还专用一段话为清华钱学森班概括了钱老的教育思想（见附件一）：“（钱老的）教育思想由两个部分组成，前者是技术科学教育的思想；后者是大成智慧教育的思想，即广义的通识教育思想。他认为，21世纪的中国公民应该受到全方位的教育。大成智慧教育的核心就是通过对整个现代科学技术体系结构的学习和理解，打破各学科的界限，集理、工、文、艺于一身，贯通古今，培养出能掌握马克思主义哲学，一方面有文化艺术修养，另一方面有科学技术知识，既有‘性智’又有‘量智’的新型人才。”

今天，创新已经被摆在国家发展全局的核心位置，对构建创新型工科提出了急迫要求。在力学界，许多著名学者也纷纷加入了对如何培养创新型人才的探讨。如余寿文先生深入讨论了中国科技人才培养的道路和实现途径是什么，提出工程教育的发展与变化，要求培养多样性的卓越工程人才。杨卫先生提出在创新四“阶梯”（管理型创新、开发式创新、技术型创新和源头式创新）中，想要建立现代化经济体系，必须依赖源头式创新，核心是人才。谢和平先生提出以创新创业教育为引导和突破口，来全面深化教育教学，突出三方面：良好的人文素养，独立思考能力、创新创业能力、协作精神和社会担当能力，以及多学科的知识面。胡海岩先生分别从行业需求、培养研究工程师的目标、技术科学的统一性和实践与创新的统一四个角度，对力学教育作了深度思考。

一、 力学的“基因”

面对力学的困境，面对“钱学森之问”和构建创新性工科的挑战，要寻找到解决方案，一条正确的途径是应该首先回归到力学的本源，并遵循它的内在“基因”。

那么，力学的本质特征和“基因”是什么呢？

于1687年出版的牛顿的《自然哲学的数学原理》，标志着力学成为了第一个精确化的科学。从此，研究物质的运动、与受力等方面的关系以及定量化，成为了力学的基本特征。在随后的两个多世纪里，力学和它所代表的科学方法论及数学化手段，主导了科学的发展，相继产生了拉格朗日－哈密尔顿力学、电动力学、热力学、相对论、量子力学等学科，成为了今日整个物质科学的基础。20世纪后，力学沿着物质科学的方向发展，构成了近代物理体系。

牛顿既是近代科学的奠基人，又是微积分的发明者。力学的定量化特征，使得力学长期以来与数学密不可分、相辅相成。这个现象一直延续到20世纪中叶。如柯西，既是19世纪最伟大的数学家，也是应用力学的奠基人之一；又如成立于1952年的北京大学数学力学系和成立于1958年的清华大学工程力学数学系，直到“文革”前后，力学和数学才分家。沿着定量化方向，力学促进了许多数学分支的形成和发展。

18世纪工业革命的兴起，对工程和技术从定性走向定量产生了决定性的推动。以纳维、柯西、泊松、斯托克斯等人在19世纪上半叶建立起弹性力学和流体力学基本方程为代表，力学逐渐成为了工科的基础。此后，力学沿着工科基础的方向发展，构成了当今应用力学体系①。

上述溯源表明，力学作为工科基础，同时兼备了科学、数学和工科三重属性。力学因拥有这个特征，从而天然地扮演着工科基础（或技术科学、工程科学）的独特角色。数学属性带给了力学量化“基因”，而科学属性赋予了力学技术创新“基因”。在过去的一个世纪里，量化基因的代表性发展是创立了有限元法，而技术创新基因的代表性发展是航空航天技术和工业的诞生。

二、 工科的力学课程体系

以清华大学工科为例（见文末附件二），除了信息科学技术学院之外的其他6个工科类学院，即土木水利学院、建筑学院、机械工程学院、航天航空学院、环境学院、材料学院等，都将理论力学、材料力学和流体力学，或前两者合并为工程力学列为必修课程。全国高校工科在安排力学必修课方面的情况大同小异。

是什么要素促使工科选择了上述力学课程呢？这些要素在今天有了哪些不同？未来几十年还可能发生哪些根本性的变化呢？

（一）历史的要素

在20世纪50年代电子计算机和20世纪60年代以有限元法为代表的基于电子计算机的计算力学出现之前，弹性力学、流体力学等只有很少的问题可以求解。普朗特、冯·卡门等创立了边界层理论、奇异摄动理论等，使得一大类工程中的流体力学问题得到了解决，比如，解决了当时航天、航空中最关键的一些问题。由此，冯·卡门成为了公认的20世纪最伟大的航天工程家和美国国家最高科学技术奖的第一位得主（1962年）；冯·卡门的学生钱学森成为了美国航天的先驱之一和中国“航天之父”。面对工程师们的大量需求，铁木辛柯自20世纪30年代开始撰写了《材料力学》《结构力学》《弹性力学》《弹性稳定性理论》《工程中的振动问题》《板壳理论》等20多部教材。这些教材影响深远，被翻译为多种文字出版，形成了工科力学课程体系的主流骨架，延续至今。

---

① 对工科以外的人士需要澄清一下的是，中学和大学物理中的力学，主要指牛顿力学；而大学物理学中的电动力学、热力学、相对论、量子力学等，是与力学并列来看待的。而全球的几乎所有力学系以及工科中的力学，则主要指刚体的力学（包括拉格朗日－哈密尔顿力学）和变形体力学，统称应用力学。

顾名思义，材料力学该是研究（固体）材料的力学；但实际上，它基本上局限于梁—杆—轴这类“一维”固体物质。优点是：①土木、桥梁、机械等工程中这种材料体系极多甚至是主体；②用微积分就基本上可以求得解析解；③这些解析解对于完成“一维”固体材料体系的设计，非常实用，且不仅可以用于宏观体系，甚至小至10纳米以上都适用。如原子力显微镜可以测出亚纳米（10－10m）的空间分辨率和皮牛（10－12N）的受力，其核心原理之一是梁的变形。又如广泛应用于物联网、自动驾驶等各种类型的传感器、微机电系统等，多数是采用梁的共振作为核心原理之一。材料力学的上述优点，使得它至今依然充满生命力，被多数工科选为基础课程之一。

受限于材料力学的“一维”体限制，欲研究机械、航空航天、船舶、土木、化工等工程中常常遇到的板、壳等“两维”体甚至“三维”体，以及“一维”体的端部或集中受力部位，就需要用到弹性力学。这时，微积分、甚至常微分方程理论都不够了，需要用到数学物理方法、偏微分方程理论、渐近求解的方法（摄动理论、变分法等），甚至泛函分析理论等。总之，需要投入比微积分多得多的学时。即使这样，能够求解的弹性力学问题，不仅极其有限，也越来越少。这样一种低效“投入/产出”比，对于大多数工科学生和工程师来讲，是难以接受的；只有那些坚持研究工程难题的人，需要也愿意投入。

理解了上述历史原因，也就不难理解如下几个现象：①工科最多安排弹性力学简明教程，主要目的是开阔学生眼界；②力学专家常常成了应用数学家；③有相当比例的工科顶尖学者其实又是深刻理解和掌握力学的专家。

除了量化基因外，应用力学作为工科基础，本应该还具有的技术创新基因，现实中则比较罕见，更像是异类。但也有极个别的应用力学家华丽转身为“新工科之父”，杰出代表为航天领域的冯·卡门和钱学森、生物医学工程领域的冯元桢等。此外，钱学森还开创了物理力学和工程控制论等。一个不仅有趣，也更值得思考并重视的现象是，这几位都曾长期任教于加州理工，而加州理工的特色是物理与创新。这应该不是偶然现象吧？这个观察激发了我在清华钱学森班创办伊始，就积极思考并不断实践如何去加强力学的技术创新基因，并与加州理工建立起了密切的联系。

（二）今天的因素和力学的困境

对现代应用力学影响最大的变化是20世纪50年代电子计算机的出现及随后的高速

发展，以及20世纪60年代以来以有限元法为代表的各种计算力学方法的涌现。一方面，以应用力学家为主发明了有限元法、创建了计算流体力学等，使得不仅仅弹性力学，还有更为复杂的塑性力学、黏性流体动力学等各种非线性、复杂边界问题可迎刃而解；另一方面，正是这些方法的出现使得曾以量化见长的力学界渐渐陷入了一种尴尬境界——因为越来越多对用户更友好、功能更强大的软件使得非力学专家可以更加便利地应用这些方法，传统意义上的力学人的必要性显得不是很充分。这也直接导致了前面提到的中国和美国大学力学系的全面撤并运动。

然而，应用力学作为一个学科的独特本质或基因，决定了它存在的理由是工科基础，而不是与某个甚至若干工程学科合而为一。结合只是它的扩展，不是它的本质。考虑到国内学科划分得太细，力学划归到任何一个工科，都将伤及同一所大学的其他大多数工科。因此，整体而言，简单地合并只能是权宜之计，而不是根本性的解决方案。这种权宜性的结合，必然因为不同学科本质内涵的不同、使命的不同，导致价值观的不同和评价体系的不同，并最终导致力学人要么融入其他学科而发展，要么被逐渐边缘化。对个人层面讲，这既可能是机遇，也可能是无奈。但对整个科学技术来讲，这既不是必然，也不都是好事。这是一个不仅仅在中国，在全球也没有解决好的难题。

（三）未来几十年的趋势

每门具体的工科，常常对应的是一个工业或技术行业的存在。这个内涵一方面决定了具体工科的现时实用性，另一方面也决定了它的相对短暂性。

与此对照，没有单一行业背景的应用力学，其核心使命，即研究物质的运动、与受力的关系和定量化这些“永恒”存在的主题，则必然在可见的未来继续扮演工科基础类角色，尤其是物质科学基础上的新工科的诞生（创新）和走向成熟（定量化）之前，扮演重要的、甚至是关键的角色。从上述意义上讲，相对于具体的工科研究者，力学人既是不幸的（难以在成熟行业扮演主要角色），也是幸运儿（具有相对长远的生命力）。

进入21世纪，人类知识的加速指数增长态势越发明显，信息革命、生物技术、纳米技术带来的影响无处不在，特别是互联网、大数据、人工智能、机器人等对社会、经济、教育、技术和研究的发展，带来了前所未有的机遇和挑战。那么，力学该何去何从呢？能否通过强化作为工科基础的角色，以期长盛不衰？还是迅速消弭或被同化在不同具体工科之中？工科的力学以及作为工科基础的力学课程体系应该如何重构，以适应中国和全球对技术创新和创新型人才培养越来越迫切的需求？

三、 面向创新型工科的一个实验田——清华大学钱学森班

带着上述问题，2009 年迎来了清华大学钱学森班（后面简称为钱学森班）的诞生。

1. 钱学森班的使命和定位

钱学森班的定位是工科基础，使命是发掘和培养有志于通过技术改变世界的创新型人才，探索回答“钱学森之问”。负责该实验班建设的项目组由来自清华大学航天航空学院、微纳米力学和多学科交叉研究中心等十多个院系和研究机构的几十位老师和工作人员组成，由首席教授负责，秉承钱老技术科学、大成智慧的教育思想（见附件一），致力于构建一个开放性的环境，帮助学生在跨学科范围中学习技术创新和领导力，完成使命。

从实践的角度看，对已有 5 届毕业生的统计和调研数据表明，钱学森班的工科基础定位的可行性得到了广泛认可。如毕业生读研方向大体上是力学占 1/3，其他学科（航天航空、机械工程、土木水利、材料科学与工程、信息技术、生物医学工程、数学、管理等）占 2/3；又如最近毕业的 2013 级 28 名学生中，就有 4 名同学获得了麻省理工三个系（机械、材料、信息）共 5 个博士生奖学金名额（见图 2）。

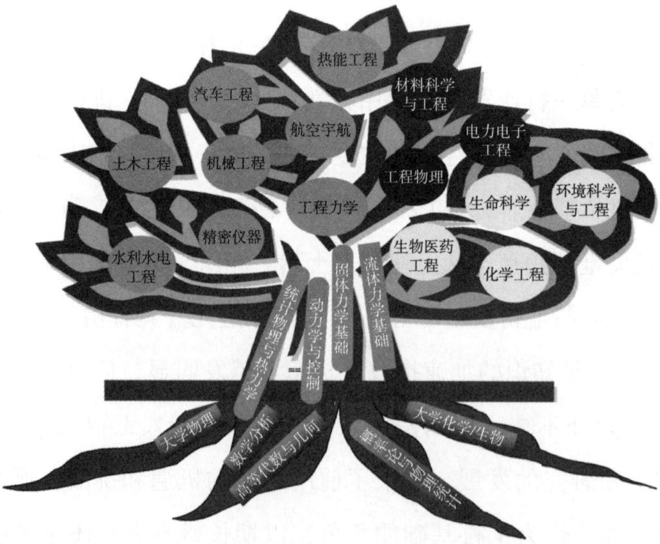

图 2 清华大学钱学森班的工科基础定位和学生去向

2. 钱学森班的课程体系和学生的T型知识体系

钱学森班培养方案（2016年版）总学分要求是148学分，分三个层构：荣誉挑战性课组（70学分）、基本结构性课组（＞50学分）和全校普遍性课组（如思政、体育、英语等，共28学分）。其中挑战性课组含18门课，分为6类：数学、自然科学、工科基础、专业与研究、人文、综合与贯通。这18门课都是高强度的知识学习或研究实践类课程，安排在前三年的6个学期，每学期限3门。这个培养方案被清华大学选为本科荣誉学位唯一的试点方案，从钱学森班2016级开始试运行（见图3）。

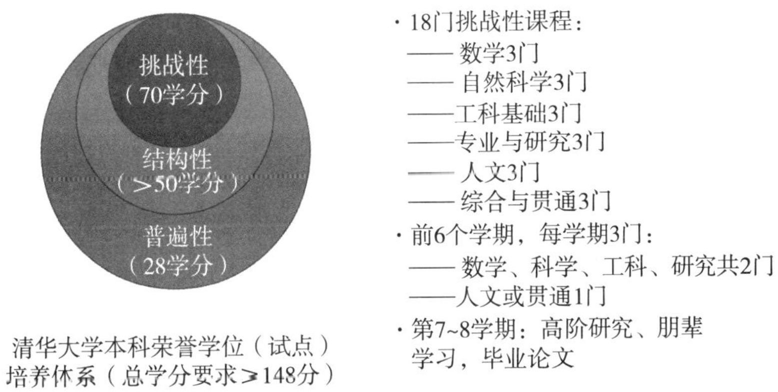

图3　钱学森班培养方案（2016年版）的层构

例如，要求每位学生从动力学与控制基础（5学分）、固体力学基础（5学分）、流体力学（4学分）和热力学与统计物理（5学分）4门课中选择3门，作为工科基础类挑战课。数学类的3门分别是数学分析Ⅰ或Ⅱ、高等代数与几何、概率论与统计。自然科学类的3门，则在大学物理Ⅰ或Ⅱ、量子力学、化学、细胞生物学等多门课程中选择。

钱学森班的核心培养理念是以学生为中心，鼓励学生按照自己的兴趣和特长选择自己的发展方向，包括加强量化基因或创新基因等。如选择后者，则鼓励深入学习量子力学、固体物理、细胞生物学等；如选择前者，则建议选修更深的应用数学、计算数学、计算力学等。实验方面，除了必要的课程外，主要通过研究实践按需自主发展。强烈建议学生不要花太多的时间仅仅为了学分而草草了解已有知识，而是鼓励对知识的深刻把握和融会贯通，增强对创造新知识的热情、能力和自信，强调找到自己的发展方向、自主学习。后者主要体现在结构性课程的选择方面，学生根据自己倾心的发展方向，在相应专业导师的指导下选修结构性课程（见后面一个更具体的案例）。

目前国内的力学专业和绝大部分工科专业，不学或仅学很少的化学和生物，物理课程也比较弱。与此对照，钱学森班不仅大力加强了对这些基础科学部分学时的投入，而且着重加强了对学习强度的要求。目的是加固源头创新的根基和提升能力。

与清华大学绝大多数工科的总学分要求 170 分以上相对照，钱学森班不仅大幅度地减少了总课时，同时还加强了基础的课程要求。这是如何做到的呢？理由是什么呢？特别是，钱学森班还要面对这么多且不确定的专业发展方向，学时好像更加不够了，学生们是如何完成知识和能力体系的构建呢？

概而言之，钱学森班采用的不是对所有课程作类同要求，对所有学生一刀切的“模具产品”方案，而是因人而异、对不同课程不同要求的“艺术品”方案，鼓励学生自主构建“T”型知识和能力体系。这里“T”型的横向指的是广义的通识教育（也即钱学森所称的大成智慧教育，见文末附件一）：学习和理解整个现代科学技术体系结构、打破各学科的界限，集理、工、文、艺于一身，贯通古今等，特别是关注刚刚开始的由于技术突破带来的新方法和技术手段、新思维等。竖向是指在研究的引导下，沿着自己选择和热爱的方向，充分发展，达到相当的深度。

3. 钱学森班核心力学课程的选择和改革

钱学森班选择的动力学与控制基础、固体力学基础、流体力学及热力学与统计物理，总体上也是清华主要的工科院系（见文末附件二）所必修的，但钱学森班的这四门课，该深的更深了，可删除的尽量去除了。

为什么选择了这四门课呢？牛顿力学和拉格朗日 - 哈密尔顿力学研究的是质点、刚体或质点/刚体系的受力与运动的规律，其形态特点是不变形。弹性力学，或更加广泛的固体力学，其形态特点的本质是小变形，源于固体原子/分子之间的相互作用由化学键主导。流体力学研究对象（气体或液体）的原子/分子之间的相互作用由范德华力主导，本质的形态特点是大变形。对学生从大学物理学的认识推进到工程技术中必须面对的复杂材料体系（如混凝土、泥石流）或复杂行为（如湍流、龙卷风），尤其需要构建起变形的概念和严格的数学描述，以及可以“严格地”研究这些复杂现象的连续介质力学体系（如纳维 - 斯托克斯方程）。

抛开门户之见，必须指出的是，虽然以往应用力学量化基因发展很好，却付出了过多的学时代价，效率低。主要原因是课程体系的改革没有跟上，如材料力学、弹性力学等，基本上还是几十年前的体系，学生需要花费太多的时间去学习今天相对价值不大、没有多少用途、今后越来越没有用途的知识，以及训练解题技巧。其原因是计算力学的发展，可以相对轻易地获得更好的知识和解决方案。现有的力学课程体系，与50年前相比虽做了一些清理（减少了课时），但清理得很不干净。根据上述思路，我们将钱学森班培养模式第1版要求的材料力学（4学分）和弹性力学（4学分）合并，构建了5学分的固体力学基础课程，重点发展核心知识、关键概念和科学技术方法论。

类似地，理论力学有相当部分内容是静力学理论，与大学物理的力学相比，并没有增加多少新的概念，且用了过大篇幅去介绍如何求解、求解技巧等。再考虑动力学与控制在现代工科中的基础性和重要性，钱学森班把培养模式第1版中的理论力学（4学分）和振动理论（2学分）合并，并增加控制理论的概念，新构建了动力学与控制基础5学分的课程。

从2015年开始，上述两门新课均已经运行了3年。初步看来，效果还是很不错的。有关更详细的情况，将由动力学与控制基础的主课老师李俊峰教授以及固体力学基础主课老师冯西桥教授以及陈常青教授另文介绍。

根据我的了解，目前非力学专业的工科只上材料力学，而很少安排弹性力学的主要原因，并非没有需要，而是学时成本太高，不仅这两门课就需要多于8学时，对数学课程的要求也相应增高，如需要增开数学物理方法等。而《固体力学基础》外加完全可以自学的一些通用的计算力学软件（如ABAQUS），完全可以成为大部分工科新的基础课。如果这样，则工科的创新研究基础和能力都可望得到明显提高。

有人担心这样一来，力学教师的课时就不够了。但实际的情况是，如果普遍改为小班（一般不超过20名学生，最多不超过30名学生）上课，以加强创新性培养必需的深度学习、批判性研讨等能力，力学教师的数量不是多了，而是远远不够。这个目标是现实可行的，如四川大学就成功实现了全校都只安排小班课。我们现在的主要问题之一是，不仅强塞给学生的东西太多，其中还有大量东西本应与时俱进被删除，但因为习惯或教师的原因被保留，这也是造成效率低、学生学习意愿不高的原因之一。

4. 通过研究学习和专业课选择

在钱学森班培养模式里，按照力学、航天航空、机械、精密仪器、能源、汽车、土木等方向加盟了钱学森班培养体系的十多个院系，列举了相关专业导师推荐的几门最为核心的专业课。钱学森班的学生经过前两年的通识教育、初识研究和 SRT（Student Research Training，大学生科研训练计划），一般能确定自己大的发展方向，且在提出自己的 ORIC（Open Research for Innovation Challenge，开放自主创新研究）立项建议时，还需要找到自己的导师。这一位或几位导师，就可以帮助学生选择核心专业课。对于主动性强的学生来讲，甚至不需要导师的指导，自己完全可以自主选定有关课程。

以刚毕业的钱学森班 2013 级的学生胡脊梁同学为例，他自己总结的大学四年以“通过研究学习”为牵引的学习全过程概要如下。

（1）大一：广泛了解了固体力学、纳米技术和生物工程等众多领域。途径包括上课、实验室参观、参加组会、和老师交流。

（2）大二：确定生物物理方向之后投入大量时间科研（2000 小时），同时自主学习了大量生物学和生物实验技术的知识。

（3）大三：自主提出原创性课题，并联系多个实验室研究讨论（清华力学系生物力学所、清华微纳力学与多学科交叉中心、清华生科、北大生科、MIT）。主导和参与完成多个课题，发表多篇论文。①

（4）大四：科研同时深入学习复杂系统科学、发育和进化学。与不同领域的研究者交流，并帮助低年级学生解决研究中的问题，将自己的体会与他们分享。如推动钱学森班毕设免修和学术沙龙，为低年级同学推荐合适他们的国外课题组等。

作为胡脊梁同学在清华的主要导师，我对他上述自学的课程宽度和深度都有极好的印象。在研究方面，他发表了 5 篇论文，其中 1 篇是作为第一作者，发表在顶尖的科学期刊 PNAS（美国科学院院报）上。

5. 档案：钱学森班培养模式第 1 版到第 2 版的演化

清华钱学森班培养模式的发展，至今可分为两个阶段，第一阶段为 2009—2015 年，对应的是培养模式第 1 版。虽然每年都进行了修改，但总体框架没有大的变动。第 1 版具有如下三个主要特点。

（1）追求内心和师生双赢。清华钱学森班创办 8 年以来一直坚持的核心理念是追求内心，包括两个方面：①千方百计地帮助每位学生找到各自独特的、真正热爱的、

① 本文作者注：包括 PNAS 上的第一作者论文。

擅长的发展方向，并鼓励他们全力以赴去追求；②逐年扩大的志同道合的导师队伍，不是传统上的简单地要求导师做奉献，而是以师生双赢为目标。

要达成上述每一个目标都十分具有挑战性。比如，为达成第一个目标，采用了多种方法，如小班上课、导师制、在不同院系之间的流动机制、实验室探究、开设现代力学与工程论（大一）和现代力学与工程前沿（大三）、特邀讲座、出国研修等。与此同时，鼓励学生根据自己的追求去挑战培养方案。虽然每个方法都发挥了一定作用，但总的效果还是不尽如人意。

（2）重视基础、深度学习。尤其在定量化科目（数学分析、高等代数与几何、概率论与统计、数学物理方法、计算方法等）、基础科学（物理、化学、生物）和精选的若干门工科基础课程（理论力学、材料力学、弹性力学、流体力学、热力学与统计物理）等方面不仅投入了比清华其他工科更多的学时，同时明显增加了挑战度。比如，这些课程的授课老师都是专门聘请的，要求学生课内、课外投入时间比在1∶3，安排大量讨论，推行研究性学习等。

（3）鼓励创新思维和研究。从2012年首届（2009级）的大四学生开始，安排每位学生进行为期3～6个月的海外研修。从2012年开始，将学校的任选SRT列为大一至大二期间3学分的必修环节。从2014年开始，创设了ORIC课程，为期长达1年（覆盖整个第三学年），8学分，必修。这些创新性的实践取得了显著成效，逐渐成为清华钱学森班的一大特色，并为构建培养模式第2版奠定了基础。

清华钱学森班每年秋冬相交之际举办1次为期1～2天、集中针对1个专题的研讨会。至今共举行了9次研讨会，专题分别为培养理念（2009年）、首届国际顾问委员会会议暨课程体系第1版（2010年）、教学研讨会（2012年年初）、评价体系（2012年）、首次国际评估（2013年）、研究实践体系（2014年）、荣誉学位暨课程体系第2版（2015年）、招生改革（2016年）和第二届国际顾问委员会会议（2017年）。

但在培养模式第1版的改进中存在几个一直没能解决好的难题：学分太多（176～178分，与工科的学分要求类似），且不少学生过于重视学分成绩，导致的后果之一是："硬"（科学技术课程）的方面实施得较好，但"软"（价值观、交流能力、领导力等）的方面提升不够；有相当一部分的学生动力不足或不够坚持、目的不明或不正确，延续了高中的学习方法等。

以2013年年初的在京顾问会议和同年9月国际评估为起点，钱学森班项目组开展了为期近 3 年的培养模式第 2 版的构建工作，并在 2015 年年底被选作清华大学本科荣誉学位唯一的培养方案试点。

这个方案可简称为 CRC（Course Research Community）体系，最主要的特点如下。

（1）循序渐进的研究台阶。创建了系统性台阶式的研究实践体系，核心思想为："通过研究学习"（Learning through research）是最有效的精深学习方法，且帮助每位同学找到自己热情所在的发展方向，据此实现自主选课和深度学习，找到人生和学业导师，抓住重大机遇等。这个台阶包括：初识研究（大一）、研究学徒（SRT，大一、大二）、自主研究（ORIC，大三）和实习研究员（SURF = Senior Undergraduate Research Fellow，大四）。与传统培养模式以课程和知识的学习为中心不同，要求创新和能力提升的研究（Research）在 CRC 体系中处于核心或领航者地位。

（2）结构清晰的课程体系。培养模式第 2 版的总课时要求，从第 1 版的 178 学时减少为 148 学时。

（3）朋辈学习和创新生态。开放性和多样性对于创新十分重要。清华钱学森班通过清华的荣誉学位计划、星火计划、新雅书院等，构建了与全清华理—工—文多渠道的沟通平台。钱学森班跨年级、跨院系的学生们搭建多种形式的项目组、俱乐部等，有效地实施朋辈学习，提升交流能力和领导力。同时，邀请到了越来越多的、来自各行各业取得了突出成就的人士作为志愿者担任清华钱学森班社会导师，共同打造一个致力于培养未来创新领袖的生态和文化环境。

对数学、计算方法和建模的强大把握，是形成定量化基因的关键；对物理、化学、生物、力学等基础科学和工科基础以及关键技术痛点问题的深刻理解，是创新基因的源泉；敢于探索和研究未知、不怕失败、坚持不懈，是实现技术创新的灵魂。

四、 若干进一步的观点和讨论

目前国内高校工科的力学课程体系，与半个世纪前（电脑和基于电脑的各类计算方法出现前）的体系相比，并没有本质或核心内涵意义上的改革。力学工作者经历了短暂的（19 世纪六七十年代）发明强有力的且越来越方便使用的定量化方法（如以有限元法为代表的各种计算力学方法等）的亢奋后，渐渐陷入了一种漫长的"教会了徒弟后，却被徒弟抛弃"的尴尬——大量力学系被撤并。但从科学历史的长河看，回归应用力学的根本特征（研究运动与受力）和内在基因（定量化、创新性），我们可以清晰地看到上述困境的必然，并隐约看到走出困境的途径。应用力学的核心使命和强大生命力，主要在于（像冯·卡门、钱学森、冯元桢那样）不断地创造新工科，或在新工科待成熟阶段帮助其定量化，尽快走向成熟，或发挥自己的强大定量化优势，帮助解决复杂的、关键性的工程和技术难题。这是应用力学真正成为工科基础、长盛不衰的本源。

培养能引领未来技术创新、改变世界的杰出人才，是力学走出困境、再造辉煌的关键途径。因此，作为必须迈出的一步，应该尽快去构建一个适应21世纪的未来需要的应用力学课程体系。为此，要做的是轻装上阵、努力创新、开拓新疆土，而不是抱着历史的瓶瓶罐罐，故步自封。应该有着“力学人打到哪，哪里就是力学”的气概，自信和开放，勇往直前，去拥抱科学技术和工业发展的巨大需求。对工科，不要再说“我有什么，你就买什么”；而是“你真正需要什么，我就努力满足你什么”。只要我们群策群力，用心培养未来的拔尖创新型人才，就一定能够不断壮大应用力学，使得力学永葆青春。

最后，我对未来技术发展大趋势做一个大胆的预测。与传统（硬）技术相比较，信息（软）技术有两个特别优势，一是技术发展的迭代周期短（以往主要依赖实验来迭代的硬技术的开发周期通常都要几年，甚至数十年；而主要依赖计算和大数据实现迭代的软技术的周期，一般短至几个月，甚至几周），二是开发成本低很多。对于技术创新市场化来讲，这两个优势是巨大的。然而，市场还有另一个基本法则无所不在：物以稀为贵。低成本和短周期，使得进入的门槛相对较低，竞争对手更多，导致产品一片“红海”，利润下降。例如，当远远超出市场需求的计算机专业毕业生涌向就业市场时，对多数人来说，理想的就业机会和较高的起薪就很难得到了。

就21世纪最受关注的“三〇”（Information、Nano、Biology）技术而言，我的预测是，未来10～20年，信息技术将会越来越发达，越来越重要，但相对市场价值将降低，就像空气和水，谁都离开不了，但并不很值钱。未来30年内以纳米技术为代表的硬（＋软）技术，和未来50年内以生物技术为代表的硬（＋软）技术，将取而代之成为全球发展的主导技术。

我深信，拥有创新基因的力学，一定将在未来技术发展进程中扮演十分关键的角色！

五、 致谢

感谢每一位参与钱学森班项目的老师、同学和支持者，特别是核心组成员（按拼音顺序）：白峰杉教授、陈常青教授、何枫教授、李俊峰教授、刘英依女士、徐芦平副教授、周华女士、朱克勤教授。感谢陈常青、李俊峰、胡海岩、余寿文、周青和张雄等教授对本文提出的宝贵修改意见。感谢北京天尧信息技术有限公司对钱学森班的热心捐款。

参考文献

[1] 涂元季，顾吉环，李明. 钱学森的最后一次系统谈话：忧虑大学缺乏创新精神［N/OL］. 人民日报，2009－11－05. http://politics. people. com. cn/GB/1026/10320985. html.

[2] 余寿文. 大学的本质功能与中国科技人才的培养［J］. 高等工程教育研究，2017(2)：26－31.

[3] 杨卫. 基础研究，要提升源动力［N］. 人民日报，2017－12－27（12）.

[4] 谢和平. 以创新创业教育为引导全面深化教育教学改革［J］. 中国高教研究，2017（3）：1－5.

[5] 胡海岩. 对力学教育的若干思考［J］力学与实践，2009（1）：70－72.

[6] S P TIMOSHENKO. History of Strength of Materials［J］. MeGraw－Hill Book，1953.

[7] 武际可. 力学史杂谈［M］. 北京：高等教育出版社，2009.

[8] 雷・库兹韦尔. 奇点临近［M］. 北京：机械工业出版社，2012.

[9] 雅克・阿塔利. 未来简史［M］. 北京：中信出版社，2016.

[10] 郑泉水. 钱学森力学班：开放性创新人才培养模式的探索与实践［R/OL］.（2014－12－10）. http://wenku. baidu. com/view/bf74086ba6c30c2259019edi. html.

[11] 郑泉水，白峰杉，苏芃，等. 清华大学钱学森力学班本科荣誉学位项目的探索［J］. 中国大学教学，2016（8）：50－54.

[12] 清华大学教务处. 清华大学本科生培养方案［M］. 北京：清华大学出版社，2016.

[13] 郑泉水. 开放式的创新人才培养 [D]. 北京：清华大学，2012 - 11 - 22. www. tsinghua. edu. cn/publish/thunews/9663/2012/20121122190825587u86418_ html.

[14] 郑泉水，徐芦平，白峰杉. 通过研究学习 [N]. 清华大学学术之道讲座，2017 - 04 - 11.

附件一

钱学森的主要贡献及教育思想

作为享誉海内外的杰出科学家，钱学森在应用力学、航天工程、系统工程等领域做出了开拓性的巨大贡献。他提出的开放复杂巨系统概念和“从定性到定量综合集成方法”的理论及其实现形式，是他晚年最具亮点的学术创新。

他的教育思想由两个部分组成，前者是技术科学教育的思想，后者是大成智慧教育的思想，即广义的通识教育思想。他认为，21 世纪的中国公民应该受到全方位的教育。大成智慧教育的核心就是通过对整个现代科学技术体系结构的学习和理解，打破各学科的界限，培养出能掌握马克思主义哲学，一方面有文化艺术修养，另一方面有科学技术知识，集理、工、文、艺于一身，贯通古今，既有“性智”又有“量智”的新型人才。

（2017 年 7 月 24 日钱学森之子钱永刚致清华钱学森班首席郑泉水）

附件二

航天航空学院：材料力学 4、理论力学 4、流体力学 4、工程热力学 4、弹性力学 4、振动理论基础 2、黏性流体力学 3、振动测量 2、计算固体力学或计算流体力学 2、计算力学基础 4、力学实验技术 4。

机械工程系：理论力学 4、材料力学 4、流体力学 3 或 4、工程热力学 2。

精密仪器系：理论力学 4、材料力学 4、工程热力学 2。

能源与动力工程系：理论力学 4、材料力学 3、流体力学 4、工程热力学 4、基础力学实验 2。

汽车工程系：理论力学 4、材料力学 3、流体力学 3、工程热力学 4。

工业工程系：工程力学 4。

土木工程系：工程力学（1、2）4 + 4、结构力学（1、2）4 + 2、流体力学 4、水力学 2、土力学（1）3、弹性力学及有限元基础 2。

水利水电工程系：理论力学 4、材料力学 4、结构力学（1、2）4 +2、水力学（1、2）3 +3、土力学（1、2）3 +2、计算流体力学 3、弹性力学及有限元基础 3。

建筑管理系：结构力学（1）4、工程力学 4、土力学与基础工程 3。

材料学院：工程力学 4、流体力学 4。

环境学院：工程力学 4、流体力学（1、2）3 +2。

清华大学钱学森力学班

（钱学森力学班工作组）

“现在中国没有完全发展起来，一个重要原因是没有一所大学能够按照培养科学技术发明创造人才的模式去办学，没有自己独特的创新的东西，老是‘冒’不出杰出人才。这是很大的问题。”

——钱学森

图1　钱学森

图2　郑泉水

因材施教是清华大学一贯倡导的教育思想，应钱学森之问，清华大学于2009年建立了钱学森力学班（简称钱学森班）项目，首席教授为郑泉水教授，致力于构建一个开放性的创新教育模式，以有利于学生成长为工程技术领域中，具有社会责任、专业伦理、人文关怀、领导力、国际视野和突出创新研究和发明能力的人才。钱学森班挂靠在清华大学航天航空学院，定位工程和技术科学基础班，所以钱学森班同时联合清华大学多个工科院系共同办学（见图1～图3）。

图3　清华大学首届钱学森力学班开班仪式合影

钱学森班隶属于教育部基础科学拔尖人才培养计划，也是清华大学“清华学堂创新性人才培养计划”，是清华大学六个“学堂班”中唯一定位于工科基础的班级，每年经过多种渠道严格考核，招收有改变世界高远志向、勇于挑战自我和充满创新激情的30名优秀学生加入钱学森班。

钱学森班秉承培养拔尖创新人才的办学理念，以郑泉水教授为首，聚集了一批热心于钱学森班教育事业的专家顾问、老师，精简课程体系，聘请优秀的教师采用互动性强的小班上课方式，强化课程学习的深度和广度，引导学生逐步从被动学习转向主动学习、挑战学习，通过研究进行自主学习（见图4～图6）。

图4 郑泉水教授和钱学森班学生讨论问题

图5 钱学森班组织召开钱学森班教学研讨会

图 6　郑钢铁教授指导钱学森班学生研究课题

钱学森班培养环节设置系统性的创新研究和实践模块，提出了科研训练三大台阶理念，将 SRT、ORIC、SURF 确定为学生的三大必修实践环节，对学生的科研创新素质训练由浅入深贯穿学生整个四年阶段，帮助和鼓励学生根据自己的兴趣和特长选择发展方向（见图 7）。

图 7　钱学森班学生的 SRT 项目——卫星模拟器的研制

经过多年教学实践，钱学森班已成为清华大学具有开放性、国际化、多学科融合的特色鲜明的拔尖人才培养基地。

2017 年，钱学森班设立的 18 门课程作为清华大学首次荣誉学位课程试点，并逐步面向全校开放和扩展。课程体系涵盖了学生通过研究自主学习的设计，挑战自我，在知识、能力和综合素质方面得到极大提升。学生们通过各个环节的实践训练，突显出优秀的创新潜质，获得了优异的成绩，例如，2017 届钱学森班毕业生自发主笔或参与撰写 31 篇科研论文和 6 项发明专利（见图 8、图 9）。

图 8 钱学森班学生 ORIC 项目——自主车的研制

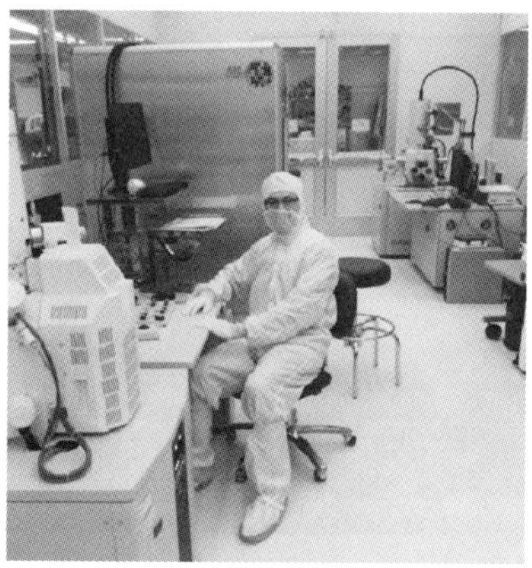

图 9 钱学森班学生大三期间
胡脊梁（左）在美国 MIT，杨权三在美国哈佛大学研学

在学生人文素质、人格品质和世界观的塑造上，钱学森班不仅为学生设置和推荐优秀的人文课程，还组织了历史、艺术等各类讲座，开展和社会各界优秀人士交流的活动。每年组织学生去参观钱学森图书馆，从收藏的历史资料和珍贵实物中，了解钱学森先生的传奇人生和对国家的巨大贡献（见图 10 ~ 图 12）。

图 10　李伯重教授给钱学森班学生讲解“我们为什么要学习历史”

图 11　组织学生与优秀学长或企业创业精英面对面

图 12　在钱学森图书馆了解钱学森大师的一生

到目前为止，钱学森班的学生们在历届全国周培源大学生力学竞赛中多次取得特等奖和一等奖，在清华大学的各种班级或学生评奖中屡屡得奖，每年有钱学森班学生获得优秀毕业论文奖、优秀毕业生奖（见图 13、图 14）。

图 13　2017 年钱学森班学生赵靖宇（右一）在全国周培源力学竞赛斩获特等奖

图 14　钱学森力 3 班李逸良同学（获 2016 年清华大学特等奖学金）

自 2013 年起到现在，钱学森班已经毕业五届学生，几乎全部继续攻读研究生，基本呈现 1（清华航院）：1（清华外院系）：1（海外名校）的去向分布。其中海外院校主要为哈佛大学、加州理工学院、麻省理工学院、斯坦福大学、普林斯顿大学、布朗大学、宾夕法尼亚大学、美国西北大学、普渡大学、加州大学伯克利分校。学生们毕业后涉及的研究领域已经涵盖材料、机械、热能、航天航空、人工智能、生物工程等多个领域（见图 15）。

图 15　2016 年清华大学向钱学森班毕业生颁发学堂班荣誉证书合影

钱学森班不断完善教育机制体系，不断引进新的元素和优质资源，大家共同为未来卓越的人才铺石建路。在钱学森班的背后还有航天航空学院和其他工科院系众多老师的付出，有黄克智、过增元、姚期智等院士的大力支持，有国内外专家顾问的真诚帮助。

钱学森班将携手各方，十年树木，百年树人，期望学生们从当前的优秀走向未来的卓越。

基于军民融合的“双学籍、双注册、3+1”军事飞行学员培养体系建设与教育实践[①]

（清华大学飞行员班教学团队）

深化国防和军队改革是实现中国梦、强军梦的时代要求，是强军兴军的必由之路。清华大学始终以服务国家需要作为学校的责任使命，学校党委明确提出，将服务军队和国防建设作为建设世界一流大学战略的重要组成部分。创新人才培养模式、为军队培养高层次军事人才，是清华大学在新形势下深化教育教学改革的重要工作内容。

空军作为战略性军种，在国家安全和军事战略全局中具有举足轻重的地位和作用。建设空天一体、攻防兼备的强大人民空军，是新形势下维护国家主权、安全、发展利益的必然要求。长期以来，飞行员的培养主要依靠军队几所飞行院校，存在生源基础薄弱、教学培养途径单一、教学训练理念与教育现代化存在差距等问题。本成果基于军队对高素质飞行人才的迫切需求，提出并实施了与空军航空大学的“双学籍、双注册、3+1”联合培养飞行学员的模式。该模式针对招生选拔、教学计划、日常养成、实践教育、军政训练、身体素质、飞行实践等各环节，融合军地学科、课程、实践、思政等优势，建立了一套联合培养飞行学员的体系，形成了在空军飞行学员培养序列中独具特色的“清华班”。“清华班”等联合培养体系的建设和几年的教育实践证明，这是依托普通高校“成建制”培养新型军事飞行人才的有效路径和方法，不仅使得一批名校毕业的新型高素质飞行人才进入空军作战部队，也促进了我军飞行学员的招飞生源质量大幅度跃升，推动了军队飞行人才培养体制机制的进一步完善。

一、 联合培养军事飞行人才面临的挑战

空军航空大学致力于培养优秀的飞行员、合格的军人；而清华大学作为地方高校，

---

① 本文为申报“北京市教育科学成果一等奖”材料。

始终致力于培养具有健全人格、创新思维、宽厚基础、全球视野和社会责任感的高素质、高层次、多样化、创造性人才。依托清华大学进行联合培养，形成以地方大学基础教育为依托，空军初、高两级教练机双向衔接的培养路子，建立清华大学、航空大学的联动机制，正是适应了军事飞行人才培养的客观需求。

如何融合军地两种人才培养体系的优势，提高我国军事飞行学员的招生培养质量，使其能够适应未来高技术信息化战争和先进装备的需求；如何在制度和流程上设计“双学籍、双注册、3+1”模式，建立机制；如何实现地方高校、军队院校的培养方案的兼容；如何组织实施好融合式培养模式下的教育教学管理，都是我们迫切需要解决的问题。

二、“六个融合”的飞行学员联合培养模式的探索与实践

联合培养开历史先河，必须首先创新培养模式。基于对军校与地方高校各自特点的分析，空军与清华大学启动了对联合培养飞行人才培养模式的探索实践。2011年，首批飞行学员由空军选拔，送到清华大学进行学习，只具有空军航空大学军籍；2012年，第二批飞行学员由清华大学选拔，由空军航空大学派驻队干部培养；随后，联合培养模式进一步完善，军地双方共同选拔人才、共同开展培养工作，“双学籍、双注册、3+1”制度落实。双学籍联合培养飞行学员制度确定下来，开创了高等教育新的历史，也开创了飞行学员培养新的历史。飞行员由军队单一培养提升至军民深度融合的联合培养模式。

军地双方确定了联合培养工作的最终目标是培养能够应对未来信息化战争的高层次高素质飞行员、战斗员、指挥员，因此各个环节的培养工作都要围绕飞行展开，紧贴飞行目标，培养具有全球视野、全面素质和创新精神的军事飞行人才。紧密围绕这一目标，清华大学在与空军招飞局、空军航空大学等单位充分研讨的基础上，构建了基于“六个融合”的飞行学员联合培养模式。

（一）招生体系相融合，针对培养目标把好入口关

招生选拔工作是联合培养飞行学员的入口，是培养质量的关键基础。基于高层次高素质飞行员、战斗员、指挥员的培养目标，清华大学与空军航空大学共同确定了联合培养飞行学员招生理念：既要考虑考生的高考成绩，保证足够的学习能力，为将来

更好地适应清华大学的学习奠定基础，更要充分考虑考生的飞行潜质，这是保证学员能够经受各种训练的考验，保证飞行学员的“出飞率”。因此，参照清华大学自主招生的认定要求，确定了联合培养飞行学员的高考分数不得低于当地清华投档分数线60分的基本标准；同时，要求考生经过空军招飞的全过程，心理品质成绩要达到飞行学员要求。更重要的是，要想参加联合培养，还必须提前到空军航空大学报到，在一个月内开展体能考核与飞行体验，只有通过了飞行体验的学生，才能根据报考志愿，按照高考分数与学生所属地区清华统招线的比值从高到低进行排序，择优录取进入清华大学学习。而普通飞行学员需要到大学四年级才进入飞行训练阶段，“报到即检飞”的做法突破了传统飞行学员培养模式，更好地检验了考生的飞行潜质。

（二）人才培养体系相融合，创新培养模式

联合培养飞行学员采取“3+1”培养模式，清华大学和空军航空大学共同制订培养计划，设置和优化课程体系，组织实施教学，进行考核推荐。清华大学以“工程力学与航天航空工程”为专业，组织前三年的教学培养；空军航空大学负责第四年的飞行理论及初教机训练，并利用暑期进行专项训练。在整个培养过程中，空军航空大学派驻清华大学的队干部负责军政素质培养、军事体能训练，确保学员保持军人作风，提升军人素养。如此反复，军地双方形成了一种接力培养、交叉培养的机制，实现了军地人才培养体系的深度融合，创新了联合培养“3+1”的模式。

（三）教学计划相融合，塑造飞行学员完善知识体系

经过校内充分讨论、国内外调研，以及与空军航空大学、空军机关的多次研讨，清华大学确定了飞行学员教学计划的基本原则：保持清华基础课程的原汁原味，主动适应未来战争对飞行人才能力和知识架构的需求，调整优化教学计划，严格执行清华大学的培养标准。

按照上述原则，我校从无到有地制订了飞行学员的培养方案。依托于工程力学与航天航空工程专业培养体系，着重拓展强化学生在通信、编程、航空、动手实践等方面的课程和培养环节，合理地在三年内安排了原本需要四年完成的教学任务，协调了课程负担分配和课程先修关系，确保了教学质量和标准不降低。对部分课程针对性地调整了教学内容，更贴近飞行人才知识架构构建的需要。清华大学航天航

空学院专门开设航电理论基础、飞机制作实践等创新课程。在与空军航空大学的教学对接研讨中，航电理论基础课程得到了航空大学教员们的一致认可，为学员未来在复杂电磁环境下从事信息化对抗作战将奠定坚实的知识基础。开设飞机制作实践课程，依托清华大学学生航空创新实践基地，飞行学员独立设计、制作、试飞航模、无人机和人力飞机等，让学员得到充分的科研实践锻炼，将理论教学与动手实践进行充分结合。

学校在教学过程中因材施教、重点引导，全体学员刻苦勤奋、踏实严谨，充分发挥集体优势，通过扎实的学风建设，更高的自我要求、自身努力，弥补了起步阶段的劣势，全体学员的学习成绩取得显著进步。鼓励学生充分利用清华大学的教学资源，勇于发问，勤学多思；引导学生发挥集体的力量，将个别答疑与集体补习相结合，通过集中自习、宿舍讨论、小组帮扶等多种手段提高学生的学习能力和效率；自主学习与辅导员督促相结合，辅导员和学生住在一起方便就近管理，帮助学生养成良好的自制力。最重要的是，通过和学长学姐、同级同学的交流以及学校氛围的熏陶，激发学生内在的潜能，逐步培养学生自学能力和思辨能力。飞行学员在入学平均成绩低于普通学生几十分的情况下克服困难，进步显著，基本达到了国防生的水平，飞行学员班多次被评为清华大学学风进步显著班。

（四）特色素质培养相融合，提升第一任职能力

身体素质作为飞行员综合素质的重要组成方面，是飞行员的职业基础，是飞行员第一任职能力的基本要求。联合培养飞行学员，必须保证体能素质达标。在联合培养工作中，军地双方共同探索学员成长规律，改革优化体能素质的教育模式与训练方法，结合地方大学实际情况，形成一套完整的训练体系和考核制度，形成了有针对、有目标、分层次的组织训练体系，严抓训练质量，保证训练水平。

正课期间的体育教学由清华体育部负责，飞行学员队负责课外体能训练。形成了每周三次航空体育课、一次体育活动课、两次早操、一次周末体育大操的训练模式，以及学员队固定时间常规性训练—兴趣引导自主性训练—重点突出针对性训练的三级训练体系。清华大学体育部根据空军《飞行员人才培养方案》的要求，专门开设航空体育课程，并结合理论与实践，编写《航空体育基础体能教程》，积极推动飞行学员体育课程科学化、体系化，形成完善的课程体系：一年级体能提高、柔韧、

灵敏及武术套路，二年级力量、耐力、游泳及球类活动，三年级耐力、速度、力量及球类活动。在清华学习训练三年后，回到空军航空大学，联合培养飞行学员的体能素质全部达到空军航空大学的各项体能标准，在定向越野等专项上相比本部学员还具有一定优势。

提升综合素质，特别是指挥领导能力，是飞行学员培养目标与特色之一。学校制订了以提高岗位任职能力为目标的飞行学员全面素质培养方案，和空军密切合作，强调思想素质、业务素质、文化素质、身体素质、心理素质齐头并进。依托清华大学优秀的教育资源，提供更广阔的平台让学生有机会参与社会实践，和国际大师、各界英才以及优秀的青年学子交流，开阔视野，提高素养。学生在校期间积极参加社会工作和社团活动，不断有飞行学员成为学校、院系学生活动的中坚力量；飞行学员热心公益，班级人均志愿服务时间超过 20 小时，其中更有校级优秀志愿者的突出典型；飞行学员文体活动出色，多次代表清华大学参加北京市长跑节以及卢沟桥徒步活动并取得团体冠军。飞行学员这个群体不仅在适应清华、融入清华，也在逐渐影响清华。空天文化、军营文化辐射整个清华大学，引领校园文化建设，掀起了大学生关注国防事业、关注空军发展的热潮。

（五）组织机制相融合，全过程保障素质养成

飞行学员的日常教育与培养过程深度融合。清华大学与空军设立联合培养领导小组，下设联合培养办公室，由清华大学教师及空军航空大学队干部担任成员，负责飞行学员日常教育管理工作。建立了针对飞行学员的“三管齐下、三位一体”的联合育人体系，即“学校—航院、部处分管干部—航院学生工作组—飞行学员班班主任和辅导员”的飞行学员教育管理责任体系，“校联合培养领导小组—联合培养办公室—飞行学员中队—飞行学员区队”的飞行学员自我教育管理体系，以及以名誉班主任、校外指导教师为主的与空军接轨的协作教育培养体系。建立了严格的管理规章制度，飞行学员集中住宿，队干部、辅导员与学员同吃同住，宿舍里形成了浓厚的军营文化。在学员自我管理方面，传承清华大学班级建设的优秀传统，设立班级、团支部、党课小组这一“三驾马车”，共同负责班级事务与集体建设；同时，为了强化飞行学员军人作风，还按照军校模式设置军事管理体系，整个飞行学员编为一个中队，设学员中队长和指导员，下设三个区队，每个区队包括四个行政班，八人一班，设班长和副班长。

所有学生组织的骨干均由学员担任并定期轮换，确保每名学员都会在骨干岗位得到锻炼。

（六）党团建设相融合，塑造当代军人核心价值观

融合党建机制，军地双方共同党建。飞行学员分别隶属于清华大学航天航空学院飞行学员党支部、空军航空大学联合培养飞行学员队党支部。尽管在形式上存在着两个党支部，但是两个支部共同进行组织建设，共同培养党员，并且充分发挥各自特色，共同完成飞行学员的党建工作。以党员发展为例，联合培养飞行学员采用统一且严格的党员选拔标准，不仅考察学员们的军政素质是否合格，对党和国家的忠诚以及飞行事业心是否坚定，同时，也遵循清华大学航天航空学院的党员发展传统和严格标准，对学生的入党动机、业务表现及服务精神都有着严格的要求。飞行学员党员发展工作，遵循两个组织严格的发展流程，在学员递交入党申请书后，安排正式党员定期联络，考察其思想动态，在正式发展之前进行积极分子预答辩，由具有几十年党组织工作经验的老师进行审核。

飞行学员思想政治教育本着“筑牢学员军魂”的根本方针，坚持把理想信念教育摆在首要位置，积极瞄准强军目标，树立学员使命感责任感，充分发挥清华大学又红又专的育人传统，铸就飞行学员的钢铁军魂。每周由党支部牵头组织政治教育活动，全体飞行学员身着军装，带着小板凳与笔记本，一边听着主讲人讲述，一边埋头做着笔记。学员们积极学习中国梦、社会主义核心价值观、中国共产党第十八次全国代表大会和十八届三中、四中、五中、六中全会精神，争做“有灵魂、有本事、有血性、有品德”的新时代革命军人。飞行学员党支部还先后组织了与名誉班主任——试飞英雄李中华、新中国空军首位女师长程晓健的座谈，对“抗战胜利七十周年”、中国人民解放军建军九十周年、南海问题等国内外时政热点问题进行讨论，开展了圆明园“勿忘国耻”教育活动、航空博物馆英雄墙献花活动，组织赴中航成飞集团参观、“走进英雄二营，体验火热青春”等实践活动，每周祭扫祖国儿女·清华英烈纪念碑，并于清明节、七一、空军建军日、抗日战争胜利纪念日等重大节日开展全体飞行学员祭扫纪念活动。这一系列政治教育与主题活动，加强了飞行学员从军报国、为共产主义事业献身的理想信念。

三、 飞行学员培养成效

（一）在校表现出色

飞行学员是清华园里一道独特的蓝色风景线，他们将励志空天、追求卓越的空军特色带入校园，成为校园空天文化的倡导者和引领者。飞行学员集体建设也成为全校的标杆和旗帜。历届飞行学员班在校的三年期间，都先后获得清华大学“校级学风进步显著班”“清华大学本科生先进党支部”“清华大学甲级团支部”等学校集体荣誉、奖励的“全满贯”，并涌现出了一批清华大学综合一等奖学金、国家励志奖学金、清华大学社会工作奖学金获得者等优秀个人。

（二）飞行成绩突出

首批飞行学员共有 28 人完成初教机单飞，25 人完成高教机单飞，16 人完成战斗机单飞，各阶段训练成才率均创下空军历史新高。第二批飞行学员虽然没有经过入学的飞行筛选，但仍然有 22 人通过初教机单飞考核（成材率 71%），19 人通过高教机单飞考核（成材率 59%）。2017 年，首批（2011 级）联合培养清华班新飞行员完成战斗机训练科目，正式进入战斗序列。第二批联合培养飞行学员顺利完成大纲内容的考核，全部采用英文毕业论文答辩，均取得良好以上成绩，顺利获得军事学学位和三级飞行员资格证书，即将进入战斗机改装训练阶段，逐步形成战斗力。

（三）领导关心，社会关注

清华大学的飞行人才培养工作得到了中央军委及空军各级领导的指导和关怀。2012 年 6 月 19 日，时任中共中央政治局常委、国家副主席、中央军委副主席习近平同志来校接见飞行学员代表，并听取了工作汇报。中央军委副主席许其亮评价飞行学员联合培养工作：“创新飞行人才培养模式，为加快转变空军战斗力生成模式、推进空军转型建设，提供强有力的人才支撑。”2011 年 9 月，时任空军司令员许其亮、政委邓昌友、副司令杨国海等首长来到清华园，参加首届飞行学员开学典礼并勉励学员。空军机关和空军航空大学的领导、教员也多次来校考察、看望学员并与学员座谈。

联合培养飞行学员的过程和成果得到了社会各界的广泛认可。2015 年，新华社以

“空军首批28名‘清华班’飞行学员圆满完成单飞”“空军首批‘清华班’飞行学员初教机成才率创历史之最”“空军首批‘清华班’飞行学员成长侧记”等题目对首批联合培养飞行学员的成绩进行了系列报道，人民网、解放军报、中国青年网等国内主流媒体，也多次对清华大学的联合培养飞行学员工作进行了报道。

（四）辐射效应显著

清华大学与空军的“双学籍、双注册、3+1”的飞行学员军地联合培养模式得到了充分肯定。2013年，飞行学员培养工作拓展至海军，推广至北京大学、北京航空航天大学等院校。联合培养工作增强了军事飞行院校招生的吸引力，显著提高了空军招飞质量。2011年，空军航空大学录取新生中，高考分数超过一本线的不超过30%，2017年，该校新生录取平均分超过各省一本线30分。

论未来航空航天技术的融合发展

（1980级 沈 清）

空天飞机的发展将引发航空航天技术的融合发展。从军事战略角度出发，可以得出发展空天飞机具有拓展“高边疆”、占领军事制高点的重大战略意义的基本认识。以唯物史观的方法客观分析航空和航天技术演化的进程，以辩证法分析高超声速器的技术特点，可以得到启示，高超声速飞行是航空与航天技术的共同发展方向，空天飞机是高超声速技术发展的终极目标，技术路径是航空航天技术的融合发展。

一、引言

航空航天技术融合来自空天飞机概念设想。空天飞机至今尚未实现，还只是人类的技术“梦想”，但是空天飞机对于国家军事战略和航天技术发展战略具有革命性的意义，应当用战略思维思考空天飞机的未来发展和应对航空航天技术融合发展的技术挑战。

空天飞机的发展具有重大战略意义。美国曾经实施了人类历史上第一个空天飞机计划，为了取得和维持世界霸权地位，美国在军事思想和技术发展战略的构思和实践上是远远超过其他国家的。最著名的就是在20世纪80年代初，时任美国总统的里根提出“星球大战计划”，其正式名称是“战略防御计划”（Strategic Defense Initiative）。当时，美苏两个超级大国的战略核武器数量和质量都处于均势，为了走出军备竞赛困局、取得超过苏联的战略优势，美国提出了“高边疆”战略。这项战略的主要目的在于利用美国的高技术优势，建立空间武器系统，提供对付战略核武器攻击的空间防御手段，以消除苏联的核威胁。该计划包括导弹防御系统、反卫星系统和空间作战系统，提出发展反导拦截导弹、空间动能拦截器、激光武器、微波武器和空天飞机等新概念武器。美国在“星球大战计划”中专门设立了国家空天飞机计划（即NASP计划，研制X－30空天飞机）。苏联解体后，“星球大战计划”于1993年终止。从技术方面来看，“星球大战计划”所提出的新技术过于超前，在当时是无法实现的。尽管“星球大战计划”被终止，但是该计划提出的若干新概念武器发展计划并未停止。现在，美国已经实现了反卫星技术、TMD和NMD导弹防御技术、地基和空基激光武器技术等。尽管美国的国家空天飞机计划受制于关键技术未能突破，于1989年“下马”，然而，空天飞机概念作为美国拓展国家“高边疆”这一战略发展目标已然形成、从未取消。

空天飞机是将飞机功能与航天飞机功能合而为一的飞行器，是以飞机作战的方式实现太空作战。这一概念的设想是该飞行器像常规飞机一样从机场起飞，以高超声速在大气层边缘飞行，再以常规飞机着陆的方式返回机场。这种飞行器做高超声速飞行时，它的飞行速度接近第一宇宙速度，在火箭发动机的推动下，可以灵活地进入太空并从太空返回大气层，可以重复使用。这是人们追求航空航天技术的极致，其技术实质是航空航天技术的高度融合。

从战略发展的视角我们可以看到，发展空天飞机来自美国新军事思想、来自美国占领军事制高点的需求，具有重大军事战略意义。我们必须应对，提出符合我国军事战略需求的发展方向和目标。

这个战略需求指引着航空航天技术发展的新方向，而这个新方向就是面向空天飞机的航空航天技术融合发展。

本文试图探讨这样的问题：航空航天技术融合发展的方向是什么？我们应该如何应对？

二、 航空航天技术融合发展的基本分析

自20世纪初航空技术和航天技术先后出现，两个技术领域长时间处于独立、平行发展状态。以下对航空、航天两个领域的发展概况分别进行分析，探究它们各自的发展方向，找到二者未来交会的位置和融合点，即以历史唯物主义的方法分析二者融合发展的趋势和方向。

（一）航空技术发展的历史轨迹与方向

1903年12月17日，美国莱特兄弟完成了人类历史上第一次有人动力飞行，实现了人类翱翔天空的梦想（见图1）。莱特兄弟自行设计、建造了一架翼展13.2米的双翼面、以桁架连接机翼和操纵面、装有一台四缸发动机的简易飞机。这次短暂的实践虽

然只飞行了260米、留空59秒、飞行速度仅为16千米/小时，却证明了飞行原理是正确的、人类在空中飞行是可行的，并由此开启了人类航空历史的大门。

图1　莱特兄弟于1903年12月17日实现了人类历史上第一次动力飞行

1. **航空技术发展的历史是追求速度的历史**

美国和欧洲的航空事业在莱特兄弟取得技术突破后喷涌而出，出现了很多飞机制造公司和商业航空公司，竞争对手之间经常开展飞行速度、横跨美洲大陆和跨大西洋远程飞行等各种技术竞赛。由于飞机极大地拓展了人类的活动空间，人们将航空用于军事成为了必然选择。在第一次世界大战期间，飞机被选用于侦察，后用于轰炸。于是就有了争夺制空权的作战，也出现了空战专用的战斗机，而飞行速度则是衡量战斗机飞行性能最重要的技术指标。在第一次世界大战后期，飞机的飞行速度提高到了200千米/小时。

商业航空在第一次世界大战之后得到了飞速发展，人们开始追求快速、高效的客货运输。在这一时期，人们取得了第二次重要的技术突破，提出了流线型气动布局概念，出现了速度超过300千米/小时的大型客机，如美国波音飞机公司的Boeing（波音）247D和美国道格拉斯飞机公司的DC－3型客机。在第二次世界大战期间，航空技术达到了螺旋桨飞机的极致。如美国的B－29轰炸机和P－51战斗机，飞机速度接近于螺旋桨推进的极限速度650~750千米/小时。

人们追求飞行速度的努力在第二次世界大战之后达到了一个高潮。其原因有两个，一是军事航空的需要，二是科学探索的驱动。第二次世界大战后航空喷气时代的到来，引发了航空技术史上最重要的技术革命，最为著名的技术特征就是人类突破了声障、实现了超声速飞行。美国的 X－1 火箭飞机先后于1947 年10 月14 日和1953 年12 月12 日实现了马赫数1.06 和2.044 速度的飞行（图2），证实了超声速飞行的可行性。自20 世纪50 年代起，美国、苏联和欧洲都研制出了超声速战斗机、超声速轰炸机和超声速客机。标志性的有美国的 B－70 轰炸机和 SR－71 侦察机、苏联的米格－25 战斗机，它们都达到了涡轮喷气发动机推进的最高速度马赫数3。即使是20 世纪70 年代苏联的图－144 和法国、英国合作的协和式这两型客机也都达到了马赫数2.3 的飞行速度。

图2　1947 年10 月14 日，美国的 X－1 火箭飞机首次突破声障，达到马赫数1.06

2. **航空对高超声速飞行的探索**

人类在追求更高的飞行速度方面一直充满着探索精神。美国 NASA 在1959 年至1968 年，利用三架火箭发动机推进的 X－15 试验飞机进行了199 次高超声速飞行试验，最高速度曾达到了马赫数6.7（图3）。飞行试验结果表明高超声速飞行是可以实现的，同时也表明人们对高超声速流动的认识不足，当时的理论和技术不足以支持高超声速飞机的发展。

图3　美国用 X－15 火箭飞机实现了高超声速飞行，最高速度达到了马赫数6.7

3. 高超声速飞行是航空技术的发展目标

以唯物史观分析航空技术的发展历史，我们不难发现，这是一个人们追求飞行速度的历程。在20世纪70年代，人们已经实现了普遍意义上的超声速飞行。人们还探索和体验了高超声速飞行，虽然还没有突破和掌握高超声速飞行技术，但是高超声速已成为人类追求航空技术的发展目标。

（二）航天技术的发展历程与新趋势

航天技术起源于20世纪初，1903年沙皇俄国科学家齐奥尔科夫斯基提出了火箭喷气推进飞行理论和宇宙飞行的设想。1928年美国科学家戈达德发明了现代火箭技术（包括液体火箭发动机技术和自动飞行控制与导航技术），成功地进行了人类历史上第一次液体火箭飞行试验。火箭喷气推进理论和火箭技术实践开启了人类通向太空飞行的大门。

1. 航天技术中的火箭喷气推进技术

火箭技术的第一次应用是发展了弹道式导弹。纳粹德国于1942年首先研制出人类历史上第一种导弹——V－2弹道式导弹（图4），在第二次世界大战中用于对英国的远程打击。

图4　纳粹德国的V－2导弹（1942年）

第二次世界大战以后，航天技术得到了飞速发展。20世纪50年代，美苏采用火箭技术首先发展了可以运载核弹头的洲际战略弹道导弹，并开展了激烈的太空军备竞赛。在这个竞赛过程中，人类先后实现了人造地球卫星、载人太空飞行、载人登月、深空探测等。迄今为止，在航天宇航技术中，火箭技术是核心基础和前提条件。

2. 航天技术中的吸气式喷气推进技术

纳粹德国在研制 V－2 弹道式导弹的同时，还研制了一种吸气式喷气发动机推进的飞航式导弹，即 V－1 导弹（图 5）。吸气式喷气发动机是一种特殊的火箭发动机，其所用到的氧化剂来自发动机吸入的空气。因此，飞航导弹不需要自带氧化剂，可大幅度减小飞行器的尺寸和重量，但前提是飞航导弹必须在大气层内飞行。

图 5　纳粹德国的 V－1 导弹（1943 年）

表 1 给出了 V－1 导弹和 V－2 导弹主要技术指标的对比。从表 1 可以看到，飞航式导弹拥有比弹道式导弹高数倍的运载效率。从生产和使用情况来看，飞航导弹比弹道式导弹的费效比明显高得多。V－1 导弹的主要弱点是飞行速度低，只有 600 千米/小时。

表 1　V－1 导弹和 V－2 导弹的对比

	V－1	V－2
推进方式	吸气式脉冲燃烧喷气发动机	液体火箭发动机
导弹重量（吨）	2.2	12.5
弹头重量（千克）	~850	1000
射程（千米）	~250	320
发射数量	~15000	5200

为了发展更高速度的飞航式导弹，第二次世界大战后人们成功发展了冲压喷气发动机，研制了多种超声速巡航导弹。但同时人们也发现采用冲压喷气发动机进行巡航飞行的技术难度比弹道式导弹要大得多，在众多的超声速巡航导弹发展计划中，只有少数获得了成功。在成功案例中有一个性能突出的飞行器，即美国的 D－21 无人机（图 6）。D－21 于 1962 年开始研制，1969 年投入使用，其飞行速度达到了马赫数 3.5、航程达到了 5500 千米、飞行高度达到了 29 千米。实践证明，冲压喷气发动机推进的飞

图6 美国的D-21超声速无人机（1962年）

航式导弹拥有比火箭推进的弹道式导弹高得多的运载效率。

3. **空天飞机概念的起源与实践**

1935年纳粹德国教授桑格尔提出了一个创新的想法，发展一种使用火箭发动机推进的飞机，在大气层顶部进行“跳跃式”飞行。即空天飞机在大气层外时，沿惯性弹道飞行，在大气层内时，做高超声速飞行、并依靠气动升力跳跃进入太空。因此，在第二次世界大战期间他主持了纳粹德国“银鸟”亚轨道空天轰炸机研究计划。由于当时技术条件不具备，该计划仅仅进行了缩比模型的风洞试验后便停止了，桑格尔则转去执行冲压发动机飞机计划。这是人类第一次提出了空天飞机的概念（图7）。

图7 纳粹德国的“银鸟”亚轨道轰炸机概念（1942年）

1958年，美国NASA基于这一概念，设立了名为Dyna-Soar的空天飞机研究计划，研制火箭发动机推进的X-20空天飞机技术验证机（图8）。该项目于1963年“下马”。在这个项目的研究与实践过程中，人们认识到，由于火箭发动机的比冲低，采用火箭发动机推动空天飞机做高超声速飞行在原理上是不可行的。

图 8　美国的 X－20 火箭推进空天飞机概念（1963 年）

X－20 作为空天飞机是失败的，但是用火箭助推器把其送入太空、返回时让其以飞机滑翔的方式再入大气层，并在机场着陆却是一个可行的技术方案。于是美国 NASA 研制了划时代的航天飞机，于 1977 年投入了天地往返运输飞行，并实现了可重复使用。

4. 新的空天飞机概念与超燃冲压发动机

1982 年，美国 NASA 提出了一个新的空天飞机计划即“国家空天飞机计划（NASP）”，研制 X－30 单级入轨（SSTO）空天飞机技术验证机（图 9）。与 X－20 采用火箭发动机不同，X－30 改用吸气式发动机推进。吸气式喷气发动机拥有比火箭发动机高得多的比冲性能，从原理上讲，可以解决 X－20 火箭推进无法进行高超声速飞行的问题。但是，同样由于技术条件不具备，特别是其核心的超燃冲压喷气发动机没能研制成功，该项目于 1994 年“下马”。

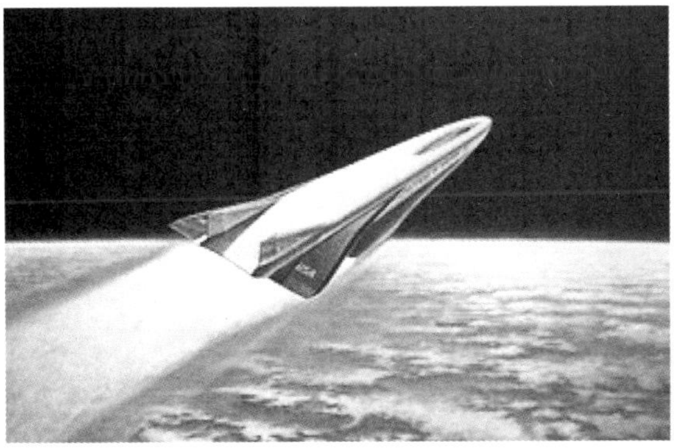

图 9　美国的 X－30 吸气式推进空天飞机概念（1982—1994 年）

超燃冲压喷气发动机是在高超声速飞行条件下使用的冲压喷气发动机，其主要技术特征是进入发动机的空气以超声速流经燃烧室，避免气流降低到亚声速造成过大的流动损失。由此出现了一个技术难题，燃料需要与超声速气流混合并燃烧，这同样也是一个科学难题。

在 NASP 计划失败之后，美国先后设立了多项以超燃冲压喷气发动机基础与技术研究为目的的高超声速项目，力求突破超燃冲压喷气发动机和高超声速飞行技术瓶颈，如 HyTECH、Hyper－X、FASTT、HyFLY、HyShot、HiFIRE、HyCAUSE 等，并于 2003 年提出了“国家航天倡议”（NAI），统筹规划美国高超声速发展战略。在这些项目中，美国已经完成了氢燃料的 X－43A（2001—2005 年，实际飞行速度为马赫数 7～10）和碳氢燃料的 X－51A（2010—2013 年，实际飞行速度为马赫数 5.1）的技术验证飞行试验（见图 10、图 11），验证了超燃冲压喷气发动机的技术原理是可行的。鉴于高超声速技术难度极高，美国在其“国家航天倡议”中提出了步进的、台阶上升的系列航天技术发展设想，首先发展高超声速导弹、进而发展高超声速飞机、最终发展两级入轨（TSTO）的空天飞机。

图 10 美国的 X－43A 示意

图 11 美国的 X－51A 示意

我们不难看出，美国近期的高超声速技术发展实践和美国的航天技术战略发展设想均体现出了航空航天技术的融合发展趋势和方向。

（三）启示

以唯物史观分析航空航天技术的发展历程以及人们对空天飞机技术的探索实践，以辩证法分析高超声速的技术特点，我们可以得到以下若干启示。

（1）火箭喷气推进技术一开始就是航天技术的核心和基础，也将是未来航天技术向空天飞机发展的基础与前提条件。

（2）科学家很早就提出了空天飞机发展设想，并且随着人类的实践与认识进步，空天飞机的概念原理不断发展更新，实践表明，空天飞机仅仅采用火箭发动机推进是不可行的。

（3）吸气式喷气推进具有比火箭推进更高的效率，对于空天飞机在大气层内做高超声速飞行，超燃冲压发动机是现实的必然选择。

（4）航空技术未来的发展趋势和方向是高超声速飞行，与空天飞机的发展途径在此发生交会。

（5）新的空天飞机概念是两级入轨，技术实质是航空航天技术的高度融合，没有这个融合，就没有空天飞机。

（6）高超声速技术难度很大，其发展将是一个长期的过程，美国急于求成的结果是不断的失败。

三、结束语

本文从军事战略角度出发，认识到发展空天飞机具有拓展“高边疆”、占领军事制高点的重大战略意义。技术演化的历史表明，发展空天飞机技术需要航空航天技术的高度融合，高超声速技术是主要的技术瓶颈，其发展具有长期性和战略性。国家对航空航天技术融合发展的指导，将有助于高超声速技术发展，有助于未来空天飞机的研发。

环能科技创业之路

（1986 级硕 倪明亮）

一、 清华的文化和知识定位了人生

1986—1989 年，定位的三年。1986 年的秋天我来到了清华大学，清华的大和静给我留下了深刻印象，有种世外桃源的感觉。从成都科技大学到清华大学，对我的成长又是一次新的挑战，从成都坐火车到北京，30 多个小时的车程，随行托运来的还有我那辆“二八”永久自行车，陪伴我 3 年上课下课、上晚自习，圆明园成了休闲的后花园，老操场、体院也成了锻炼和踢足球的乐园。中关村的科技店、五道口的书店都是我常去的地方，北京城里的书店、公园、学校到处转。我在知识的海洋里，朝气蓬勃，读千卷书行万里路（图 1）。

图 1 倪明亮

想当年，清华工程力学系大师云集，张维老师、杜庆华老师、黄克智老师、余寿文老师、岑章志老师、杨卫学长、宋军学长，等等，造就了力学系严谨的学术氛围和宽松的人文环境。我的学业更上台阶，独立动手完成课题项目；我的导师张如一老师可爱可亲，实验力学给了我更多动手的机会，我在导师指导下，完成传感器设计、委托生产、组装集成、信号采集以及 7T17 数字信号处理机信号处理和编程计算等工作，构建了体操运动员在平衡木上的动力作用识别系统。比起课本学习，这个研究生论文项目，极大地提升了我的独立动手能力，对实际操作项目有了初步的经验，为我毕业后的创业打下基础。

自强不息、厚德载物、行胜于言等清华校训奠定了我的三观，课外社会学、文科政治、哲学美学等课程丰富了我的知识和思想。自由、独立、实践，德智体一切靠自觉，清华给了我更多的解放和自省。

在清华的三年，是我思想成熟、能力成熟、政治成熟的三年，1989 年改变了大学生的命运，虚幻的理想变成了务实的发展，中国几千年历史上第一次给知识分子开辟了有别于从政仕途的科技实业道路，这也改变了我们的人生轨迹。

二、 坚持技术创业， 创新自强奠定实业发展

1990—2000年是摸索的十年，时代的躁动，时代的召唤，社会进步正需要新生知识分子用他们的自信自强去开疆拓地，去创新发展。

我们三位研究生抱着挑战自我的追求，憧憬地来到了本是民营先锋的中科院成都分院传感换能技术研究所，半年的时间里感受到所长与我们的观念、理念、追求相差甚远。从此历史推着我们开始了不服从命运的漫长创业历程。选择了就要坚持，我们睡过仓库、守过门面、摆过地摊、站过柜台、上过当、受过骗，悟性不够，进步得太慢，情商不高，成长得很艰难。

1990年5月3日我们三人成立了成都橡树林能源研究所，开始了申请专利，开发技术产品，引进产品，前后3年时间开发第一代稀土磁盘分离净化废水设备（利用稀土永磁盘的磁力，分离废水中的导磁性微粒，使得废水再循环使用）。各自的成家又一次改变了我们的人生，让我们的追求再一次洗牌。家庭对事业的贡献确有很重的分量，有一个和谐稳定的家是人有耐心坚持的基础，同时伙伴选得好也是坚持的保障。

1995年成立四川冶金环能工程有限责任公司，这时的机遇也只能维持生存，不断创新开发，寄资料、打电话、跑市场和厅部委，在黑暗中探索，每年仅有30万~50万的销售额/量。那是1998年的冬天，国企改革最严峻的时期，公司的成长受到宏观大调整限制，找出路，学托福，重新想到国外寻找机遇，总在摸石头过河，1999年机会又找上了门，这个机会促成了企业跨越新世纪。坚持不懈怠，创新奋斗，天道酬勤，终久必成。

2000—2010年是成长的十年。新世纪给了坚持的人机会，不断创新改进，专注于磁水处理技术更新进步，2002年的第二代，2004年的第三代，2006年的第四代，不断优化改进，成功研制出具有国际领先水平的“稀土磁盘分离净化废水技术”，并列入国家鼓励发展的环保产业设备目录，列入国家火炬计划并获得四川省科技进步三等奖；同时带领公司科研团队研制出具有国际先进水平的“超磁分离水体净化技术”（在水体中以磁种为载体形成磁性絮团，磁分离磁性絮团达到水体净化，同时分解磁性絮团将磁种回收循环使用，污染物分离处置）。通过了四川省科技厅的科技成果鉴定，荣获环保部2010年环境保护科学技术奖二等奖、选入“2010年国家重点环境保护实用技术示

范工程”。

艰难创业17年之后，公司初具规模，有了文化觉醒和新的思考：2007年启动“企业文化建设”“自我超越——人生之旅的升华”“环能德美集团2008—2010年战略纲要”，2008年“上善治水——水业圣经”，2008年“把握机遇，挑战自我”，2009年“青年和企业成长——实现中国梦”，2009年“创造机遇，主动挑战”。在矛盾中前进，在机会中成长，成长的不只是技术和业务，还有企业文化，应该说我们抓住了这个时代发展的机遇。

人到中年，我们从创新自强发展到对尊信厚德的追求，完善“尊信厚德创新自强”的核心价值观，这是人生的蜕变，体现了人性的理性回归，知道先做人追求德美，再做事追求环能；从听天由命的上善若水到善于治水、治水行善的上善治水理念，也是历史发展的必然。

这二十年，我特别要感谢我的伙伴、同事、真心朋友、家人、父母。没有您们的支持，就没有环能德美生存和发展。也感谢我们的对手，没有他们的激励，我们也不能不断超越自我。感谢这个时代，让我们在历练中成长。

这二十年，是人和，不离不弃，总在支撑着摸索；是自强，不断地修正自我，走正道，积淀自强；是创新，靠坚持者的力量，不懈追求。

这二十年，奋斗无时不贯穿到我们的工作和生活中。由于忘我，所以收获更多；由于给予，我们获得更多；由于执着，我们凤凰涅槃。

三、新时代新担当，环能平台共创共赢

2010—2017年，是挑战的七年，2010年起航，发展新时代，“规范管理，创新精品”是我们起航的奠基礼，开展战略调整和现代企业制度建设，启动IPO工作，也是我们第二次全面创业的新起点。超磁分离净化技术、高梯度磁分离技术、磁生化技术等的深入开发，非磁技术的介入，在上善治水、资源回收、节能减排等循环经济技术领域，将为企业开辟广阔的发展空间。世界低碳经济潮流，发展减碳环保产业即是新时代的最强音。吸纳时代精英团队的智慧，提高整合先进技术和方法的能力，运用资本市场的力量，策划掌控市场运营的制高点，将加快企业新时代的步伐。

承前启后，自2007年启动企业文化建设开始，坚持每年以年度方针为牵引，持续推进公司发展，并冠以“年号”，构成环能科技特色企业文化的重要方面（见表1）。

表 1　环能科技特色企业文化的重要方面

年份	年号	年度方针	重要成果
2007	科学发展	齐心协力　共创辉煌	启动企业文化建设和战略规划
2008	好运	抓紧机遇　迎接挑战	稀土磁盘上国家节能产品目录
2009	掌控	创造机遇　主动挑战	"上善治水"的提出
2010	启航	规范管理　创新精品	企业二十周年庆，启动 IPO
2011	搏	规范管理　创新精品 务实进取　结果满意	超磁技术获环保部科技二等奖、环保重点实用示范工程
2012	冲刺亮剑	实干精品　创新价值	获国家重大环保装备制造依托企业、国家环保骨干企业
2013	成熟	实干精品　创新价值	环保服务产业定位、超磁应急走向市场、第三次解放生产力的思考
2014	成功	稳中求进　改革创新 健康环境	获国家科技进步二等奖、向黑臭河湖宣战、企业核心价值观的发展新思考
2015	开泰	企业至上　规范运行 又好又快	深圳创业板上市（300425）、资本运行并购江苏华大公司
2016	沉淀	寻找标杆　持续改进	全国市场布局重新确立
2017	协同	稳中求进　重点突破	在实践中学习和认识"资本"，检讨发展
2018	安全	新时代新气象新担当	
……			

绿色发展、生态文明建设、绿水青山就是金山银山，建设美丽中国，健康中国大环境是我们的责任和使命，鼓舞着环保工作者以奋斗者为荣。

上善治水　环能德美，伴着大时代成长，没有沉沦，曾经沧桑飘浮左右的灵魂，已中庸和谐为指导企业发展方向的文化沉淀。有些已固化为我们的行为指南，实事求是的世界观、尊信厚德的人生观、创新自强的价值观，不断深化着我们的追求，有些还在指引我们修炼，在成长中修炼。

"尊信厚德　创新自强　遵纪守法　共创共赢"作为我们价值观的扩展思考，将个人修养和奋斗更深地融入集体和社会发展中。这也是我们在新时代学习中的心得体会，澄清部分信仰和价值追求，抓紧企业发展本质，促进共同建设、发展和分享，学习修炼、重在实践；做一位正心、正道、正派的社会人，追求成功，推动企业新时代的可持续发展。

2018—2035 年，新时代新担当，感谢流沙河诗人给我们的嘱语“天道浊转清”，还是要首先做好人；清华的乾坤文化，有所为有所不为，与时偕行，我们的机遇大于世界挑战；2020 年，企业成立三十周年，发展成为中国环保界的知名企业；2035 年，企业成立四十五周年，发展成为国际环保界的知名企业。2036 年，为社会健康工作的 50 年，也是与清华相识、相遇的 50 年，成就他人就是成就自我，随心所欲而不逾矩。感谢清华对我们的培养，我们也会将清华文化传承，发扬光大我清华人精神，环能科技创新美好环境。

追忆大学生活

（1988 级　吴　体）

毕业多年，好多事情都回忆不起来了。本来大学期间有写日记的习惯，但到工作单位后，有一次搬家时，装有大学期间的学习资料和书籍丢失了，日记本也在其中，真的是好记性不如烂笔头。只能回想起一些点滴供大家分享，可能有些事要大家一起回忆才能拼凑得更加完整一些。

关于 1 号楼 118 寝室：刚入学时被分到 1 号楼 118 寝室，是我们班上同学同住一寝人数最多的一个寝室，室友们相处得都十分和谐。当时比较时兴找友好寝室，于是我们去北京医科大学找了一个友好寝室。1988 年圣诞节前夕我们把友好寝室的女生请到了 118 寝室来共同包饺子、煮饺子吃，由于 118 房间较大，大家吃完之后把桌子挪开，腾出了一块地方，举行了小型舞蹈培训会。当时好像流行什么二步、四步？可惜我到现在也没有学会跳舞！1989 年国庆与友好寝室的女生一起去泰山看日出，晚上谭鸿来突然生病了（抽搐痉挛），大家一起进行急救，谭鸿来很快就缓过来了，也许找医科大学的友好寝室也是冥冥中自有天意。随着时间的推移，大家的学习任务逐渐加重了，人也慢慢成熟了，友好寝室的联系也越来越少了。

大学时班上也常组织一些活动，但时间久远，也记不大起来了。翻翻老照片，才想起一些来。系里面搞庆祝活动，要求每个班出一个节目，于是大家一起绞尽脑汁想办法，由王为剑牵头写了一个剧本，好像是以孟母三迁、凿壁借光为题材。班里还组织去颐和园踏青，看看当年的照片，不由得万分感慨。

关于娱乐生活：学习之余，同学们的娱乐方式也各有不同。有喜欢跳舞的，也有喜欢踢球的，还有喜欢弹吉他的、看电影的、练气功的。当时比较时兴看经典电影，同学们常骑车去五道口电影院、中关村礼堂看电影，《魂断蓝桥》《罗马假日》《鸳梦重温》《滚滚红尘》等多部经典电影都是那时候看的。我和大师（陆秋海）有相似的爱好，在 25 号楼 516 寝室时，我向他学习气功，他向我学习吹笛子，还有就是周六、周日晚上一起去一教看录像，看录像的习惯基本上是常抓不懈，一直坚持到大学毕业。

关于自行车：由于学习生活的需要，同学们基本上是每人一辆自行车，且多为旧车。结合金工实习，好多同学都是把自行车拆成了零件，然后再组装起来。印象很深的是王金林的那辆蓝色“小破车”，除了车轮和车架外，几乎什么都没有，刹车只能用脚放到前轮上，将鞋底作为刹车皮！他买了一条链条锁来锁车，结果有一次在四食堂吃饭时忘了锁车，有人把链条锁偷走了，而车却留了下来，可以想象他的车有多破！大家学会了修车技术，觉得心里有了底气，于是在1989年五一，几个同学一起骑车去了天津塘沽，几天后又骑回学校，路上修车、补胎的次数不少。骑车回到学校进南门时，我们一提自行车车把，前轮就掉下去了，车子给抖散架了。现在恐怕同学们都不会再有这种劲头骑行那么远的距离了吧？

关于我们班的女生：我们班一共29个人，只有一个女同学，还起了一个将军的名字——张国华，好像是吉林前郭县的。印象中张同学个子不高，也很热心班上的活动，而且有东北人的豪爽。记得有一次在518寝室喝酒（搞什么活动记不清了），她没有喝，于是我们其他区同学就说东北的大老爷们儿很豪爽、喝酒很厉害，但女的不行！没想到她一口就把酒瓶里剩下的接近半瓶酒喝掉了！这件事情表明：无论是男同学还是女同学，只要是东北人，性格和喝酒都一样的豪爽！

关于我们班，现在回想起来，能加入力82班是我的一种幸运，大家能走到一起也是缘分。我是来自川东一个小县城的农村，但同学们对来自农村的同学没有看不起，大家相处得非常融洽。刚上大学时，我真的很自卑。我曾对薛刚提到自己来自农村和城里的同学相比见识面窄的想法，薛刚对我说，反过来想，来自农村的同学所经历的东西，城里的同学不是也同样没有经历过吗？那时候经常和王为剑一起去上自习，相互间交流也很多，他也常给我以劝导和鼓励，慢慢地我也就适应过来了。为了争取“优良学风班”和“甲级团支部”，大家都做出了很大的努力，除了要考察全班同学的学习情况，还要考察宿舍的卫生管理情况。在创优过程中，为了保持宿舍的整洁，我曾经帮薛刚和谭鸿来整理过好多次床铺。我们力82班先是争取到了“优良学风班”，好像是一年后才争取到的双优（同时是“优良学风班”和“甲级团支部”）。

力82班已经成为历史，但五年同窗学习的经历永远印在了心里。五年里，大家共同学习、共同生活、共同成长，有欢笑，也有忧伤！同学们都过得怎么样？

王翔：助推天宫二号启航的清华力量①

（摘自公众号：清华研读间 编辑：明轩 责编：常松）

2016年9月中秋节，天宫二号空间实验室发射圆满成功。在电视直播中，我们看到了一个并不算熟悉的清华人面孔——航天科技集团空间实验室系统总指挥王翔（图1）。

图1 天宫二号遨游太空

中秋佳节之际，这位航天筑梦人和他的同事们一起，让中国人的目光一同仰望星空。而在大家都在关注正在飞行中的天宫二号的同时，我们不妨回过头看一看这位清华人。

王翔，1991年考入清华大学工程力学系，1996年本科毕业直接攻读博士学位，导师为姚振汉教授。1996年至1998年担任工程力学系辅导员。2001年1月赴德国马普学会金属研究所从事博士后研究。

他于2003年进入中国空间技术研究院总体部工作。曾任载人飞船系统主管设计师、副主任设计师、副总设计师，空间实验室系统总指挥，现任空间站系统总指挥。

① 本文内容参考中国航天报社通讯《“力”托神八鹏路翱“翔”》、清华新闻网《“脚踏实地，才能自由飞翔”——访神舟八号飞船系统副总设计师王翔》。

参加过神舟六号至神舟十号的全部载人航天飞行试验任务。担任飞船副总设计师期间，负责交会对接系统设计。曾获国家科技进步特等奖，全国五一劳动奖章（图 2）。

图 2　王翔做客央视新闻

一、一字班的学长

“清华的学习氛围特别浓，周围的牛人特别多，如果你不使点劲，很快就会被落下。”

时间回到 2013 年，正值清华“双肩挑”辅导员制度建立六十周年之际，工程力学系的同学们采访到了王翔学长。采访时王翔笑着说：“我是 1991 级的，也是一字班的呢！”对于大学本科的那段时光，王翔记忆犹新，大一时候的课程、授课教授的名字都能脱口而出。得知前来采访的学生们有人正在进行金工实习后，他还笑着说他也参加过同样的实习，也做过同样的锤子。

“在清华上学与之前的生活有着很大不同。”王翔在谈及母校时，表情之中流露敬意。从本科到博士，王翔在清华一共待了 9 年。他说，这 9 年以及此后的留学经历对他的人生有着非常重要的影响。

当同学们问起对他影响最大的学科是什么时，王翔回忆道：“我们当时是力学系，对数学的要求虽然不如数学系，但相对其他工科院系要求也会更高一些。记得当时用的数学分析教材是特别印刷的讲义，白皮的，学起来特别费劲。”“并不是说现在会每天用到当时所学的内容，但是我觉得，大学期间对我影响最大的就是数学。数学影响的是人的思维，影响我们看问题的角度。这种思维体系对一个人的影响是巨大的。”

虽然当时课程难度大，但王翔说，自己也没怎么“挑灯夜战”过，“头悬梁锥刺股”那种事更不可能发生。学习要讲究作息规律，讲究方法，持续不懈，打的是一场“持久战”。他说，自己并不属于那种智商超高的天才，个人成长经历也并不算传奇。

步入清华园后，王翔对什么都好奇，什么都想尝试，并没有集中于某个特定领域的兴趣；偶尔也会迷茫，不知道自己今后到底会干什么。今天的他，回望那段时光，觉得低年级时完全没有必要担心以后的从业等问题。

1996—1998 年王翔担任了工程力学系的辅导员。谈到自己的辅导员经历，王翔觉得这段经历对他本身也有一定的影响。“做辅导员，就必须要认真地去对待别人。无形中使我处理事情更加完善，从某种意义上也就是增强了责任感吧。”

二、“回国干航天”，萌生于清华园的梦

“我想我更适合从事这份工作，也想为祖国航天事业干点事。”（图 3）。

图 3　王翔在工作现场

完成博士学业后，王翔选择了出国深造——进入德国马普学会金属研究所，继续博士后研究。马普学会在德国学术界享有盛誉。王翔所在的研究所位于斯图加特市——德国的“汽车城”，奔驰、保时捷等知名汽车品牌都是当地的骄傲。对于海外学子来说，学成之后留在经济、科技相对发达的西方国家，在如今这个年代并不稀奇。然而，王翔选择回到祖国，从事航天事业，进入航天五院工作。

其实，回祖国、进航天单位工作的想法很早就在王翔的脑海里萌发了。在清华读研期间，他曾跟随导师与中国航天科技集团公司一院有过项目合作。

在那时，除了对工作地点的选择外，王翔还对自己的事业方向进行了选择。德国留学的两年中，王翔的视野得到了进一步的开拓。同时，他渐渐坚定了不再从事理论研究工作的想法。“每个人的性格是有差异的，干工程还是做理论研究，所需要的思维方式是不同的。科学家需要的是创造力，也就是所谓的‘仰望星空’；而工程师需要的则更多是‘脚踏实地’，要严谨、规规矩矩地做事。就我自己来说，并不是很适合理论研究。做理论太过自由，写论文也不是我的强项。我还是更适合从事工程类的工作，和团队一起合作，一步一步地进行具体的项目工作。”王翔说。

王翔进入中国空间技术研究院总体部工作后，先后从事神舟飞船与天宫目标飞行器交会对接研制任务，带领团队突破并实现交会对接技术，获得国家载人航天工程突出贡献奖。他先后参加了神舟六号以来全部五次载人飞船和天宫目标飞行器的研制与飞行试验任务等。此次，天宫二号的发射成功，是这位航天人为中国航天事业再立新功。

三、字典里没有“差不多”

“要说我较真，得看是什么事儿。每个人的时间精力有限，‘神八’一旦出问题，代价太大。”

王翔曾任神舟飞船主任设计师、神舟飞船副总设计师、空间站系统总指挥、天宫空间实验室系统总指挥。他干工程讲究严谨，每个环节都必须做到位，难怪同事们都说，在王翔的字典里没有“差不多”这个词，无论大事小情，只要他经手，一定得弄个明明白白。经他审核的文件，他必会不厌其烦地把错别字都挑出来，以至于同事们给他“较真到极点”的评价。

王翔对待文件细致，做起试验更是有过之而无不及。做神舟八号飞船着陆冲击试验时，他带领大家一条一条地分析试验结果，“你的这个冲击曲线是什么？”“响应时间是什么?”“峰值是什么?”“对应的产品设计特性是什么?”……他丝毫不放过每一个细节。

其实，从“神一”到“神七”他们已经做了大量的同类试验，积累了很多数据，每个曲线基本都已满足要求，但遇到某个曲线的某个峰值有问题，他还是会警觉起来，一定要把问题搞清楚，一时弄不清楚，他就会把相关分系统的人找来，一起讨论，直到搞清楚为止(图4)。

图4　任务结束后王翔接受采访

无论是作为神舟飞船的副总设计师，还是空间站的总指挥，王翔总是需要在大系统以及不同分系统之间协调技术或非技术的问题，拿出大家都能认可的解决办法。“工程这个东西，是多约束条件下的权衡。”王翔如是说。“我会叫大家把自己的观点亮出来，在信息完整的情况下做出决策。”

如今，王翔已在航天领域工作了十余年。十余年来，王翔在自己的岗位上坚守着。为了完成我国首次空间交会对接任务、攻克关键技术瓶颈，他和他的团队攻坚克难，实现了许多大型试验的零突破：返回舱海上漂浮试验、综合空投和交会测量设备联合校飞试验，提出了可靠性高、实施性强的飞船总体方案、飞行方案，一次次进驻试验队，直到任务圆满完成。

四、到底是“胆小”还是“胆大”？

“我从小学到高中一直在新疆兵团的学校里读书，成绩一直不错，在班级里很少调皮捣蛋。”

少年时代，王翔在学校里守规矩，几乎从不做出格的事情，是老师眼中的好学生。课堂外，王翔和许多男孩有着差不多的爱好。也许是受做工程师父母影响的缘故，他从小就对航空、汽车、机械类知识感兴趣，也爱看侦探类和科幻类小说。他喜欢收集《航空知识》《兵器知识》《世界军事》一类的杂志，只是从不拿到课堂上看，“这是因为我胆子比较小”，王翔说。

但是，对于工作他很多时候很是“大胆”，不怕得罪人。

2004年，从德国学成归来的王翔进入五院总体部载人航天总体室，开始着手“神舟八号”的研制工作。刚进航天的大门，王翔就给大家留下了一个“大胆”的印象。当时，俄罗斯航天专家做了一场关于交会对接轨道和对接机构原理的讲座，在场许多听众都比较安静，哪怕有问题也是在讲座结束后私底下探讨。可王翔却在讲座的提问环节中提出一连串关键问题，经俄罗斯专家解读，场下许多人受益匪浅（图5）。

图5 王翔在工作岗位

谈及“领导艺术”的问题，他说自己不懂什么“领导艺术”，但关键时刻还是能拿出“魄力”的。“有时候各部门的分歧大了，大家拍桌子吵架的情况也不是没有过。这个时候，我就得站出来，让各自拿出相关数据来进行理性的分析。我们这项工作技术性很强，没有数据一切都免谈，哪怕我要因此得罪人。”但随后王翔话锋一转，“因为工作而争论是不可避免的，毕竟大家都在为‘神舟’而努力，都有一个共同的目标，所以争完后还是会亲如一家。”

五、“老将”要健康工作50年

“这些年慢慢走过来，压力一点点增大，也就习惯了。”

王翔所在的团队里年轻人很多，平均年龄只有30岁左右。王翔说：“我挺喜欢这样的氛围，一群人在一起干事，朝气还是第一位的。”不到40岁的他在团队里已经是“老将”了，当今我国航天人才队伍的年轻化趋势可见一斑。

职务的变更意味着更大的责任，随之而来的就是更大的压力。载人航天工程极其庞大、复杂，任何一点隐患都可能导致人员、财产的巨大损失，作为重要技术骨干，王翔的压力可想而知（图6）。

图 6　王翔在工作现场

压力大了，身心疲劳，容易导致身体健康状态下降。和许多传承了清华体育传统的清华人相似，总是忙得“昏天黑地”的王翔，一直信奉“身体才是革命的本钱”，可无法抽出时间运动怎么办？他便“独创”了自己的锻炼方式：在单位，只要是能走路就尽量走路，能不坐电梯就不坐电梯，抓住各种机会活动筋骨。所以在工作生活中，他总能保持着高效率与一种属于年轻人的朝气（图 7）。

图 7　筑梦天宫特别报道现场

六、飞天的“力”道

由于是总体技术负责人，王翔经常要斡旋于各个分系统的设计需求和相互协调中，他说自己不懂什么领导艺术，但关键时刻还是能拿出魄力。

无论是读书期间，还是工作期间，王翔总能在课内和课外、工作和家庭之间找到良好的平衡。成绩好、工作出色、家庭幸福、性格爽快，因为他善使“巧力”。

这也正是这位清华力学工程系的师兄，所诠释的“力”道。

慎思笃行，梦在前方

——访 1988 级校友张军

（学生记者　王屹航）

张军　1988 年进入清华大学工程力学系工程热物理专业学习，1993 年获学士学位，1996 年获硕士学位，毕业后于 2002 年创办北京中科华誉能源技术发展有限责任公司（下称华誉能源），现任华誉能源董事长兼总裁，主持开发了多款先进的热泵产品和多项领先的热泵应用技术，取得专利 50 余项，主持科技部“十二五”国家科技计划课题地热资源的绿色利用技术研究中地源热泵系统检测与监管技术体系研究。华誉能源在近年打造了多个热泵精品工程项目，获颁中华人民共和国住房和城乡建设部（以下简称住建部）“国家康居示范工程选用部品与产品”及“可再生能源十大品牌企业”奖项，同时荣获“北京市自主创新品牌企业”荣誉称号。中央电视台《新闻联播》节目曾对其进行三次报道。

2002 年 10 月 9 日，北京中科华誉能源技术发展有限责任公司正式注册成立于中关村。经过了近十五载的砥砺前行，华誉能源已经由一个名不见经传的小型企业，逐渐蜕变成为节能业界的领头羊之一。这一切成就都离不开华誉能源的创始人之一，同时也是清华大学航天航空学院的知名系友——张军学长。2017 年 8 月一个炎热的午后，记者对张军学长进行了采访，相信他的成长阅历、工作经验和人生感悟必定能够使仍处在象牙塔的学生们获益匪浅（图 1）。

一、不断探索的求学之路

1988 年，张军学长以优异的成绩考入清华大学工程力学系工程热物理专业。进入大学之后，张军学长通过自己的勤奋努力取得了优异的成绩，在社会工作和学业科研两方面齐头并进，最终以优异的成绩顺利保送本系硕士研究生。但在进入研究生阶段后，张军学长却感到了一丝迷茫。

图1 张军学长与记者合影

“感觉自己一直在被动地做选择，而不是主动地进行选择。”张军学长坦言道。在研究生阶段，张军学长逐渐认识到自己对于理论研究的热情不大，反而更喜欢做一些有实用价值的研究。而导师分配的科研课题偏偏是比较理论的研究，实用意义并不大，这种矛盾使得张军学长开始思考自己未来的发展方向，同时有意识地主动寻找自己更感兴趣、更有实际意义的研究项目。正巧，隔壁固体所课题组的徐秉业老师正打算为自己的地源热泵课题的研究寻找可帮忙的学生，张军学长便主动参与了这项在国外得到广泛应用的节能技术的研究。在协助科研的过程中，张军学长逐渐发现地源热泵的应用前景明确，有很大的实际应用价值，尤其适合我国的节能减排行业，因而更加投入其中。张军学长并不认为是一个偶然成就了他日后的事业，由于他对自己未来的发展方向已经明确，确定自己不愿意走理论研究的道路，因此就算没有遇到地源热泵课题，他也会主动再去寻找其他感兴趣的方向。由此，他对学弟学妹提出了自己的建议：认真思考自己感兴趣的发展方向，然后踏实地向前迈进。

对此，张军学长举了一个形象的例子：人生分为三种，演员、导演和制片。演员依靠着别人给舞台和剧本，听从指令；导演靠着别人给的舞台，自己寻找演员，指导演员实现自己的思想；制片则需要自己搭台、自己寻找导演、演员及观众。三种人生没有高低之分，选择的关键在于喜欢且适合哪一种。演员的工作安稳，压力较小，但自由发挥的空间相对较少，如公务员、大型企业的员工等；导演需要承担的压力较大，适合自己有想法，愿意组织一群人将自己的想法实现的人，适合创业型公司或创新性较强的职业；制片则相当于领导的工作，一切都靠自己，需要清楚地认识自己的实力，搭多大的台子，台子结实不结实，能不能找来演员和导演，有没有观众等，每个决定都要面临巨大的风险，同时也可能获得巨大的收益。学生应当充分利用自己在校园中的时间，思考清楚自己适合哪个方向，然后按照该方向去努力。

在科研之外，张军学长也在社会工作中投入了较大的精力。他曾连续两年担任校学生常代会的负责人，在工作中接触到了各院系的老师和同学，在积攒了宝贵的人脉资源的同时，也极大地锻炼了自己的沟通和人际交往能力，这也为张军学长之后的创业道路奠定了坚实的基础。张军学长认为，对于尚未走出象牙塔的学生而言，在学习知识的同时，同样要注意锻炼自己的能力，尤其是团队协作和沟通交往能力，这对日后顺利步入社会、开展工作具有极其重要的作用。

对本科生和研究生，张军学长提出了不同的建议：对于本科生，必须学好专业基础课，在此基础上再根据自己的兴趣和发展方向培养不同的能力。最好不要把时间都放在学习上。读万卷书行万里路，多去了解社会、了解自己的行业，这样在以后的工作中犯的错误才会越少。对于研究生，如果幸运地遇到了感兴趣的课题，那就全身心投入，做出自己的成就。但如果并不喜欢研究课题，则需要根据自己对未来的规划进行相应的训练和提高。对于研究生，可以主动寻找一些在行业里前沿企业的实习，了解行业实际，以便更好地做出自己的职业规划。

二、不懈奋斗的创业之路

1996 年毕业后，张军学长被分配到中国火箭技术研究院工作，当时正是航天业最不景气的时候，中国航天刚刚经历了一年中两次发射失败的惨痛教训。工作不顺利的张军学长在回学校看望徐秉业老师时，燃起了自行创办公司，专注于地源热泵工程的念头。经过了谨慎的考虑和计划，2002 年张军学长离开单位开始自主创业。

在谈及创业初始遇到的困难时，张军学长感慨良多。他对大学生创业提出了自己的创业建议：首先必须找到自己的撒手锏，最重要的是核心竞争力，其他各方面都不是什么大问题。而由于市场需求不断变化，竞争企业高手如林，如何建立并持续保有核心竞争力是一件非常困难的事情。如果将创业比为一场考试，则这场考试是一场由客户及市场出题、客户评分、无评判标准的困难竞争。在企业竞争中，客户只取第一名，因此必须直奔需求，直击客户痛点。锦上添花意义不大，雪中送炭才是真正抓住了机会。

创新是一家公司的灵魂，也是张军学长尤为重视的。华誉能源自成立伊始，就一直致力于自身产品的改进和提高，最终拥有了行业顶尖的先进技术和高品质产品，及领先于业界的五十余项专利技术。在公司已然发展壮大的现在，张军学长仍然不忘探求新的领域，不断迎接新的挑战。华誉能源目前致力于暖通领域的大数据研究，力图实现供热制冷、节能减排技术的智能化，更好地满足用户需要，提高效率。在这项新方向的研究中，张军学长也在理论转化为实际的过程中遇到了不小的困难，但相信华誉能源的不懈奋斗和砥砺前行定能将我国的节能减排行业推向新的高峰（图2）。

图2 华誉能源获得的五十余项专利技术证书

对于新能源行业，张军学长非常看好其前景。新能源市场目前仍处于群雄逐鹿的状态，新能源尚存在成本较高、效率不够等缺点，且没有一种能源能完全解决问题，但传统化石燃料污染较大，且数量有限，因此寻找新的替代能源势在必行。新能源替代传统能源还需要一定的过程，需要全社会有一定承受能力，需要政府、用户、企业的全方面投入。目前，我国领导人十分重视节能减排事业，大量的政策支持为此领域带来了更多的机会。目前正是新能源市场机会最好，发展最快的时候。在此过程中，哪家公司能比别的公司更有竞争力、更能抓住市场，就能获得前所未有的好机会。在新能源的考卷上大家都在答题，主要看谁的成绩提高更快（图3）。

图 3　张军学长办公室中的“厚德载物”书法作品

三、从未停止的爱校之心

张军学长可以算是清华航院最活跃的校友之一，经常参加各项校友活动。在航院就读的八年经历及之后十多年的不断关注使得他对航院十分了解。爱之深责之切，张军学长对航院也有自己的批评和建议。他认为，目前航院的教育体系较为落后，过于强调知识的学习和考试，忽视对学生个人能力，如沟通、团队协作等能力的锻炼和培养；在课程设置方面也较为落后，一味追求灌输知识，不考虑有些知识是否已经过时，也没有考虑课程的设计对学生的就业是否有实际作用。毕竟，毕业之后留在科研行业的学生尚属少数，大部分学生还是要步入各行业解决实际问题。因此，教导学生如何应用专业基础知识解决实际技术问题是极为重要的。另外，目前的课程设置学分过多，可能导致学生贪多嚼不烂，不能打下扎实的基础。

除了专业知识的培养之外，张军学长认为更重要的是培养良好的心态，培养学生甘于做平凡人的心态。张军学长说，他在从业过程中经常遇到将自己的本职工作做到极致的外国技术人员，他们对自己的工作了解，对各种数据信手拈来，而国内的技术人员则更多的是靠着估计和经验。做平凡人，是应当愿意踏实地将自己平凡的工作做到极致，摒弃好高骛远的心，一步一步扎实地前进，在平凡的岗位上创造不平凡的事业。

说到对校友活动的期望，张军学长笑谈道希望能够开一门课，把毕业生从实际工作中得到的专业知识和职业经验等与同学们分享，也希望学院能够多请一些从事不同工作的校友来为同学们介绍经验，解决在校生与实际脱节的问题，使学生能够清楚地了解自己学的东西在实际中能做什么，以便更好地规划自己的发展道路。

四、采访后记

张军学长在百忙之中拨冗安排了此次采访，在历时两个多小时的采访过程中，不断有员工找他商讨工作事宜，但张军学长仍然对采访极为耐心，细致全面地回答问题。他的办公室中布置有清华精神“厚德载物”的书法作品，书架上整整齐齐地放置着各种专业书籍，使人深刻感受到清华人的平实低调、踏实实干，而他的一言一行正是对清华校风“行胜于言”的最好践行。期待华誉能源能在节能减排领域不断进取，创造新的传奇（图4、图5）。

图4　张军学长耐心回答问题

图5　张军学长的书架上摆满了各类专业书籍

从清华学霸到大学校长

——访 1979 级校友易维明

（学生记者　刘　涛）

此次清华航院优秀校友采访暑期实践活动，我们很荣幸地采访了山东理工大学副校长清华力学系 1979 级易维明学长。易学长虽然毕业多年，但谈起当年在母校的读书经历依然历历在目如数家珍。易学长告诉我们清华是一面旗帜，让我们有信心和底气击败任何挑战；清华学子是国家的栋梁，要有民族担当和历史使命感；易学长寄语清华学子：顶天立地，有所作为。

易维明　本科就读于清华大学工程热物理专业，现任山东理工大学副校长，教授，博士生导师，泰山学者。主要从事“生物质能源及相关技术研究”。《农业工程学报》第 6 届编辑委员会委员；中国农业工程学会高级会员、理事；中国生物质能技术开发中心理事会理事；中国工程热物理学会会员；美国农业工程师协会会员（图 1）。

图 1　易维明学长

采访实录

记：易学长您好，非常高兴有机会和您交流，您还记得当年在清华读书的情景吗？您能给我们谈一下在清华读书的经历给您最大收获是什么吗？

易：我是1979年考上清华的，入学时我还不满16岁。给我印象最深的是当时的清华校长兼党委书记刘达老师告诉我们：你们来清华读书学习，清华会给你们一把猎枪，这是一把获取知识的猎枪。我们那届学生都很朴素，每天在清华的生活基本都是三点一线：教学楼、食堂、宿舍。在清华园里大家如饥似渴地汲取着知识的养分。当时的清华大学非常注重文理融合，注重培养学生的综合素质，那时每个学生都要必修一门文学和经济学课程。清华大学是我们国家高等教育的一面旗帜，教育理念非常先进。比如当时我们就有计算机课程，有自己的电子计算机教学实验室，这在那个年代的国内是非常罕见的。那时清华虽然没有音乐系，但是我们非常注意培养自己的音乐素养，当时的学校乐队很棒，水平很高，印象中乐队里的大钹是一件非常珍贵的乐器。

记：易学长，您觉得在清华大学锻炼您的哪些能力和素质让您终身受益呢（图2）？

图2　易维明学长与记者合影

易：清华园是大师云集的地方，清华的学术氛围很浓厚，清华的教学要求也非常严格，那时候学生如果有4门课不及格是要被退学的。我当时在学校有一股子敢为人先的劲头，可以不谦虚地说，那时候的我是一名学霸，对自己的要求很严，如果有哪门功课低于90分的话我会觉得很惭愧。当时在学校，同学们很团结，我们那时候爱踢足球，凭着这股子不服输的劲头我们一个班能踢赢他们一个系。我们在清华上学的时候是5年制，很怀念那段在学校读书的时光。现在很想再来学校读五年书，感觉还有很多知识没有学。如果问在清华最大的收获是什么，我觉得清华大学给了我们自信和底气，让我们有信心击败任何困难，有信心应对所有挑战。

记：现在的社会非常多元，诱惑也很多，青年学子面临各种压力，您能结合自己的求学经历给我们一点建议吗？我们也希望能有所启发。

易：青年学生应该要树立远大的理想，并且要把理想转化为奋斗目标，要学会规划，路是一步一步走出来的。要把大目标分解为一个一个的小目标，再把这些小目标量化。比如，我在1998年的课题研究方向由生物质气化改为液化方向，在当时国内这方面的研究课题资料非常少，我跑到国家图书馆查阅了大量文献，花了一个星期写了一份非常翔实的调研报告，在报告里论述了课题的具体实现方法和操作步骤。我们都是理工科出身的学生，将来你们走上工作岗位，在工作中也会遇到很多问题，我们不应该只是发现问题，作为清华的学生还应该能提出问题的解决思路和方案，而不是一味地抱怨，这才是建设性的意见。

清华大学是一所有历史担当的大学，国家给予很大的支持，你们应该珍惜在清华园读书的机会，清华的学生要有独立思考的能力，要培养自己的批判精神，要有民族的担当，你们要有胆量和自信去迎接更大的挑战。你们以后到了单位就代表清华，就是别人眼中的佼佼者，要严格要求自己，努力增长自己的才干，脚踏实地做好工作，为社会贡献自己的一份力量。

记：易学长，如今您也是为人师表，在自己的领域里做完了很出色的工作并且走上领导岗位，您是如何平衡工作、科研和生活的呢？

易：我们要把自己的专业夯实，要端正态度扎扎实实的推进工作。只要你踏实认真地工作，努力就一定不会白费，就一定会得到单位的认可。我参加工作时是把主要的精力放在自己的科研上，我的工作也是从博士论文中开始延伸的。申请基金、申报项目我都是一步一个脚印走过来的，并且取得了一点成绩。我能走上领导岗位，完全是同事们信任，我是被同事们推举上来的。

在工作中我会非常重视团队协作和团队建设。每个人的能力总是有限的，个人的发展要和单位的发展相一致。比如，我刚开始的时候是和山东理工大学的另一位教授组成的科研团队，那位教授是学机械出身，我们两个人在工作上配合默契，项目中有些具体的机械装备研发上我会有一个总体想法，但他总能准确抓住我的想法并把它变成现实。在团队建设上要注重公平和效率，要能团结同志们，不能打击团队成员的积极性，例如，我们团队课题项目获得奖励，我总是会拿出一部分奖金平分给大家，另外一部分按贡献分配。另外，还要尊重老同志的意见以及照顾年轻同志的工作热情。

记：易老师您觉得我们研究生特别是博士生在科研之外还应该注重培养哪些素质，才能更好地适应未来的社会?

易：这是一个终身学习的时代，首先，我希望你们年轻的学生多读书，要广泛涉猎经典，广泛地涉猎能让我们的生命变得辽阔，阅读经典能让我们的阅历变得厚重。学习能力是一个非常重要的能力，是我们应对任何问题的法宝。其次，要培养创新能力，你们做博士论文要敢于创新，特别是能有理论创新，这也是我们国家最急需的，在这一点上作为清华的学生应该当仁不让。未来的社会是知识型的社会，除了学习获取知识以外，我们还要创造知识，这才是我们中国民族的根本力量源泉。最后，还要有情商，要学会待人接物，学会适应社会。

记：最后易老师您对于清华学子您有什么寄语吗?

易：我们的校训：自强不息，厚德载物，完美地诠释了清华精神。我希望清华的学生能够顶天立地，有所作为。

并行科技掌门人

（1993 级　陈　健）

陈健　博士，北京并行科技股份有限公司董事长，TEEC 清华企业家协会成员，CCF（中国计算机学会）理事，CCF 高专委常委，CCF 公共政策委员会副主任，CCF YOCSEF 学术委员会副主席。

一、 学习生涯

陈健　1977 年出生于山西朔州，1993 年以市状元考取清华大学工程力学系。2002 年获清华流体力学博士学位，其间在荷兰 TUDelft（代尔夫特理工）大学做访问学者一年（图 1）。

图 1　陈健

大学期间，陈健是一名狂热的计算机分子，曾担任水木清华 BBS 电脑硬件版版主，并创办电脑市场版，得过校挑战杯一等奖，代表清华大学参加了 1997 年的全国大学生电脑大赛，在清华校园积极投身到计算机热潮中，学习各种最新计算机技术，热爱计算机产业，同时热衷于对生活学习中各个事物的优化，计算出最佳效率。

二、职业经历

2002—2005 年，陈健任联想集团高性能服务器事业部方案处经理，参与了联想深腾万亿次、四万亿次超级计算机的研制。

2005—2010 年，陈健在英特尔中国历任资深性能优化工程师、高性能计算架构师，负责中国大型 HPC 及前沿 HPC 项目系统架构设计、HPC 系统的优化及高性能计算技术推广。

三、创办并行科技

2007 年 2 月，陈健大胆设想用“并行”为名注册公司，创办北京并行科技有限公司，同时成功申请“并行®”商标。

创业初期，陈健带领不到十人的研发队伍用时两年，研发出国内第一款计算机领域应用运行特征分析软件收集器 Paramon/分析器 Paratune，广泛应用于高性能计算、大数据和人工智能领域，秒级采集集群和应用的系统级、微架构级以及函数级等性能指标，智能分析性能异常，实时告警，是管理人员保障集群高效运行的必备基础软件，也是开发人员优化程序的利器。

四、公司发展

2014 年，并行科技获得清华创投天使投资，开始“互联网 + 运维”OITS 在线 IT 服务业务。

2015 年，获得奇虎 360 和清华银杏 A 轮投资，开始“互联网 + 计算”超算云服务业务。

2016 年 11 月，经过严格审核，成功挂牌新三板，股票代码 839493。

陈健从 1993 年进入清华大学工程力学系开始，从超算技术的学习者，到超算能力的使用者，到超算中心的建设者，再到超算云服务的提供者。至今 25 年如一日，一直在中国超算这条道路上努力践行，将全部的精力奉献于中国超算事业。

陈健博士作为清华人，坚定不移的秉行清华大学自强不息厚德载物的校训，带领 200 多位精英团队成员脚踏实地的在做好每一项工作，为科研事业贡献自己的一份力量，为高性能领域发展添砖加瓦。在陈健博士与其团队的积极努力下，依托于中国国家网格和各大国家超算中心，并行科技设计建造了并行超算云服务平台，形成了集计算资源、存储资源、应用资源、服务资源和人才资源于一体的中国超算电网，真正使中国个人计算用户及企业用户像用电一样方便地使用超算资源。

回首过往，高性能计算应用环境十分复杂，国外能够使用高性能计算进行科学研究的渠道高达 60% ~70%，而中国仅有 20%，高性能计算的推广工作任重而道远。伴随发展，国内过往以自建为主租用为辅，到如今开始向以租用为主自建为辅的改变，充分说明中国对科研投入加强的趋势、中国企业对科研改造的转变。值此，陈健博士提出了建设“中国超算云服务”的规划，并于 2015 年试推出并行超算公有云桌面，协助超算中心打造基于互联网架构上的用户使用体验，通过使用内置增值服务的超算不仅为用户带来了经济效益，还提升了科学研究的时效性与精准性。

2016 年，并行科技成为中国国家网格唯一服务公司，成立了国家超级计算广州中心并行分中心与国家超级计算长沙中心并行科技分中心，并与广州超算、长沙超算、吕梁超算、无锡超算等建立了战略合作。通过不断演进产品与系统，并行科技自主研发了并行超算公有云平台，采取互联网技术与思维，将各大超算集成到并行超算公有云桌面内，用户可随时随地在任何设备操作与查杀作业，支持免 VPN 登录。为了保障用户作业计算安全与顺畅，并行科技持续针对服务体系进行优化与升级，实现了 7 × 24 小时专家在线服务，5 分钟响应，真真实实为用户做到“保障有力，响应及时”（图 2）。

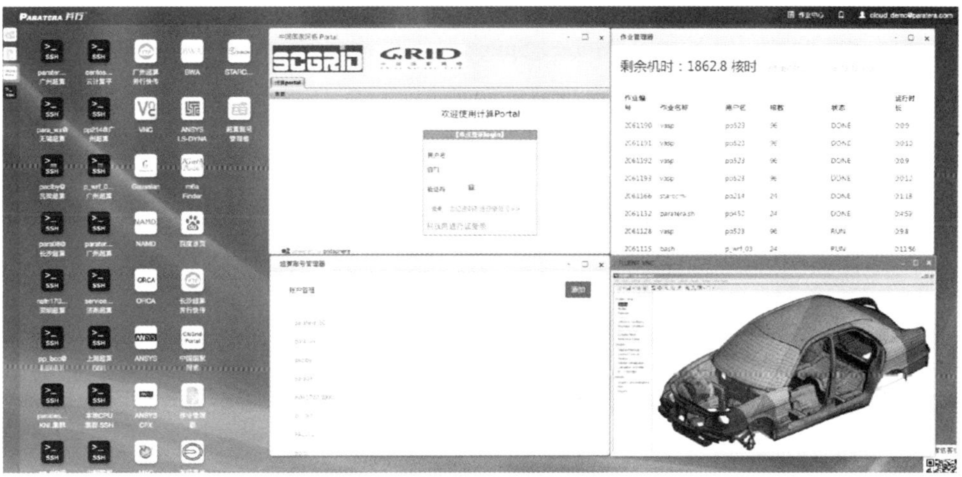

图 2 并行超算公有云桌面

2017 年，并行科技继续锤炼产品深度与广度，实现了远程图形可视化、并行快传、在线性能分析、快盘等全方位服务，并建设了“广州—北京”专线用于服务广州超算北方用户。同时不断丰富与完善服务体系，增设了开发运维、驻场运维、巡检运维服务，与在线运维共同打造出“高性能计算全栈式运维服务方案”；成立并行学院，支持线上培训，一对一教学，立足培养高性能计算领域人才。2017 年，并行科技在行业上面有更多的拓展，现服务的行业包含科研教育、政府机构、企事业单位、汽车制造、海洋环境、生物基因、新能源、航空航天与船舶等。推出应用 SaaS 定制化解决方案，支持用户更加方便快捷打磨自身业务流程，降低使用门槛。提供超算云平台业务化解决方案，用户可通过在统一超算界面开展作业，使用户聚焦在自身业务，更高效地工作。

并行科技积极承担国家科研项目，在 2016—2018 年参与了 E 级计算机关键技术验证系统、海洋环境高性能数值模拟应用软件研制、国家高性能计算环境服务化机制与支撑体系研究等多项科技部“高性能计算”重点专项项目。

五、主要作品

《Intel Xeon & Xeon Phi 高性能编程高级指南》。本书内容涵盖了志强融核处理器的微体系结构、指令集、使用模式、并行编程模型、向量化编程及编译、并行编程辅助工具、高性能库、性能和能耗分析等诸多方面，还介绍了基于志强融核处理器的应用开发、调试和性能优化的方法。

《释放多核潜能——英特尔 Parallel Studio 并行开发指南》。本书系统讲解了如何使用英特尔 Parallel Studio 并行开发套件，对基于 Windows 的程序进行全面并行化和优化，内容兼具并行开发的理论及丰富完整的代码案例，是一本不可多得的并行开发工具书。

《Intel® Xeon Phi™协处理器高性能程序设计》。本书原英文专著为《Intel® Xeon Phi™ Coprocessor High - Performance Programming》，现推出旨在面向中国读者的中文版本《Intel ® Xeon Phi™协处理器高性能程序设计》。

六、公益活动

2011 年，创办并行讲堂，面向国内用户开始普及高性能计算知识。

2013 年，并行科技设立“并行基金”，坚持奉行“为教育奉献回报”的企业理念，旨在传播公益教育，倡导发现和资助学校优秀人才，践行企业社会责任感，为中国高性能计算行业培养跨科学复合型人才，搭建行业公益生态系统奉献力量。并行基金已经用于奖励在并行应用挑战赛各项目中有突出成绩和贡献的学生；资助西部机偏远地区的高校优秀人才参加全国高性能计算学术年会；支持中国高校优秀参赛队出国参加世界级高性能计算领域赛事等。

2013 年，并行科技联合 CCF 中国计算机学会高性能计算专业委员会和英特尔创办 PAC 全国并行应用挑战赛。大赛集并行计算、人工智能为一体，设置并行优化、HPC 应用、人工智能三大赛道，旨在培养和选拔并行计算优秀人才，为中国梦的实现贡献超算力量。迄今为止已吸引到全国 300 所高校，5000 余 HPC 领域的优秀人才参与，并获得教育部计算机类专业教学指导委员会认证。

2017 年，联合国家超级计算无锡中心、国家超级计算济南中心联合创办第一届国产 CPU 并行应用挑战赛，承担起推广国产平台 CPU，建立和培养国产平台的良好软件生态环境，推动安全、自主、可控、国产平台产业化，选拔优秀应用，储备人才队伍，提升我国计算机行业整体水平的任务。

2017 年，并行科技创办了并行学院，立足于高性能计算应用领域，依托于并行科技 10 余年技术研发与客户服务经验，打破传统培训机构教育模式，从行业应用角度出发，启动因需定课、实操施教、分级培优，“产学研”相结合的教育发展模式，为高性能计算企事业单位输送优质人才，成就企业优才和个人晋升的职业价值梦想。

2016 年，联合高性能计算专业委员会承办国内最大的 HPC 中国高性能计算学术年会并首次突破 1000 人，2017 年再提升到 1500 人，2018 年 10 月即将在青岛举办，预计人数突破 2000 人。为中国高性能计算学术发展、企业展示、人才同行、洽谈合作，交流经验创造更高的价值和更多的机会。

七、社会活动

发起 CCF 中国计算机学会 YOCSEF 特别论坛——“芯片限售对我国超算的影响”。2015 年 4 月美国对中限售用于天河二号升级用的至强（Xeon）芯片在华引起轩然大波，陈健博士作为论坛执行主席发起，与超算负责人、国产芯片制造商、中科院技术专家等一同探讨美方限售令带给中国超算发展带来什么影响。讨论结果是限售绝不会影响我国超级计算机的发展，但会倒逼中国打造自主可控体系，构建一个系统、应用与人才并举的生态环境，推动中国超算向世界领军进发。

近年来国产 CPU 不断实现技术突破，正逐步打破相关产业的国外技术垄断，国产 CPU 应该如何自主发展已经成为学界和业界关注的热点。1 月 19 日，陈健博士主持了由中国计算机学会青年计算机科技论坛（CCF YOCSEF）主办的 YOCSEF 20 周年系列活动之国产 CPU 的最新进展和自主发展研讨会，相关领域的专家、学者、企业家齐聚一堂，共同商讨国产 CPU 未来发展中的机遇与挑战。

八、获奖记录

荣获 2010 年度 Intel China Award/Intel 中国最高奖。

荣获 2017 年度 CCF 科学技术奖科技进步杰出奖。

荣获 2017 年度清华校友企业创新成长奖。

去摘，遥不可及的星

——访 1983 级校友张宏

（学生记者 袁 李）

平易近人、亲切大度，是我对张宏学长的第一印象。刚一见面，学长大概看出了我们内心的紧张，先和我们聊起了学院里的老师和课程，一番互通有无之后，我才知道，原来学长当年的很多同学就是现在学院里的老师。谈起这些我们相互熟悉的话题，气氛一下子就轻松了起来。“我们随意地聊一聊，有什么问题，你们尽管问吧。”学长豪爽地说道。有了这话撑腰，我的底气顿时足了不少。采访就这样愉快地开始了。

一、等待，还是超车

访谈伊始，我惊喜地得知，学长同我一样也是 3 字班的——他于 1983 年考入清华大学工程力学系，毕业后进入空军第一研究所工作，后返校跟随杨卫老师攻读研究生。1995 年，学长跟随中科院梁国平研究员开始创业，共同开发了一款在线生成有限元分析软件，这也是全球第一个互联网有限元软件。2002 年，张宏学长进入中国水利水电建设股份有限公司，先后担任技术总监、总经理，从事公司的信息化软件开发和项目管理工作。2010 年，学长再次“下海”，到广州参与创办了一家进行高层建筑抗震分析的公司。公司被国企收购后，学长转而到苏州从事机器人产业，同时在北京开展绿色金融、环保信贷的业务（图 1）。

回忆起过去三十多年的求学和从业历程，学长不无感慨。“一开始被老一辈科研工作者的风范吸引去了研究所工作，因为不适应军队的体制又回校读研，接下来又去创业，从无到有做了几年，公司被收购，又变成国企，干了两年又出来了。就这样，几次下海，几次被捞上岸，四五家公司，一家五六年，这么多年便过去了。”

“我的同学中有一些选择在国企、央企工作，他们的生活非常稳定，一级级发展，没有跑来跑去的心思，而且学习能力强，工作又十分踏实，经过若干年的积累和沉淀，自然会上升到相应的地位。”

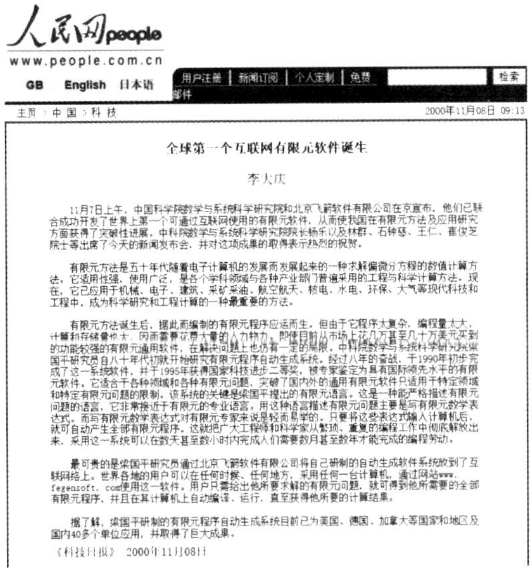

人民网 people
www.people.com.cn
GB English 日本语
用户注册 | 新闻订阅 | 个人定制 | 免费邮件　检索
主页 > 中 国 > 科 技　2000年11月08日 09:13

全球第一个互联网有限元软件诞生

李大庆

11月7日上午，中国科学院数学与系统科学研究院和北京飞箭软件有限公司在京宣布，他们已联合成功开发了世界上第一个可通过互联网使用的有限元软件，从而使我国在有限元方法及应用研究方面获得了突破性进展。中科院数学与系统科学研究院院长杨乐以及林群、石钟慈、王仁、崔俊芝院士等出席了今天的新闻发布会，并对这项成果的取得表示热烈的祝贺。

有限元方法是五十年代随着电子计算机的发展而发展起来的一种求解偏微分方程的数值计算方法。它适用性强，使用广泛，是各个学科领域与各种产业部门普遍采用的工程与科学计算方法。现在，它已应用于机械、电子、建筑、采矿采油、航空航天、核电、水电、环保、大气等现代科技和工程中，成为科学研究和工程计算的一种最重要的方法。

有限元方法诞生后，据此而编制的有限元程序应运而生。但由于它程序太复杂，编程量太大，计算和存储量也大，因而需要花费大量的人力物力。即使目前从市场上花几万甚至几十万美元买到的功能较强的有限元通用软件，在解决问题上也仍有一定的局限。中科院数学与系统科学研究院梁国平研究员自八十年代初就开始研究有限元程序自动生成系统。经过八年的奋战，于1990年初步完成了这一系统软件，并于1995年获得国家科技进步二等奖，被专家鉴定为具有国际领先水平的有限元软件。它适合于各种领域和各种有限元问题，突破了国内外的通用有限元软件只适用于特定领域和特定有限元问题的限制。该系统的关键是梁国平提出的有限元语言。这是一种能严格描述有限元问题的语言，它非常接近于有限元的专业语言。用这种语言描述有限元问题主要是写有限元数学表达式。而写有限元数学表达式对有限元专家来说是轻而易学的。只要将这些表达式输入计算机后，就可自动产生全部有限元程序。这就把广大工程师和科学家从繁琐、重复的编程工作中彻底解放出来。采用这一系统可以在数天甚至数小时内完成人们需要数月甚至数年才能完成的编程劳动。

最可贵的是梁国平研究员通过北京飞箭软件有限公司将自己研制的自动生成软件系统放到了互联网络上。世界各地的用户可以在任何时候、任何地方，采用任何一台计算机，通过网站www.fegensoft.com使用这一软件。用户只需给出他所要求解的有限元问题，就可得到他所需要的全部有限元程序，并且在其计算机上自动编译、运行，直至获得他所要的计算结果。

据了解，梁国平研制的有限元程序自动生成系统目前已为美国、德国、加拿大等国家和地区及国内40多个单位应用，并取得了巨大成果。

《科技日报》 2000年11月08日

图1　人民网关于有限元软件的相关报道

“但是我的选择不同。好比开车的时候堵车，有的人喜欢安安静静地等待，随着车流一点点前进，有的人则会想尽各种办法寻找其他道路。我就属于后者。面对堵车，我会一直绕，一直绕。也许回头一看，可能并不比那些老老实实排队的人快。但我觉得我是等不下去的，我要想尽办法超车。”

“我觉得我是有勇气的，从北京跑到广州，然后到苏州，现在又回到北京。好男儿志在四方，不同的年纪去不同的远方。超车的过程，就是探索梦想的过程，至于最后的结果并不那么重要，因为超车也很愉快，等车也很愉快。回过头看，我不觉得后悔。”学长对我说。

人如其言，我知道，在这些看似轻松的话语背后，有过那个时代的风起云涌，有过创业之初的筚路蓝缕，有过跃出体制时的凭栏远眺，也有过南下北上时的壮怀激烈。而今，这些都已成为人生路上的珍宝。岁月永是流逝，变的是工作的环境和内容，是旅途的风景和人物，而不变的是那份对梦想和个性的依恋，是遥远的彼岸和安步当车的情怀。

二、力学，可以跨界

学长的从业经历十分丰富，很多岗位既与力学专业相关，也涉及许多其他学科的知识，大学的学习为这些工作打下了坚实的基础。

学长告诉我，各个行业都离不开力学，无论跨界多大，只要肯挖掘，总有力学的身影。但力学也有缺陷，那就是不管在哪个行业里，它都不是主角。学航空的对飞机结构非常清晰，学汽车的对汽车非常熟悉，学建筑的了解建筑行业的很多规范，而学力学的人要进入这些行业，就必须先慢慢学习那些知识，这样就很难在短时间内超越别人。所以清华重视学习能力的培养，胜过知识的传授。但是教学不能直接教会能力，提升能力只能依靠传授知识和老师的言传身教。最后有用的是能力，而知识可以帮助我们跨界（图2）。“就好像我们当时学习板壳理论这门课，其实能直接应用这个理论的地方并不多，但是它处理问题的思维方式可以借鉴。力学出身的人跨界能力都很强，就是受益于这个特点。”

图2 采访者与张宏学长（右一）合影

谈到课程，我也不忘自己的老本行，咨询起学习的“灵丹妙药”来。学长会心一笑，娓娓道来：“清华的老师教得很认真，我们学得也很认真。我喜欢自学，本科时除了力学，还学了很多其他课程。比如我一直对做软件非常感兴趣，上大学的时候自学了很多计算机方面的课程，对程序语言和软件比较熟悉。那时候好多同学写程序作业时都来找我帮忙，我也很有成就感，觉得在这方面超越了他们。”说起这段有趣的经历，学长的眼神里闪烁出了一丝得意的光芒。

“研究生课程必须听老师讲，而且要花点功夫理解。非线性连续介质力学是固体力学的核心课程，包含大量张量理论，难以理解，学通了则整个固体力学就学通了。当然学好这个的前提是学好张量分析，因为力学的工具是张量。”听到这里，我赶忙在张量二字下面画了着重号。

“杨卫老师希望我们做力学的‘国家队’。我虽然没有走他期望的那条路，但我们也没有离开学术。”回顾这些年的历程，学长认真地说道：“力学是偏理科的学科，以做理论研究为主，而我喜欢做应用，直接创造价值。所以我总希望做一些有学术价值的东西，把力学、工程实践、生产结合在一起。”

对于正处在人生路口的青年朋友，学长也给出了他的建议：人在选择职业、专业的时候，有时会比较盲目，但总要跟着爱好走。爱好是人一生的事情，是后大学习所培养起来的。先做人生规划，再做职业规划，最后做学业规划。喜欢与不喜欢，要建立在了解的基础上，抓住实习的宝贵机会，了解各种各样的工作环境，找寻适合自己的方向。“最后你走的路总是你所期望的那条路，别人劝是劝不动的，要跟着爱好走。爱好不是天生的，它是一种价值观的体现。”学长的话，举重若轻，如大地一般，朴实而厚重。

三、清华，最爱是同窗

提起校园生活，学长首先想到的就是自己的同班同学，“我觉得大学里最宝贵的财富就是我的同学，最快乐的时候就是同学聚会。明年是我们这一届毕业三十周年，希望能回到母校再聚一次。”一说起自己开心的事，学长脸上的笑容更加灿烂了。

“我最喜欢学校的环境，工作两年回来读研，感觉一下子就年轻了五岁。到单位，人事关系复杂，领导会批评你，同事之间会竞争，各种各样的利益冲突，人感觉苍老了很多，没有朋友非常孤单，同事都来自不同的学校，没有情感的交流，观念也不同。回到学校就不一样了，和老师、同学关系都很好。印象很深的是薛明德老师，他教板壳理论的时候，一黑板的公式，踏踏实实在那里写。学校真的是很好……”话匣子一打开，无边的回忆便如滔滔江水滚滚而来。

“本科的时候我们班上 28 个人，只有两个女生。那时候每个学校都有舞会，一般是在礼拜六晚上。但是大部分同学都不敢去，而且参加清华的舞会大部分都是男生。那时跳舞这件事还不能被大家普遍接受，觉得跳来跳去没有什么意思，不如去香山玩一玩。”

“体育锻炼是一直在坚持的事情。大部分时间下午没课，吃完饭就睡觉，睡起来很精神就去锻炼。电影是当时主要的娱乐方式，一毛钱一场。当时看了很多电影，卓别林出演的一系列电影、007 谍战系列电影之类的。好电影都要靠抢，买票的时候大礼堂那里经常就是人摞着人。”

“食堂的米饭是用大浴缸盛的，除此之外食堂还有很多好吃的，白粥、玉米粥、大油饼、香辣白菜。大油饼非常好吃，但是最好吃的是小排骨。我们宿舍每周奢侈一次，买一份小排骨，大家一起吃，以此改善生活。”

“还有一件小事，那时盛行弹吉他，每个班至少有一半的人都会弹。晚上 10 点半熄了灯，做不了别的事情，有人就到楼道里弹吉他，因为那里有灯。接下来大家就开始一起批判他扰民……”

回忆的潮水一阵接一阵地涌来，漫过了岁月的长河，也打湿了每个人的心田。是啊，母校是知识的殿堂，教会了我们做人做事，母校更是一个温暖的家，哺育了我们成长。有谁能不爱自己的母校呢？

“毕业之后特别关心学校的资讯，感情是割不断的。”学长动情地说，希望能通过各种渠道获得学院的信息，特别是交换招聘、创业、实习方面的信息。作为校友，学长十分认可清华的同学，也愿意推荐同学们到相应的公司、部门工作和实习。“现在广州的高层建筑抗震，苏州的机器视觉，北京的绿色金融，都是很好的创意，也有许多问题需要解决。比如行走机器人目前就面临着大功率伺服电机质量过大的问题，可以说是整个行业的瓶颈。一旦行业发展起来，后面的事情都会水到渠成。而这些都需要清华的同学出谋划策，贡献力量。”殷切的期盼背后，是一颗求贤若渴的赤子之心。

学长的故事还有许多，我却来不及一一记录。短短两个小时，我已经收获了太多太多——对专业的思索，对人生的探求，岔路口的抉择，回忆时的坦荡——点点滴滴都值得用心回味。我深知所见只是冰山一角，所写的也只是岁月的注脚，但我也知道，任时光荏苒，星空总是璀璨如常。对张宏学长，时求学，时工作，或下海，或上岸，一次次突破束缚，一次次穿越荆棘，但无论何时，他都不曾背离自己少年时的承诺，不曾抛弃天性所致的禀赋，更不曾忘记属于自己的那片星空。星辰虽远，梦犹可达。

“以梦为马，去摘遥不可及的星。”这就是我眼中的张宏学长，是我眼中的清华人。

访1994级校友郗华

（学生记者　杜智博）

本着提升学子的创新视野，创造校友与学子间的交流机会，航院特地组织了暑期优秀校友采访的工作。作为记者的我们于7月31日有幸采访到了力学系1994级知名校友，现任北京浩瀚深度信息技术股份有限公司副总经理的郗华师姐（图1）。

图1　郗华师姐与记者合影

采访实录

记：师姐，您好！您是从本科到研究生一直在清华就读的，请问您觉得在清华的学习生活期间给您带来的最重要的品质是什么呢？

郗：最重要的一点就是不服输的精神。我当初考上清华是被保送的，没有经历过高考的洗礼，再加之大学与高中教学方式相差甚远，所以我在刚入学的时候非常不适应，导致我在大学的第一次数学期中考试失利了，没有达到及格线。但是能考上清华的学生总有一股不服输的劲头，我就想着高中时期的我能够那么优秀，到大学总不能比别人落后，再加上在周围同学的那种能考满分绝不考99分的劲头影响下，我从班级的倒数一直进步到班级的前几名，也算是不负自己的努力。

记：听说您在校时体育成绩很好，那您有没有把您说的那股不服输的劲头带到平时的体育锻炼中呢？

郗：有的。我这些年一直都在坚持参加马拉松长跑，最近获得过我这个年龄组的女子马拉松全国百名的成绩。马拉松带给我的最重要的体会就是挑战身体极限的感觉，记得有一次马拉松比赛是从半夜十二点开始一直要跑到第二天，当时跑步的时候真的是累到不行，但是当自己跑完整个赛程的时候就真的会感受到原来自己是可以做到这么一件困难的事情的，而一次次的挑战自己就是对自己信心的一个加持，而且马拉松真的可以带给跑步者战胜一切的勇气。还记得当时通宵比赛的时候有一个跑友是一个小女孩，她说她当时跑到半途忽然发现自己前后一个人没有，而且路面的灯光也很昏暗，这种夜路在平时她是绝对不敢走的，而比赛中她没有了害怕，只是告诉自己：你可以做到！经常参加体育锻炼真的可以增强自己的体力和工作能力，这与清华“为祖国健康工作五十年”和“无体育，不清华”的宣传真的是不谋而合（图2）。

图2　郗华师姐参加马拉松比赛1

记：确实，学校一直以来都在宣传体育锻炼的重要性。师姐，我了解到您在本科和研究生阶段都是在力学系就读的，但是您在就业时却选择了IT行业，两者相差还是很大的，请问师姐当时是如何考虑的？您对像您当时一样的毕业生就业选择又有何建议呢？

郗：我当时主要考虑是以自己的优势为方向，相对来说，我的统筹能力要更强一些，而对于一个问题的长期研究和深挖的能力要相对弱一些，所以我选择了企业营销这个方向。同时这可能与我一直以来的生活态度有一定的关系，我一直认为生活和工作学习需要有一个微妙的平衡，在上学和工作期间，不只要把学术和工作追求至完美，还要兼顾生活的品质和自身综合素养的提升。我觉得这是一部分毕业生，尤其是女生要特别注意的，比如说像建筑系的学生就可以多出门看一看各地的建筑名作，以此来提升自己对建筑设计的整体敏锐度和追求。另外，在工作之余也一定要兼顾家庭，像我的话就会在三四月或者七八月的工作淡季抽出大块时间来陪孩子和家人到国外旅游一番，同时也可以参加几项马拉松赛事，以此调整自己整体的身体和精神状态（图3）。

图3　郗华师姐参加马拉松比赛2

记：您刚才提到您会经常带孩子出国旅游，那您对孩子的教育一定很重视，您可以给我们分享一下您教育孩子的方法吗？有没有可以借鉴给咱们学院的教育方式？

郗：我对孩子的教育理念主要是从我的研究生导师王老师那里学来的，就是一定要因材施教。平时要多鼓励孩子，告诉她什么是该做的，而不是一直批评她某些事情是不该做的，要把她往她所擅长、所喜欢的方向进行引导，而不是总强迫她做一些家长认为好的事情。就像种一棵梨树，你所能做的就是给它养料，给它修剪枝杈，让它能结出又大又甜的梨子，而不是因为自己喜欢枣就强行要求它结出红色的果实。这也是我希望学院能一直秉承的培养方法——因材施教，让每个学生都能发挥自己的长处。

记：您对教育的理解真的很独到。我还想请教一下，您作为企业的管理者有没有什么比较好的管理经验和一些其他岗位需求方面的经验可以分享给我们呢？

郗：所谓管理，就是通过自己的一些行为促使一群人为着同一个目标来共同努力。这个管理上的经验其实在大学期间就可以得到很好的锻炼，可以多参加学校各种活动的组织工作，这样就需要你从活动的策划、宣传、赞助、人员调控、效果处理等方面来考虑整个活动，在这期间你可以提高自己的沟通、协调能力。当然如果没法组织活动，参与一些具体工作也是可以的，比如我在本科期间就参与过辩论赛的主持工作，从一开始的紧张到后来可以站在众人面前不胆怯，这其实就是一种能力上的提高，像我现在在全体员工大会上一样可以借鉴当时做主持时对于话筒的使用，怎样吸引听众的注意力等方面的经验；再比如我当时在体育协会负责过晨跑签到的活动，当时就会遇到各种签到但不跑步，跑步但不爱签到的不同类型的人，通过对不同类型问题的处理，就可以体会到工作中管理者与被管理者的心态，以及对不同类型的人的处理方式。而就岗位需求这方面内容而言，不同岗位对于能力的需求不同，但都需要员工具有的基本素养就是要具有比较好的表现力和对周围人的影响力，这同样也适用于在校生，自己的科研成果要通过自己的表现力呈现出来，这样才能得到合理公正的评价，只有通过自己的影响力才能带动起整个团队，提高完成事物的效率。

记：师姐的这个分享真的很有实用价值，还想请您给我们介绍一下贵公司的情况和您对公司和行业一个发展看法。

郗：我们公司主要是做互联网流量管控的，是以移动、联通这些电信运营商为主要的服务对象。我们公司其实是一个典型的产学研用型企业，最初期的整个技术都是来源于北京邮电大学的一个 863 国家重点科研项目，以其科技成果为基础推向民用，实现其经济和使用价值。我觉得我们公司是一个非常有情怀的公司，公司的管理人员都是高校的老师和国家企业人员出身，因而大家身上都具备为国家做出贡献的使命感。而就行业发展而言，我觉得大数据的使用这个方面涉足的人还很少，就像我们所能管控的互联网流量就具有非常大的数据量，但是如何使用它还需要进一步的研究。

记：谢谢师姐的介绍，我们还想了解一下您对于校友会的组织和一些活动安排上有没有什么建议呢？

郗：我一直觉得咱们的校友会办的很好，校友间的关系都很纯粹，没有那种行业协会的感觉，大家都很愿意互帮互助。我是希望学院能加大校友之间的相互联系，这样就更能促进校友间的合作和关系进展。我还希望学院能多给校友一些反哺学校的机会，比如很多校友都有能力和意愿在经济和生活上帮扶一些在校的有困难的学生，也可以多举办一些一对一和一对多的企业导师活动，以此来提升同学们的职业技能和企管能力，或者可以召集校友回校讲座，给同学们分享一下他们的经验。

记：好的，我会把这些建议及时反馈。感谢您今天的分享，最后您可以给我们在校的清华学子一个寄语吗？

郗：希望同学都可以在学校打下坚实的基础，塑造好自己的人生观，磨炼好自己的毅力，将来到社会上一定不要忘记回馈母校，用自己的力量为国家社会做出贡献，造福我们整个人类。

回忆和展望

（沈观林 教授）

2018 年是清华大学工程力学系建系六十周年暨清华大学航空工程系建系八十周年，为了庆祝和纪念，我回忆起不少难忘的经历，并就此展望清华辉煌的未来。

一、进入清华大学土木系学习并被选到第一届工程力学研究班

我来自上海，1953 年秋考入清华大学土木系工业与民用建筑专业（房 83 班）学习，1957 年春有幸被推选到第一届工程力学研究班学习，从清华一起去学习的有同系的刘延柱同学和其他系的张涵信、章光华、林逸等 11 名同学以及郑兆昌等 3 位青年教师。

在力学班有幸得到清华大学和中科院力学所各位学术大师的教授，钱伟长先生、杜庆华先生、钱学森先生、郭永怀先生、李敏华先生等分别讲应用数学、弹性力学、水动力学、流体力学、塑性力学等课程。当时我们努力学习，打下了坚实的理论基础。

1957 年冬，我们力学班学员到十三陵水库工地参加了 9 天劳动，日夜热火朝天的工作锻炼了我们的思想和身体，让我们了解了工人和农民。1958 年夏开始做课题。我们 3 个学员在稽醒老师指导下到锦西化工机械厂研究化工容器的强度，在工厂车间参与部分容器的制造，并做了几个压力容器的水压试验，用电阻应变计和仪器测量容器的应力应变，有的容器还一直打水压到爆破。后来回校上课不久，我和张涵信、章光华、王勖成、张兆顺等学员提前被抽调到清华工程力学数学系参加建系工作。1959 年 1 月研究班毕业后，我正式到工程力学系任教。

二、工程力学系初期教学工作

至今难以忘怀的情形是第一次当老师讲课。记得那时白天参加建系科研工作到晚上，夜里通宵备课到天亮，洗漱后到食堂吃早饭，早上 8 点到教室讲课。

值得回忆的教学工作还有先后三次跟三位学术大师辅导塑性力学课。第一次是李敏华先生给第二届力学研究班讲塑性力学课，由我辅导。第二次是黄克智先生给力 302

班讲塑性力学课，又由我辅导。当时黄先生先出习题让我做，然后给我讲解解题方法和如何引导学生做题，最后我去上习题课，他去听我上课，课后给我指出问题。第三次是钱伟长先生给力4级讲塑性力学课，又由我辅导。记得我多次到照澜院钱先生家聆听他的教诲和指导，受到他的治学作风的熏陶。这样五年内先后为三位学术大师的学生辅导同一门课，恐怕在国内都是罕见的，实在荣幸至极。

三、同工农兵学员在一起的日子

1972—1975年，大学招收工农兵学员。在这特殊的时期，培养特殊的学生。工农兵学员文化基础较差，但有实际工作经验和饱满的学习热情。我们有幸与强四班同学到昌平桥梁厂开门办学，在车间参加生产劳动，结合工厂生产搞技术革新，做龙门吊车设计计算和试验，还上数学、英语、材料力学、机械制图、结构力学等课程。强四班毕业做课题，我和庄汉文师傅与学员魏新华、李惠祥等四人，在1977年12月到上海闵行电厂，同上海发电设备研究所几位工程师一起做电厂再热管道焊制三通在热态工况下的高温应力测试。我们在学校研制了焊接式高温应变片，并做了性能实验。由学员研制了点焊机（安装应变片和热电偶用），在电厂大修期间把高温应变片和热电偶安装在三通管道上，接上电阻应变仪和电位差计，在电厂锅炉点火启动时测量三通上的应力、应变、温度，直到再热蒸汽550℃高温满负荷压力下电机并网发电，试验取得圆满成功，得到大量试验数据，是当时国内第一次成功的管道热态工况下高温应力测试。这段时期培养的大量工农兵学员在后来的各种工作岗位上做出不少成绩，其中有相当数量的学员在以后的工作中成长为了专门的高科技骨干或领导干部，为祖国做出了卓越的贡献。

四、科研工作和其他

我参加了“机械强度和振动”国家重大自然科学基金课题及其他各种课题，主要是实验力学中的应变电测技术研究和应用，参加了若干重要工程结构特殊条件下应力测试，如彩色显像管球壳热态应力测试，核电厂重要结构件热态应力测量，超导磁体超低温（–269℃）应力应变测试技术研究等，科研成果获得多项奖励。

此外，我根据工作需要和组织安排，担任过力1983级班主任、年级主任。工程力学系科研科科长3年以及系工会主席7年，直到退休前一年。大学和研究班的培养目标是学生不只在专业技术方面掌握坚实的理论基础，具有解决实际问题的能力，还要善于团结同事，组织团队完成各项工作。我们培养的学生不能只做专业技术工作，而且应能做组织管理工作。

五、主要的教学工作

自1959年1月任教以来，经过多年学习和工作实践，主要担任实验力学和复合材料力学课程教学。其中实验力学分析课参编了《实验应力分析》教材，1999年还主编了《应变电测与传感器》教材，2010年又与戴福隆和谢惠民教授共同主编了高等学校"十一五"国家级规划教材《实验力学》，已由清华大学出版社出版。

复合材料力学是1982年开始按科技发展需要开设的必修课和选修课。1983年力学研究班陈烈民同学（在航天部工作）在北京大学讲授复合材料力学课。我也去听课学习，后来编写了讲义，1996年正式出版了教材，给我校材料系和工程力学系开课多次，1996年后还给系里本科生讲过多次。2003年，我与北京理工大学胡更开教授合作编写新版的《复合材料力学》教材，2006年9月由清华大学出版社出版，2007年已用于我系本科生教学。令人高兴的是，现在上这门课的刘彬教授正是十多年前我教这门课时的学生，当年我是用讲义上课的。2012年，我和胡更开、刘彬教授合作编写的第2版《复合材料力学》教材已经出版，被国内各高校广泛采用。

六、退休后的学习和工作

1996年年初，我退休后仍被返聘回我系，多次讲授实验力学和复合材料力学课，后来参加主编《实验力学》教材、《复合材料力学》教材和其第2版工作。

退休后，我立即报名清华园老龄大学，先学习书法，上了2年行书班，由孙瑞明老师教，每周一次2小时的课，一学期十六周。后来学了一学期行草，一学期隶书和篆书，由卜希阳老师教。上课后写作业，渐渐能写出较好的作品。三年后，分别上了国画、花鸟班，初级、中级、高级、专修班各2年共8年，再学习山水画，初级、中级、高级班各2年，学到专修班已学3年多，至今仍继续学习。每2周上一次课，完成一份作业，逐渐能画出较好的作品。至今国画已学了17年。祖国几千年文化艺术博大精深，我在退休后开始学习了解，并能创作书画，有些书法作品还送给不少老同学和同事们，近年来还在院系和学校参加一些书法和绘画作品展览。学画一些花鸟和山水作品既丰富了精神文化生活，又促进了个人全面发展，实在是老有所学、老有所乐。

1996 年，我退休后，系党委安排我参加系离退休工作。当时离退休教职工 70 多人，后来逐年增加，至今已有 160 多人。按系所分别组成小组，学校了解和关心离退休教职工身体和生活，动员和组织大家参加文娱体育活动（如健身操、太极拳、运动会），促进教工身体健康，进入清华园老龄大学学习书法、绘画、艺术、摄影（文化养老）。当年学校给 80 岁教职工举办集体祝寿活动以及院系给 70 岁退休教职工举办集体祝寿活动，事先由我书写“松鹤延年”或“福寿康宁”等字并裱成条幅，送寿星祝寿，至今总计已有一百五十多幅（图 1）。

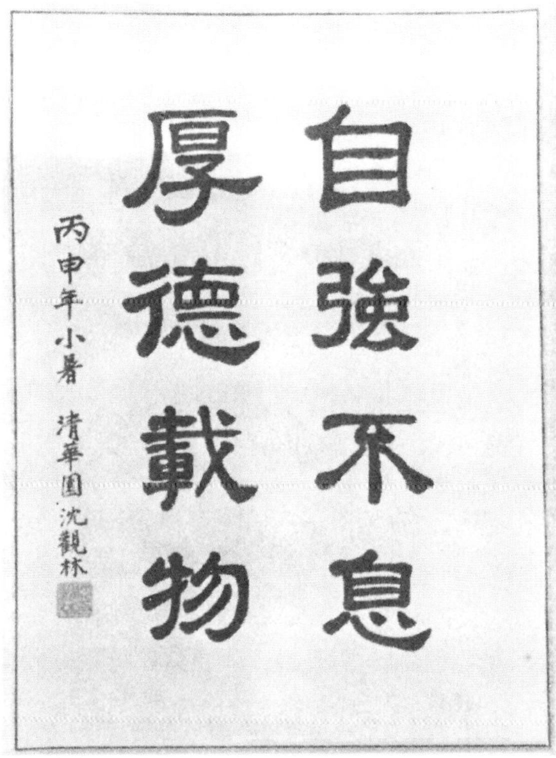

图 1　沈观林书法作品

七、小结和展望

1953 年 10 月 6 日到 8 日，我从上海不远三千多里来到清华大学，在土木系工民建专业学习三年半，每年努力学习各科课程并取得优良成绩和三好奖状，1957 年 2 月有幸被推选上工程力学研究班学习近 2 年毕业，1959 年 1 月到清华大学工程力学数学系任教。我们参加教学科研等工作，培养了大量学生送到全国各地及世界各国，参加建设和创造。清华大学为祖国培养人才做出很大贡献。在中国共产党领导下，中国经济、科技、文化、国防各方面都有很多的成绩。从站起来、富起来到强起来，我们要努力实现复兴发展的中国梦。从2020年到2035年，在全面建成小康社会的基础上，再奋斗十五年，基本实现社会主义现代化。第二个阶段，从2035年到21世纪中叶，在基本实现现代化的基础上，再奋斗十五年，把中国建成富强民主文明和谐美丽的社会主义现代化强国。清华大学现在已建校一百零六周年，中国将要发展到全面建成小康社会，同时要求清华大学能早日发展成世界一流大学。

作为清华大学培养的退休老教师，在清华大学校庆一百零七周年之际，准备对清华大学发展作出更多切实有效的努力（图2）。

图2 沈观林作品

毕业四十载，难忘母校情

（1974 级　翁蓓华）

我们那一届是与共和国同年岁的一代。在我们刚进入青年时期，就因“文革”辍学，在家待了两年后，于 1968 年按“四个面向”被分配工作。作为“辍学”的初二学生，我被分到工厂当炊事员。5 年后的 1974 年 9 月，我被单位推荐进入清华大学学习，成为一名工程力学系热物理专业的工农兵大学生，1978 年 2 月毕业离校。我在上海电气集团所属的上海汽轮机厂、上海互感器厂、上海风力发电机公司三家企业工作了 44 年（其中三年半在清华读书），直到 61 岁正式退休。2018 年是我们毕业四十年周年，我们将聚集在母校参加校庆活动。回忆往事，不禁思绪起伏，感慨万千。

一、老师教书育人，奠定我们做人做事的准则

能进入清华的我们是那个时代的幸运儿。那时学校的教学管理还没有恢复应有的制度规范，2016 年班主任顾老师帮我们去学校查当年学生的学习档案资料，结果仅查到入学卡片，没有所学课程、任课老师、学习考核成绩等档案资料，这就是例证。但是，我们遇到了最好的老师，接受了那个时期最好的教育。在这段特殊年代，我们的老师一方面要面对严酷的政治压力，另一方面要面对学习基础参差不齐的学生。他们怀揣着培养祖国接班人的崇高师德，排除政治干扰，满腔热忱，想尽办法开展教学。在我们入学 40 年的聚会上（见图 1），我们班的任课老师俞昌铭特意把 40 年前的七大本教学笔记带到师生聚会的会场，生动地讲述专业基础课课时安排、教学提纲、辅助微分方程模型、阶段性总结和自己的教学体会，把往事讲解给我们听，我们深受感动。记得 40 年前没有教材，老师就自己动手编写教材并钢板刻字，外委油印、装订。当时根据国家发展的需要，经过老师的广泛调研，确定课程设置和培养目标。老师与我们不仅没有隔阂，而且结下了特殊的更为亲近的师生关系，开门办学时不但教学在一起，还吃在一起、住在一起、聊在一起。政治运动袭击时，师生互相理解，共渡难关。在我们离校时，老师为了在政治上保护学生，为我们写毕业评语时，在政治表现一栏都

笼统地填上“在学校只参加一般的政治活动”。以后的几十年，我们这些工农兵学员没有辜负老师的培养，在建设繁荣富强祖国的各个岗位上，尤其在党的十一届三中全会后各行各业的技术队伍出现青黄不接、断裂层的情况下，努力做出贡献。回首四十年，是老师的教书育人奠定了我们做人做事的准则。我们要感谢学校，感谢老师给了我们一副翱翔的翅膀。

图 1　2014 年 4 月入校四十周年，师生在上海聚会
（前排左起邓艳秋、顾毓沁老师、张风格、刘少梅、俞昌铭老师；
后排左起王庆英、李志信老师、王新绥、谭东元、陈敏、翁蓓华）

二、理论联系实际的教学方法，增长我们的才干

自从我们班的专业从“热物理”改成“热工自动化”后，到北京郊区昌平区首钢公司红冶钢厂开门办学。对我们学生来说，在工厂可以投入项目实战，再到学校实验室补充教学，从感性上升为理性，再指导实际，快速增长我们的才干。事实也证明，我们这些从开门办学学到的本事，为日后从事这方面的技术工作奠定了坚实的基础，造就了我们深入实际摸爬滚打的做事风格。

记得开门办学下工厂时，无论老师还是学生，都配备了统一的装束——每天必须

穿工作服，带小马扎。工作服是一种深蓝色再生粗布制作的，洗的时候还会褪色，穿在身上皱皱的。在工厂要找个能上课的教室也很困难，换来换去像打游击一样。然而，再艰苦的条件也没有影响老师的教学热情和我们的求知渴望。我们坐着小马扎，上完了施学喻老师教的高等数学、朱德忠老师教的电子学、俞昌铭老师教的电工学和热工基础、顾毓沁老师教的调节原理等课程。

记得赵继英老师还将一台重油烧嘴拆开，作为教具给我们讲解容积式重油烧嘴的工作原理。赵老师对着实物讲解怎样把油从腔室里挤压出去，通过眉毛槽控制流量，风是怎样雾化油的，风油配比，怎样达到完全燃烧等。俞昌铭老师又把一个蝶阀拆开，告诉我们风一般为紊流，在管道内流量不是线性的，蝶阀的动作也很难做到线性。

据俞昌铭老师回忆，我们当时到红冶钢厂开门办学，工厂方面是相当欢迎的。工厂将刚落成的职工宿舍毛坯房，推迟分配给职工，让我们学校师生入住，并为我们保留了很长一段时间。工厂欢迎我们全面介入工厂的节能减排、热工仪表自动化系统安装调试及设备技术改造。记忆中，主要在一车间（汽车弹簧钢轧制）与三车间（钢锭开坯）工作。在一车间，利用大修对加热炉风、油管路全面改造。林文贵老师负责风路，俞老师负责油路。印象深刻的是，当完成大修新油路投运行时，油泵压力表上打出的 3 个大气压的数值与我们老师事先计算的值完全一样。记忆中，俞老师还指导过孙恒茂关于风路上蝶阀的设计。给三车间加热炉，做过热平衡测试，组织十名学生在加热炉各岗位跟班实测数据汇总写成报告，这项工作得到红冶钢厂上级单位首都钢铁总公司的好评。

我们在老师的带领下对油路系统、风路系统、烟道炉压控制、喷嘴执行机构联动装置等，从设计图纸到实施，一直到整体调试，全程参与。整套自动化系统交付使用后效果很好。

直到 1976 年唐山大地震，我们还在红冶钢厂。学校领导和老师为了我们的安全考虑，才把我们从红冶钢厂撤回学校。

理论联系实际的教学方法、分析问题和解决问题能力的培养，不但运用在开门办学中，还实践在最后一年的毕业设计中。

三、母校培养的能力，努力奉献给祖国和人民

能源装备产业是国家的支柱性产业。毕业后我在上海电气集团所辖的发电设备制

造工厂，我的岗位先是在热工计量室，后来到质量保证部。我先后在火力发电制造厂、风力发电制造厂、输配电设备制造厂带领过质量保证团队，也参与过秦山核电厂的设备制造。上海汽轮机厂与德国西门子合资后，我担任德方质保部长的助理，我的工作得到这位上司的高度评价。每当用户对产品质量有质疑或投诉时，我们就必须在第一时间赶往现场，去调查产生质量问题的原因，并快速组织处理，使用户满意，为企业挽回声誉和损失。内部管理还有大量的跟进工作。这项工作要求我们有强烈的责任心，敏锐的洞察力，细致和锲而不舍的工作作风。长期的工作锤炼，使我养成了认真负责、雷厉风行、兢兢业业、实事求是的工作态度。

记得1997—1998年，我担任质量检查处副处长。接管该项工作前，射线探伤室有一个遗留问题十多年得不到解决。有一个“钴60”放射源和一个“铯137”放射源报废后留存在屏蔽室内，工作人员对放射源的泄漏心有余悸。我了解这个情况后，就与上海废弃危险品处理中心取得联系，并报告给厂部，申请处理费用。那天我担当现场指挥，与探伤人员一起，齐心协力，终于将这两个废弃放射源用专用车厢运走。这件事后，广大的探伤人员，包括住在附近的居民，无不拍手叫好，说是我做了件得民心的好事，具有“明知山有虎，偏向虎山行”的大无畏精神。其实，当时我也没想那么多，只是想到大家的健康是大事，若干部推诿扯皮，群众会怎么看我们呢？

2007—2013年，我来到上海电气风电设备有限公司，负责风力发电机整机设计制造，现场安装、调试、投运，直至交付全过程。对我本人来说，长期锻炼出的工作技能应当达到炉火纯青的阶段。由于我们的机组都安装在风资源较丰富的内蒙古草原以及华北、华中、东北、云南的丘陵和近海的滩涂上。恶劣的工作环境对机组是考验，对我的体力和精力更是考验。为了把质量管理工作做深做细做扎实并掌握第一手资料，我光是出差跑现场的次数就得比别人多，由此对公司管理层提出的反馈和建议就更有价值。是“自强不息，厚德载物”的校训鼓舞我拼命工作。我的工作理念是为年轻的风电公司探索，为后来者积累，心甘情愿做个铺路石。因此，我本人也荣获“上海电气集团优秀干部”的称号。

40年过去了，可谓“弹指一挥间”。这40年，是祖国改革开放、快速实现经济腾飞的40年。尤其是党的十八大以后，以习近平同志为核心的党中央，治国、理政、从严治党，带领全国人民在实现强国梦、强军梦，在实现中华民族伟大复兴的中国梦的征途上勇往直前，取得了举世瞩目的伟大胜利。在党的十九大召开前夕，中央又总结了十八大以来这四年半的时间取得的辉煌业绩，提出“将改革进行到底”的目标，使我们信心倍增。我要将母校培养的能力，继续奉献给祖国和人民。退休后，我在社区党支部继续发挥着一名共产党员的先锋模范作用，宣传正能量并乐此不疲。

最后，我以《志成学子之歌》作为本文的结束语。“做事讲诚信，做人讲良知。你有能力时，决心做大事。没有能力时，快乐做小事。你有余钱时，就做点善事。没有余钱时，做点家务事。……私心膨胀时，欲望要节制。你有权力时，就做点好事。没有权力时，就多做点实事。当你能动时，就多做点事。你不能动时，回忆开心事。人这一辈子都会做错事，尽量避免做傻事，坚决不能做坏事。堂堂正正一辈子!”这已成为我的座右铭。我想，“清华人”是头上的光环，可以让我自豪一辈子。“清华人”更是肩上的责任。无论在什么岗位，无论在职还是退休，无论是在家还是在社会人际交往方面，都不能玷污“清华人”的名声。清华教我们知识，更教会我们怎样做人做事，更好地实现人生价值。毕业四十载，难忘母校情！以上向母校汇报，愿母校发展得更好!

毕业三十年后重回清华园有感

（1979 级 蒋 沁）

归来

少辞追梦暮归乡，
未减豪情鬓染霜。
校训依存明世事，
学堂百载话沧桑。
青春荏苒心无悔，
岁月峥嵘自当强。
四面八方同学聚，
谢师感恩忆情长。

力学情

踌躇满志清华入，
应力空间梦亦痴。
假设建模成定律，
实验计算觅真知。
弦歌不辍闻新韵，
薪火相传告祖师。
天赐我才需尽展，
青春年少岁如诗。

念清华兮走天涯，走天涯兮念清华

——“那三届”航发纪念物落成记

（力学系 1979级 校友）

在清华大学航院大厅里，有几个标志性纪念物，其中之一是放置在航院一楼走廊处的航空发动机模型。该发动机模型的底座由黑色大理石切割而成，上面雕刻有2篇物志铭，而在航空发动机的外壳上则镌刻着回文诗。这款发动机模型是由恢复高考以后的1977级、1978级和1979级这三届（简称“那三届”）校友集体捐赠，它代表着“那三届”校友的心愿。尤其是1979级的校友，他们亲切地称这款航空发动机模型为航发（以下简称航发）。航发一词的由来一方面是航空发动机的简称，与航天航空学院师生参与国家航空航天方向重大工程项目的设立初衷相契合；另一方面也寄托着毕业校友们对学院、对在校清华学子的期望，希望他们在这里启航、出发、将清华精神发扬光大……

关于此纪念物的落成着实有一段故事。我们走访了当年发起此次行动的一些校友，了解了关于当年此纪念物落成的全过程，从中可以窥探出校友们对于母校之爱，以及校友们对于自己曾经学习、生活过的学院的殷切期望。

一、缘起：师回国，同窗聚，三十周年同献计

捐赠此纪念物的故事，需要追溯到2009年校庆过后的仲夏夜。据1979级饶江校友介绍，为欢迎1979级的政治辅导员凌均效老师从美国回京，他们依照惯例召集在京的同学们和辅导员一起小聚。参加那次聚会的同学有留学日本后回国工作的力91班杨京龙和赵静野、毕业留校后主管校企业集团工作的力92班宋军、曾任Qualcomm（高通公司）中国公司总经理的力93班张谦、郑维杰、张建和在北京艰苦创业的饶江（图1）。席间众同学、老师山南海北地畅所欲言，饶江校友介绍了力九同学们捐赠给校友会的13.3万元“励久助学金”，用于每年赞助1名力学系学生的使用情况，等等。

席间，据张建校友回忆，当时有人提出2009年是1979级入学三十周年的大年景，提议1979级的3个班同学或全校1979级的同学能不能给学校再做点贡献？比如捐一座

图1 2009年5月14日清华园小聚

纪念碑，立在新清华学堂前边或清华南门。这个想法一经提出，大家都十分赞同，并就此展开了激烈的讨论。

但热闹了一段时间后，大家还是冷静下来，认真地分析了一下这件事的可行性。对于在校园某处立个石碑，大家认为：一是太没有创意；二是在学校设立纪念碑，官方有一些规定，不会像想象中的那么顺利，不易落成。最后大家逐渐聚拢思想，提出了更务实的方案，给母系也就是当时的航天航空学院捐一个纪念物，希望50年以后1979级校友的孙辈们还能看见。可以想象一下50年以后，1979级的同学在四月最后的一个星期天（校庆日），颤颤巍巍地赶过来抚摸碑上的文字和图案，那是什么样的心情啊。

之所以这样提出来，是因为制作一个有纪念意义的“物品”放在系馆里是比较靠谱的事情。但是什么样的物品有创意？有新意？又跟力学系的专业有联系？这还真有点量子纠缠的难度。据大家回忆，是郑维杰同学最先提出做个能转的风扇叶片，这和力学系的专业很有关联。在叶片上面刻字，这样转动叶片就跟翻书一样。这个想法给了大家很大的启发，经过一番头脑风暴之后，大家一致决定：制作一个类似航空发动机模样的雕塑物件。

在航院系馆放一个“雕塑”，需要航院领导的同意。这个请示领导的工作就交给了1979级唯一还留在系里工作的杨京龙同学。他是近水楼台、责无旁贷，再加上有在学校工作的宋军同学的支持，大家信心满满。

据杨京龙同学回忆，他与航院领导请示、沟通，心里并没有十足的把握。由于航院当时可用于放置纪念品的场地并不大。而且，如果每个年级都在学院里放点儿纪念品，对学院也是一种负担。为了能够让学院接受1979级的提议，大家商议决定：这个纪念物是代表1977级、1978级和1979级“那三届”送的。杨京龙同学感觉到责任重大，因为一旦他们的提议被学院否定，前期的设计、小样制作等工作都将白费。为了能够将此事落实，他建议在与当时任常务副院长的梁新刚老师沟通之前，请宋军先与梁院长联系，同时他还给梁院长写了封电子邮件，邮件内容大致是：校友们都心系着学院的发展，力九的同学想代表“那三届”同学为航院捐赠一个纪念物，以表达对曾经学习、生活了5年的航院的感激与思念之情。

与梁院长沟通的时候已接近2013年年底，梁院长并没有马上回信，杨京龙同学则非常担心。但是，几天后航院机关教职工进行年终考评时，梁院长在做总结发言时直接肯定了此事。梁院长对1979级捐赠纪念物的心情和想法表示理解，同时肯定了校友给航院捐赠纪念物之事。只是鉴于学院当时的具体情况，建议“那三届”同学捐赠的物品不要占地太大，同时安排院长助理王旭光老师帮助选址，此事终于落定。

二、缘续：巧构思，细设计，赠物航发现雏形

地方解决了，捐赠物品的大致方向也定下来了。可还需要落实到人，牵头设计、制作“雕塑”是要花费不少人力、物力的，这需要一个有时间、有实力的人来负责此事。经过自荐和大家推荐，饶江同学就半推半就地承担了下来。这个过程用饶江同学的话来说：过程还真有点戏剧性。

设计一：专业人士的抽象设计

饶江同学一开始找了个专门做雕塑的创作室，将想法和创作室的人员大致说了一下。创作室的人员充分发挥了艺术家的想象力，做出了第一稿捐赠物：类似水滴状的雕塑（图2）。

设计二：工程人士的思想落地

在征求了同学们的意见后，大家意识到，艺术家的设计和他们想要的捐赠物之间

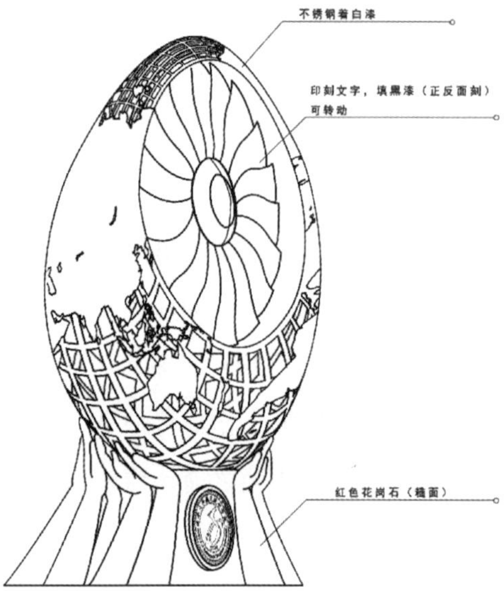

透视图

雕塑施工图

图 2 雕塑设计施工图（第一稿）

有很大的差距，这个设计品并不是同学们想要的。在经过又一番的讨论后，同学们发现，他们需要的不是“雕塑家”，而是需要将想法落地的“数控机床”。之后，大家又找相关的专业人士设计了新款 3D 效果（图 3）。他们对这个设计非常满意。为了确保加工出来的东西不走样，就先做了一款缩小版的模型（图 4）。

图 3 航发纪念物 3D 效果图（第二稿）

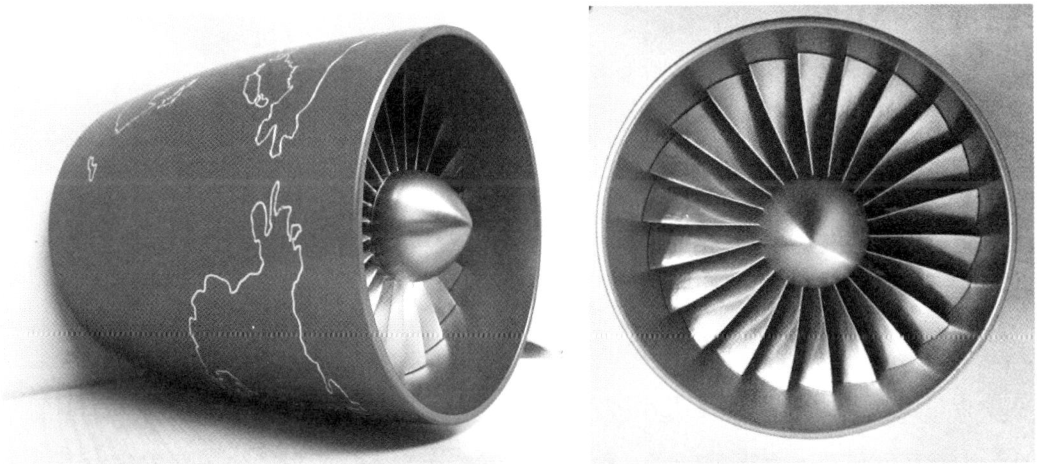

图 4　数控版航发比例模型实体效果图

三、缘志：聚群力，逐诗文，赠物铭志现雏形

有了纪念物，只是有了一个实体平台。纪念物上的文字和图，才是纪念物的灵魂。对于这些事情，饶江同学回忆了这些词和图的由来。

“航发”雏形做出来的时候，已经是 2013 年的事情了，这时互联网的强大沟通、交流能力展现出来。1979 级有个“清华力九”微信群，来自五湖四海、四面八方和东、西半球的“各路神仙”，在这里汇聚一堂，热烈讨论着航发纪念物上的诗文寓意、格式、内容等事项。在此必须提到的是力 92 班的吴承军同学。正是他跨越时空的协调和组织，使诗文逐渐清晰、丰满，整个过程中不乏各种有趣的细节。

任何一件事情，都需要有人坚持，需要有人助力，需要热心人，需要决策者。据 1979 级刘光华学长回忆，他们第一次听到做纪念物的设想是在毕业三十年校庆的聚会上，当时觉得设想不错，可是后来实施的过程中几起几伏，让大家不禁怀疑，这事到底能不能成。但是，在饶江等几位同学的不懈努力下，当航发模型小样出来后，事情立刻有了转机。

事情的转机就是航发模型的灵魂的确定。为了调动所有人的积极性，几位主要策划者要求每个班级出一篇短文，刻在捐赠物的叶片上实现最初的“翻书”设想。可是大家仔细考虑之后，认为一篇短文刻在叶片上，几乎不可能有人会去翻读，那么文字也就流于形式了。为了更切合实际，大家最后决定将文字刻于底座；如有合适的诗文，刻于叶片方便读取，以示纪念。

可是纪念文字和诗文谁来写又是一个不小的难题。最终，大家决定以班为单位，首先各班先推荐作品，然后遴选其中的优秀作品，经过网上投票，最后确定获胜方案。由于此事关系到后续的影响问题，这使得大家都开始重视此事。

第一轮评选，因为参与的人太少，所有的作品被“集体”否决。

于是我们号召了更多的同学参与其中，要求 7、8、9 字班的 6 个班，各显神通。

确切地说，所有的诗文都展现出那个时代的特点：7 字班、8 字班所给出的诗文非常稳重；9 字班无形中形成了几个阵营：93 班的同学，以“打游击”为主；92 班的同学，上学的时候文人墨客就居多，曾经绰号三个半文人，所以，作品层出不穷；至于 91 班同学，则体现出集体主义精神，整个班级集体作战。

正是因为 91 班集体作战，所以乐趣也是多多。

91 班同学先是达成一致意见：一定要打造出“天下第一联”的感觉。为此，他们翻出了当年毕业时 138 宿舍创作的一副颇出风头的长对联：

劫后三番汇聚山南海北才俊遍翻流体结构热机书卷

寒窗五载奔走厅堂楼馆学子共图航空飞天神舟梦想

于是天南海北的刀斧手和拼接匠们把这副对联进行了修改。全班 35 个人，不下 20 个人参与了这副对联的修改，这期间有叫好的，有唱衰的，有捧场的，有逗乐的，各种解读、评论、攻击、辩护，各种商议、探讨、妥协、润色、添油加醋，从早到晚在网上讨论个不停。前前后后共出了近百个版本。这些版本都非常精彩，比如：

习梦版

盛世三番汇八方学子聚水木清华习流体固体热物理共图富强梦

寒窗五载出一甲同门走天涯海角历家事国事天下事长忆闻亭钟

何星版

承启三届汇八方举子聚清华学堂览流体固体热物理追求振兴梦

春秋五载出一甲同门走天涯海角历修身齐家济天下不变中华心

……

最后搅得凌均效老师也忍不住杀进群里，出谋划策、指点词句：

三年集八方英才聚水木清华习研固热流始作振兴梦

五载送一甲同门走天涯海角纵横工学商犹忆闻亭钟

对联在不断地加长和缩短的过程中，居然打造出了一对长枪、短炮。前面提到的是长枪，短炮的出炉也颇具戏剧性。据91班的蒋沁回忆，当时饶江在“清华力九”群里，发起为航发纪念物叶片上题字征文后不久，刘光华代表91班的同学，首先抛出一个重磅炸弹：91班共计收到97副对联！各式对联层出不穷，每一副对联都是同学们心血和智慧的结晶，每一副对联都饱含了离校学子对学校的深情与期望，真是不知该如何取舍。但是，在所有对联中，一副类似回文体、儿歌版的短对联吸引了大家。这副对联是：

念了清华走天涯，

走了天涯念清华。

简朴的14个字不仅诠释了校友二字，而且将校友对母校的情意表达得淋漓尽致。之后，大家在此基础上，将此对联改为：

念清华兮走遍天涯，走遍天涯兮念清华。

这一副回文对联，表现出母校对学子、学子对母校之间那份割舍不断的情缘，旋转轮回、滔滔不绝、永不停息。

91班同学对于这对长枪、短炮都非常满意，但是到底选哪个大家犯了踌躇。长枪有长枪的意涵，短炮有短炮的精悍，手心手背都是精品，如何取舍？最终，91班的同学决定放到大群里，让7、8、9字班的同学们去评说。结果是长枪短炮双双胜出，让91班再次感受到了班集体作战的优势。

在如火如荼的讨论中，大家各抒己见，发表自己的意见和诗句作品，同时也互相修改完善作品。这其中出现不少佳作，如林少波的小散文——心中的港湾，就是在群中这样产生，并引起大家的共鸣。

林少波同学介绍，心中的港湾系集体创作的结晶，由自己创作初稿，后经吴承军点拨，蒋沁修改，特别是将“力学是船”改成“力学是桨”后，感觉更加贴切了。

回顾整个航发纪念模型的制作和铭文的遴选过程，大家感触最多的是：每一个同学在离开母校后，依旧对清华心存感念；无论人在何方，只要能够为母校做事，就可以把每一个人都凝聚在一起，这也恰恰是91班同学打造的短炮所表达的：

念清华兮走遍天涯，走遍天涯兮念清华。

最后大家一致决定将这副回文对联雕刻在叶片上，可以循环咏诵。

有了大概的雏形，有了一副对联，剩下的就将对联、雏形设计融为一体。为了能够将对联与雏形设计相契合，早期的设计是带有九个旋转叶片的航发模型。饶江和刘光华将字刻在叶片上，随着叶片的转动自动生成“念清华兮走遍天涯，走遍天涯兮念清华”的回文体对联（图5）。但是因为制作的叶片非常细长，无法实现。于是，又生出仿照古时竹简的理念，在每一叶片上刻上一句诗。叶片仿佛一片片竹签，由发动机串联，形成一部“竹简”。当电机慢慢转动时，就是一部如歌如泣的诗书。

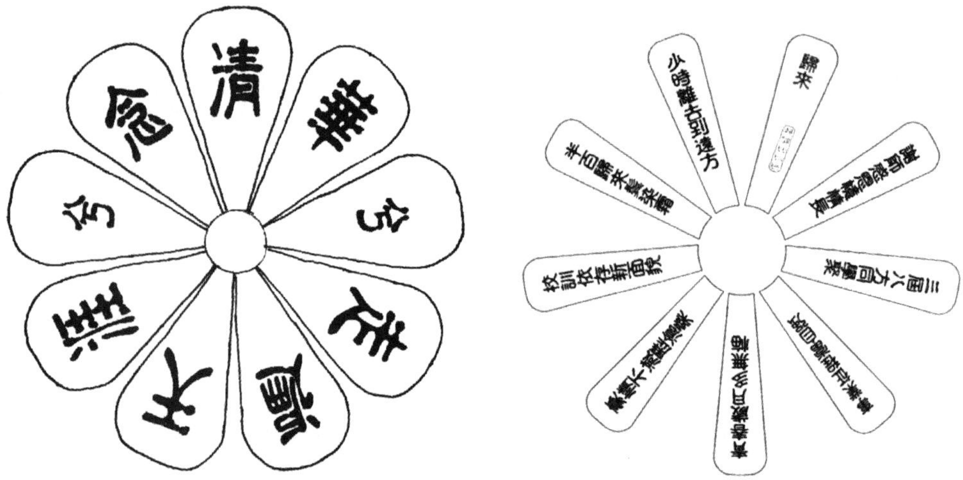

图5　旋转叶片刻字设计图

据蒋沁同学介绍，早期的设计是众手托起发动机，底座几乎没有地方刻字，所以将刻字的主意打到了发动机身上。如此，就产生了下面的创意（图6）。

不过，最后底座的整体设计换了，这个设计没有用上。而长联和散文被潇潇洒洒地刻在了底座上。在征文过程中，虽然许多诗句没有被采用，但并不影响大家的热情和积极性。可以说，一座雕塑将7、8、9字班分布在世界各地的同学们一下子又召集在了一起，让大家再一次体会到集体的温暖和力量，也让大家再一次在心中和母校团

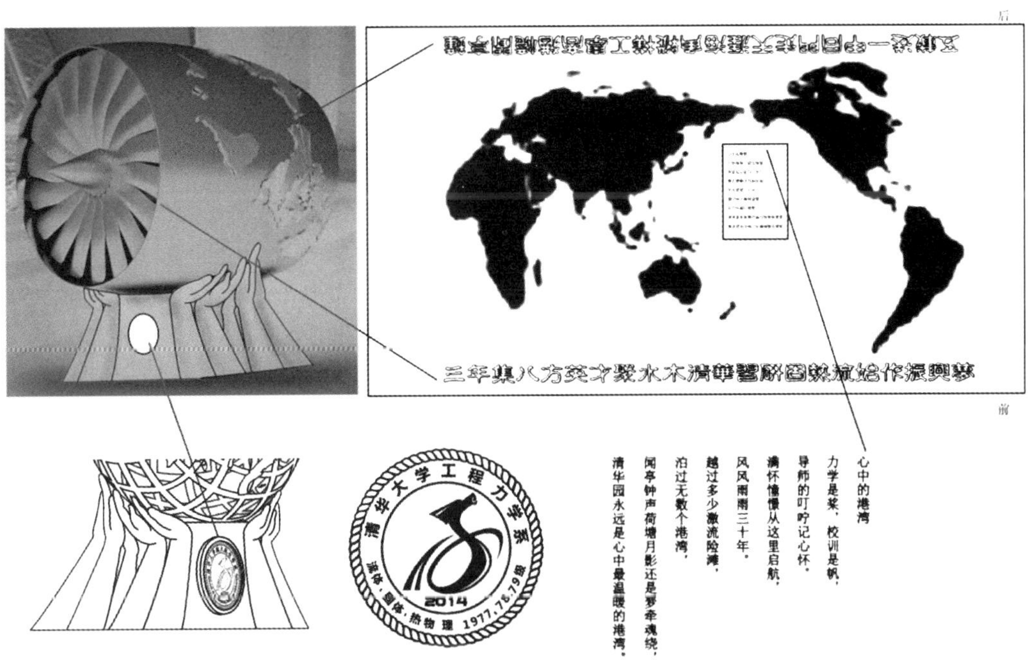

图 6　刻字建议图

聚。如果让大家说有什么遗憾的，就是当时没有收集起那些未被选上但依旧十分优秀的作品。

四、缘落：文已刻，物已置，三届之情润航院

为了赶在 1979 级毕业三十年之前安装到位，饶江等负责设计制造的同学加班赶工期，希望在 2014 年校庆前安装完毕，让力九的同学们返校时来转动叶片看看大家共同努力创作出来的作品。没想到设想和实际相差太远。原始设计中的那几个叶片，放大了以后，做出来怎么看都没有我们想要的“航发”的感觉。用饶江学长的话说：“怎么看都只是一个‘电风扇’，实在有点没面子。”

正在大家都发愁如何是好的时候，在学院工作的杨京龙学长告知大家，学院的学生中有从生产军用航空发动机单位过来的，据说有试验不合格的完整叶轮可供力九同学们免费使用。于是，杨京龙学长就担当起了联系、谈判的任务。他联系了正在航院攻读工程硕士的某发动机制造厂的学员，请该学生请示公司总经理，是否可以将不合格的产品低价处理给我们。该公司的总经理听说是校友们为航院制作纪念物，极力表示支持。于是，总经理同意将不合格产品以底价卖给我们，但需要出具

带有具体使用说明和单位公章的公函。学院也非常支持我们的捐赠活动，于是出具了一份盖着公章的使用说明。几周后，我们需要的叶轮，就被稳妥地运送到了位于无锡的纪念物加工单位。

见到完工后的纪念物，参与设计、协调和制作的同学都深深地感觉到这一选择的正确性！

由于这一插曲，导致“航发”纪念品没能赶上 2014 年校庆，也无缘 1979 级力九班同学们的“毕业三十周年同学会，再聚首忆青春”的盛大聚会。对于他们几位主要负责此事的同学，心中是何等的遗憾？毕竟此次聚会，返校回来的同学人数超过总人数的一半。

遗憾虽有，但是深情仍在。终于，在 2016 年 5 月，“航发”，这一 600 多公斤的纪念物完整地“立在”航天航空学院的大厅里（图 7、图 8、图 9）。

图 7　航院大厅里的“那三届”航发纪念物

在安放完航发纪念物后，大家兴奋地与纪念物合影留念，还发到了“清华力九”微信群里！结果，就是这些照片，让纪念物被搬离学院。因为，蒋沁学长眼尖，发现底座上一句“力学是桨”错刻成了“力学是浆”。没办法，几百斤重的底座只好又搬回去重新雕刻。1 个月后，2016 年 6 月，经过近 7 年的努力，“那三届”捐赠的航发纪念物终于稳稳地落在了航天航空学院的大厅里。

图 8　2017 年与“那三届”航发纪念物合影留念

图 9　2017 年校庆日校友和航发纪念物合影

注：航发纪念物造价 30 万元左右，是由力七（1977 级）、力八（1978 级）、力九（1979 级）三个年级的校友集资捐赠，捐款的总负责人是杨京龙同学。截至目前，总共收到捐款 7 万多元，其余不足部分由力九饶江同学垫付。

现在航发纪念物仍然安放在航院中，那可以旋转的、雕刻着对联的叶片，是真的航空发动机叶片！那基座上雕刻的散文诗，是力九群力构思的“心中的港湾”：

力学是桨，校训是帆，
导师的叮咛记心怀，
满怀憧憬从这里启航，
风风雨雨三十年，
越过多少激流险滩，
泊过无数个港湾，
闻亭钟声荷塘月影还是梦牵魂绕，
清华园永远是心中最温暖的港湾。

纪念大哥汪左澜

（1980 级　校友）

图 1　1980 年汪左澜入学照片

汪左澜　（1958 年 4 月 22 日—2016 年 12 月 1 日）是 1980 级工程力学系工程热物理专业力 03 班上唯一的非应届生，在校期间和毕业以后一直都是我们当之无愧的大哥。2018 年，力学系建系六十周年，也是大哥冥寿 60 岁。2016 年 12 月 1 日，汪左澜不幸在海中游泳遇难。噩耗传来，同学们难掩悲伤思念之情，自发写下悼念之词，汇集成力 03 纪念班刊。以下文字选自纪念班刊，在此发表，献给我们在清华的青春岁月和一起长大的同学（图 1）。

一、记昨日书，青春依旧①

多次要求自己为班级刊物写一篇像样的文章，最终想到了这个题目。现在大家都在憧憬着未来，当然无所怀念，但是十年、二十年以后呢？

我想，到那时我们最为怀念的，必然是那些我们已经永远失去的东西，不只是青春的年华，充沛的体力，矫健的身姿，肯定还有另外一些东西。

我们当然不会怀念今天的幼稚，但肯定会怀念今天的真诚。到那时我们大概再也不能像今天这样对暴露自己的不足感到无所谓。

我们当然不会怀念今天的狂妄，但也许会怀念今天的雄心。但愿我们能甩掉成功或失败的锁链，勇往直前。

我们也许能抛弃今天的粗鲁，再也不会在看电影时纵声笑谈，旁若无人，但说不定我们会怀念这痛快淋漓。

我们当然向往生活的安逸，再也不希望别人拿着“不及格”逼自己学习。但难道

① 摘自 1985 年我们大学毕业时的班刊文章《我们会怀念些什么》。

我们会因此而不怀念那安静的自习教室，带着蓬勃的朝气？

我们也许取得一定的成就，但同时也失去了今天无限成功的机会，失去了那宝贵的 Uncertainty（不确定）。

我们离开了今天的集体，走进了更大的社会，我们当然希望自己能永远地长在温室里，但今天的集体必定会给我们带来一丝温暖的回忆。

怀念啊，怀念，圆明园的晚霞，颐和园的明月，荒岛的篝火，自清亭的钟声……

有一样东西是我所不希望自己怀念的，那就是心灵上是安宁。带着处子的宁静，走上纷乱的历程，岁月会给我们留下各种痕迹，但愿它们不会使我遗憾终生！

二、1980 级工程力学系工程热物理专业力 03 同学回忆录

1. 班珩

刚到清华时，我住一号楼 103 室，宿舍里有三张高低床，进门右手下铺是我，上铺是汪左澜，我们上下铺一起住了三年。

左澜中学时期练过短跑，腿部肩部的肌肉很结实，大概在部队时晒得多，肤色黑黝黝的，比细皮嫩肉的段宇宁或瘦弱书生样的何平，有着绝对优势的速度和爆发力。我清楚地记得左澜中学百米最好成绩是十一秒零八，而我只能勉强达标。他个子虽然不高，却是班里篮球队的绝对主力后卫，我和张明个子高打内线，于帆、陈小明投篮，左澜善于拼抢、控球。记得有一次和 01 班比赛，孟岩投篮不进，球回弹向右侧，沈葆春和左澜同时争夺这个篮板球，俩人背靠背一起起跳，只见左澜原地高高拔起，同时信心十足地喝道，“这是我的！”右手直伸向篮球，远高出葆春的手，在空中单手狠狠将球揽下，充分显示了他过人的弹跳力。

与他打篮球时激烈竞争的形象相反，左澜待人处事非常随和、低调，与同学们一起，大家根本感觉不到他比我们大好几岁，还参过军，入了党。记得我们这一届入学时，近两千名新生中只有两个党员，左澜便是其中之一。我来自杭州，从小在中学老师宿舍的院子里长大，那时整个中学，只有屈指可数几个党员，都是学校书记，校长一类极受尊敬的干部。左澜是我第一个近距离接触的党员，我们一起上下课，一起去四食堂排队，一起去体育馆边的球场打球，一起到教室占座自习……他对生活的热爱，对学习的认真，对人的真诚，对我在清华逐渐长大成熟有润物细无声般的影响。

最后一次去左澜家是和于帆、段宇宁一起去的，左澜的妹妹帮着做饭。那天他们做的午饭有一个菜很有特色，凉拌黄瓜，一根黄瓜转着圈切成薄片，但不完全切断，整条黄瓜摆盘。我细问了他这道菜的做法，并在结婚后极力把这个菜推荐给太太。这道菜已经成为我们家的家常菜，请客时做过，平时也会经常做。看见桌上摆放的凉拌黄瓜，有时会止不住地回想起当年的青春年华，和左澜真诚的情谊。

2. **甘雨**

和人家一样的感受，大哥走得突然，清华一别30多年，当年和他一起度过的时光犹如昨天。当年大哥比大家大四五岁，但他给我的印象是那么成熟，好像比我们多经历了很多，但又特别平易近人。记得一次大家在一起时，想不起来是什么原因，和外人争执起来，大哥毫不犹豫地挺身而出。那场景，直至今天都记忆犹新。

另外，我和大哥有一个比较特殊的经历，上学时和大哥去探险。1984年暑假，大家都回家去了，我突发奇想，平时上学总是规规矩矩的，现在放假了，不如干点儿有意思的事。和大哥一商量，我俩决定去探险。当时老刘（京平）也在场，最后商议决定，我们三个人一起去。老刘负责财务、干粮和水，我扛着一把借来的气枪负责安全，大哥带上补胎修车工具和钓鱼竿，我们一行三人晓行夜宿一路向北骑行，途经昌平、密云，过古北口长城，直到承德避暑山庄，历时六七天，耗资32元。沿途跋山涉水，打鸟钓鱼，钻渔船避雨，登残破长城，挽裤涉大沙河，夜宿古北城楼，望满天星空银河。大哥是老兵，胆大心细，无微不至，我和老刘初出茅庐，摩拳擦掌。同学少年，激情时光，那几天的探险很是尽兴。时光荏苒，30年一挥即逝，清华一别，今竟阴阳两隔。再叫一声大哥，您走好，我们默默祈祷，感恩有您这样的伙伴陪我们一程，默默为您送行，虽然太早，太年轻，真希望再有相聚。

3. **沙明**

老人走了，说是因为海边游泳出了意外。这些天我总是想来想去，就算是放到现在的场景里，我所想起来老大的样子，还是同学生时代一样的脸，带着那种泛着红光的笑容。

老大是全班的老大，因为我们大多数都是应届的学生。但老大不是，老大参过军，记得老大说过，参军的三年他都是在山里给仓库站岗。我不知道山里军队的仓库是什么样，也不知道那种站岗会是什么样，原先我是按军队大院的警卫那种想象的，严肃但远不及中南海这样的地方庄严，更不会有现在天安门升旗那种带着国运宣示的仪式感。不过后来我看了两集名叫《士兵突击》的电视剧，基本上我想象中老大站岗的场景就换成电视里的那种了。

我和老大同过宿舍，为什么印象中老大的样子总是带着微笑，我想大概是因为在宿舍里的印象实在太深。那时老大是上铺，常常在上铺靠着被子看书，大家聊天或是讨论什么事情的时候，老大参与进来就是侧过身来说上几句，那时，老大的脸上就带着那种泛着红光的笑容。印象里我总是站在离老大不远也不近的地方，不知是真的有夕阳照进来，还是我自己的“加工”，反正我的印象基本上就定格在那儿。

老大不高不矮，老大不胖不瘦，老大是谦谦君子总是带着暖人的微笑，老大是运动型的能跑能跳，老大好学刻苦，老大会照顾小弟们，因为我们都是小弟，我们知道……

老大离我们好远。

4. 吴雅珏

我第一次见到左澜是在清华工字厅里的校长新生座谈会。清华的书记和副校长在厅正中，我们新生坐在围厅的凳子上。工字厅的会议室很大。副校长很开朗，让我们挨个站起来介绍自己，就这样我知道力 03 还有一位汪左澜。校长介绍了 1980 届的情况，我们是第一届全国统一考试招生，最大的 1958 年，最小的是 1964 年。在清华本科 5 年，从未感觉到左澜大哥和我们有年龄差距。清华的 5 年，女生和男生接触有限，最快乐的时刻是每年的新年晚会和外出郊游，活动的照片里总是有左澜大哥的笑容。

我们班大哥岁数最大，我岁数最小。所以我一直对大哥恭恭敬敬。但是从来没叫他一声大哥。在清华时总觉得大哥和我们一样，一起玩、一起学习。特别深刻的是大哥的笑容。五年很快过去了，我们再相聚是在英国牛津。左澜大哥在沃尔夫森学院当研究员，第一次去时和小青嫂夫人见面，还有孩子小雪。在英国第一次见面时，小雪刚学会走路。嫂子让我说说大哥的故事，我说他是我们的大哥，有哥哥样。嫂子笑着不相信。那次是第一次见到嫂夫人，她说，雅珏，你给做道菜吧。我当年是孤身一人来到英国，一直是在中国留学生会里吃百家饭，那天做了什么都忘了，只记得用了很多料，大哥和嫂夫人在左右护着。

在牛津的时候我们都已经工作了，有点经济实力了，也都会开车，每次聚会都在各家轮流，每每有新客我们都尽可能出去郊游或者是撑船。每次去变化最大的就是小雪，上次刚学会走，再次见面时扎着冲天小辫儿满处跑。

左澜大哥不光是同学们的好兄长，他更是个好父亲。他一提起女儿脸上总是一脸骄傲，他最得意的是两个女儿长得都像他。小雪后选择化学系生物专业，我们交谈过一次，左澜大哥对孩子们未来发展的关注让我敬佩。最近我们讨论怎么在国内查看谷歌邮箱，他说“我让女儿帮我设置吧”，语句间充满了为人父的幸福感。我很感激清华毕业之后能在英国再次认识完全不受任何拘束的左澜大哥和他的家人。

5. **陈立红**

我应该是班里受大哥照顾最多的一个。上大学时，大家都是平等的，虽然大哥年纪比我们大一些，但也都是同吃同住同学习。我在上大学时和大哥交往不多，1994 年去牛津后，多受大哥关照。我能在牛津读博士，也是大哥写的推荐信。

我去的是工程系 Osney 实验室，主要的经费来源是航空发动机大家——劳斯莱斯汽车公司。大哥在组里是二师兄，大师兄是一位长得极像憨豆的英国人。那时候，二师兄在 Osney 混得风生水起，个人分析原因可能有三个。一是当时他从事的研究是液晶测热，是实验室最重要的课题和最拿手的绝活，为 R – R 航空发动机新型叶片的开发提供基础流动/热数据；二是那时候个人电脑还不发达，经常出各种各样的问题，而他是计算机大拿，谁有什么问题都找他，在 Osney 非常炙手可热；三是谁都无法否认大哥魔性的笑声极具感染力。现在回想起他时，首先想到的就是他那具有感染力的笑声。那时候，我的办公室在 3 层，他的试验台在 1 层，但经常在楼梯上就能听到他魔性的笑声，随即不由自主地也咧开了嘴。

关于大哥热爱锻炼，有个他自己讲的故事。有一次大哥回国，看见不少老人家都早起晨练，大哥觉得自己也应该恢复锻炼的好习惯。于是回到英国就开始跑步，可是冬天的英国又湿又冷，而且白天又短，大哥黑乎乎地跑了两天就感冒了，只得作罢。

我个人觉得，嫂夫人对大哥在力 03 的“江湖地位”一直缺乏足够的认识。她曾说起恋爱时第一次见到我们班同学，几个小伙子齐齐地喊了声“大嫂”，吓了她一跳。也难怪，很难想象清华的一帮自命不凡的家伙会心悦诚服地视某人为大哥。我个人的感受是这样的：套用现在最时髦的话“不忘初心”，30 年没再见过老大的，会永远记得他年轻时活力四射的样子；30 年中时时见到老大的，会慨叹我们自己在雾霾的重重包围中，灰度值越来越高，而大哥依旧是当年纯净的模样。正像他自己在班刊上写的：“有一样东西是我所不希望自己怀念的，那就是心灵上是安宁。带着处子的宁静，走上纷乱的历程，岁月会给我们留下各种痕迹，但愿它们不会使我遗憾终生!”他做到了!

毫无遗憾!!!

既然大哥的名字含水，那么大海应该是他最好的归宿吧。不知那天威海是什么天气，但想来应当是个朝霞满天的美丽早晨，“老顽童”扑向了大海，尽情地玩耍……

想必是左边的波澜带走了他吧!

6. 段宇宁（代表力03在追悼会上的致辞）

左澜，我们来了，我们来送你了!

我是汪左澜先生的大学同学。

前天（2016年12月6日）中午左澜妹妹左涓用左澜的手机，通过短信的形式通知了我这个噩耗。当时我简直不敢相信自己的眼睛，我立马回拨电话，真希望这只是一个电信诈骗。当在电话中得到左涓的确认时，我只剩夺眶而出的眼泪和不知所措的慌张。

在得到左涓的同意后，我通过微信把这个噩耗告诉了全班同学，班群顿时“炸”了：不能接受，要求确认！国内国外，白天黑夜，大家夜不能寐，即使是短暂的梦境也是与左澜在一起！大家一致请孙焱、于宏、郭东风和我代表全班同学来威海送别左澜。

左澜是我们的同学、朋友，又是我们公认的大哥，他比我们大5岁。我们人生中最美好的时光是与左澜一起度过的：我们一起在图书馆占座；我们一起在四食堂排队；我们一起摸爬滚打；我们一起熬夜在实验室打游戏。我们每个人都得到过左澜大哥的关心、帮助和支持，后来左澜去了英国，左澜在牛津的家就是我们同学的聚会地，我也住过左澜在牛津的家。一些同学后来的学业发展也得到过他的直接关照。我现在还在与左澜合作——希望将左澜他们研发的技术和产品用到国家标准上。

这两天，同学们已经在微信群中纷纷展开追思活动，一篇篇追忆文章，一张张合影照片，一幕幕往日的情景，千言万语，万语千言，此时此刻，我想引用一位同学的话：“你可能不记得一个人说过的话做过的事，但你永远不会忘记一个人给你的感受。我记得的大哥，永远是快乐，亲切，平和，无我。”

大哥，我们来送你了!

悲沧海无情，长风破浪驾鹤去。念英才热血，明月千里送哥行。

大哥一路走好（图2、图3、图4)!

图 2　1985 年力 03 毕业照（后排右 1 为汪左澜）

图 3　2015 年毕业 30 周年校庆返校——系馆（左 1 为汪左澜）

图4　2016年5月1日，左澜泰山留念

明德于心　感恩于行

（何　枫　教授）

回首1981—1986年，在清华大学工程力学系读书的5年时光，是我们1981级流1班全体同学度过的最美好的青春岁月。

2016年是我们毕业三十周年，值此之际1981级流1班来自国内外十几位同学重逢在清华园，一起回忆当年的点点滴滴，美好的回忆拨动着每个同学的心弦，翻看彼此手中珍藏的宝贵物品和相片，打开记忆的闸门，在清华园的一幕幕恍如昨日（图1）。

图1　2016年校庆，清华大学工程力学系1981级流1班部分同学相聚清华园

1981年是清华大学建校七十周年，流1班30名同学从五湖四海走进清华园，距离最远的同学是来自海南的欧鸥同学，那一年我们风华正茂，那一年走进清华大学的同学有个共同的名字——1字班。那一年是我们人生的一个转折点，也是我们人生的一个新起点（图2、图3）。

图 2　清华纪念物

图 3　流 1 班大学期间合影

一张发黄的课程表让我们想起了曾经上过的课，令人惊喜的是李凯同学竟然还留有这张课程表，推算应该是 1983 年我们上大二时的春季学期课程表，一周六天的课，又真实又陌生，实在是太遥远的事情了。卷了边的课本让我们想起了读过的书，封面依旧熟悉，可还有多少人记得当年所学的内容，解过的习题。翻阅当年我们上课记的笔记、做的作业和我们考过的试题，大学上课读书时经历的枯燥和痛苦，经过岁月洗涤已经成为记忆中甜美的回味了。大家再聚时会用现代的流行语调侃当年班上都有哪几位同学是“学霸”，其中张琼、张近是我们班公认的天才，他们自如应对各种难题的“最强大脑”至今让我们折服（图 4、图 5）。

图 4 1983 年春季学期流 1 班课表和《理论力学》课本

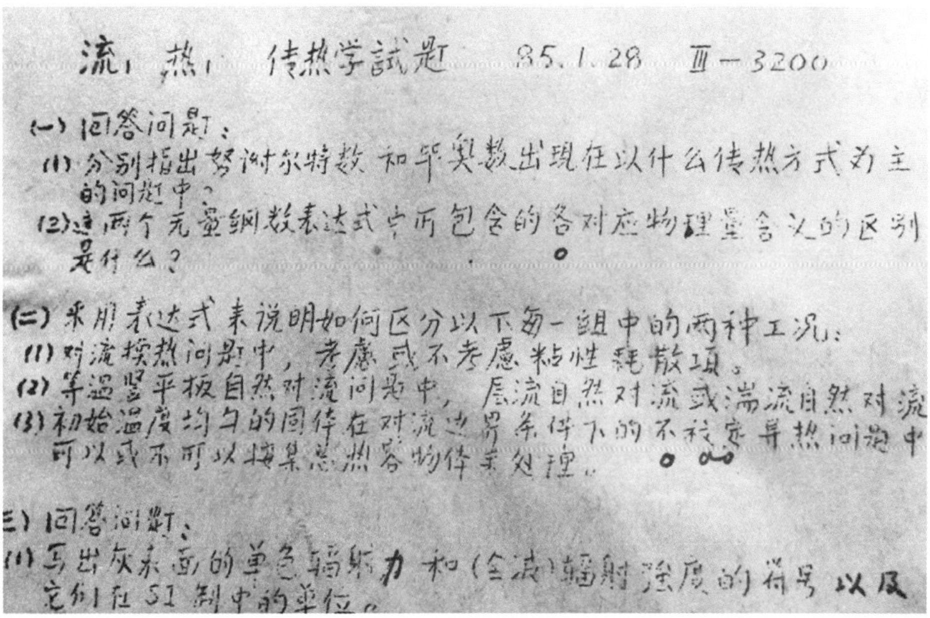
流1 热1 传热学試題 85.1.28 Ⅲ—3200

(一) 问答问题：

(1) 分别指出努谢尔特数和毕奥数出現在以什么传热方式为主的问题中。

(2) 这两个无量纲数表达式中所包含的各对应物理量含义的区别是什么？

(二) 采用表达式来说明如何区分以下每一组中的两种工况：

(1) 对流换热问题中，考虑或不考虑粘性耗散项。

(2) 等温竖平板自然对流问题中，层流自然对流或湍流自然对流

(3) 初始温度均匀的固体在对流边界条件下的不稳定导热问题中可以或不可以按集总热容物体来处理。

三) 问答问题：

(1) 写出灰表面的单色辐射力和(全波)辐射强度的符号以及它们在SI制中的单位。

图 5 力学系流 1、热 1 班 1985 年大四传热学试题（考试地点三教 3200）

也许当年学过的知识内容已经被淡忘，但在清华老师上善若水，厚德载物，行胜于言的素质和能力，给了我们自信，影响着我们的人生。

三十多年前给我们上过课的老师如今多已经鬓发斑白，数学系的汪菊方老师亲切的笑容在同学们的印象中最为深刻，还有就是有些洋派风格教我们理论力学的查传元老师，教我们流体力学的朱之墀老师，班主任周作元、崔桂香老师，等等。回想起老师们当年的严格要求，至今还有战战兢兢不敢懈怠的感觉。当年英姿勃发的辅导员张

旭旭、王治国和袁文国学长，提携并管、带着我们一帮学弟学妹，虽然也就年长我们几岁，但当年看起来就比我们显得成熟，值得信赖（图6）。

汪菊方

查传元

朱之墀

崔桂香

张旭旭

王治国

袁文国

图6 我们的部分任课老师（上）和辅导员（下）近照

除了说不完的五年的学习生活，还有就是我们在校园的日常生活了。1 号楼男生宿舍和新斋女生宿舍这两处我们居住了 5 年的地方，留下了太多的故事，现在室友谈起彼此的糗事实属一大乐事。

共有的景象是各宿舍同学相互串门，分吃各自的家乡特产，在宿舍楼水房洗衣服、水镇西瓜，在楼道挤在一起看电视为女排助威呐喊，每晚自习回来先拿着暖瓶去打开水，熄灯后可没有现在的各种充电小灯，只能摸黑洗漱。当年在宿舍里鸡毛蒜皮的各种争吵今天已经成了笑谈。每天中午吃饭的时候，校园里会响起轻音乐，让颇有小资情调的同学很是享受。每天到下午 4 点，校园里就响起“走出教室，走出宿舍，到操场上去，参加体育锻炼，为祖国健康工作 50 年”的广播，西大操场人头攒动，活力四射，但不知从哪年起这广播再也没有了。提起 1984 年庆祝中华人民共和国成立三十五周年在天安门前游行、夜晚在天安门广场跳集体舞，1981 级同学都不会忘记，男生女生牵手练习集体舞不知牵动了多少人的心。

在侯宇同学保存的班级团日志上，每个同学在上学期间都认真记录下许多往事，有班级活动纪实、有抒情散文、有犀利的批评檄文，大家抒发各自情怀，彰显各自文采。现在大家对于彼此的笔迹还很熟悉，笑对往事，感慨万千，这就是青春的烙印吧。

王东伟、何维龙两位同学手中保存着崭新的大礼堂电影票和食堂饭票，简直就是古董级别的收藏了。张越和我经常是大考之前心浮复习不下去了，跑去大礼堂看电影，有时偌大的礼堂里观影的就只有几个人，现在想想那简直是豪华的电影专场啊！现在的大学生从未经历过的那个吃饭还要粮票、每月十几元人民币就过得不错的年代，是我们这一代大学生难忘的经历，已经成为今昔生活翻天覆地变化的对证（图 7）。

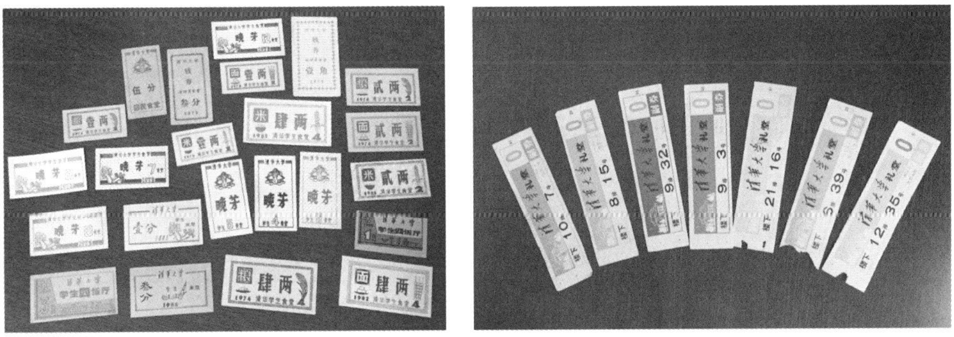

图 7　20 世纪 80 年代清华大学澡票和大礼堂电影票

至今最让我们津津乐道的大概是学生食堂用大澡盆盛米饭、盛粥的那一幕了（图 8），在今天看来简直是奇事一桩，要不是有照片为证，恐怕现在清华学生根本不会相信。据说那张照片是法国记者拍的 20 世纪 80 年代的清华大学生活片段，真得感谢这位记者，为我们留下了这么宝贵的镜头，当年我们的一日三餐就是这样在四食堂站着就餐（图 9）。怀念早晨食堂里的大油饼，怀念每逢过节食堂里的会餐加菜，现在再也找不到当年的味道了。

在当年照相机是个极稀罕的贵重物件，所以当时留下的影像资料非常稀少且珍贵。我们同学大学期间留下的珍贵照片，特别是很多同学人生的第一张彩色照片，大多出自游洪涛同学之手。如果没有这些照片，恐怕我们也不会看到校园里、长城上、天安门广场前等场景里我们年轻的容颜。可以说游洪涛同学是我们班的大功臣，为我们留下了青春的影像，让我们实实在在地感觉自己曾经的风华正茂。可惜他的相机在 1984

图8 20世纪80年代清华食堂里澡盆盛饭

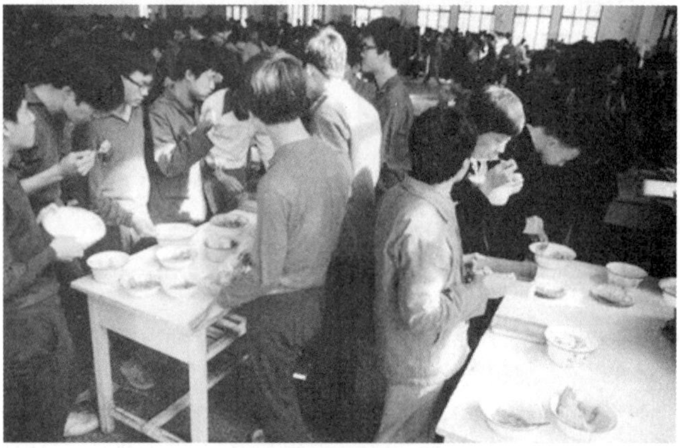

图9 学生食堂内自带饭盆站着就餐

年大三暑假我们长途骑车去承德玩的时候弄丢了，但那一次六个同学骑行十几天、翻山越岭艰苦而又快乐的旅行，是我们一生的谈资和骄傲，年少是那样有活力，年少是那样不怕吃苦。

今天再翻看那些照片时，我有些怅然若失，那些岁月已经遥不可及，当年我们应该倍加珍惜大学时代的每一天，应该多留些证明我们一起在清华园里生活过的印迹，应该多结交一些同时代的同学，应该大胆地和老师们亲近些，应该彼此一直保持联系而不是有些同学一别30年才再次相见，应该多为母校做些事情。

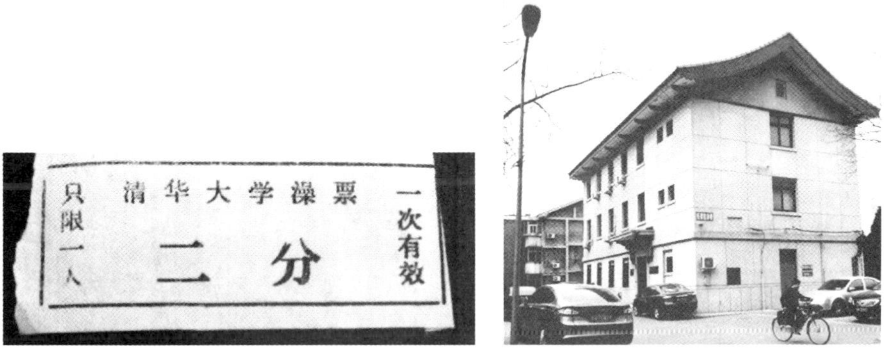

图 10　当年的澡票与公共浴室（1 号楼西门外）

三十多年过去了，我们当年学习和生活的地方有了很大的变化，有些场景已经只存在于我们的记忆中（图 10），我们曾经上过小班课的三院教室早已拆除建起了新的图书馆；外墙壁爬满藤枝、上课空旷阴凉的西阶梯教室，也重新设计翻盖成了二层建筑；现在学生食堂不再是以数字编号了，再说起我们力学系当年的四食堂，校园里已经很少有人知晓了，当年最早不用学生自带饭盆用餐的十食堂也改名叫“听涛”食堂了；当年在一教对面外地同学去的最多的邮局，建筑还在，只是一直神秘地关着门；还有我们进行大学入学教育、迎接每年新年的钟声、唱歌跳舞、打乒乓球就是没有用过餐的西大饭厅，早已没有了痕迹；东门外五道口的百货商场大概是当年校园周边最繁华的场所（图 11、图 12、图 13）……

图 11　1982 年长城上意气风发的流 1 班五帅哥
（左起：何维龙、路有余、胡金麟、刁晨光、王东伟）

图 12 1983 年流 1 班四女生笑靥如花
（左起：张琼、李凯、何枫、张越）

原三院，位于大礼堂西北侧

原西阶梯教室外观

从来没用于学生就餐的西大饭厅

五道口当年的百货商场

图 13 当年的校园及周边建筑

如今毕业几十年的同学们再次走进校园，有一种既熟悉又陌生的感觉，这里仍然处处是青春的身影，在这里曾有过我们的青春岁月，而今我们年华已逝青春不再（图 14）。

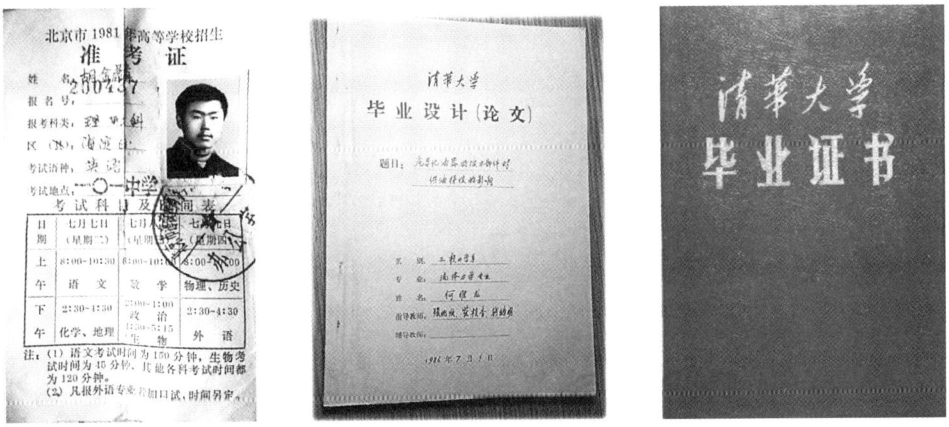

图 14 1981 年胡金鳞同学的高考准考证、1986 年何维龙同学的毕业论文和毕业证书

胡金鳞同学留有当年高考的准考证，何维龙同学保存着毕业设计论文，从走进清华园大学梦的开始，到告别清华园大学校园生活的结束，青春且宝贵的五年时光已经留在了这个园子里，“清华人”已经是每个流 1 班同学的标记，明德于心，在每个“清华人”的心上已经镌刻了清华厚德载物求实务实的印记，感恩清华，感恩力学系，清华大学力学系是我们流 1 班每个人行走世界书写人生篇章的起源地！

谨以此文祝贺清华大学工程力学系建系六十周年！

我　们

（1991级　易松孟）

曾经
肩扛行李
背挎书包
怀里珍藏录取通知书
跟随滚滚人流
挤出北京火车站
长途跋涉的疲惫
在迎新的横幅下烟消云散

曾经
占位的同学
早早地赶往教室
倒出书包里所有的家当
铺在一张张课桌上
宣示主权等待同学们的到来

曾经
小小的纸条
装满无尽的相思
飞进你最爱的诗集
却永远地消失在
唐诗宋词的行间
至今没有回音
……

多少天
你蹬着
心爱的自行车
飞奔在
清华园的大道上
我们匆忙的身影
宛如一个个跳动的音符
演奏出华丽的乐章

那年
近春园的荷花
映红了你和她的笑脸
手牵着手
漫步在美丽的校园

那年
我们
相互祝福
珍重道别
临行的夜晚
说不完的话道不尽的情
留校的你送走奔向远方的同学
不停地挥手
久久地注视
依依不舍的目光伴随晶莹的泪花

那年
你拎起行囊
毅然去寻找彼岸的她

窗外长长的跑道
留下你无尽的乡愁

那年
你南下广州
艰苦创业
一张凳 一张桌 半间房
挽起袖子吃着泡面
兄弟携手打拼在 IT 界
挺过漫长的寒冬
度过无限的迷茫
现在的你已站在业界的巅峰
……

多少年
你身披白衣
凝心静气
灵巧的手指
穿行在实验室的器皿间
找寻伟大的科学发现

多少年
你伫立讲台
燃烧自己
引领学生走向未来
粉笔教鞭黑板
咫尺之地
你绽放灿烂的光芒

多少年
你踱步舞台
深情演绎
吟唱我们的传奇
只因多看了你一眼
只为那睡在上铺的兄弟

多少年
你行遍千山万水
游历五湖四海
留住春夏秋冬
定格花草树木
阅尽悲欢离合
摄录世事变幻
……

不同的国家
不同的城市
不同的行业

我们
收获彼此的祝福
谱写人生的辉煌
守候各自的菩提

亲爱的母校
共同的家园
你深情的呼唤
迎来我们二十年后的相会

迎来你
迎来他
迎来我

迎来最初的我们
迎来盛开的我们
迎来永远成长的我们
……

归去来兮

（1994级　姜天慈）

回国四年了，还是有很多体会。我想索性写下这几年回国的点滴，以纪念逝去的青春。在回国的四年里，我一直在通用电气中国区工作，但是每年换一个城市。2014年在哈尔滨，2015年在香港，2016年在上海，2017年在北京。

在过去四年里，我每隔2～3个月回美国家里看孩子。现在孩子已经快六岁了，也习惯了我经常飞来飞去的生活。令我欣慰的是，因为频繁回家，孩子对我也非常亲。幼儿园老师说写写你心目中谁最高大，儿子写的我，还画了我的漫画给我，令我非常感动。

考虑到中国的发展越来越理性，科技水平越来越强，我认为到孩子读大学的时候，中文会成为非常重要的交流语言。所以，我和家里商量，让孩子在国内上小学，可以为孩子以后发展多元化奠定基础。

接下来，按照我工作地方的先后，记录海归的点点滴滴。

1. **2014年，哈尔滨**

2014年，我在哈尔滨工作了一年，主要负责组建创新中心和建立团队。我的领导能力也是在这段时间飞速提升，那是一段激情澎湃的岁月。我几乎每天都要联系美国各方面的技术力量、不停地讨论创新中心建设需要的能力和组织架构，尽量多地访问客户。最终，团队也在大家的努力中初见雏形。

在哈尔滨这段时间里，我开始认识到，外企在中国只想依靠垄断的技术继续驰骋下去不是长远之计。因为中国早已意识到独家外企在市场份额上占比过多的危害，所以近年来在市场上一直是几家外企平分秋色。外企在国内有各自对应的合作国企，也有各自的利益伙伴。同时，中国在科技创新上的投入也很多，据相关报道国家在两机项目（飞机发动机和燃气轮机）投入了三千亿元，因此所带动的相关产业也是越来越多，自然会出现越来越多的竞争者。虽然我们作为国际化大公司原创OEM，我们有全面后台技术资源的优势，这也是其他竞争者短期内无法替代的核心竞争力，但是想要在中国顺利生存和发展下去，给客户量身打造解决方案，就必须要有针对本土客户需求的技术创新，才能尽快做到本土化，发挥核心竞争力的优势。首先，就要求我们本土技术人员，必须非常懂产品以及产品背后的技术。其次，作为接口的技术人员，必须要降低姿态接近客户现场的专业人员，深刻理解客户的痛点，联合全球的后台技术力量，提供并实施彻底的解决方案，让客户真正解决运行中的问题。只有这样，才能做出更加灵活可行、量身打造的技术方案，才能从这些实际的方案中真正领悟创新，才能通过这些方案把产品成功地卖给客户，解决客户的痛点，满足客户的实际需求，才能真的换来客户的口碑，在业内树立更好的形象。

在哈尔滨团队组建完成后，我于2015年年初调到香港工作。

2. 2015 **年，香港**

在香港的一年工作中，我尝尽了人情冷暖。几年后，回想在香港的这一年，应当是我的职业心理迅速成熟的一年。

香港中华电力集团（简称CLP），是香港最大的供电集团，其每年所供的发电量占整个香港总发电量的四分之三。旗下龙鼓滩电厂有通用电气公司生产的9FA燃气轮机8台，每年所供的发电量占整个CLP总发电量的30%。随着近年来香港地区对用电量需求越来越大，对电厂排放要求越来越严苛，保证CLP的发电厂发电量足，低排放和运行安全可靠已经成为CLP集团的首要社会责任。我作为公司的高级技术代表，于2015年在CLP驻厂工作。

在香港的这一年，我充分调度各区域工程部资源，为客户解决了一个又一个的技术难题。CLP的技术要求十分苛刻，所以迫使我对每次技术汇报和结案都非常认真和严谨，这样也锻炼了我对大场合技术讨论的掌控力。

2015年对CLP是特殊的一年，赶上了百年不遇的转子技术问题，这同时也给了我一个为后台的全球技术力量做大规模的调度和整合的机会，在这过程中，我一直处在紧张的组织和协调各部门资源来提供解决方案的状态，不管遇到的要求是否合理，我都要在客户面前保持高度的热情并且积极地应对。在后台和各部门协调时，不论遇到什么样的态度，我都要保持平和的心态去积极地面对。

因为CLP电厂地处香港偏远地区，附近居住条件简单，而且那里的人共事又喜欢保持一定的距离，所以同事间在下班后少有来往。上班时周围都是客户方的人，说话要小心谨慎，还要保持好关系。长时间生活在这种环境中，一点点温暖的问候或者同事的聚餐都是很珍贵的，因此我也必须会调节自己的生活和心态。每天能和儿子视频对我是一种强大的支持。在香港这一年的经历，更让我深刻体会到了生活上的孤独，让我多次重新反思自己回国的意义。这对我的心智也是一种考验和磨炼，使我变得更成熟。

有付出，才有收获。2015 年年底，提供给客户的转子技术解决方案最终在商务谈判中尘埃落定，为通用电气公司（中国）发电事业部赢来了巨额订单。我也因此获得了通用电气（中国）总集团的“客户英雄奖”和全球发电集团的年度技术成就奖“Deliver in an uncertain world”（成就不可能）。

在“客户英雄奖”决赛的讲台上，要以一篇演讲介绍自己。我以《勇敢的心》进行了两分钟的演讲。再次写出来，留个纪念，也在一定层面上反映了 20 世纪 90 年代末留学美国的同学所经历的那个年代。

勇敢的心

勇敢的心是一部电影的名字，二十年前我看这部电影的时候基本就是在看热闹。主人公为了理想，坚持不懈，甚至不惜牺牲自己的生命。二十年后的今天，我站在这个演讲台上，我觉得用“勇敢的心”来形容自己很贴切。

我是 1999 年大学毕业出国的，至今已有 16 年，其中 14 年在美国生活，2 年在中国。2000 年后的美国和当时的中国是截然相反的：互联网泡沫，“9·11”恐怖袭击事件、经济危机、社会经济衰退，留学生特别是我们学航空专业的很难找工作。在这样的社会背景下，我的父亲生病需要支付高额的药费，这让我意识到自己必须尽快找到工作。而当时找工作如果没有绿卡是很难的。这迫使我不得不进入社会打工的同时焦急地寻找工作。《北京人在纽约》里演的刷盘子、洗碗、送外卖的那些工作我都做过。

一次偶然的机会，我被同学引荐去了通用电气做实习生，我非常珍惜那个机会，那是 2001 年 8 月的事。后来父亲去世以后，我考虑市场上的就业形势，舍不得辞掉通用电气的工作，就继续一边工作，一边坚持读书，直到 2006 年博士毕业，我也没有离开过。回想之前那段读书的岁月，非常辛苦，睡眠很少，但是我坚持下来了。所以后来在工作上，不论遇到什么困难，我都不怕。我觉得今天的工作就是再辛苦，对比当年那段岁月，其实都是一种幸福。所以，我把这过去的 16 年归结为，是励志的 16 年，是奋斗的 16 年，也是幸福的 16 年。16 年，洗尽我人生的铅华，沉淀下来的是一颗勇敢的心。

3. 2016 **年，上海**

香港工作结束后，我接受了主管中国区燃机联合循环电厂技改创新投标的工作，2016 年 2 月，我搬到了上海。

随着中国客户在电厂运行经验上日益丰富，在电厂技改方案上的要求越来越严格。客户会把运行中碰到的问题先在他们能力范围内研究得很透彻，再来找我们寻求最佳解决方案。这就对通用电气公司的工程技术人员的业务水平提出了更高的要求。比如，在技改方案中涉及的工程校核，如果任何数据或者物理意义没有解释清楚，客户就坚持要求我们搞清楚再往下谈。现在，客户越来越理性和务实，这使得我们不得不更加严谨认真。

而在这一年里，我的团队也迅速成长了起来。我调整了人员部署，就像打篮球一样分工明确，有的负责计算单机系统性能，有的负责联合循环系统校核，有的负责技改方案的集成。对每一个项目我们都要充分地讨论和计算，反复和客户以及总部技术资源论证，时间长了相互配合的默契就出来了，客户也因此更加信任我们。2016 年全年，我们为中国区签单刷新了历史最好成绩。其中包括成功改造上海漕泾电厂的燃气轮机，在很大程度上降低了排放，为上海市民每年减少氮氧化物排放约 400 吨，提高了发电效率，降低了天然气发电的消耗率，在中国属于通用电气公司产品同类改造的首例。同年，我们也改造了宁波镇海的机组，为宁波地区大大减少了氮氧化物的排放，使得电厂周边的居民再也不用抱怨以前每天都能看见的发电厂排出的黄烟。随后，我们在技术上克服了困难，对黑龙江的大庆电厂燃烧室进行了改造，使得大庆地区的氮氧化物排放满足国家的严格要求。看到自己的技术方案开花结果，造福地方人民，我感到深深的自豪。

上海的一年，硕果累累。

4. 2017 **年，北京**

考虑到我亲戚都在北京，将来也会面对母亲的养老问题，我在 2017 年 1 月移居北京，也就此安顿下来了。

2017 年对通用电气公司来说是艰难的一年。因为 2015 年巨额收购 Alstom（阿尔斯通公司），通用电气公司在多项业务方面的大量投入，让通用电气公司在财务上经受挑战。而 2017 年通用电气公司经历了 CEO 的更换和一系列的重组。CLP 也经历了裁员，但所幸的是，我的团队得以保全，耗尽心血建立的技术团队被保留了下来。

2017 年在发电集团的全球各区表现欠佳的情况下，我们还是成功签了几个大单。包括一家中德合资电厂 6B 改为 6F 的工程，武昌热电厂的中国首台 9E 机组超低负荷下满足排放要求的改造工程，与香港 CLP 和福建晋江签订总共六台燃机燃烧室改造项目，和北京一家电厂的技术改造签署了长期服务合同，这些将会大大降低这些地区的氮氧化物的排放并提高发电效率，节能减排，造福地方人民。

回头看这四年的工作，兢兢业业，不敢懈怠，因此对目前存在的问题和今后怎么做得更好产生了一些想法。

从前，技术产品相对简单，服务以换件维修安装为主，技术方案不用那么复杂，经营质量靠服务速度快可以得到很大的加分。比如以前装个燃气轮机 DLN1，不要评估整厂，不会有客户和你纠结排放能否再低一些。可是现在推给客户的产品都被要求提供多方面的评估，比如整厂性能、排放、寿命和下游设备，等等。同等产品卖给不同客户所要做的技术方案也完全不同。客户都希望把产品可能发生的问题都一一了解清楚，把能承受的最大技术极限都完成出来，以得到最大的收益。而且客户往往也会把多年的问题在我们做技改方案的时候提出来，要求我们技改的同时也解决他们多年运行上遇到的棘手问题。我们在谈判过程中就曾经遇到这样的情况。

换句话说，以前，我们卖的是部件和服务，主要通过各种商务方案卖，部件是部件，服务是服务。今天，我们卖的是商业经营模式，是通过技术方案卖产品，通过商务方案卖服务，通过服务质量换口碑，通过口碑来争得更多的商业机会。在今后的经营模式里，优秀的技术方案是骨架，优秀的商务方案是血肉，优秀的服务质量是品质。骨架坚挺，血肉丰满，品质高尚，才是一个有竞争力的商业经营模式，三者缺一不可，相互影响。如果我们关键岗位上的领导人不能深刻认识这一点，仍然停留在原先的经营模式里，那就会被客户慢慢地淘汰。缺失好的技术方案的商务条款再廉价也会慢慢失去竞争力；缺失好的技术方案的服务就算给客户的反应再快，也会慢慢被竞争者替代。因为现在的客户更加看重运行的可靠性，它的背后是可靠的技术应用。永远都可以有更廉价的商务方案出来，可以有更快的服务速度出来，但是保证电厂运行安全可靠的技术方案是 OEM 的核心竞争力，是非常难被取代的，这也是通用电气公司安身立命的根本。

5. 后记

回国发展，一晃 4 年过去了。我有时候问自己，留学回国值吗？每天这样呕心沥血，为了一个又一个方案操心，出差更是家常便饭，与家人相聚的时间少之又少。现在孩子也长大了，总算可以来北京和我生活几年了。但回想这些年，每年飞五次美国去看望家人，辛苦可想而知。还有国内的职场，这个就不用多说了。

可是想到自己的心血一个个开花结果，节能减排，改善环境，造福人民。确实让我觉得值了。想想帮客户解决多年棘手的运行难题，给客户带来巨额利润，也换得客户对自己的尊重和信任，我觉得值了。人生在世几十年，弹指一挥间。如果能用数年的青春去换回同自己儿时那般湛蓝的天空，我觉得很值得。

不要辜负自己的天分，不要辜负自己的勤奋，不要辜负自己的青春。

自强不息，厚德载物。

“九九”岁月！

（1999 级　兰旭东）

你，不认识我，
我，不认识你；
你，不懂得我，
我，不懂得你；
你，爱过我，
我，爱着你；
你，还是你，
我，却不是我！

1999 年，来自全国各地约 80 位同学，齐聚清华园，进入工程力学系的大家庭。我来自内蒙古自治区呼和浩特市西南方的一个普通村子，上中学之前我从来没有离开过村子，上大学之前没有离开过县城，考上清华却一个人扛着一包行李独自坐火车来到首都北京。临行前，母亲说：“要不送送你?”言语中带着不舍和无奈。父亲说：“自己去吧，可以的”。言语中带着些许信任但多数还是无奈。父母一生务农，从来没出过远门，即便真送我来北京，估计我还得把他们再送回老家。现在想想，当时父母的决定尽管无奈但是正确。

第一次到呼和浩特、第一次坐火车、第一次到北京、第一次踏入耳闻中的清华园……1999 年 8 月 28 日早上 9 点整，我来到清华南门，中学校友、上一届的师兄、清华电机系的魏燕飞来南门接我。第二次见面（之前在中学见过一次），分外亲近。燕飞带我到十食堂吃早饭，但我实在难以下咽，并不是食堂的饭菜不好，而是思乡情绪陡增。加之 1999 年的清华园实在不美，跟我耳中的清华和脑中的幻想相去甚远，心里不免有些许抵触。燕飞安慰了我几句，就带我去了东操场，在“为祖国健康工作 50 年”的口号下，办理了报到手续。燕飞是我的兄长，在接下来的 4 年大学生活，特别是第一年的大学生活中，给予了我强大的精神支撑，让我能够尽快地适应紧张的大学生活，而不至于因为思念亲人而影响学习。他是我一生的朋友。

报到处是东操场的一个很小的摊位，一张桌子，几把椅子，桌子后面一张和蔼可亲、笑容满面的脸，至今让我记忆犹新，她就是王锡瑞老师。在我后续的 4 年大学生活以及 5 年博士生学习期间，这张脸从未改变，永远带着微笑，给人以力量。感谢王锡瑞老师。

大学生活首先从军训开始，这几乎是所有中国大学生的必修课程。在我看来，军训目的有两个：一是让大家利用 3 周的时间相互熟悉，减少思乡情绪，为进入课程学习做好思想准备；二是告诉刚进校的新生们要守规矩。

大学生活让我认识了来自祖国各地的精英，细聊之后，我总有一种自己什么都不懂的感觉，跟同学们的差距很大，这种差距体现在方方面面。同宿舍的北京爷们儿孙岩，体重近 200 斤，电脑水平很高，当时我觉得自己的电脑水平一辈子都无法赶超他；来自福建的邓加耀，就像电视里看到的大学生一样，落落大方，是我们班的班长，让我羡慕而钦佩；来自传说中的黄冈中学的唐铖，单从外表就能看出一脸的聪明相，他的大脑反应速度很快，但同时也是个爱睡觉的家伙；另一个兄弟，身材高大、相貌堂堂，来自江苏常州中学，目光深邃，少言寡语，却是个十足的学霸；大二时，又有一个兄弟加入我们宿舍——林川，辽宁人，心地善良，除了体育，几乎在所有的课上都在睡觉，但课后问他这节课讲了什么、他都能说得上来。在随后的岁月里，我逐渐地熟识了班里的同学，认识了同年级其他班级的同学，他们各有所长、各有特点。就这样，丰富有趣、紧张充实的大学生活拉开了序幕。

其实，四年大学生活中那些点点滴滴的事情已经基本忘却了，但每当同学聚会时，集众人之力还是可以还原出很多情景。能在力学系和大家一起走过 4 年的大学时光，是一种缘分，留下的也大多是美好的回忆。尽管当时很多同学有专业情绪，觉得学力学没有前途。推荐免试研究生的时候学霸们不是转去学自动化、就是转去学计算机和电子，还有经管和新闻，当然还有一部分同学仍然在母系奋斗。记得那时老师们，包括班主任、辅导员等，都会主动找大家谈心，介绍力学系毕业生的就业领域和发展情况，进而舒缓在读学生的负面情绪。那时我同别的院系的同学交流时发现，大家普遍都觉得自己的专业不好。既然是普遍情绪，那么到底哪个专业好，哪个专业不好，谁也说不准，最终还是要看自己的努力和机遇了。

情绪归情绪，但当你耐着性子学习的时候，会发现其实力学系的专业还是很有意思的。更何况，我们那个时候的学生能够明确知道自己毕业后要干什么的少之又少，所以大多数同学还是踏踏实实学习。特别是热9班，大一到大三连续三年被评为清华大学优良学风班，并获得北京市先进班集体，大四毕业时我们班还获得了清华大学优秀毕业班集体的荣誉。同学们绝大多数读了研究生，有几位还到美国、英国等地留学。现在看来，大家的职业发展都比较顺利。

2004年4月在原力学系基础上成立了航天航空学院，所以我的同学们研究生毕业时拿的是清华大学航院的毕业证。本科是力学系的学生（2003年毕业）、研究生是航天航空学院的学生。我们这一级刚好是这样的一届，在航院的历史上也算是个特色吧。

在力学系学习时，大家可能有专业情绪，甚至觉得自己的专业不好、没前途，但当真正走入社会，你会发现当年所学知识为自己的人生起步打下了潜移默化的基础。这种感受我在毕业若干年后才有深刻的体会。所以，毕业的校友们很少再说自己的力学专业不好的，不但自己不这样说，也绝对容不得别人说一句不好。

力学系、航天航空学院永远是我们的家！

首届钱学森力学班与航院的不解情缘

（2009 级　张博戎）

2009 年 9 月 5 日，清华大学招收的首届钱学森力学班（以下简称“钱班”）在逸夫技术科学楼举行开班典礼。钱班招生设立在航天航空学院工程力学系门下，同时融合校内多院系资源为学生打造成长平台，旨在培养一批新时代的拔尖创新型人才。首届钱班的班号是“力九”，意为工程力学系 2009 年本科入学，在从入学到毕业、再至今日这八年多的时间里，首届钱班承载着特殊的使命，走过了独特的路径，也与航院结下了不解的情缘（图 1）。

图 1　首届钱班开班仪式合影

一、首届钱班的成长历程

2009 年 10 月 31 日，北京骤降大雪，一代大师钱学森先生与世长辞，此时距离清华首届钱班开班还不足两个月。正在课业中忙碌的同学们听闻这一消息，悲痛之余每人写了一篇悼念钱老的文章，在第三天由班主任带领大家一起送至钱老家中。在钱老的遗像前，大家庄严肃立，集体三鞠躬。灵堂设立的小屋中“钱学森之问”仿佛正在回荡，声声入耳，而我们正将要用自己的奋斗去回答这个“时代提出的问题”。首届钱班自成立伊始，就是一个承载着重大使命的集体（图 2）。

图 2 力九班学生赴钱学森先生家中吊唁

强大的招生宣传和资源配置让钱班会聚了一大批来自全国各地的优秀学子，2009 年专业录取平均分也高居清华三甲，却也因此带来了一个问题——如何将 20 多个个性十足的“尖子生”凝聚为一个有战斗力的集体？

在班团建设方面，首届钱班在大学四年的时间里走出了一条“曲折向上”的路径。大一学年，凭借着强劲的新生势头和高分光环，力九班拿下多个班团荣誉并获评航院“甲级团支部”“优良学风班”。然而进入大二学年后，高强度的课业和可能被“淘汰”的风险使同学们的心理压力不断增加，加之首届班的培养方案几度更改，同学们思想和行动上的疲态逐渐显现出来，集体建设也有趋于松懈的迹象。同学之中甚至有人发问：“我当初为什么要来钱班？”力九班的大学路径似乎步入了一个低谷。

在大二大三这个最容易产生“分化”的关键时期，钱班首席教授郑泉水和班主任牛莉莎等院系老师及时出力，通过班会和组织生活等形式，协同班团委一起，着力先从思想层面解决大家的困惑，再辅以相应的外部资源、组织多样的班团活动，让同学们逐渐以钱班的培养理念为中心凝聚在一起。大二暑假那年，牛莉莎老师带领全班同学一起申请了教育部对港交流重点项目，全程通过力九同学策划组织，接待了来自香港城市大学的 15 名师生赴京交流，实施并保障了为期 5 天的丰富行程。在与香港师生交流思想的同时，更加促进了力九班的建设与团结，收到多方好评，也开创了钱班对外交流的先河。走出低谷后的力九班，在大三学年再次获评航院甲级团支部，并蝉联清华大学甲级团支部（图 3）。

图 3 力九班学生与黄克智院士打网球（左上）、参加航院运动会夺冠（右上）国庆假期坝上出游（左下）、与香港城市大学师生爬长城（右下）

体育竞技是力九班的一大特长，在四年的时间里，力九班曾先后获得航院“飞豹杯”足球赛冠军、航院“飞豹杯”田径运动会冠军、航院乒乓球赛冠军、航院羽毛球赛亚军、航院篮球赛季军等奖项，特别是在大四学年，力九足球队以总计进 30 球失 0 球的“传奇”战绩，强势再夺“飞豹杯”冠军，并代表航院参加清华大学“马约翰杯”男子 5V5 足球比赛，勇夺全校甲乙组总冠军。力九班在体育赛场上展现的团队作风和拼搏精神，从一个侧面生动地描画了我们的大学生涯。

二、关于钱班扎根航院的思考

钱学森力学班在清华大学学堂计划中的定位为“工科实验班”，学生的培养过程中也融合了清华大学理工科十余个院系的资源和力量，但是钱班在行政关系上隶属于航天航空学院，学生的培养也主要依托于航院展开。

航院之于钱班，不仅是提供了一个培养学生的平台，更重要的是提供了理念上的根基。1938 年清华大学航空工程系成立以来为我国培养了百余名航空人才。1946 年清华回迁北京复校以后，曾聘任钱学森等人为专职教授（实际因其他原因未能应聘到校）。而现今清华航院的前身——工程力学研究班，也正是在钱学森先生的倡导下于1957年年初在清华创立。三届工程力学研究班共培育学生323人，其中大部分都已成为我国力学学科研究的中坚力量。钱学森力学班的创办，与抗战时期航空工程系才建立、中华人民共和国成立初期工程力学研究班的设立一样，都是秉承着爱国精神，着眼于培养时代需要的核心人才。航天航空学院比起清华其他任何一个院系都更适合作为钱班招生和培养的本体。

钱班之于航院，一方面输送了大批优秀的生源，另一方面也为力学基础学科的创新提供了更多的动力。2012年清华大学本科开学典礼上，陈吉宁校长引用力九班杨锦同学参与本科生研究训练计划（SRT）的成果——世界上存在时间最长的"泡泡"，以此激发新生的好奇心和想象力。此外，力九班本科毕业后，6名党员（含预备）中有两人分赴汽车系和机械系攻读博士学位，而留在航院的4人全部走上辅导员岗位，分别成为航院2011级、2012级、2013级的带班辅导员和航院团委书记辅导员。力九班在航院的依托下，培育出的每一个学生都具有独特的才能和价值，培养成果是具有创新性的、也是全方位的。

三、未来展望

2013年本科毕业后，力九班的全部毕业生均选择了继续深造，其中7人赴美国加州理工学院、麻省理工学院、哈佛大学、普渡大学、罗彻斯特理工大学、布朗大学攻读学位，其余同学分别选择在清华大学工程力学系、航空宇航工程系、汽车工程系、机械工程系、土木工程系、精密仪器系进行深造。

目前，力九班攻读硕士学位的6名同学已全部毕业，直博生也有部分确定了毕业去向，就职单位包含中国航天科技集团有限公司、中国航空工业集团公司、中国兵器工业集团公司，等等。从毕业选择来看，首届钱班的同学基本都走上了"既被国家需要也能发挥个人才干"的岗位，这与钱班最初的培养理念是高度一致的。

毕业后的每年教师节，力九班学生均会以不同形式向两位班主任（首席）老师表达节日的祝福，也一定会收到来自老师们的亲切回复。在其中一年的教师节来往邮件中，牛莉莎老师讲述了她暑假自驾滇藏的长途旅程，并以此勉励我们不断进取、再接再厉。师生之间的浓浓深情也正是力九班与航院情缘的最好体现（图4）。

图 4 毕业后力九部分同学与班主任牛莉莎老师聚会合影

笔者希望以牛老师送给我们的一句寄语作为本文的结尾，也作为我们向未来进发的号角——“愿我们共同挑战自我!”

第四篇　学生名录及教工名录

学生名录

一、国立西南联合大学时期（1936—1952 年）

（一）航空工程组历届毕业学生名录①

航空工程组 1936 年毕业生名录（10 人）

吴本荏　李绍威　吕凤章　方俊鍌　盛　健　宁　榥
杜宗正　李登梅　岳劼毅　王修琛

航空工程组 1937 年毕业生名录（10 人）

张佩琳　朱芳秀　李超北　梁守槃　王受符　王守融
杨贤悦　黄培枏　陆　龑　徐舜寿

航空工程组 1938 年毕业生名录（11 人）

孙方铎　梁瑞麒　萧汝淮　张传忠　庐盛景　叶上芃
朱景梓　林世昌　黄雄盛　王玉京　陶家澂

航空工程组 1939 年毕业生名录（2 人）

方孝淑　刘同声

航空工程组 1940 年毕业生名录（10 人）

沈　元　屠守鄂　王鹤荪　李敏华　杨汝楫　林　骅
罗　旭　卞学鐄　史固华　李家騄

① 本部分名录参考《一九三四年至一九三五年度学生名册及第一至第六届留美公费生名单（国立清华大学 1932—1933 年度学生名册）》，北京：清华大学档案馆，全宗号 1，案卷号 002；梁守槃．回忆清华大学创建机械系航空组经过［J］．航空史研究，1998（4）：34－35；《国立清华大学航空研究所工作报告（1937 年至 1945 年）》，庄前鼎，《机械工程系航空工程组学生考试成绩分数单》，北京：清华大学档案馆，全宗号 X1 目录号 3：3 案卷号 041：1，由本书编者整理而成。

（二）航空工程学系新生入学名录

国立西南联合大学航空工程学系历届本科生入学名录①

国立西南联合大学航空系 1938 年本科生入学名录（42 人）

张民孚　赵继舜　章定安　秦兢深　秦炳震　金瑞麟
朱民光　方孝淑　夏汝钧　徐宝潭　徐克累　郭军仁
李健行　梁维纶　林仍桓　刘谋佶　刘绍文　刘寿康
刘德全　南克敬　白先猷　彭成一　毕纯德　沈嘉猷
沈元寿　孙可宗　邓士谔　蔡维裕　王禄梼　翁心椆
杨秀清　杨雷章　叶　枋　殷瑞豫　俞霭亭　郃昌汉
赵元恺　殷起龙　钱志明（J）　金仁荣（J）　陆菊麟（J）　宋穗祥（J）

国立西南联合大学航空系 1939 年本科生入学名录（72 人）

许振婉　孙天风　王曾壮　何庆芝　沈克琦　叶传秀
余启顺　魏任之　曹传钧　杨南生　成兴德　张志明
徐勉钊　彭程莹　詹承禹　周竞宇　严　兀　蔡光俊
马文琦　黄仪烈　何学纶　薛翔麟　周之鹤　李钟庆
洪光炷　麦信曾　万绍祖　王乃震　庄秉仁　王锡祉
李迪强　白永达　吴效达　徐鸿基　黄乾九　陶贵麟
李光华　贾日升　王　仁　张博云　高承铎　过九炎
胡传泰　沈沆沅　蔡德惠　吴泽炜　任全勇　赵邹生
严隽宝　曹德模　徐焕保　翁延益　王文华　朱　巽

---

① 说明：本名录以清华大学档案馆收藏的历年上报教育部的学生名册作为底本，参照北京大学档案馆收藏的油印本历年学生名册作了增补、校核。有的学生后来改名，放在原姓名后括号内；由于战时环境特殊，有些学生未能按时入学，申请保留学籍，或入学不久又申请休学，于次年复学，同一学系一年级学生名录中同一名字不只出现一次。为节省篇幅，只保留报到时的名字，或最后一次在一年级名册中出现时的名字，重复出现的均予以删除；由于在一年级就转入他系或者由本科转为专修科，也有同一名字在不同系一年级同时出现的情况，除能查明入学时已明确转系的，因为不能排除同名同姓和不能确定列入何系为妥，未作处理。个别学系的学生数与统计数略有出入，原因在此。具有他校学籍而在联大解读者，在姓名后加（J）。

赵伯玉　袁国泉　朱樾荣　孙泰钰　金祖权　钱家騋
马世雄　何国琛　孙瑞蕃　薛宗梅　张国维　黄均道
曹世祯　余坤璠　潘申庆　朱炎文　汪绍宋　黄存礼

国立西南联合大学航空系 1940 年本科生入学名录（40 人）

罗济欧　阙本岑　孙冀昌　钟贵麟　李德璋　刘金钺
袁先震　梁尧阶　黄维扬　刘传斌　邓清泉　黄家鳌
罗达仁　宋载镇　罗大静　田保栋　邓振熯　吴　坚
康照纯　杨登启　徐正定　鲍礼仪　邓之馨　沈家驹
李钟庆　葛硕丰　丁善懿　谢邦昌　黄崇能　徐　智
姚荣辉　史　炳　聂忠谋　黄　仁　常荣福　万　寿
丁维梁　程道声　何世[illegible]　徐利治

国立西南联合大学航空系 1941 年本科生入学名录（43 人）

王国福　桂士航　廖俊梅　潘和平　伍旺进　蔡孔德
马梦梅　徐　璠　陈维雄　陈寿荣　光德正　陈启藩
张皙明　张文华　孙诚方　吴仁声　严绍文　王家騄
孙向焜　黄显经　曾文惠　顾福兴　朱震宇　陈兆燊
李玉润　夏秉德　刘志康　季南山　刘允仪　李斌贵
赵　壿　张惠民　袁德赞　陈国强　曾　黾　周亮辉
陈士橹　郭天高　王培德　欧阳权　沈道修　傅孝达
左开惠

国立西南联合大学航空系 1942 年本科生入学名录（27 人）

丘孟初　董兆鹏　任福培　周国藩　宋　谦　何兆林
徐学礼　赵震炎　李森堂　严天恩　张如镛　郑明权
郑曾藩　戚宗禄　钟新藻　樊恭烋　刘光华　冒鸿章
王鸿志　王德钊　王业崴　余　尧　张　鸿　蒋　策
刘瑞凯　毛恒光　胡旭辉（健心）

国立西南联合大学航空系 1943 年本科生入学名录（17 人）

齐大勋　张　琛　陈国基　匡德武　郑国宝　廖必均
杨修平　张大鹤　贺联奎　廖光华　钟一锷　许光导

张锡纯　　赵　宏　　于焯民　　林有浩　　欧阳施民

国立西南联合大学航空系 1944 年本科生入学名录（20 人）

邱冠强　　冯仕章　　程世犒　　李明煜　　金德濂　　胡聚长
黄兆祥　　刘美藻　　马明益　　庞家驹　　邵栋梁　　唐修让
双频喜　　万福泽　　陈　吾　　汪延弼　　张宁馨　　黄　敦
吕毅强　　段有廉

国立西南联合大学航空系 1945 年本科生入学名录（29 人）

严天恩　　吴祖耀　　陈鲁生　　邱民从　　柯昌炽　　郭允度
李有章　　林宗棠　　毛庆铸　　汤梦秀　　董鸿彬　　罗明智
张福元　　郭常宁　　陆之枢　　曾繁格　　姚文彦　　袁玄晖
李　群　　钟泽民　　吴明昌　　黄渭璜　　何芳田　　胡人超
项昌期　　陆让之　　唐自强　　王鸿正　　符世顺

清华航空系 1946 年本科生入学名录（105 人）

张　琛　　刘瑞凯　　柯昌炽　　丁行德　　唐自强　　郭　淦
潘建民　　唐振声　　王重磷　　林华海　　尚　济　　冯传河
丁原英　　陈　洵　　刘陶春　　张允谦　　熊世芳　　方振强
沈冠时　　杨国柱　　徐　纪　　刘正惠　　贾荫桐　　李　立
杨顾行　　张　骥　　高镇瀛　　陈剑南　　鲁钟琪　　王幼纯
潘　梁　　吴炳堃　　李振秋　　曹家庄　　王尚真　　徐昇祥
阮祖祥　　张光然　　严克家　　薛工民　　顾高墀　　韩　英
韩惠康　　吴景之　　张继先　　邓国刚　　蔡抱真　　朱祖恩
六振达　　黄亨孙　　曹寅昌　　吴沛宸　　周宝鉴　　赵海生
钱绍兴　　张炳暄　　傅伯成　　刘　鋌　　王律躬　　罗灼寰
裘达文　　王倜陶　　蔡益燕　　杨秋澄　　汪祖忭　　顾胜良
刘啟钧　　陈述达　　龚理民　　周　嵚　　李宜敏　　曾瑞国
黄存汉　　蔡起图　　陈永年　　李海波　　席福林　　彭济北
刘鸿儒　　詹蹈龙　　罗明锟　　胡士奇　　吕应中　　萧少宏
刘庆吉　　姚煜球　　钟佐华　　徐兢芳　　许建钺　　俞幸祐
陆思智　　李露汀　　邓源喜　　王士林　　萧敏应　　陈俊亚

郑少田	徐仁源	李恩至	陈达俊	杨泰全	潘兆橹
凌荣善	高砺群	罗　旭			

清华航空系 1947 年本科生入学名录（29 人）

李明仁	王　濬	芮荫棠	何栋桦	汤礼智	龚　撰
吴焕家	唐耿山	张斌全	蒋寿涛	袁奇荪	张汉镔
张榴生	林津大	程不时	余志生	王祖焌	向贤文
刘　毅	张伟光	王宗意	刘祖良	唐德炳	徐德治
王少安	李锐民	李　快	方宝瑞	孙昌讚	

清华航空系 1947 年硕士生入学名录（1 人）

马铁猶

清华航空系 1948 年本科生入学名录（15 人）

陈幼孚	章晓星	郭成宝	彭焕邦	李林翼	陈大光
吕云倬	魏佑海	王乃成	刘昌琼	邹粤华	陈及恒
李绪鄂	刘继道	盛启禹			

清华航空系 1949 年本科生入学名录（24 人）

迟家俊	管　德	唐棣生	俞鼎昌	高镇宁	吴家騄
冯钟越	魏长瑞	吴锡衡	王玉俭	唐念萱	沈荫泰
王厚枢	蒋福庆	李云超	余大伟	曹永乐	戚正雍
姜燮生	沙正平	钱辉广	夏武祥	陈树年	程贻金

清华航空系 1950 年本科生入学名录（48 人）

陈惟荣	沈北吾	刘世宁	刘伯勳	柯怡生	李定东
姚希梦	姜翽鹏	骆　琦	范垂光	高　柱	傅燮阳
乌家贤	魏中磊	张纪刚	李永新	张宗岱	温俊峰
郑叔芳	高锡康	祝宗亮	胡兆丰	董兴中	顾占耀
刘一鹗	章锡仁	胡守信	季炳南	蔡起国	晏名文
胡宗材	曹先莹	高　岑	胡凌云	黄季平	纪辉玉
潘奎润	李炎昭	童信舫	胡世光	忻鼎定	许树信
吴寿生	丑维恭	王维哲	董　镇	陈唤民	邢竞侯

清华航空工程学院1951年本科生入学名录（256人）

周克峻　陈昌麒　贺家驹　周大觉　梅箐华　陈又铮
吴鸿遥　程文彬　周士芳　邬学礼　徐正杰　胡士雄
刘子超　刘永吉　曹华　程勉　何国生　洪涛
高良波　孙蕴祺　夏锺麟　孙成栋　朱心雄　吴达
于希明　刘幼伯　徐福嘉　张考　陈其忠　李仲生
马成栋　王晰　崔庚年　尚本立　郭奇麟　侯士生
李国栋　周克动　柳敬宗　杨菊生　王莺行　王玉麟
赵万鑫　荆长生　王人骅　董仕尧　陈源　赵翼怀
叶云驹　叶基恩　欧国柱　周国怀　林洞源　潘柏楷
蓝江溢　陈毓勳　谢早俗　廖坦　柯敬唐　林益康
傅孙良　许蓝卿　苏金泽　谢邦彦　刘汉塘　梁叔平
胡观兴　潘沐秋　钱植庸　杨见山　黄良　严廷璠
刘健昌　林汉泽　杨培学　罗光荣　袁美芳　牛艳青
吕慧敏　刘绍昌　李泽蕃　薛维华　贺明侯　赵智明
范敬麦　高连生　张行　丁道宏　白蕴璋　汪京涛
冯啟华　陆振海　刘希贤　王寿隆　王孝英　陈再新
李安有　宋国杰　张孝思　刘映坤　耿维德　何文治
张钧　马文选　欧学政　陈一坚　林梦鹤　何永钧
林兆荣　陈德群　潘升材　柯婉贞　郑光华　黄岱榕
张鹏云　江永濬　杨顺栋　张士权　倪彭龄　杨景佐
谢宏业　舒明玉　李广恕　汪一彭　王云渤　刘燕谋
沙凤翔　谢祖钊　龚延禧　李国安　马鹏辉　刘世筠
袁展鲲　葛济生　佟伟勋　苏杰人　张兢荣　邹丕先
于长江　曾子杰　安致良　王泓　黄舜耕　林培根
李树民　王绍文　何国赞　山启民　江显康　丁丕烈
袁举贤　李有泰　蔡睿贤　高仲华　刘国栋　张鑑月
蔡峨　魏应修　郝廷玺　孔德堋　韦述艺　侯震东
霍骞　林霁栋　鹿冠群　黄廼康　白迺武　杨志敏

李荫侯	侯 安	李丛琨	迟宏达	吴学仁	谷永仁
王尚志	蔺魁章	张 锦	杜追奎	萧燦章	魏鸿然
聂启铎	渠川璐	刘兴洲	宋 婷	王荣贵	吕文林
吴秉铭	曹麟祥	张福民	徐 复	萧 印	刘锡绶
吕梯华	刘导治	赵元修	潘瑞麟	萧之中	马焯明
曹尚志	赵其寿	盛洪光	杜 裴	王祖诚	陈乃兴
查齐瑞	俞裕民	邹一心	王乃恒	杨东华	叶鸿坚
陈松辉	盛兴发	朱文雄	张封北	童以智	陈明远
黄昌国	冯信一	章文伦	吕鑫祥	孙 超	黄济扶
郭鸿逵	姚傲秋	壮 忠	安 珣	吴又玄	陈国远
张稣祥	林谦生	张惟叔	姜伟之	李志涛	郭仲衡
黄超鹏	古觉登	萧 陵	刘志豪	程万里	郑德和
李春源	樊 进	冯锡祺	蒙定华	张裕民	徐人松
潘永宗	阎承平	吴思亮	杨廷相	李宝均	刘树仁
郭锡仝	韩良先	张殿钧	胡 俊		

清华航空工程学院 1951 年硕士生入学名录（3 人）

张克明	袁奇荪	赵耀曾

清华航空工程学院 1952 年本科生入学名录（346 人）

向明伟	沈凤翥	王之芳	李在初	黄美轮	曾光辉
张楚方	杨国栋	殷利聪	徐增庆	赵泽仁	朱剑青
周启光	吴石青	田焕明	冯钦诚	席 炆	黄光宏
李学淄	古家金	徐克源	刘正武	何伟忠	李 凝
于 欣	丁家义	吕惠然	张 乔	王兆南	楼成康
金瑞祥	汤 宁	祝启光	吴文东	许兆祥	罗 冰
徐明华	石仕刚	朱开轩	林 青	李声远	陈 志
吴 灌	宋光弼	范子真	叶树铮	康淑芬	江 智
杜声桐	姚玉璇	钱鼎新	张雨琴	梁 侠	潘克瀛
陈广义	解长胜	吴天晴	叶家康	李东耀	白滦玺
吴成基	钟群鹏	李崇谟	杨 青	周 薇	贺云庆

蒋文廉　　李介水　　夏克淳　　徐欣山　　宋政钦　　赵敬世
孔繁训　　邹炳文　　王书文　　崔赞斌　　王沛霖　　任德富
牛　犁　　张鹏德　　由其顺　　富宝迪　　于清庆　　舒兴祥
孟兆祥　　王世中　　俞国宝　　刘天民　　汪履铃　　李荫昌
水良政　　李致和　　胡恩荣　　汪　庸　　许昌淦　　章仁才
袁修干　　刘希禕　　陈汴琨　　王威廉　　吴骏恒　　高世全
李书良　　柯国桴　　程其善　　庞见灵　　刘树邦　　龚本正
刘玉炎　　关景茅　　秦起佑　　徐　勉　　黄新寰　　柏朝伟
曹　温　　曹如宾　　昌寿禄　　石佑保　　杨成康　　庞东生
解肖彬　　季道馨　　梅镇业　　王永志　　杨宗智　　汪川腾
李成立　　陶宝祺　　林遥辉　　郭孔辉　　黄长艺　　张中丞
常万峻　　刘雪琛　　陈耀明　　张德荣　　王世洪　　赵执玉
刘亨论　　陈良浩　　范庶公　　丁光弼　　许　伟　　易尚志
黄星如　　陈成雄　　丁正之　　周作伸　　凌天锗　　徐克家
杨延备　　耿昭俊　　李士明　　王普尊　　余嗣音　　孙庆达
梁治平　　李国祥　　马毓明　　张忠仁　　温文彪　　郑华淳
胡光立　　孙承大　　刘树范　　李　岚　　张静婵　　邓家禔
周儒荣　　韩春生　　赵树霆　　杨与城　　白俊林　　王承更
郭炳锐　　张　洪　　刘连城　　王建业　　孙宏寿　　阎光炜
王致新　　杜昌年　　金树垚　　傅　樱　　魏淑乔　　李育本
侯志兴　　戚发轫　　钱士湘　　朱云嵩　　沈为试　　刘润泉
洪士勤　　王光启　　贾长敏　　武聚合　　裴　桂　　王宝仁
潘慧明　　牛照均　　陈燕娜　　陶伏传　　邓兆熊　　曾肖常
邢淑仪　　韩育义　　陆建成　　张孚生　　汤炎彬　　管在德
黄明德　　陈　捷　　李学庆　　胡承洪　　宋伯生　　郭兴传
何展魂　　李沛瑶　　邱宗佚　　金开祺　　张则陆　　杨国章
韩乐理　　夏振鹏　　张维纶　　孙一庚　　汤二枚　　周珮华
蔡宜其　　卢维昌　　齐康庭　　庄梓新　　夏人伟　　周松清
韩玉润　　叶冠玉　　李文铨　　许生泉　　唐龙章　　丁寿洪

高元坤	郑捷简	郭观源	夏乐宾	胡建国	吕伟生
赵铭纪	武厚忠	邵义泰	房文仙	章孝华	翁绍弟
蔡堆效	陈永昌	孙佐臣	江麟书	董宁辉	王意量
陈宝瓊	李毓娇	朱仁标	郑礼怀	林秀荣	林树兹
魏清芝	苏天祥	张修春	陶树林	沈重远	宋振镖
罗汝播	马登杰	张祖荃	陈定一	王振兴	阎维券
关　鹏	缪学毅	苏桂桂	乐嘉祎	王忠智	张友枝
高作铭	张云祥	王乐仪	王德荣	孙　理	王淑民
柳思敏	朱德良	孟汉成	刘智英	周民贵	何轶伦
冯肇华	田荣璋	张福铎	何若钧	张振祥	徐祖华
朱英沛	王传德	王长顺	张　俭	林树培	蒋望瑶
王英生	赵名恩	康庆生	栗政生	戴朝章	应国家
阮培德	李　积	程云龙	高善禄	秦文英	伍仪瞻
王永林	李前桢	杨宁宁	谢衡雄	沈永根	周心贤
徐世祥	李守正	金益宁	郦蕙芸	陈大中	陈春奎
田树森	李正淮	周大水	邵可治	安崇源	熊代彦
何瑞实	张国治	蔡克明	卢国任	黄诗学	周荣仁
王孝廉	黎大信	区煦燊	刘守福		

清华航空工程学院 1952 年硕士生入学名录（5 人）

顾珍琳	张中钦	汪叔淳	迟家政	刘世宁

二、1955 年到航天航空学院成立前夕（2003 年）

（一）工程力学系历届本科生名单

工程力学系 1955 年本科生入学名单

力 103（23 人）

周少柏	郑人杰	许永久	江善标	朱三元	郑琴南
俞宁辉	蒋维杜	马心明	郑启华	朱新元	樊天蔚
刘坤臣	张大鸿	姚传洪	吉风岗	吕映芝	林行良

柳西玲	童承璞	严尉敏	严柏岑	李作陨	

力 104（24 人）

孟桂蓉	赵继英	周作民	陈　熙	杨炳慰	庄允玉
吴伟文	金佑民	俞昌铭	田永权	任爱华	樊友三
金咸安	王雪华	刘应祯	石泽全	刘富堂	徐通明
胡桅林	司徒明	吴应白	黄晓齐	陈敬平	俞受训

工程力学系 1956 年本科生入学名单

力 201（35 人）

王燕萍	陈宏盘	马春华	张有才	丁启明	冯丕孚
严忠汉	陈允文	王松皋	邢文萍	鲍吉人	方欣华
金德金	杨世保	章以理	张国华	张其威	徐楚雄
刘光伟	夏尚钰	刘永俭	佘泉山	刘士星	吴道全
李停寒	严钟敏	张钰珍	曹琴南	孙化洲	陈可兴
孙文心	冯士筰	魏守林	徐伯埙	刘家骢	

力 202（44 人）

刘学斌	王　元	郝兆星	王通北	张晓堤	李延平
钱普秦	张秀琴	张黎伟	秦　权	赵　威	徐占九
王嘉新	陈瑞禧	张瑰芬	陈坚林	潘瑞琳	朱祖贤
陈美英	陈全公	王人杰	黄记文	叶邦楚	赵治枢
谢成瑜	姚振汉	李家驹	杨永新	许际龙	汪秉深
王　正	胡金城	魏瑞山	陈启武	米成秋	宗福开
陶崇铸	吴克成	宋　亮	秦振东	张文兴	才德容
赵宋昌	钱浩生				

力 203（22 人）

李照甫	董权中	杨秋恒	王　冀	陈光福	孙其善
孙寿民	沈毓琪	俞盘祥	金千芳	李广雪	朱兆明
李清荣	邓自立	王世媛	张镇城	陈光中	周文英
兰厚福	汪　派	顾丽珍	张赞成		

力204（22人）

张人杰 张亚夫 刘汉仑 黄殿志 邵慰骏 乐 瑶
谈 洪 汤志贤 赵会全 沈恒权 李树浓 夏昭知
刘承泽 黄良辅 张能力 王世兰 张 政 张世铮
潘忠刚 过九镕 陈日祥 王绥桢

工程力学系1957年本科生入学名单

力301（25人）

金 铭 于天常 张晓琴 严宗毅 张昌莲 王起河
许晋寿 仲孝恭 叶宏开 朱国瑞 郑启心 王立治
李 天 吴隆海 孙继铭 叶元培 杨 桐 张振国
许伟茂 夏雪湔 蒋镇寰 陈道槐 刘 锋 裘丽芬
杨瑞荪

力302（23人）

赵彭年 潘真微 韩光民 刘文琎 李 立 李树桢
任文敏 曹致玉 薛明德 袁克敏 杨寿南 郭营川
孙树勋 柴家振 严国清 胡明汉 刘家驹 黄宝宗
朱荣桂 曹山珊 华达浩 林 顺 王茂义

力303（42人）

章赞成 姜树桥 武占峰 张和文 徐 莹 马如山
朱幼兰 韩明山 刘金火 陈 龙 郭玉佩 赵国泰
蔡大用 张殿钧 何宇功 金其杰 刘赓余 吴 齐
林梦熊 耿普胜 谢绍奎 常乃环 董宝光 谈谷楼
吴永安 孟章荣 王家秀 刘德明 孟庆余 赵立平
陈光南 魏公毅 胡理清 李子才 居绍一 何秉娴
董芳兰 魏义桢 史畏三 张兴志 经荣清 何耀旭

力304（21人）

冯玉孚 姜之励 王保兴 马海良 张中亭 韩洪樵
姚学敏 罗露明 康 滢 任际林 吴观乐 周晓清

徐关彬　赵钦煊　曾庆湘　胡　俊　石双凯　赵文华
赵家枢　许儒铭　曹泰岳

力 305（15 人）

陆钦年　李永仓　谈正明　洪景丰　顾金钧　郑善煊
李洪柱　何子健　周　伟　卓曙君　陈肇恒　程丰渊
陈光桐　张幼雯　潘得引

工程力学系 1958 年本科生入学名单

力 401（26 人）

谢志豪　高尚毅　白希增　范庆培　王宗森　钱志高
张俊章　郝佘祖　黄建农　刘季稔　谈德颜　马青轲
张志永　顾彦武　程坤仪　余其文　王德生　屈志成
徐美媛　孙士敏　孙连安　朱元铎　栾长久　李耀宗
翟　鑫　邹淦泉

力 402（24 人）

徐世丰　倪火才　吴鹤华　李有道　李德谦　张福田
高俊诚　周存和　赵冬敏　韩子健　蔡圣民　翁爱娟
陈奎林　沈德林　邓可顺　许文清　陈元龙　蒋桃清
孙在鲁　汪有前　严宣金　李志全　李华明　张荣芳

力 403（47 人）

郭庆亮　张坚群　赵庆林　李双景　梁华湘　徐祖银
徐强国　王福德　谢道衢　陈国章　谷巨卿　马庆有
黄冠雄　韩濯新　于素花　王力珠　王　勇　石秀坤
张连合　郭浩志　邹景轲　杨　霖　周履铭　史如心
李清和　裴坤寿　丁立华　包有红　王心正　李菊英
洪先龙　王天云　陈　琳　钟文发　韩其瑜　朱本玉
李汉良　刘德俭　曾宪忠　曾锦辉　许有芳　康玉祥
赵　铎　张顺成　杜祥楚　竺瑞廷　聂玉珍

力 404（43 人）

杨德金	李荫荣	李玉仆	王梓林	王化育	丁连发
张兆明	朱风辉	韩玉玫	李玉山	徐有毅	郝老迷
田润清	王仲义	张志华	谷志刚	崔玉宽	刘荣亮
周　信	吕田恒	王惠农	诸志民	王振缪	张红生
李福云	沈寿福	郑锦亮	陈文芳	陈玉生	刘金鹏
崔子江	罗鸿举	易新业	张昌权	韩幼平	刘效杰
程惠尔	马　赏	姜华钿	徐明鑫	余其煌	揭筹先
赖裕祥					

力 405（24 人）

陈金陵	刁东云	王思庆	侯玉芬	郭瑞璜	宋熙太
金继光	杨汉祥	苏法柴	章盛奇	沈炜良	苏志刚
张洪文	李国华	叶冠吾	王　欣	陈兴岐	张　治
郭　琳	吕新德	裴俊厚	黄信芝	张耀勤	窦润福

力 411（12 人）

钟之明	马怀秀	古　林	王克长	马贵仁	刘志祥
盖春书	郑著成	刘正元	王德崇	王锡文	王培堃

工程力学系 1959 年本科生入学名单

力 501（25 人）

苏铭德	温棣祥	赵克云	王仲莲	赵溪渤	周其成
陈允惠	梅益超	陆志云	汪炳麟	陈英民	李占国
刘士章	张淑荣	李英敏	苏辉煌	陈金琰	欧阳秋
汪华中	任二云	袁风柏	徐惠林	贾振学	张志信
魏启鲲					

力 502（25 人）

宋友贵	刘时雍	蒋先川	黄怡筠	陶贵源	马帮安
张洛华	程兆雄	吴彦文	李山林	王作民	薛希超
卢延诗	徐建曼	陈文才	徐远超	戴诗亮	成乐中

高怀宝　王笃美　彭如海　鹿振友　孙学伟　朱耀祖
孙　乡

力 503（52 人）

朱傅志　赵锦蓉　张铸仁　朱焙烨　王承曙　彭秀英
王燕生　华大平　刁惠琴　杨家梅　谢　静　王燕来
丁冬聚　傅鸿沧　张诩钰　王安耕　庄永芳　曹森森
吴炳林　常谦顺　马志安　王亭惠　赵振声　高树春
赵致格　李敏生　吴家林　张开功　龙希文　张大洋
金文斌　王吉善　陈宗泽　章正坤　何太祥　蹇贤福
刘晓迂　劳诚信　肖均祥　向延刚　吴功广　臧盘安
金人斌　宋汉涛　孙宏昌　黄忠祥　李忠源　刘丕德
王祜民　董常诠　徐景尧　李勇鋧

力 504（37 人）

董毓明　田振寰　孙昆文　孙炳华　徐达雯　刘存禄
张风辰　王伯铭　盛荣昌　周明德　黄世乐　王政雄
马有礼　钱癸融　张　谷　刘瑞田　韩淑芳　朱其荫
张万通　陈宏春　郭海林　康铁安　庞炳志　韩寅达
丁美和　刘吉萱　余作生　林正禄　蒲明书　曾妙兰
张存芳　李公仆　刘宪秋　李栓龙　傅国义　杜国樑
罗启宁

力 505（20 人）

张国安　王庭达　刘志英　朱乃励　周文秀　张景山
陈世恒　沈成武　余翠英　石　泰　刘文豹　李可濬
田德义　官允惠　郎需英　戴泽墩　孟心远　阚家栋
李子君　宋克强

工程力学系 1960 年本科生入学名单

力 601（44 人）

何　诚　吴景春　王文同　童益令　董玉奎　黄春宝

程惠生　段聿建　仲　文　杨振生　王一平　林洪飞
王　琳　周亿裕　刘国强　黄开席　熊筱珍　印晓富
陈　嘉　王淑华　王钟毓　沈俊泉　张建白　杜振杰
郭继周　张永祥　史明泉　庞长战　徐华岑　陈建民
王灿臣　隋国芳　陈康民　崔乃明　严俊仁　廖集抗
吴永春　汪保安　况光裕　管洪轩　陈细栉　陈方偾
陆林生　赵长儒

力602（46人）

张秀娟　田永文　刘维倩　陈鲁生　袁全森　李春梅
王珍珠　屠美容　臧　昆　邵元培　朱允诚　成传贤
李章勋　王立占　刘宗庆　田秀云　杜洪增　赵文秀
许良友　蔡容钦　祁仰仙　陈孝安　胡伯骏　俞仲祥
郑守清　罗时伟　段泽光　莫国兴　卢习林　陈平安
黄绩丞　龙秀先　葛树禄　郗启娃　杨亚弟　段有义
石福庆　何英豪　张　琼　陈焕星　梁永文　屈德荫
葛学宽　姚耀光　蔡德禔　蔺书田

力603（52人）

崔　伟　陈楚三　焦梅英　李候飞　薛友义　倪水林
蔡起胜　朱钱山　龚幼伶　徐庆麟　罗金林　范忠林
罗运才　许秉臣　张俊昌　陈道木　王振安　蔡顺富
岳中弟　廖振民　田国兴　陆锦红　燕　英　张翼鹏
陆卫阳　周胜奎　乜宝庆　吴维霞　魏文娟　李恕中
邢竞侯　严德顺　顾慰渝　邱希春　林金肥　付鸿慧
朱绍琴　白埃民　邱基文　程德元　程怀远　姚公亭
李延林　王启鸣　曹常恕　廖伦鹏　李镇东　张棠栋
寿学俭　郑则锺　马耀辉　舒反浔

力604（43人）

金一平　来建民　史孝棱　李俊慧　王桂兰　刘良彬
朱海林　王兆元　陈丽黄　李福清　顾学维　黄孝宁

傅乐勇	方国雄	陆显浩	姚家驹	朱静民	章关福
宋云露	邢梯良	成松铭	杨锦甫	刘志武	刘志强
吕洪顺	田二刀	安国乱	杨保善	黄作杰	林天明
魏仁深	林文锡	游冠洲	张方洪	刘又祥	谭伦贤
于志主	关德树	郭祥冰	沙次文	王同生	徐勤连
王学媛					

力 605（29 人）

高万镛	王铁岑	廖心全	姚兴德	姚一龙	张帮楹
何淑琴	盛奕建	洪嘉振	朱珊霞	赵应作	陆治荣
赵整南	周清江	俞　诚	龚雨石	孙敦祥	赵玉莲
王玉瑛	富友义	韩　坚	刘良栋	宋华瑛	吴启树
邹文信	张克俊	邹德才	庄鸿棉	孙儒坤	

工程力学系 1961 年本科生入学名单

力 701（29 人）

范雨臣	王世凯	丁昭祥	苑广增	马保良	盖庆恭
郑人隽	高志聪	张晞林	马　林	周善良	钱俊生
唐敬年	李桂林	沈　莹	冯念真	华鹤鸣	赵　薰
齐春冬	孔繁文	黄金舜	刘明旺	刘高倬	杜先珍
李文白	吴金富	胡美力	刘秋生	彭荣虢	

力 702（45 人）

薛惠钰	于喜才	郭汉伦	徐有光	马　琍	于清文
黄仲珏	范贻昭	王思强	罗明德	忽延泰	邢松燕
魏仲生	董方和	李致安	黄诚始	王昌祥	王克俊
张文远	张世华	吴惠彦	王敏其	关裕桐	陆传基
王罗顺	卞凤生	张乃庆	黄铭亮	刘玉宏	赵志岗
王再新	周辰福	王书春	晏平宜	谢仁慈	赵一中
杜德进	高雅丽	赵富春	刘英卫	曾庆华	程金环
牛志之	安树兰	蒋令芳			

力 703（41 人）

崔桐豹	方美琪	李为正	朱　敏	詹鹏来	张上珠
吴　森	郑纪平	王锦泉	黄鹤鸣	周秀英	陆继良
田勒东	吴猗梅	吴世民	韩世明	吴自美	陶庆华
纪梅丽	周磊豪	田洪生	高金生	徐礼格	刘雪倩
张克明	毕思逊	刘仁溥	张村森	周宗博	黄继纲
孙长君	李培钦	芦尔丰	肖兰珍	尤耀庭	林增媚
付师韫	黄德波	龚佶信	肖玉纯	卢祥一	

力 704（33 人）

张静娴	李志杰	吕淑敏	张山来	陈天引	孙文超
陈　坚	刘英洲	李　芬	陈广发	张存元	魏敦崧
殷杏娣	袁亚雄	周彦煌	徐瑞琨	蒋家羚	刘霓生
赵麟生	卜国臣	施学贵	林凤英	游金照	徐修远
谭祥驹	李培曰	周建悦	沈明珠	朱蕴珍	杨炳初
刘士达	张　瑾	汤重添			

工程力学系 1962 年本科生入学名单

力 801（34 人）

王方安	张鹤龄	冯念真	付钟年	刁颖敏	高奇华
俞赓耕	陈守绵	李培均	张景曾	崔永芬	端木晋
贺五洲	杨英昌	张振节	严越然	莫欣农	龚为平
刘超群	王树立	周　娟	徐瑞和	赵勤学	庄　真
黎银华	李　焯	师文谦	李海源	程焱南	冯际让
宋明德	于吉志	况光裕	陈平凡		

力 802（31 人）

谢仁慈	何立民	宋国书	陈重华	徐克林	郑世培
李东来	费志中	赵　育	陈沅俊	薛　恐	韩贝传
许文信	张元正	王海清	夏子辉	李明莲	吴文华
孟继祖	吴松林	李　镔	雍巧玲	武建华	杨国文

罗国勋	康大陵	梁枢平	王静立	陈　銚	

裴鸿勋（转水利系）　王作石（转水利系）

力 803（30 人）

陆继良	李燕玉	贾振陆	孙　滨	张守济	陆　恕
俞全宏	陈世昌	冯国胜	范熙天	宋振清	吴亚东
叶正麟	胡功竺	张世雄	祁力群	顾庚林	支孝宽
吕昌其	陈天晴	马宗权	李百令	王贵和	倪惜珍
单怀光	杨鸿章	林金洪	刘明璋	王书彻	刘白玲

力 804（27 人）

汤重添	林文漪	刘语明	徐　瑞	王守一	吴季松
宋宗明	胡　明	龚光义	姚士钟	凌鸿孙	黄纲华
宋自林	吴　菊	杭靖球	吴荣庆	王洪礼	杨忠民
张家渠	陈仲清	陈　镛	丁陵仙	张应举	林意群
娄玉亭	贺耀海	沈明珠			

力 805（23 人）

蒋令芳	孙　铮	梁春沛	田铁汉	郭云琳	郁振益
赵建华	李振民	许宗煌	顾克家	孔繁胜	鲁炎杰
沈建华	黄世兰	于文书	刘治民	费书平	李鸿印
林　江	杨鹤鸣	叶黔元	徐文龙	董钦尧	

工程力学系 1963 年本科生入学名单

力 901（25 人）

孔　延	许天江	孙常秋	张宝祥	沈仁明	陈桂元
沈台平	陈国光	金福龙	冷纪桐	周　莉	谭小苹
李光正	章曾煜	潘安平	姚增权	胡大邦	朱根伍
刘　炫	黄东涛	伍　超	刘绍中	叶志江	张怀怡
朱　巽					

力 902（25 人）

于子莹	施壮飞	曲丛钰	赵国兴	刘文珂	李维益

黄合宝　席　儒　庄亚仁　徐振海　胡健芝　王新义
陈利颐　李怀湘　金志胜　顾洪福　钟永生　何华欣
贾鸿藻　孙和成　孙国钧　陈　安　文小凡　徐梓炘
沈惠川

力903（32人）

拾景年　周秀英　施兴培　王钧和　徐刚富　沈孝钧
王荃莉　廖章钜　余志和　殷秀清　谢就蛍　刘明瑋
李受百　吴雄华　严德崑　张建华　王醒民　丁宝康
蔡源之　赵良臣　刘学贞　王戴工　盛世昌　张龙祥
贺林地　李全一　杨其恩　杨鸿章　常金刚　戴　浩
刘汝林　雷昌瑜

力904（28人）

刘成群　陈玉宙　李希平　林发棋　乔宗淮　胡占芳
李宝荣　李贵林　王志鹏　施泽康　杨松升　秦立森
于洪莲　鲍子初　程允怡　徐伟俊　曹青峰　徐　瑞
张小涵　沈曙炎　周红瑜　曹　峰　吕淑敏　高季洪
何惠平　丁伟之　李　理　黄庆凤

力905（22人）

潘振云　姚布丹　赵秉文　方苹之　赵宗儒　俞泽民
岑章志　刘泉深　胡林涓　王福荣　李　光　姜惠成
王观光　陈邦芙　王胜令　黎贵犹　李传让　瞿万金
陈国胜　李中鲁　吴希曾　沈成武

工程力学系1964年本科生入学名单

力01（27人）

周天麒　纪学礼　单连臣　王行言　张大成　刘永秋
段春生　朱锦林　姚其言　陈培良　叶寿忠　邹觉先
范　奕　韩纪果　杨秋生　汤荣铭　徐嵩林　武心忠
武怀义　张新建　姜俊成　裴兆宏　张瑞灏　段银珊

吴汝聪 王福来 陈 钦

力 02（32 人）

赵菊生	廉 贵	邓正春	周耀耀	宋国华	仇健祥
郝建明	刘春煌	吴炳麟	孙 穆	梁明珠	程保荣
曹恒忠	徐品采	单振忠	王立荣	王 武	李敬安
施荣连	张厚奎	王清録	何元斌	郑嫩惠	蔡金铭
魏大名	蒋沧如	廖凯贤	赵长风	程安法	郁吉仁
李树炜	薛伟民				

力 03（30 人）

冯曼曼	李燕翔	冯克庄	张大才	马玉和	郑鸿儒
穆凌云	宋执忠	胡金芳	沈金发	陈秀燕	姚阿六
胡逢淦	徐士良	耿邦英	刘承铭	沈如槐	徐 鼎
刘树勋	边德英	张素琴	徐川育	罗加云	谭大碧
郭益和	张震中	郝中军	徐传德	殷人昆	陆吉康

力 04（25 人）

李天初	李庆华	崔淑英	郭秋敏	何秀凤	沈文龙
朱光春	樊正民	曹大林	周忠荣	夏业骏	沈湘玲
沈先寇	王瑞珉	甄造堂	孙明珠	郭仁宽	林克民
马 光	左开才	蔡绍文	凌均效	李志信	张明山
张 骧					

力 05（21 人）

孙 捷	赵景文	刘树芳	张云辉	柏奎盛	王胜利
赵苐一	赵康源	徐均德	毛汉宁	孟志诚	曹如斌
张学深	王鹤凤	刘坤林	郭继展	李松华	刘 泉
朱 洪	罗豫冠	盛珣华			

工程力学系 1965 年本科生入学名单

力 001（25 人）

王德春	王新杰	高晓虹	吴知丰	沈可兴	殷荣高

洪永祥	张兆芬	郭大成	陈　方	谢昌明	傅鸿源
高仁琪	于和生	徐　恭	李玉奇	王希麟	王志岩
马远乐	张风成	曾德广	白素巧	吴炜煜	郝　方
汤康恩					

力002（30人）

高小旺	范希安	梅东放	张平之	鲍国杰	陈桂永
朱慈勉	何继潮	林道选	施国荃	苏　军	焦群英
李春景	张聚成	张招扬	李作欣	罗学富	王啟天
罗有礼	翟松柏	孙仁佳	王　阜	单景德	王法高
赵曼扬	常亮明	翁维云	丁　涛	卜庆顺	王森南

力003（30人）

刘家毅	张国锐	周从尧	李柏青	韩瑞年	薛秦春
李大法	朱荷生	黄连生	刘自强	唐六丁	袁一林
钱俊龙	夏承南	刘启栋	林礼忠	谢星明	唐明才
吴恩华	宋树彬	赵焕东	陈宝树	曹琪璋	闫慧敏
陈允璿	富国昌	朱继生	陈育延	周庆福	沈春初

力004（25人）

张冠忠	周小燕	杨金英	童　鲁	李建国	刘　建
俞文伯	黄维崎	陆佩忠	孙　秀	周宗彦	罗章寿
李荣先	刘龙成	陈元鸣	陈克金	张少华	李　旭
卫景彬	钱　博	杨泽亮	蒋子刚	张义同	程从明
马跃开					

力005（20人）

胡仁隆	郑叔雄	朱德光	高尚礼	沈惠申	乐银成
李玉田	邱志明	蔡利栋	张润圃	商龙生	洪友廉
傅国铸	赵玉林	郑良知	王永梁	邓著达	于文献
赵宗普	姚光龙				

工程力学系 1970 年本科生入学名单

射进 01（进修班）（43 人）

吴振川	吕　波	田雅玲	关援朝	董景云	刁小健
阎国庆	刘泊春	王长友	王学莲	高志诚	李绍普
董得道	胡怀德	刘世新	李跟英	王二平	郭世清
陈树桐	张兵军	张立朴	姚胜国	陈治海	张　林
乔振龙	施玉亭	景书盛	周保安	李锡佑	桑增宽
卢继红	李慧珍	赵湘江	李宝起	王坤池	康汉初
柳韶东	徐文惠	宗承志	郭明芬	尹振坤	张新好
张启英					

工程力学系 1972 年本科生入学名单

强 21（34 人）

刘华新	赵源刚	杨惠芳	周望香	黄　江	左　军
郭兆琪	杨大祥	肖　镇	陈兆华	苏秀荣	孙少力
王福义	周清惠	陈梓道	许建华	杨锡芬	王士达
程德春	王兰英	李秀芳	宋阿增	许贻燕	周　折
王玉莲	秦平彦	吕兆华	刘长伶	闫俊乔	张显林
周振德	张淑玲	刘桂兰	周晓惠		

射进 21（进修班）（34 人）

赵明忠	杨斌华	沈定才	郭悦长	徐潘良	冯玉保
王庚辰	陈　英	李保恩	童俊生	陈少华	陈铁英
钟锦泉	孟永生	黄丽霞	赵建国	董瑞玲	张秉霖
张秀敏	史潮波	高俊一	薛国源	云　飞	李洪运
刘秋庭	赵德玺	刘万禄	李　政	诸葛保	杨锡深
张伯霞	周广钧	赵　彬	梁继胤		

工程力学系 1973 年本科生入学名单

流 31（30 人）

张玉敏	郭　江	王莉莉	马惠萍	高永顺	林建民
袁燕生	刘　征	刘培新	李长发	崔桂香	王家楣
郝　丁	陈立斌	孙继瑞	魏黎民	姜鹏明	林文豪
关维国	徐克晶	贾开建	刘中仁	刘志庆	王秋香
许　敏	徐正华	乔品华	何其维	杨培英	王方其

强 31（34 人）

郭绍东	徐光武	朱俊杰	张晓红	吴本深	周林云
曲　建	张金生	徐志诚	关秀芬	梁醒培	宋卫东
高秋平	马青年	王长明	张建华	李运芝	董承全
胡　荣	赵汉中	梁光珍	李海里	贾秀苑	李燕虹
高伟健	牛子桂	李风萍	张士勋	赵更生	陈修亮
欧真群	董淑琴	杨中伟	张才富		

工程力学系 1974 年本科生入学名单

流 4（45 人）

郭继新	王秀彦	姜淑文	李珍珠	张桂自	朱艳丽
张国玲	孙文娟	闫御美	程益风	张春梅	梁博文
张春秀	许邦云	徐雪松	廉铁成	袁永祥	李　勇
姚振岐	吴语柏	刘贵成	许春虎	孟建新	李　新
徐振江	旷卫国	柴　刚	张德全	靳　英	马文海
刁立华	赵祯泰	刘占龙	王世杰	陈林子	耿新民
安维东	戴志祥	秦印玺	朱化南	刘文龙	文兴贵
苟兴全	谢德常	李琼林			

强 41（44 人）

刘宇松	李秀兰	李淑兰	李孝兰	李玉珍	李凤琴
李和平	符庆芬	孟凡梅	刘　晶	徐佩珠	许玉香

杨小林	丁毅丹	丁鲁建	张秀荣	赵亚萍	宋 蕙
戴培月	郑德芳	胡苏侨	李华政	卢光余	楼肇洪
乔世杰	臧开勤	段守信	丁继勤	张基全	王天祥
耿 云	崔文勇	李国甫	杜品宏	白剑新	宋德亮
徐怀忠	高基田	杨树生	王 利	石泽均	刘文祥
郭留群	王芳杰				

强 42（44 人）

冯金荣	魏海萍	吴玉凤	梁 平	付俊华	柳 军
刘梅勤	金惠清	高淑荣	段素琴	张邦菊	徐光辉
沈春玲	杨桂英	杨立君	姜占珍	鞠茂林	吴朝斌
王 励	倪洪祥	孔凡让	胡俊昇	宋章元	陈积书
田玉祥	魏新华	吴安忠	李存刚	赵光显	丁玉坤
李雅贵	董树印	王耀辉	李春海	李惠祥	马显忠
李文起	景远福	王长寿	冯 健	杨泽风	杨宗碧
韩永林	卢斗祥				

热工 41（40 人）

赵家逊	王新绥	郑宝才	路永才	张天虎	刘敏身
何世杰	刘世伟	于占文	孙恒茂	宿琳娜	王庆英
张风格	翁蓓华	安凤生	陈兆荣	黄贻德	肖卫平
牛建林	乔 枫	张幸临	邓艳秋	杨绍英	陈 国
李炳南	许连生	魏国庆	尹 松	解维军	刘良元
陈 敏	刘少梅	陈焕倬	德 强	吴树源	梁宗贵
谭东元	朱培世	杨万增	王启顺		

工程力学系 1975 年本科生入学名单

流 5（35 人）

刘文华	陈永宁	张和平	卜维平	钱国荣	易景山
颜一凡	郭耀忠	张丽艳	陈凤义	马连轩	李晓军
李鸿琴	王维勇	金翠伶	张焕全	徐 辉	柳丞和

华　平　郑国华　肖庆瑞　宋　苗　耿晓音　白　珑
王长滨　任喜华　董　静　张少清　王速建　蒋贵琴
于洪滨　王艳春　孙玉奎　别　莉　李孝宽

强 5（33 人）

甘连红　林　锋　唐丐凡　王晓云　王玛俐　冯立年
李　莉　于德义　王瑞香　李光明　李　明　梁　艳
张万成　杨丽君　林义琼　邹春华　李惠玲　张尚宽
吴　玲　马　灵　孙建国　张庆来　鲍桂琴　程永革
陈留安　申涛庆　贺长春　白　毅　孙永安　刘九江
祝景媛　韦熙强　何长奇

热工 5（37 人）

汪敦鹏　刘显宗　高作木　周绍同　叶志康　徐映芝
胡　旷　刘相法　王福源　姚永光　崔保柱　路贵馨
吴开三　王禹生　王素阁　叶培前　王德魁　张显金
陆文金　李茂林　范　清　刘明贵　张忠利　许洪金
刘志伦　王哲帛　邢德汾　范南疆　马在存　孙　鸿
李　雄　郭志勋　张德胜　刘志海　杨维平　陈栋梁
张石卿

等 5（35 人）

刘正子　刘清波　陈德才　李茂平　汪烈祥　汤和贵
张汉林　孙文孝　张天麟　孙福期　袁　均　王阿水
吕振杰　李文娱　张喜林　夏振礼　胡景林　王树森
陈兴章　宋玉琨　苗文玉　赵　静　荆海泉　李申发
张文平　张晓哲　路金城　王茂永　郝维祯　武国生
陈明山　韩援朝　荣　海　吴桂宝　荣金龙

工程力学系 1976 年本科生入学名单

流 6（34 人）

张家明　王志航　张旭旭　舒在新　张戎威　刘丽莎

王俊义　段君阳　杨春志　原建新　李怀庆　江　峰
杜瑞敏　彭　伟　林　杰　彭阳春　魏　秋　张理良
王春玉　高小宁　赵桂荣　沈锡安　黄国柱　张有涛
方保成　崔京南　苏立克　李启平　谈洪朝　崔　军
王　智　王磊锐　李矿林　阙兴贵

强 6（31 人）

魏淑君　李汉文　惠　民　李传宏　许忠良　季洪海
王彩玲　应永强　陆国民　张志安　王耀民　李玉春
岳建平　管晔辉　孙　力　侯　英　张晋萍　施联秀
田　丰　李学瑞　李会峰　刘增田　刘淑敏　李　丹
张华山　唐济良　周洪林　赵辰民　刘明馆　谢永平
霍树堂

等 6（29 人）

张增建　赵东建　王燕娥　管佩文　许伟江　吴建国
马万钢　赵金旺　马霭芝　武国玉　王红枫　尚亚丽
张青云　于海山　白洪贵　史庆江　曾　鸣　邬瑞仁
唐桂萍　王湛信　梁炳培　尹建东　朱勤先　谌伦辉
陆醒吾　苏显惠　王效泽　顾剑铭　杨久昌

气进 6（1976 年进修班）（36 人）

王　群　朱路明　赵中曙　邢群瀛　刘殿强　秦龙宝
曹赞生　王怒涛　丁松文　杨惠庭　姚　健　申兆清
王献洲　李秀文　侯俊岐　蔡顺辉　薛敏珍　武新民
高发顺　丁维伦　蔡大威　孙福来　李桂芳　王国华
邵　佳　潘五三　梁满通　陆小冰　黄永恒　伦锦然
黄兆基　周瑞昌　薛英超　殷志良　马　达　韩春禄

工程力学系 1977 年本科生入学名单

流 7（29 人）

罗晓林　何晓渝　罗宗平　冯振宇　李守彦　杨　辉

郭跃平	黄晓晴	李蔚林	布卫红	姚一平	佘建伟
陈达卫	周　朦	翁惠芳	夏靖友	李国伟	蒋　峰
邓重平	温　彪	吴兴荣	张景怡	张秋萍	钱力克
黄金辉	郑　刚	刘　卫	杨瑞新	王治国	

固 7（35 人）

谭明一	袁　珩	黄庆平	张丕辛	张　伟	周小平
邓　勇	马若涓	王　均	肖　颍	刘玉民	李　彦
潘立功	邓小铁	但　威	林建华	盛善定	景群智
朱一无	王卫东	肖世忠	周　叮	冯雨生	章柏钢
李　平	张中民	秦少文	王　耘	于　原	安永民
樊　辉	钮　麟	黄民丰	贾海东	王丹洪	

工程力学系 1978 年本科生入学名单

热 8（34 人）

杜　晓	俞度立	原遵东	刘　桦	陈　琦	李　东
石　磊	潘　宇	周　杰	李华强	壮　迁	杜兰萍
陈跃山	张燕屏	王晓东	唐科奇	龚为民	张　琳
赵建新	王志民	胡小平	肖金生	赵李铁	桂业伟
周文鸣	顾炳武	王　速	林小燕	符祥群	陈伟康
熊柚民	张　健	周维强	邓树宏		

进修班（34 人）

张鸿庆	王良川	赫　方	孙　穆	赵曼扬	李　理
刘守圭	苏　年	何　正	平幼妹	蒋　铮	王安稳
蔡绍文	丁　涛	洪迪安	姜德进	范　力	林文兰
徐嵩龄	周忠荣	沈可兴	伍　超	蔡金铭	杨泽亮
张进平	李树炜	陈志远	钱毓敏	刘德鑫	秦立森
俞文伯	左开才	王福荣	张平之		

工程力学系1979年本科生入学名单

力91（35人）

唐　颖	杨　磊	栾美理	李　铮	赵静野	赵博森
商　平	杨京龙	孙鹏飞	凌　熙	沈　虹	谢玉树
秦　关	胡天羽	马志农	高学军	彭晓星	吕秋强
王文素	毕克农	张　征	钟小林	李　棉	蔡建林
胡春生	刘　淮	丁　元	吴金龙	陈　彬	蔡绵涛
汪　俪	钱　锋	牟晓霞	刘光华	廖柏程	

力92（33人）

夏朴淳	张希浩	袁文国	师宏耕	邱燕萍	宋　军
戚克智	蒋　沁	方　兴	杨　明	祖武争	曹　文
王　径	冯肇荣	李琪华	王伟民	金　锋	杨维刚
刘　越	程　星	谢　耕	任晓辉	卫　欣	于　丁
潭　汀	罗卫东	吴承军	胡放群	曲江宁	王成宝
林少波	王一鸣	廖　敏			

力93（35人）

丁大江	张　建	李景明	张　谦	王　强	罗力丰
徐京华	李应华	时家增	曹　京	朱　阳	黄亚平
郑维杰	贾　宏	穆　维	石宝兰	张　诉	朱　超
谷连生	魏建国	刘　美	许建新	易维明	何　星
路　波	邓剑华	龚少楠	武志和	凌长明	饶　江
艾沂洪	杨炳奕	杜邦初	查　为	李　浩	

工程力学系1980年本科生入学名单

力01（33人）

刘光华	严幼幼	詹　蒗	蒋立群	邓晓青	崔旭东
何　力	陈霜立	龙天行	孟　岩	于　伟	吕则陈
潘剑林	陈楷颐	沈　清	孔晓临	郭四稳	林华勇

钮晋国　黎倩云　谢　斌　沈葆春　薄智泉　康　迅
张春雷　赵旭明　李　峰　郑晓玉　范力群　魏更生
金建华　商　平　张　近

力 02（32 人）

杨　刚　刘　强　邢　达　曹晓东　汲　泉　叶瑞丽
耿一平　李京玉　马　光　朱　丹　林　桥　卢　平
陈　怡　楼建雄　吴南屏　林仁玉　徐维华　魏国强
刘　彬　郭远非　张远高　段纪成　杨贤平　仲　政
徐如进　张俊杰　陈东宁　张龙英　刘建强　周　强
刘方文　杨金耀

力 03（30 人）

汪左澜　甘　雨　陈立红　笪越生　刘京平　郭东风
王　炯　段宇宁　沙　明　张　明　陈　力　于　帆
魏　杰　李宝松　杨开满　郑远平　严鸿飞　陈小明
张沁芳　王相锋　吴雅珏　黄　勇　孙　焱　吴毅锋
王涤非　朱南强　朴春成　于　宏　班　珩　何　评

工程力学系 1981 年本科生入学名单

流 1（28 人）

徐辰晖　涂海意　游洪涛　李　凯　何　枫　李红源
侯　宇　王东伟　胡金麟　李立宏　曲仕春　刁晨光
张　越　何维龙　鹿有余　金陆泉　赵长葱　马　宇
李伟林　张　琼　赵平华　贺新生　李少俊　曾令忠
赵国龙　陈　何　欧　鸥　倪守忠

固 1（31 人）

曾　敏　洪亦仁　张质斌　卢　征　张　青　邵励生
方雪平　武卫东　吴大成　吴　蓓　王玉勇　宁　红
庄汉康　崔维成　葛　玲　张　勇　夏良道　潘　瑜
周海鸣　王庆云　江坤生　尚晓天　刘　滨　梅焱祥

刘小虎	王学宗	李克宇	杨 溢	杨 槐	杨新虹
杨 波					

热 1（30 人）

吕志鹏	谢 鸿	黄建华	张玉民	潘 敏	韩晓东
石瑞松	吕东明	刘风山	樊健玲	丘文倩	闫究敦
曲继发	蔡 榕	琚诒光	李 磊	周大冬	周莹莹
王命棋	郑 斌	张天林	周 勇	刘志宏	周乃君
柳巨声	卢祖严	卢德松	马勇前	李 润	刘志坚

工程力学系 1982 年本科生入学名单

流 2（30 人）

冯 伟	王继海	陈士方	陈 进	过 鹏	余 真
许京春	孙 泓	丘乔羽	吉兆民	霍春源	徐宇星
黄维通	刘国华	荣吉利	谢 勇	董国平	何福森
熊 斌	谢晓素	徐明杰	姚宏伟	尹 皓	傅立新
姜兰波	周 华	陈永亮	王仲民	杨桂萍	杨 鏄

固 2（30 人）

宋 援	张 恺	陈 勇	燕 琳	李东生	姜延平
方 华	丁 侃	代忆戈	钟 伟	秦从群	谢剑播
张纯钢	李晓东	向家琳	张 翔	郭 屹	王惠军
刘 严	于加良	杜 森	陈细良	丁 科	余朝晖
陈 红	王 蓉	丛百林	张 立	石泽贵	崔 杰

热 2（29 人）

曹 明	邱宇晨	王 菲	林挺宇	杨立群	郭 强
宋鹤童	郑建伟	陈晓东	李晓平	罗美珍	周 信
张和平	顾平道	孟 霞	郑 云	陈正东	米桂新
杨 军	吴 彬	李建林	李 欣	赵向伟	舒志新
魏 力	邱泰庆	段 渠	胡敦燕	石瑞松	

工程力学系 1983 年本科生入学名单

流 3（30 人）

王　炎	袁小斌	朱悦辉	李　崎	钮　键	高少柏
阎　宁	周　雷	任玉新	郝　海	孙　彤	李树森
于溯源	魏乃龙	卞良驹	洪申平	吴立新	林　竑
朱丽梅	国　涛	黄振华	陈建华	黄　平	陈　堔
文献波	何春红	杜　强	梁　杰	张燕华	赵　伟

固 3（27 人）

肖　飞	华　原	谢劲松	伊　莉	李　捷	许　葵
张　芮	卓　越	张志超	王晓冬	张　宏	沈晓军
王敏杰	张袁备	曾惠晔	应　明	钮祥军	郑顺风
张少雄	孙吉松	魏光远	梅建芳	周志刚	李志山
戴少锋	王　兵	令永卓			

热 3（29 人）

郭　毅	韩兰青	陈　红	许　立	于文杰	陈爱华
叶　茂	卞立群	胡　山	于卫国	孙叶柱	唐　林
单　玲	王　铮	胡海南	陆永前	方兆彬	王义忠
陈国光	吴鹤立	阮班治	童建民	肖　杰	李红云
牟　军	岳　斌	吕怀安	唐庆凯	林建军	

工程力学系 1984 年本科生入学名单

流 4（31 人）

付宝华	胡健国	王　勇	潘　驰	朱　永	濮存斌
林　丹	王世东	邵社教	贾宝勇	毕亚文	李宏杰
沈永泉	赵　华	高虹霞	王晓杰	伊炳希	邹文楠
倪文娇	刘　宏	夏　冰	袁文清	谢贤鹏	骆志勇
张志鹏	赵永智	苏玉宏	赵　伟	董玉杰	魏　进
金建富					

固 4（32 人）

关兆东	郑　融	张立稼	郑铁渝	姜建斌	李红伟
王学明	于　超	尚　莹	林文凯	杜维鹏	闫成勇
邵　兵	石春民	陈　东	李　雁	赵国民	洪　滔
齐明超	苏　刚	聂小平	唐雪怀	吴传红	张立新
朱中华	王小宁	李芝兴	张东军	刘宝宁	徐　飚
杨徐洁	李朝第				

热 4（31 人）

陈　田	秦　烽	王小海	李国龙	阎　鹏	罗　宏
史　茜	胡筱茹	董世平	李宏伟	刘泽龙	王卓岩
茅奇华	宋　扬	钱振新	张　超	解东明	毛向军
姚国强	王　亮	黄红梅	陈勉忠	唐小伟	张霄岭
袁　石	赵庆清	伏亦兵	杨　军	应宏彪	庄文红
庞建平					

工程力学系 1985 年本科生入学名单

力 51（29 人）

张　磊	张征明	唐革风	陆　柳	薛　焕	洪学军
陈　琳	黄晓波	张卫红	冯西桥	郭东海	尚东伟
张　刃	吴梓玮	仇卓平	冯晓焰	毛献忠	姚朝晖
李　峰	潘文胜	许春晓	张剑波	赵建福	李文军
倪　钧	陈　忠	阴　可	陈西峰	张桔洲	

力 52（30 人）

张　铮	徐　彤	游浪淘	赵彤彤	路　凡	朱静冰
杜向东	王继红	顾　斌	赵力扬	张承柱	李　黎
李大伟	方辉宇	张同亮	陈在铁	张宏文	徐家驹
李学军	朱小刚	龚　兵	刘　红	杨　明	吴　楠
凌　卫	夏健明	黄学军	任　斌	周　东	田俊良

热5（29人）

陈运中	吴　鹰	张　武	刘　昊	韩　梅	陈　岩
罗伟炜	于安辉	周　静	廖春涛	师瑞杰	陈　伟
李云明	楚俊峰	黄晓彦	匡江红	唐建英	俞　玮
余立新	苏炳志	范文汇	钟学智	陶　新	伍朝斌
张应强	王峥嵘	廖　理	余卫舵	杨大昌	

工程力学系1986年本科生入学名单

力61（30人）

潘　岩	胡春林	张　辉	叶定晖	张东晖	黄　力
黄维东	赵亚明	杨永生	孙左令	宋孟海	马胜远
于长红	郭晟旻	丁建祖	何军晓	陈国祥	丁全胜
陈　峰	徐　军	邵　军	单　军	苏小平	鲁小蓉
王智平	肖　晖	黄　涛	郭延虎	姜继光	徐　辉

力62（30人）

傅激扬	王志强	马　涛	许　晖	严　明	邓　伟
夏　初	朱　路	何会永	苏　剑	周　军	杨亚政
吴江红	李含忠	李建中	王才岳	邢贤勇	张向阳
陈　扬	胡新煌	唐予生	赵文忠	柳惠忠	罗采奕
陈　伟	刘　宏	李　勇	于西平	黄学军	蘧时胜

热6（31人）

端　正	盛纪堂	承　韬	李双燕	王典军	赵　钧
郝　越	李　进	赵铁军	郄殿福	吕春晓	孙海天
孙凯梅	陈宇征	李体志	何东明	陈　凯	董金桃
廖生芳	周宜辉	敖建军	巩桂亮	王向东	吴忠明
陈军民	李　斌	周　伟	姚永明	武亚军	战洪涛
郑双名					

工程力学系1987年本科生入学名单

力71（30人）

汪尉青	单 桦	徐巍然	程 平	仲 阳	张 宥
蔡卫东	贾东华	谭 敏	刘长松	李云峰	傅广宇
朱永勤	王铁民	施 鹏	蒋 莉	刘雁宁	余震宇
陈有芳	张厚柱	魏云梅	石水生	吴浴辉	许 克
何 桢	吴 陶	兰 钧	雷 霆	李 越	孔翮敏

力72（30人）

赵智军	诸彤宇	汪下烟	张 雷	周 忠	张凛筠
孙 永	冯升波	朱建新	姜天宏	詹永振	程 煜
鲁 亮	魏志忠	姚建军	王慧萍	牛海辉	张化瑞
谭 伟	陈 超	王 晞	黄智辉	张 斌	钱 刚
肖 忠	安 平	涂 建	王 静	娄 群	吴 平

热7（30人）

蔡 珺	郭连波	熊 音	安 军	许 缨	唐 昊
田文栋	耿 旭	马占华	李 勇	钱 钧	陈东海
李天舒	王 飞	郝玉刚	赵军龙	唐风华	余承健
刘 鹏	李元元	杨 勇	陈 勇	王学力	张毅敏
严俊良	杨建国	何 晖	葛 阳	张 潇	王京秋

工程力学系1988年本科生入学名单

力81（28人）

叶 峰	练子丹	吴蕴新	高溢铭	朱雅萍	卢作伟
孙 佐	宋寒松	陈天翼	韩 标	孟东阳	黄国华
王小华	甘桂丽	王文松	曹江鹏	王旭光	陈 雷
王清理	曾 兴	林耀球	陈 晓	曾扬兵	张锡文
侯万宏	王维东	唐 烈	吕 超		

力82（28人）

李京徽	叶 明	张春晖	侯建彤	曹秋良	孙亚雷
王为剑	孙德胜	齐彤岩	张国华	王 发	谭鸿来
王金林	罗 梁	何世江	陆秋海	黄凯赞	赵 力
王 辉	刘 洋	陶桂平	蔡笃兴	庄瑞强	吴 体
章云科	韩志东	腾 冶	薛 刚		

热8（30人）

范 庆	赵 民	徐 选	王 翊	李一鸣	唐明浩
古卫明	高 勇	张 军	黄 英	陈 涛	安吉松
董 微	宋晓峰	孙 振	李海元	黄素宏	徐伟峰
杨 彬	徐昌荣	肖继东	刘宝亭	熊大曦	周海新
颜友良	张明华	刘 瑜	王晓刚	徐 进	谢以清

工程力学系1989年本科生入学名单

力9（29人）

田满仓	范心洋	郝鹏飞	张智舟	哲 力	成躬行
吕 炜	范亚玲	崔 珑	马 兵	夏维山	柴天峰
陈卫英	陈 丽	翟志强	许定刚	陈丹青	陈治峰
牛风雷	黄建明	廖智杰	武宗选	吴强胜	白 涛
蔡 涛	方 晓	张卫国	童瑞成	王国弢	康钦军
陈天智	齐 航	董 鹏	曾 炜	刘建平	

热9（29人）

贺 伟	曾蕴涛	葛 京	高 磊	管质旭	原 鲲
曲伟林	刘贵志	刘 宇	郭英奎	郑 洁	刘 政
刘向东	陆惠萍	俞 岚	徐金焕	王 彦	徐 盛
吕田峰	李 阳	官晓胜	叶生洪	章新明	易明强
钟 捷	廖 峰	朱世炜	杨 立	杨 军	

工程力学系 1990 年本科生入学名单

力 01（27 人）

曾 东	康子建	陈 辉	曾燕农	李 宁	翁 达
赵军平	尚孟生	范飚飚	李 勇	王建立	王金龙
张建利	汪国庆	张 枫	边晓东	何 浩	林程森
王 辰	孙吉峰	葛 蓉	熊 亮	陈巧宁	李 鸿
成 伟	王战堂	张 勇			

力 02（28 人）

张浩川	杨贵亮	翁广宁	殷 峻	施 泓	朱 廷
张双旺	白建军	王爱民	黄 英	高 昀	陈 菲
许 清	缪荣兵	杨培杰	朱亚平	王朝阳	谭桂香
刘 佳	郭 强	金华敏	郑江洪	潘 登	郭 荣
季 芳	杜丹旭	尹 欣	刘文国		

热 0（31 人）

杨 春	钮小鹏	杨 磊	汪冬宁	张继勇	王爱俊
刘 丰	吴伟光	崔龙铉	姜 涛	冯 震	毛娟娟
徐小平	黄 涛	李红华	杨克镇	徐 一	戴 波
李 丽	郑明清	熊 明	徐志武	覃 川	黄晓波
张小东	梁 宏	韩 鹏	郭晓鹏	董 伟	徐 鹏
马俊昆					

工程力学系 1991 年本科生入学名单

力 11（30 人）

吴越涛	唐旭东	胡明伟	阮国辉	吴 狄	张 岳
于 正	李 栎	霍文旌	罗 纲	王赫阳	于 涛
王玉虎	施卫伟	葛兆生	赵荣荣	陈 勇	戴雄军
郭 阳	于 烽	丁新豫	杨 毅	薛彩霞	雷小云
黄学军	刘小波	苏延川	易松孟	刘 晟	徐 珩

力 12（31 人）

刘　勇　裴　民　徐臻青　胡江涛　顾克勤　姚丽霞
杜春雷　董　渊　赵智鹤　于　淼　杨　彬　顾建家
陈永智　李荣庆　潘擎宇　赵栋伟　沈海东　薛　松
李胜军　宋康祖　文　铭　刘铁旗　周世武　徐和钦
郑云琪　李　腾　刘宁晖　刘　彬　王　翔　马俊昆
袁振军

工程力学系 1992 年本科生入学名单

力 21（31 人）

王志岗　王丹虹　陈宁光　张志斌　由小川　侯志东
杨宇光　张会艳　张昕浩　郭　庆　胡影影　缪　泉
张晓航　李秀明　张　强　邓增涛　方可燕　谢　巍
罗　靖　江先金　马贱阳　黄健生　何玉琳　刘永健
徐祖军　彭　杰　李　亨　孙喜明　卢　翊　李启兵
李　勇

力 22（30 人）

张榕京　虞海江　乔　锐　陈　力　贾丽丽　赵晓鹏
曹艳平　孙明时　薛振宇　邱信明　车　威　许　刚
王春浓　陈　彬　傅宇旭　张友生　肖　林　卞朝东
邓鹿兵　邵永波　李洪斌　许　勇　何玉怀　肖虎勤
徐杞韬　宋小兰　吴晓帆　李宏波　王　欢　嘎　尼

热 2（29 人）

曹　东　宋利军　吴　燕　王　滨　龚　彦　王振东
周　宇　姚海军　陈黎明　王　宁　李建军　王立京
徐　丹　陈志兵　叶　青　董林江　张　斌　叶晓虎
杨　静　陈　雷　王利坡　常　辙　郭治民　陈兴隆
段新平　李上贵　史小川　冯晓利　周　欣

工程力学系 1993 年本科生入学名单

力 31（共 21 人）

胡　滨	彭　涛	李　楠	张　瑾	王　柯	孙尚卿
解时来	倪德迈	陈　健	赵　宇	安智勇	李春铉
杨斌泽	骆晓勇	傅凯彬	金林辉	牛晓玲	张景明
胡振华	陈三超	黄润怀			

力 32（共 22 人）

张小虎	胡齐阳	张彦航	徐　瑞	段小华	唐家才
王文浩	罗晓春	陈晓军	林国松	王　英	董朝旭
郝　鹏	王　洪	王小虎	刘　哲	梁　广	杨小萌
江　伟	李　然	张　岩	徐　敏		

热 3　（共 29 人）

王　冬	张江龙	廉春英	谭立彦	赵　玮	吴斯扬
陆孜平	王俊华	杨春伟	谢建云	何剑波	张　卫
赵　辉	杜宏民	杨懿彰	邵东兵	佘海斌	孙　峻
张奕滔	韩　龙	姚雪丰	黄　辉	胡金辉	刘　泉
曹　政	王遵敬	冯小勇	孙晓毅	朱　辉	

工程力学系 1994 年本科生入学名单

力 41（共 29 人）

王靖夫	周海兵	杜　岳	李蕾红	陈甬江	李楠舟
王永秀	潘　屹	黄　亮	李明川	安中胜	王　筑
邢秋兵	牛鑫瑞	邓　岗	刘　松	徐宏龙	谢峻石
陈　瀚	熊　俊	张振科	周　舟	王　磊	郦岐大
郭高峰	王金虎	王　勇	郗　华	王雪梅	

力 42（共 28 人）

郑赜瑜	陆云开	王　昆	胡　嘉	李柳莺	王利华
程乐錦	乐志华	郑哲明	李兴隆	刘　闯	张　锐

陈永亮	郭英涛	晏廷飞	蒋　毅	王　凡	叶红光
王　伟	黄素蓉	黎志勇	张　念	郑晓鹏	刘广松
王虎妹	高雁飞	徐胜文	姜天慈		

热4（共28人）

陈春明	周　维	崔天强	杨　巍	陈　强	史　愿
赵　明	蔡祥元	张旭东	姜汉龙	黄东杰	季　旭
龚景松	张怀山	徐东艳	虞　建	陈正山	朱曙光
李长乐	易　明	岳　敏	徐向华	赵　刚	姚晓波
杨　荔	黄宝陵	马　龙	樊小安		

工程力学系1995年本科生入学名单

力51（共31人）

黄　绯	钱　强	陈　重	盛　诺	陈　雷	梁　兴
李　杰	侯双全	崔志坚	吴　波	张　焱	谢益祥
谢　凡	黄学军	陶　敏	孙　震	汪　浩	黄东平
慕　磊	李睿劬	杨　钧	杨志宏	丁宏伟	林　原
肖洪波	张　准	姚舒怀	刘　国	陈冰雁	魏国欣
王永秀					

力52　（共30人）

吴　震	原　茵	李　超	洪　伟	张宏涛	苗红宇
洪剑波	荆沛华	李东风	赵夫增	鱼海洋	薛小香
刘小虎	吕　锋	李晨锋	董　延	张文毅	白　洁
李佳音	李彦民	黄洪辉	李平进	谭　李	郑　炜
张雪松	郝岩冰	刘　海	王庆法	罗晓静	王永秀

热5（共31人）

董　旭	徐　宁	赵光宇	柯文助	李明东	赵汝庄
章　沙	胡升腾	谷勇先	张荣海	唐　浩	刘　敏
黄贝佳	刘　笛	乔　丽	王越男	邓巍巍	张鸿凌
耿　鹏	王沫然	史　波	张大为	宁静涛	普　勇

刘　虹	杜以恒	沈　岩	马利勇	龙　洋	郝春强
李江川					

工程力学系 1996 年本科生入学名单

力 61（共 30 人）

刘　牧	赵慧娟	王颖晖	伍敏伟	王东宝	何　江
李　矫	武亚威	杨建道	孙学卿	张　涵	保晓嵩
苏罗鹏	张东东	张章飞	李　响	阳　雄	杨　滔
姚　昱	丁馥昊	程　蕾	杨东祥	何智江	王　京
赵亚楠	戴建华	陈丽星	栗　可	刘　翊	崔柏顺

力 62（共 32 人）

姜　伟	张　良	张国平	姚海民	马　军	王宏涛
葛菱南	梁明刚	刘　琦	陶　刚	唐　辉	白　锐
徐晓云	陈迎锋	邵连强	邓　宇	刘　敏	苏继宏
雷　霆	范成业	王澄宇	张晓东	黄　聪	马雪雁
陈　荣	黄伟峰	王宇萍	王海涛	孟利波	许　蔚
骆高燕	梁雪冬				

热 6（共 28 人）

朱成凯	王　萌	李　晶	刘晓磊	刘晓飞	李　娜
卢小丰	王　兵	杨海华	蒋　平	尚　庆	殷　奇
郭靖原	郑必可	任凯锋	吴　苹	阮修林	崔　峰
刘　征	于志军	刘学亮	丁　武	陈　伟	焦天锋
李　毅	刘绍杰	程　凯	许　波		

工程力学系 1997 年本科生入学名单

力 71（共 28 人）

刘林岚	陈　远	李　征	孙玉鑫	黄彦文	蒋　渝
刘　洋	杨任刚	黄伟希	徐　云	林贵斌	姚伟峰
路英杰	柴德海	蒯化成	李显祥	金　石	马　炜

张建鹏	季成城	陈　晟	龚安龙	冯　晶	肖洪伟
赵建兵	聂　晶	喻学韬	刘雨青		

力72（共29人）

张　骥	米庆鹤	王　恺	刘　波	尹华良	韦青山
刘晓彤	王雁昆	马　林	李群仰	潘小飞	刘亚龄
成　伟	阮春怡	李　尚	胡　炜	唐　甜	朱金钰
常　新	王立峰	鲁　异	王朋波	吴遨旻	邹　健
李　真	潘正海	章湘明	林葱郁	梁智锋	

热7（共27人）

张　波	鲍爱楠	陈　正	汪新刚	彭宇翔	韩茂华
郝京阳	孙　麟	张　剑	宋　涛	田　辛	杨　濯
刘瑞华	董慧智	张正业	柳爱国	向　屏	肖　鹏
陈颖达	刘岩松	唐皇哉	杨武兵	秦挺鑫	赵君毅
魏　澍	刘　颖	吴新灿			

工程力学系1998年本科生入学名单

力81班（30人）

刘晨歆	唐　敏	崔凤祥	郭　宇	冯伟斌	程　鹏
闫卫星	谭百贺	于　冰	邹振亚	谈思琦	陈　科
黄军杰	方红荣	何文奇	万敏平	杜宁宁	杨　雯
吕　键	刘　彬	瞿　鑫	赵泛舟	刘安良	姜　星
蒋　剑	徐　玫	石　静	杨飞虎	李道正	洪学知

力82班（32人）

纪朝峰	魏　成	高　昂	唐羽烨	郭晓曦	裴永茂
杨双豹	潘恭华	王祝山	李莹岩	曲贺亮	崔　亮
陆　磊	吴　晓	刘　军	徐俊东	毛贯中	许宏泰
郑亚雄	张建平	郭增才	陈书梅	尹伟奇	阳　茜
寇　征	杨　璞	罗　阳	杨正东	杨春宇	徐志平
袁鸿雁	李勇强				

热8班（28人）

姜　甜	王　健	霍洪强	宫　玺	安钟峰	王永刚
朱宏晔	隋晓峰	苏　欣	姜微微	崔金雷	葛其明
张香春	陆泉洲	洪泽恺	胡　哲	陈明相	陈　文
张国平	杨昆仑	葛　锋	段传华	任　征	吴　坚
魏　星	周　浩	黄思源	张　兆		

工程力学系1999年本科生入学名单

力91班（30人）

朱　听	叶尚军	陈　卓	薛小波	胡伟基	谢少龙
陈安邦	黄旭光	范　勇	虞　钊	黄天林	吕　林
高　衡	杨士普	吴　超	张博辉	尹　翔	王一非
李良杰	焦威佳	张延琪	张　研	王　飞	李　斌
张　凡	熊钊荣	曹宇宁	张　喆	龚道童	廖紫薇

力92班（30人）

方　楠	项亦斌	王　为	肖建亮	赵　顺	秦　江
卢　俊	江思跃	宋　杰	杨　帆	刘　祎	杨　燕
邵进益	赵治华	杜　华	张　萌	柳　宁	支　彬
郑　磊	李旭科	陆　骁	汤　波	滕　锦	唐　陶
李　欢	刘　旭	周　良	贾大炜	王　侃	杨　帆

热9班（29人）

胡竞芳	蔡　江	万　凯	于新刚	刘　永	杨炜平
邓加耀	薛　辉	唐　铖	刘顺涛	秦　乐	兰旭东
李晓伟	尹丽娟	孙小岩	王　亮	郑晓川	杨　帆
杨　勇	任效明	陈　潇	桑永亮	吴晓卿	张　星
林　川	李卓毅	余大启	蔡　江	尹丽娟	

工程力学系 2000 年本科生入学名单

力 01 班（30 人）

郭 明	彭 晶	方 乐	胡 睿	陈 耕	杨云柯
颜伟达	高立虎	汤家力	贾宏涛	贾福岩	王轶嵩
李 杰	王 凯	解海鸥	崔晓东	杨 阳	张 卫
王建滨	张玉莹	王东国	陈永丽	谯 鑫	张宇飞
张文献	周 睿	庄礼深	周晓舟	苏 诚	王利荣

力 02 班（32 人）

花 韬	张 伟	黄旭东	胡明涛	巩 旻	李炎恒
向 磊	蒋方华	周 丹	彭港祥	陈仰光	成斌斌
马念科	顾 晔	祁 涛	顾清华	李 悦	程 锐
李端阳	梁明晖	王 沛	胡 彬	陈明继	席文兵
赵 欣	许 云	柳占立	林 乐	丛 庆	邹 雨
王 昱	刘 旭				

热 0 班（30 人）

吴学松	吴 晶	李建军	金 鑫	张 鹏	赵瑞昌
岳 宝	杨 弘	冯 圆	薛淑艳	姜长青	陈卫锋
赵 波	薛文胥	刘政胤	季学伟	朱乐垚	柳雄斌
任启森	巫建华	王文丽	欧阳广聪	李训耕	谭 宁
王帅创	胡 腾	梁 杰	孙 俊	陈仁坤	张志勇

工程力学系 2001 年本科生入学名单

力 11 班（31 人）

刘东良	邵 立	余振威	贾霄鹏	李云飞	高 波
陈 曦	宋 昱	杨 攀	郭智强	傅海舟	李振海
刘益伦	高 超	赵晓利	李 青	刘扬扬	吴 昕
周 泽	王 跃	张蓝博	唐力夫	尹明艳	范圣秉
蒙泽佳	宁 宇	张敬轩	马 睿	西月贤	张凯杨

崔　雨

力12班（29人）

陈柳君	周马生	唐振亮	王　昊	刘宏宇	王　鹏
杨　荣	陆　超	张季枫	唐　文	周　奇	温荣华
史云斐	马显锋	廖剑晖	董妮妮	吴俊杰	杜　宇
裴苏洋	张　钊	李伟明	闵耀兵	王　昕	姚　灿
李　剑	蔡望鹏	刘　磊	鲁南姝	黄静波	

热1班（29人）

侯泉文	石　磊	陈　義	宋建丁	姚渊铭	彭　耀
刘东韬	徐　钊	刘　曦	吴梦柏	曹　阳	阳德志
华丽君	刘凌涛	邢　程	彭　磊	寇楠楠	姚志甫
陈　阳	国晓慧	严　环	李　炜	毛　峰	高　旭
秦　明	范　炜	陈亦铮	毕研强	邓柏林	

工程力学系2002年本科生入学名单

力21班（23人）

庄丹硕	王占莹	刘　辉	钟　圆	徐　然	付东旭
张进军	张　锴	陶默雷	朱舟元	夏乐章	陈　曦
卢恩巍	刘玉泉	邓　强	龚　纯	秦　钊	孟　宽
潘彬彬	李　瞻	段　乐	范森森	吴成杰	

力22班（22人）

单繁立	张衍晨	张　翀	王　哲	曾宪湃	遇鉴海
张　涛	马宇立	刘　亮	裘　钧	洪迪峰	赵神殿
杨清侨	王麒玮	李德昌	叶宇帆	覃庆权	曾　昱
王志行	高志敖	张天禄	陈晓波		

力23班（21人）（国防定向班）

胡振鑫	谷振丰	李　森	王星焱	王　维	魏　巍
李　楠	沙长远	徐国亮	曾志峰	陈江涛	宫　森
张文钰	陈　福	郭　昊	李　登	张　垚	胡　强

解　静	车　征	彭国良			

热 2 班（24 人）

齐　瑶	景承涛	李　源	郭　强	田中伟	胡彦彦
朱德华	王彦奇	程　昊	吴肖乐	苏　甲	江　俊
宋伟明	申亚欧	冯冬晖	王人杰	程雪涛	刘晓伟
周　瑜	李　菁	马维刚	魏　玮	曹　晨	王海东

工程力学系 2003 年本科生入学名单

力 31 班（22 人）

侯乃聪	杨　歌	张　萌	张心愉	郑志星	杨　慧
赵　越	任仲泉	张露颖	王晓欣	张汤赟	戴晓玮
刘启林	徐国武	庄　皓	杨子轩	李家健	陶静远
杨　杰	冯乐耕	李　震	曾子兢		

力 32 班（22 人）

奎　雯	贾　超	柳晓宁	王翼飞	马　凯	林治家
屈宝平	谢　博	胡晓宁	王大磊	石　磐	戴　政
丁　昆	刘骏杰	侯　奕	王烁道	朱文鹏	申　文
苏东川	张　磊	王　翊	雷一鸣		

力 33 班（20 人）（国防定向班）

赵国强	肖　锋	王世英	蒋　超	王　恒	冯　毅
尹　航	孙晨卉	李旭东	吕晓军	程　勇	唐　斐
李江帆	闫　昱	刘少杰	乐焰辉	刘渊博	谭　雍
曾锦骧	马庆甜				

热 3 班（25 人）

韩若安	吴宏昌	王　森	汤　雷	黄亨丰	赵　玥
范　凯	雷恒威	宋梦譞	谭学昊	胡宗文	党　帅
符宇强	胡远思	金　鑫	叶　超	和巍巍	庞　杰
曾　辉	但　聃	顾　明	宋　柏	胡锐锋	石　可
熊耀宇					

（二）工程力学系历届硕士研究生名单

清华大学工程力学研究班第一届学员名单（127 人）

潘先觉　赵瑛琪　刘蝉锦　邱瑞祺　李蒉宜　刘家伦
朱之墀　宋忠保　金贤明　陈　伏　汤福坤　周丽珍
陶乃堃　徐望枢　王勖成　陈炳新　吴锦如　李成喜
杨文熊　李永甲　沈季敏　舒　玮　陈烈民　李康先
袁维本　王福纯　潘文全　符之孝　陈纪鸿　林明华
蔡国炎　庄表中　贾欣乐　吴民权　曾秋苇　顾学甫
周芃生　戴干策　李　炜　潘芬芬　朱有华　庄最清
林培源　寿楠椿　朱毅麟　郑际嘉　陈文起　陈妙福
吴崇德　刘国梁　彭希瑜　汤任基　陈兆浜　李希靖
张　行　程　铨　田常贞　邓振瀛　鲍汉沧　蔡玄晖
张健培　黄惟勤　赵文漪　陈长庚　赵润元　刘公望
孙　珏　宋雅桐　王增华　李　荷　唐佩韦　何泊勳
于希哲　朱学仁　陈　明　于天祺　谢省宗　刘礼顺
许慧己　张炘宇　黄济扶　杨延篪　孙钟英　戴宗恕
范本尧　郑兆昌　张兆顺　张如一　严　震　裘宗濂
洪钟瑜　刘延柱　施玉山　沈观林　高　致　尹祥础
朱正洪　林　逸　张登霞　李毓隽　李志恒　李纯儒
吕德鸣　李德昌　秋长鋆　陈九锡　程盘庆　何积范
周维贤　章光华　蔡念谦　张涵信　孔超群　钟奉娥
王伟复　陈　实　范赋群　洪善桃　徐铭陶　赖国璋
郑百哲　蔡敏学　李永年　李德鲁　匡震邦　刘多明
魏良琰

清华大学工程力学研究班第二届学员名单（63 人）

郑祚馨　王秀根　吴松盛　程兆雪　陈留祥　王升润

罗明晖	连桂森	孙同腓	杨珍华	李永锡	时爱民
闻庆芳	沈天耀	韦绍祥	杜震凡	顾随安	王绍宏
周兴华	吴翼斌	于文勤	胡庆康	高永祥	呼和敖德
濮国宣	朱文重	南永极	胡久清	郎福元	林家骥
冯钧一	张秀明	陈玉良	陈华丽	崔巍山	阮慎基
万锦堃	郭柏坤	王禧田	张　识	彭钧鼎	郭万镇
马淦林	老洪恩	楚崑亮	侯国器	殷家驹	王云祜
李希生	杨友义	廖训照	李文昌	沈根龙	韩最顺
刘青峰	张兆机	张祖枢	杜长泰	余寿文	许翥中
翁乐陶	吴文林	林源亮			

清华大学工程力学研究生班第三届学员名单（134 人）

李正秀	张焕泉	王新英	潘依森	王允鸿	李正哲
田玉山	冯振兴	徐金忠	李　镇	孙富春	张秀珍
林忠欣	石明磊	陈月林	李元旦	张文斌	林治楷
万明俭	先大明	吴翘哲	俞士莲	赵昌龄	周作元
朱世国	郑淑诚	江瑜书	陈英石	林圣芬	陈学球
章思炎	边恺元	李善祯	岑人经	王金海	许学咨
冯联植	丁希尧	孙其东	王欲明	陈绍谦	刘惠枝
秦贵治	陈建基	李其华	王　凯	梁有余	孙锁泰
江德宁	韩铭宝	陆明万	李运德	赵致中	曹富新
许经民	林克宝	刘润桐	李德葆	倪行达	吴毓熙
章涵红	刘希珠	林　图	张伟林	马仲才	吕　瀛
卓晓燕	杨爵懋	王德秀	严兆大	常俊民	顾再仁
雷田玉	陈湘震	张国民	董克敬	雷国璞	刘乐善
鲁守来	关伯陶	陆佑方	苑东生	程地润	袁祖培
唐玲敏	李家宝	张润生	刘令瑶	邓宗瀛	胡兆安
刘文秀	张雪宜	李尤之	张延教	靳东来	山永寿
蔡俊官	毕　谦	付才高	杨富国	杨双朝	李春华

孟玉铎	孟翔荣	金宗跃	沈亚鹏	初铭祥	段祝平
毕家驹	宣正勇	方承超	潘永皓	高万功	陈 才
谢吟秋	叶碧泉	龚伟民	范正翘	段世清	胡 同
姚若驹	赵文谦	王重光	党锡淇	付祥炯	谢友柏
孙维江	裔享华	郑泉龙	朱家训	朱渭定	郭梅仪
郭 蕃	舒家骥				

20 世纪 50 年代至 60 年代研究生名单(40 人)

顾毓沁	黄爽凯	周春田	刘宝琛	叶清环	尹岐纲
杨炳尉	江善标	俞宁辉	樊天蔚	王 正	江秉琛
秦 权	姚振汉	景士都	何宇功	史畏三	高玉臣
朱荣桂	孙树勋	黄宝宗	任文敏	王南时	吴有生
孙在鲁	倪火才	吴用舒	李成喜	沈成武	朱乃励
张大洋	鹿振友	吴清华	过增元	张涵信	王勖成
张之立	王学芳	杨德元	刘才铨		

硕 78 班（44 人）

臧 昆	夏子辉	杨 卫	岑章志	费志中	陈 淦
戴 耀	胡林涓	邢京堂	宋国书	倪文炳	潘安平
齐 红	郝天护	刘超群	朱锦林	倪诗茂	姚增权
黄东涛	马远乐	刘绍中	刁颍敏	王平子	廖湖声
魏敦崧	施学贵	林文漪	陈焕倬	王克俊	莫欣农
黄士涛	陈保定	陈 銤	常亮明	杨锡芬	裴兆宏
于和生	崔桂香	凌均效	陈克金	黄 黔	冯思慎
光积昌	陈山林				

硕 79 班（29 人）

罗学富	程保荣	程 莉	陈志远	张若京	王明贵
文小凡	王福荣	卢习林	单文文	廖兼武	张润甫
王安稳	谢慧才	陈细俤	徐嵩龄	伍 超	陈 钦
杨泽亮	沈湘林	俞文伯	郭乐之	杨新华	燕公溥

刘树功 高奇华 朱建国 张音翼 贾乃文

硕 80 班（10 人）

韩 刚 平幼妹 孙 穆 李启平 洪君涛 李志信
蒋 铮 刘守圭 何 正 管晔辉

硕 81 班（10 人）

谭明一 韩 斌 吴 怡 戴大农 刘 卫 张景怡
石宝珍 乔 云 蔡 坚 刘 强

硕 82 班（35 人）

张丕辛 杨嘉实 秦少文 黄应平 樊 辉 靳志和
谢一环 周小平 蒋方辉 钮 麟 潘立功 邓 勇
杨 辉 夏靖友 区国惟 李守彦 窦新玉 蒋 峰
黄晓晴 布卫红 钱力克 郑 刚 周 叮 邓重平
王 耘 王治国 谢 昱 黄 琼 徐志翘 沈 赤
吴岫原 范赫之 高桂华 陈 平 朱 联

1982 级出国预备生（5 人）

张立平 但 威 郭跃平 温 彪 安 琪

硕 83 班（27 人）

程 展 潘 宇 李蔚林 叶旭初 王旭光 何晓渝
刘小军 周建华 刘 勇 李祖云 于 建 周青兰
王 亮 雷雨田 章为民 龙志飞 胡 勇 曾凡才
宋维宁 张 健 陈跃山 顾炳武 张燕屏 桂业伟
李华强 郑沧波 胡祖六

1983 级出国预备生（2 人）

时贵敏 张 琳

硕 84 班（40 人）

毕克农 钟小林 蔡绵涛 吴金龙 凌 熙 廖柏程
杨京龙 邱建杭 钱 锋 李国伟 邱燕萍 霍同如
朱益民 胡在谦 王成宝 宋 军 卫 欣 高建新
冷永胜 谢 耕 祖武争 卫江涛 王新潮 赵春田

冯肇荣 王一鸣 廖　敏 周志成 高路彬 刘　燕
王丹洪 袁文国 任晓辉 王　强 朱　超 查　为
罗力丰 张　訢 罗晓迎 洪　涛

1984 级出国预备生（2 人）

邓干波 曹　京

硕 85 班（46 人）

孙守光 林洪书 殷雅俊 马　光 张远高 周　健
仲　政 汪正兴 袁伯银 辛小江 郭远非 秦　飞
朱　宏 唐永进 林　桥 史红民 袁　杰 姚正治
朱新潮 时大春 曹达士 吴南屏 狄原震 吕　加
贾世谊 吴学森 严幼幼 蒋立群 康　迅 金建华
詹　蒗 吴庆生 蔡建林 薄智泉 陈霜立 孟　岩
张　近 李　峰 魏　朝 严鸿飞 陈小明 朱南强
吴雅珏 笪越生 张　明 陈立红

1985 级出国预备生（3 人）

吕则陈 张俊杰 刘建强

硕 86 班（49 人）

杨　波 洪亦仁 柳振健 董春迎 孙　辉 汪　勇
李克宇 吴亦男 鲁红兵 陈少忠 刘小虎 杨　槐
张　勇 武卫东 王玉勇 钟晓光 彭栋木 单信海
卢　征 程筑江 邢晓君 刘齐文 赵国桥 徐培民
汪　汇 洪学明 倪明亮 葛　玲 杨鹏远 尹以灿
张　琼 王运平 游洪涛 张　越 曾令忠 周晓东
曲仕春 侯　宇 何　枫 涂海意 柳巨声 卢德松
刘凤山 闫究敦 谢　鸿 琚诒光 周莹莹 黄建华
刘志宏

硕 87 班（43 人）

于加良 张　翔 韩　谦 丁　科 陈　文 郭　屹
陈细良 陈　红 赵　新 屈绪艳 王永坚 史　帆

周　明	邹　蒙	刘国奎	沈红年	钟　伟	宋　援
李　菁	王　强	王　蓉	宋立峰	刘以钢	罗仁凡
陈永亮	周　华	赵静野	霍春源	刘国华	姜兰波
商旅生	姚红伟	俞林江	杨永琦	曹　明	李建林
赵向伟	李　欣	邱健勇	赵　岩	邱泰庆	陈正东
杨立群					

硕士生课程进修班（87）名单（3 人）

丁小平	张富强	李　珠

硕 88 班（40 人）

沈晓军	应　明	张国政	程前华	王晓冬	周志刚
张　林	伊　莉	郑顺风	肖　飞	尹卫泽	华　原
金志力	刘　涛	罗　京	张　平	李莉萍	王　兵
刘　欣	曾庆长	闫　宁	孙吉松	国　涛	任玉新
黄振华	潭江成	李立宏	陈　琛	张伟立	赵平华
林　弘	于溯源	周　勇	唐　林	单　玲	刘　鹏
陈国光	胡　山	岳　斌	周利军		

硕 89 班（32 人）

陈剑峰	韦　朴	周良道	李朝弟	高虹霞	钱振新
俞基畅	申连喜	胡荣才	高宝奎	周　旭	庄文红
陈孝飞	闫成勇	关兆东	王小宁	童阜仁	董世平
李德玉	许则芳	李立忠	周红海	童风喜	张立新
李　雁	濮存斌	董玉杰	熊国华	毛少林	王仲民
李海云	袁文清				

硕 90 班（37 人）

李　全	王　用	李美成	冯西桥	王国诚	张　宏
杨　明	彭　韬	王亚明	龚　兵	潘广和	历　辉
孙敬文	朱　岚	许　葵	徐永福	吴艾宁	寿比南
石　玲	赵　平	倪江南	张敦福	魏乃龙	徐文生
姚朝晖	许春晓	张征明	唐革风	毛献忠	陶　新

朱丽梅	范文汇	童建民	罗伟炜	余卫舵	张宏文
史训清					

硕91班（33人）

付光辉	姜建斌	张　英	傅　为	鲁小蓉	徐　凯
尚　莹	陈光厚	王兴国	李明政	张向阳	王惠军
陈登林	程永明	于治宁	王文军	阎东鹏	彭以良
苏　剑	姜云涛	赵文忠	姜　丰	宫国晖	王智平
邹文楠	夏　冰	郭晟旻	唐小伟	尹基敏	周宜辉
孙凯梅	郑双名	赵茂生			

硕92班（40人）

刘祚秋	杨仓喜	阴　可	张承柱	李学军	李向阳
周再绯	谭向光	雷　昕	王立群	詹世革	虞洪辉
王慧萍	张　斌	魏志忠	张化瑞	张凛筠	安国旗
李　政	连　磊	陈　超	向容海	吴　嘉	国　瑞
施　鹏	蔡卫东	徐巍然	吴浴辉	邹大庆	刘　杰
张　健	冯升波	苏炳志	余立新	吕　品	李元元
何　晖	陈东海	马占华	杨　勇		

硕93班（49人）

税国双	白　桦	何万龙	窦海波	邹毓强	赵洪云
黄晓铭	陈顺雄	贺思军	尹　晖	林　曦	詹彤宇
吴宏宇	杨东全	曾　丹	赵坤民	刘　洋	蔡笃兴
陆秋海	孙亚雷	何世江	宫常斌	李建中	方辉宇
夏　虹	邵　军	张　松	周常虹	朱方林	朱雅萍
王小华	曾　兴	董轩亮	陆念文	刘　磊	张国华
陶桂平	李　芹	陈晓勤	冯西轴	张应强	郭世光
陈泽敬	姜文剑	刘　瑜	张　军	张明华	唐明浩
李海元					

硕94班（47人）

刘荣胜	姚建军	彭定学	刘　騑	丁爱民	柳　春

侯　文　罗辉阳　王泽济　吴正茂　白建勇　王格伟
国九英　王泳波　陈　曦　牛晓婷　张宿林　蓝富坤
陈天智　吴强胜　蔡　涛　么石磊　艾华宁　申晓春
钟　铮　苏　庆　董　鹏　田满仓　翟志强　许定刚
康钦军　郝鹏飞　徐明灿　朱万旭　蒋　键　白　涛
曾　炜　赵军龙　钱　钧　吴　鹰　滕树龙　田　阔
章新明　朱世炜　廖　峰　葛　京　曲伟林

硕 95 班（48 人）

樊世超　胡鲁辉　王刚锋　吴筱益　李长青　谭国文
刘　宏　余文斌　俞武勇　彭栋军　王　展　柳进才
任志勇　陶三明　潘　登　杨培杰　谭桂香　金晓清
金华敏　高　昀　季　芳　赵　犁　马宝顺　叶占银
申聚华　孙吉峰　曾燕农　赵军平　王金龙　韩　标
陈　辉　李　宁　葛　蓉　陈巧宁　林程森　孙天强
郑江洪　黄　敏　廖　理　王庆华　郑明清　肖继东
熊　明　崔龙铉　张红梅　梁　宏　李　丽　张小东

硕 96 班（50 人）

陈　彦　王任童　黄建明　袁卫锋　曹艳平　古　斌
倪正东　杨　强　郭香华　薛　松　刘铁旗　周　东
翟建祥　赵智鹤　尹晔欣　曹　阳　陈　彬　李宏波
周传宇　刘　军　晏　华　张宏斌　赵晓鹏　郑云琪
张永杰　谢　竞　于　淼　赵　媛　张昕浩　葛兆生
王志岗　于　峰　陈宇光　丁新豫　赵荣荣　薛彩霞
侯志东　许　阳　刘　宁　李建军　李红松　晋宏师
吴群刚　杨济源　常　辙　罗　纲　施卫伟　张孝勇
宋利军　柳超声

硕 97 班（46 人）

徐　敏　吴雄华　周兆确　曲绍兴　徐　刚　向　军
郭　然　董朝旭　傅宇旭　车　威　肖虎勤　李　然

邵永波　吴少波　段小华　杨小萌　胡齐阳　唐家才
许　刚　刘　罡　骆晓勇　王丹虹　邓增涛　李秀明
方可燕　安智勇　杨斌泽　彭　涛　陈　炜　林国松
王文浩　郝　鹏　龙新华　曾　杰　雷　勇　姚海军
佘海斌　陆孜平　廉春英　张　卫　谭立彦　王俊华
周　欣　杨懿彰　叶　青　吴　燕

硕 98 班（43 人）

王介龙　樊　勇　张世俊　刘艳华　孙秀山　徐孝根
李　平　胡　超　颜林灿　王小伟　李　强　牛鑫瑞
黄素蓉　王靖夫　王　伟　孙东超　邴岐大　张　锐
乐志华　王　凡　刘广松　王雪梅　张见明　黄军万
冷旭明　郗　华　邓　岗　黄　亮　李明川　李冰航
谢峻石　徐宏龙　李蕾红　周　舟　徐进明　赵　刚
张怀山　季　旭　易　明　杨　巍　陈春明　姚晓波
李长乐

硕 99 班（59 人）

王宗钢　林　原　邓　兵　林碧森　徐丙雁　熊忠伦
杜　祥　李方太　梁晓冬　周玉勋　郑哲明　肖洪波
陶　敏　孙　震　刘　国　丁宏伟　黄东平　吴　震
刘小虎　李佳音　李彦民　李　超　李晨锋　刘　海
鱼海洋　张文毅　苗红宇　白　洁　郑　炜　王永秀
杨志宏　李伟明　陈修怀　李　杰　侯双全　黄学军
张　准　陈冰雁　王庆法　郑清锦　谢　巍　党道远
刘宏伟　王越男　邓巍巍　杨　荔　黄宝陵　章　沙
徐　宁　刘　笛　杜以恒　谷勇先　乔　丽　史　波
张荣海　宁静涛　赵汝庄　张鸿凌　普　勇

硕 00 班（62 人）

苏罗鹏　徐晓云　李　响　王晓光　段瑞春　郭铁能
简龙晖　卢剑锋　朱志辉　朱随群　张传勇　谭桂华

田 智 洪 伟 赵亚楠 赵慧娟 王颖晖 程 蕾
何智江 张 良 陈迎锋 范成业 张国平 姚海民
陶 刚 王海涛 马 军 白 锐 苏继宏 许 蔚
李文东 甘才俊 张东东 杨建道 陈丽星 伍敏伟
栗 可 王东宝 阳 雄 刘 翊 何 江 唐 辉
杨东祥 梁明刚 杨成仁 王 超 陈志兵 刘 征
刘绍杰 李 晶 杨海华 任凯锋 刘晓磊 吴 苹
许 波 刘晓飞 阮修林 朱成凯 李 娜 崔 峰
张荣钢 康福铭

硕 01 班（59 人）

周 宏 鲁 异 肖大舟 杨飞虎 沈兆普 梅海霞
李 库 邓燕红 李 青 班书昊 郑 岩 张 伟
李江城 凌 峰 黄彦文 林贵斌 阮春怡 王 恺
马 林 李 尚 刘 波 李群仰 胡 炜 林葱郁
朱金钰 王雁昆 潘正海 王新峰 张占峰 贺美陆
肖洪伟 熊 霏 赵建兵 杨任刚 李 征 黄伟希
李显祥 龚安龙 冯 晶 王巍雄 路英杰 张 旸
付庭煌 郭 艳 孟 宇 石 泳 伍 亨 张 剑
何 鑫 周 冬 郝京阳 魏 澍 鲍爱楠 孙 麟
陈 正 吴新灿 柳爱国 向 屏 肖 鹏

硕 02 班（56 人）

程 磊 陈 科 史 航 毕 博 吴必胜 徐 锋
刘远铭 常晓环 闵建琴 李锦峰 夏强平 杨 臻
李任戈 汪华苗 马 上 傅 强 吴国民 徐 玫
杜宁宁 魏 成 唐羽烨 毛贯中 张建平 郭增才
尹伟奇 杨 璞 阎 勇 李宏光 袁长清 赵春章
孙宇涛 高 琪 李 岩 黄元兵 李新明 唐 敏
郭 宇 程 鹏 王 健 葛其明 丁海峰 张锦绣
许 伟 王利宏 毕林峰 曹连雨 安钟峰 苏 欣

崔金雷	张香春	段传华	魏　星	张海风	张　建
闫卫星	隋晓峰				

硕 03 班（62 人）

张永威	杨　蔓	王　为	郑　磊	段　菲	季少华
别俊龙	郭　宇	张明志	黄国强	梁　锋	张　鸣
张丽屏	郭海成	方　楠	肖建亮	滕　锦	李　欢
杨　燕	杜　华	赵治华	贾大炜	张　凡	高　炜
李自锋	尹游兵	黄利忠	王金勇	吴　鹏	谢志刚
于尚旺	尹　杰	吴　超	薛小波	陈安邦	叶尚军
杨士普	张　研	王　飞	吴晓卿	高立华	陈吉明
王　侃	刘　闯	吴　昊	苏　铭	张晓鸽	彭振宇
王　慧	王国锋	李卓毅	秦　乐	余大启	万　凯
杨　帆	邓加耀	郑晓川	刘　永	张瑞廷	任效明
任　辉	刘文川				

（三）工程力学系历届博士研究生名单

博 80 班（7 人）

岑章志	邢京堂	戴　耀	黄东涛	光积昌	夏子辉
黄　黔					

博 82 班（1 人）

高　扬

博 83 班（3 人）

张若京	谭明一	韩　斌

博 84 班（17 人）

潘立功	邓重平	吴　怡	方　竞	程　莉	谢　昱
靳志和	罗学富	樊　辉	刘　平	戴大农	黄庆平
杨嘉实	夏靖友	区国惟	布卫红	林文漪	

博 85 班（17 人）

桂业伟	程　展	黄晓晴	雷雨田	常亮明	刘文政

邓 勇	胡 晨	孙庆平	唐立强	张丕辛	陈国霖
胡 勇	李蔚林	张燕屏	王安稳	宋耀祖	

博86班（18人）

谢 耕	霍同如	朱益民	任晓辉	雷晓燕	黄 平
徐少红	姜 苇	王 波	樊学军	王玉灵	周 敏
张 健	陈 平	宋 军	刘志宏	高建新	毕克农

博87班（19人）

韩祖南	彭 剑	杨 波	张远高	仲 政	王永辉
赵金平	吴一红	唐永进	尚晓阳	史红民	王大力
全 斌	朱敦智	尚 哲	王治国	洪 涛	袁全超
夏春林					

博88班（19人）

孙守光	李跃宇	李克宇	赵国桥	董春迎	匡金炉
王士敏	张 琼	严幼幼	张 近	琚诒光	倪源滨
谢惠民	汪嘉春	李劲东	廖吕明	张朝民	丁 科
张恩仲					

博89班（23人）

郭田福	魏悦广	彭 勇	高金吉	金泉林	李 磊
任玉新	曾桃芳	邓元凯	张 林	刘国奎	陈 文
沈新普	刘建军	任革学	邬 柱	楚天广	张增产
王晓宇	周 彪	赵向伟	邬晓波	张百立	

博90班（13人）

黄剑敏	芮嘉白	向家琳	黄久林	徐建国	赵国昌
王小宁	熊国华	崔光育	侯之超	卿新林	吕建刚
郭印诚					

博91班（27人）

陈 强	陈 伟	陈 刚	刘清珺	遽时胜	刘少源
张 明	朱先奎	申连喜	冯西桥	陈夫尧	郭延虎
郑珍平	徐 军	何东明	曾江红	杨宏伟	刘应华

王险峰	严文裔	石　玲	徐千军	姚朝晖	许春晓
祈建伟	周森泉	王德新			

博 92 班（20 人）

程建华	陈明祥	王　耘	张厚柱	兰　钧	赵智军
秦　飞	廖志忠	丁红丽	薛　刚	史训清	涂　建
宋固全	何存富	单　桦	蒋　莉	葛　阳	耿　旭
李德玉	李　勇				

博 93 班（25 人）

张会强	张维智	邹大庆	韩志东	王　辉	谭鸿来
刘　越	庄瑞强	王作宇	鹿晓阳	高蕴昕	孙　佐
张向阳	程永明	朱　刚	曾扬兵	卢作伟	唐革风
徐昌荣	傅　磊	熊大曦	王卫东	杨志强	陈　涛
陆耀军					

博 94 班（33 人）

李铁成	文声敏	阴　可	冯升波	王晓纯	李海东
姬忠礼	张忠孝	杨　勇	马占华	岳宝增	王浩文
陆秋海	宫常斌	杨东全	王国弢	黄建明	童瑞成
吕　炜	陈丹青	陈浩峰	范亚玲	齐　航	李振民
柴天峰	马　兵	廖智杰	张锡文	刘云龙	陈东海
郭英奎	俞　岚	吕田峰			

博 95 班（42 人）

王和慧	郭　丹	李建中	林　曦	王建军	江　冰
李　嵩	古红霞	任建勋	肖金生	郭永进	潘一山
李惠彬	刘文国	冯　峰	刘　杰	刘凤梧	覃成锦
周储伟	朱　廷	王爱民	杜丹旭	尹　欣	朱亚平
王朝阳	白建军	刘光良	翟志强	康钦军	么石磊
曾　东	王　辰	边晓东	汪国庆	王建立	韩　鹏
覃　川	杨　春	王爱俊	戴　波	徐　一	王　崧

博96班（39人）

霍　波	徐志锋	黎水泉	王东伟	杜建镔	贺照明
李　力	杜东兴	蒋长虹	范全林	殷露中	李　滕
刘　彬	姜汉卿	文　铭	裴　民	李　卓	杨　彬
陈天智	潘擎宇	杨　云	宋康祖	周志宏	王　翔
国九英	倪　逸	董　渊	郭　阳	李　栎	唐旭东
杨宇光	胡影影	张志斌	姬朝玥	冯晓利	陈兴隆
王赫阳	王利坡	李和平			

博97班（38人）

戴俊鸿	高重阳	徐　昕	韩　标	冯宾春	尹执中
李志强	向志海	丁　勇	刘　哲	姚艳萍	邱信明
张友生	由小川	刘永健	王福军	沈　松	蒲军平
邢永明	邹文楠	陈　健	金林辉	牛晓玲	郭　庆
李启兵	张晓航	彭　杰	孙喜明	李　亨	吴　嘉
叶晓虎	孙晓毅	王遵敬	郭治民	谢建云	陈黎明
田　阔	夏再忠				

博98班（37人）

孔凡忠	曲　杰	范文亚	万永平	张信荣	刘　奕
李华祥	樊世超	文　洁	马坚伟	古　斌	郭高峰
陈俊达	陈永强	任志勇	刘　闯	程乐锦	陈永亮
张振科	孙卫涛	冯　雪	马新玲	曹艳平	周海兵
刘　松	熊　俊	何　枫	罗小兵	虞　建	徐向华
张旭东	朱曙光	龚景松	徐东艳	王刚峰	王　筑
冷慧杰					

博99班（37人）

李智斌	寇哲君	徐　刚	张晓峰	崔元庆	刘　宁
马少鹏	亚　敏	王明皓	丁英涛	张　夏	李明海
张宏涛	薛小香	郭　然	邢向华	李东风	张逸凡
王虎妹	程　源	程远峰	傅宇旭	郭香华	孙秀山

李睿劬	胡升腾	唐　浩	柯文助	李明东	王　玮
王海兴	刘　敏	王沫然	郭英涛	杜启振	张　宇
沈　岩					

博 00 班（36 人）

张　军	张见明	许　磊	杜　涛	杨立军	李法新
张章飞	施冬莉	云　赓	尚海霞	汪正兴	孟利波
任旭春	雷　霆	邓　宇	王宏涛	张晓东	李　军
聂建新	李蕾红	吴少波	周　舟	李　矫	刘淼儿
刘仙名	陈建国	黄伟峰	于　勇	卢小丰	程新广
王金照	程　凯	蒋　平	郑殿峰	王　兵	尚　庆

博 01 班（34 人）

孟继安	张　帆	刘战伟	王　宇	孙玉鑫	倪　栋
钱秀清	王洪涛	王朋波	鹿志兴	刘　岩	潘小飞
段　进	黄立新	章湘明	王一博	王立峰	邹　健
张向荣	张建鹏	姜玉曦	刘成文	曹炳阳	王金库
刁乃仁	俞接成	张　波	唐皇哉	杨武兵	王爱华
韩茂华	王军荣	秦挺鑫	容　易		

博 02 班（41 人）

张治国	孟　鑫	崔海英	冯庆义	吴　坚	许　蔚
喻　丽	汪　敏	杜青海	李　伟	高令飞	徐俊东
王海涛	张　希	卿　海	范华林	耿黎明	袁鸿雁
李毅谦	卢明辉	于　洋	徐志平	郑亚雄	王　斌
裴永茂	方红荣	杨小彬	时文东	黄世清	张昕浩
黄思源	冯顺新	任　玲	郝鹏飞	谭百贺	张　兆
张清光	朱宏晔	任凯锋	陈　凤	杨昆仑	

博 03 班（34 人）

张作启	陈玉丽	秦　江	张吉桥	李晓雁	林　川
刘亚男	王　亮	林加恩	郭铁能	江　博	王兆希
宋义敏	桑永亮	蒋叶剑	汤　波	柳　宁	吕　敬

刘小明　　唐　陶　　刘建林　　史瑞丰　　甘才俊　　谭廉华
陈　群　　薛　辉　　李晓伟　　孟繁孔　　兰旭东　　杨炜平
王　方　　袁书生　　阿　里　　于新刚

三、航天航空学院成立至今（2004 年至今）

（一）航天航空学院历届学生入学名单

工程力学系 2004 年本科生入学名单

力 41 班（22 人）

郑　靓　　刘稳文　　王威扬　　陈　馨　　杨　迪　　汤　文
顾骁坤　　莫顺华　　王　栋　　邹　俊　　曹旭东　　兰　乔
田艺伟　　陈　超　　刘　靳　　王天罡　　杨剑兰　　李明鸿
卢彩波　　丁昳婷　　高莹莹　　张馨元

力 42 班（21 人）

张顺宇　　张　尧　　王　法　　陈若玮　　张　鹏　　马若腾
林智勤　　张　瑾　　张斯铭　　邵　玥　　王珑祺　　祁　峰
苏鹏辉　　孔　萌　　卜英格　　程　琳　　黄　虎　　刘安彬
杜非易　　杨　文　　董雪林

力 43 班（22 人）

胡盈辉　　夏洪恩　　李　翔　　葛　宋　　章斐寅　　梁欣欣
王玮靖　　巫雨帆　　董　源　　李韶光　　张文昊　　张　弓
陈志会　　杨　帆　　单　羿　　杨康定　　李从辉　　周克克
黄　晔　　刘佃贵　　周莉惟　　张　蒙

力 44 班（20 人）（国防定向班）

王向阳　　刘建波　　肖光明　　覃　朗　　李　干　　崔潇骁
程绍驰　　肖良华　　陈　浩　　庞珂珂　　强　弢　　杨鹏涛
牛文博　　李军锋　　侯晓松　　王宗浩　　张其阳　　华校专
黄岸毅　　崔　文

航天 4 班（18 人）（航天定向班代管）

刘养林	岳自超	王元元	鲍学博	康　鹏	耿　强
石　全	王志玮	夏　浩	吴正享	宋博航	姚　虹
王大勇	周建鹏	盛　洁	安俊海	黄佳彦	贾宝秋

航天航空学院 2005 年本科生入学名单

航 51 班（23 人）

俞　浩	吴　霆	胡开鑫	熊　伟	李宇恒	曹　丰
杨　潇	杨　益	谷　雨	郭伟伟	季湘樱	卢　思
王淞立	白金波	王安琪	刘心远	杨锐振	李宇辉
任一鹏	刘方舟	吴　冬	吴彬锋	王艾宁	

航 52 班（23 人）

段志伟	杨昆森	梁耀森	王诗铭	曲斌瑞	任曼瑞
蒋东杰	陈　伟	李瑾亮	张相雄	孟　亮	陈　杨
杨天天	王庆良	赵江涛	马寅佶	杨　智	潘　攀
张　弛	张立元	王　寅	张　超	刘启原	

航 53 班（22 人）

熊伟国	陈　亮	张英丽	李高胜	李星辉	屈飞舟
张　浩	杨　帆	贾清虎	陆　琨	杨　林	申雪儿
邓冰清	贺　晶	崔翰星	陈煜华	陈　凯	邢建伟
鱼海子	施　垚	霍仕胤	蔡兴山		

航 54 班（20 人）（国防定向班）

潘程吉	刘红卫	郭　阳	仝　佩	王　翔	张　鹏
贾　磊	王　霂	张昊元	朱　磊	刘　俊	白玉凤
王沇泽	雷　帅	钟　巍	黄永虎	邱月明	刘军锋
冯世鹏	李　锦				

航天 5 班（22 人）（航天定向班代管）

刘　霰	王志昊	杨丽霞	孙　磊	王　冲	兰乾勇
李世平	肖贤杰	周良松	蒋昊东	白　永	林　帅

丛旭光 车一卓 徐钊峰 雷 宗 成 江 陆 琨
杨 林 申雪儿 徐小明 张博媛

航天航空学院 2006 年本科生入学名单

航 61 班（25 人）

杨 宇 刘 嘉 张 恺 谢军虎 段 辉 方自力
贺余龙 高 鹏 张 超 范波翔 方 昶 许丹丹
孙 健 崔颖慧 谢伟华 吴 辉 姜新建 温 喆
林 天 蒋 丽 蔡丽丽 梁 斌 周 菁 姜知亨
金正凛

航 62 班（23 人）

李鸿辉 王禾翎 黄天翔 赵吉丰 鞠永帅 于 畅
詹宇佳 伍 岳 李保超 黄 萧 郑利杰 丁伊琳
郭涵亮 李 辰 贾晶敏 刘晓雷 单思聪 张伊哲
王 樱 任启鸿 王伊南 杨 皓 陶 然

航 63 班（22 人）

黄思皓 岳 阳 王 楠 李玉燕 于四伟 王银山
孙 晨 单小东 程寰宇 杨再清 邹胜奎 程 涛
何仲阳 李宇鹏 姚 迎 畅炳东 黄 珊 吴兵恒
刘跃聪 沈 治 许云超 倪 枫

航 64 班（20 人）（国防定向班）

蔡文宽 汪 洋 刘 炬 吴 江 王 杰 王 恒
杨肖峰 李 昭 郝斐然 李 鑫 杨黎明 李 韬
洪 建 李 昊 孙 龙 卢 毅 朱建刚 何家玮
郭 楚 卫康斌

航天航空学院 2007 年本科生入学名单

航 71 班（23 人）

韩伟杰 巫 勇 郭丙欣 王子龙 朱幸达 汪 露

陈丹 侯政 林丽 瓮哲 何孟虎 刘畅
孙大鹏 石舟 罗灿 孟敏 惠大亮 李博文
罗炯 吴博 王丽莎 徐钦炜 赵维昊

航 72 班（23 人）

李胜 张长兴 冯杰 刘丹迪 郭峰 赵广彬
董若宇 王文斌 张赛赛 胡如云 方旭飞 乔颖敏
刘迪钦 孙健 靳凯 常诚 陈航 林孟达
鲍臻 蒋科强 石越 丙昕蔚 王嘉文

航 73 班（23 人）

宋洋 刘洁 刘海 邱文辉 李毅 赵维杰
江乐彬 乔锦秀 潘建华 任杰 汪丽媛 牛健
周飞鸿 南昊 饶伟 温品晶 魏宏夔 徐艺哲
林鹏 秦君陶 杨秋实 李秦宜 苏尔夫

航 74 班（20 人）（国防定向班）

于新辰 贾雷明 张亚楠 关鑫 吕瑞辰 刘博晓
梁轩 范航 张培杰 吴海军 李春永 陈苏宇
沈勋 黄蕾 洪达 邢东旭 王旭 孟轶男
刘钒 穆玉

航天航空学院 2008 年本科生入学名单

航 81 班（29 人）

刘振 崔杰 孙华卿 王宇 施徐国 王旭
邓健健 靳旭红 姜沂 罗秦川 张宏杰 李诗一
佘丰客 刘云龙 李海锋 王贤宇 陈典 肖明磊
张秀颀 樊亚男 董靖 张振毅 张志国 杨祎臣
倪洋 赵宗权 周志强 曾一非 时晶晶

航 82 班（22 人）

尤俊彬 潘春雨 吴蓝图 白晨媛 张韵 高春阳
郑有为 计自飞 方子文 苗志敏 黄成杰 韩伟

王周宇 徐永超 韩若冲 胡博文 罗希楠 白林亭
蒋挺宇 柯　旭 毕文平 郭永翔

航83班（27人）

罗堃宇 冯　涛 胡青林 朱　辉 陈　云 陆　蔚
商志昊 邓　帅 莫与明 常新伟 任　柠 陈　祥
王　栋 李　昂 顾永鹏 汪　治 刘天舒 徐　意
刘亚冰 温浩彦 江　斌 万　宁 宋枭雄 艾凌青
胡剑桥 郭昊原 马　强

航84班（27人）

张　健 王鑫森 张民楷 田　奇 赵海洋 杜知恒
曾庆磊 何　蒙 张志博 张　力 杨　硕 陈科行
朴　敏 赵宇骁 张亚欣 王宁羽 梁骁俊 王君纬
刘立祺 包　屹 景孝杰 杨　超 郭　凯 陶龄浩
陈绍毅 师　东 庄　严

航天航空学院2009年本科生入学名单

航91班（19人）

冯伦天 张明礼 富佳伟 喻明星 许彦昭 刘大骏
李莉颖 郭照阳 韩琦男 马关田 梁晓璐 李　昂
孙元昊 贾轶楠 贾楠非 许之琦 李尚青 陈　猛
梁益铭

航92班（16人）

土家兴 杜国伟 吕凯雄 张殊峰 樊郎磊 罗亚雷
尹　光 付宗辉 张　璇 陈思盟 王　涛 刘广志
罗　铭 莫　驰 刘　峰 欧大鹏

航93班（20人）

马　康 胡玉东 何智光 胡泽汐 高　岳 张无央
李潞宁 徐志强 安　洋 李成汉 刘雨喆 吴汉翔
张同力 黄俊涛 华钰超 刘驭聪 孙皖楠 杜林霏

林绍珍	姜宇资				

航 94 班（30 人）

于冬威	王银涛	徐得珍	刘庆宗	王韵杰	孙浩鹏
高大亮	邹美翔	李龙龙	柯　明	白　舸	魏劭杰
刘子源	章　超	邱旭东	陈　俊	张斌哲	陈大全
李家哲	吴国溧	郭晓伟	程　彬	王楚涵	吴　现
马瑞男	韩永帅	艾鹏程	程　振	李万欣	李凌锋

钱学森力学班力 09（27 人）

金　鹏	钱　亚	陈　享	张婉佳	奚柏立	陈　翔
张　程	刘　彧	罗海灵	张博戎	陈镇鹏	马毅鹏
董延涛	刘　洋	王哲夫	倪彦硕	周文潇	王西蒙
姚天罡	杨　阳	夏　晶	刘佳鹏	周嘉炜	娄　晶
张驰宇	瞿苍宇	赵　甜			

航天航空学院 2010 年本科生入学名单

航 01 班（18 人）

蒋梦瑶	李尚泽	孙嘉泰	高　雅	解　青	黄登峰
粟小龙	梁　峰	刘锦通	张　悦	陈柏栋	朱文庆
刘瑞环	方晓明	丁　涛	王永生	李皓皓	杨经书

航 02 班（19 人）

李　昂	刘　飞	李天一	谢志远	方耀鹏	邱志祥
杜旭朕	王振英	袁永帅	高宇驰	班韬泽	郝柏函
罗承成	马靖杰	任　东	王双维	李国洋	陈怡然
李东帅					

航 03 班（19 人）

赵宗权	付荣桓	胡　康	吴承晋	杨　恒	林三春
李健珂	李永翔	李　燕	张　远	唐　高	余　强
陈志强	苏子牧	徐　越	王若溪	高武焕	王昊天
黄翱宇					

航 04 班（20 人）

李　锋	孙　强	周子寒	王成林	王鼎蔚	胡筠雅
张大曦	贾晨曦	覃　晨	宋　超	王浚宇	李鹏杰
王　赫	崔小雨	张腾李浪	黎　崎	黄富强	李华松
方波浪	何世熠				

钱学森力学班力 05（29 人）

柴一占	王　中	张　迥	沈　浩	杨富方	姚宏翔
贺思达	姚泉舟	谢思娴	苏　杭	艾立强	黄　杰
危　伟	王梓岩	赵振昊	王云杰	孟伟鹏	孙宇申
王宇生	郭婧怡	刘　幸	来　旸	王天宝	左　珩
萧　遥	刘思祎	唐晓雨	厉　侃	马曙光	

航天航空学院 2011 年本科生入学名单

航 11 班（22 人）

高朝忠	许春阳	赵明翔	张　璇	李正达	王洪庆
孙树人	张长兴	李亚坤	张凯泰	彭　政	黄小玲
王钟毓	张　潇	杨计思	胡晓庆	张琼宇	杨　洋
陈俊屹	彭崇甫	李业明	韦祖拔		

航 12 班（19 人）

王　聃	邹济杭	王开元	李亮君	聂本典	解汶汶
蒋希航	王禹杰	韩如冰	叶人铭	韩剑锋	马晓敏
周　川	钟　磊	王豪杰	黄裕函	田欢欢	刘　通
高赫轩					

航 13 班（19 人）

李海洋	张金程	谢　津	闫林明	胡　波	陶思宇
樊傲然	崔鸿一	贺克伦	李士培	彭冠霖	刘子玥
刘　晖	邓凯文	周　添	罗子正	李一凡	杨沐臣
陈高锐军					

航14班（20人）

丘伟楠	张　伟	万云博	郑传宇	骆　敬	常智强
宋　雨	刘　超	李　苗	甘　岚	艾　迪	燕　刚
吴浩然	王旭亮	米佩琛	仵　可	雷　雨	党致文
王智环	高亚瑞玺				

航15班（32人）

牛江鹏	徐于豪	程富有	王柬铭	高正祥	鲍一鸣
付永鹏	牛　申	吴　可	王　阅	周淳炜	司　凡
孙开达	龙寒杨	巩　雨	罗亚宁	解洲超	洪朗凯
刘　拓	王凌鑫	王潇雨	祝　珂	王怀民	肖　鹏
张一瑞	孟智坤	贺浩明	夏洪涛	刘争辉	麦东雪
黄　寅	刘功昭				

钱学森力学班力1（27人）

宋　言	李默耕	宝　鑫	张和涛	房文强	王晓强
薛　楠	方励尘	于　强	李天意	钟麟彧	孙思劼
李天奇	王轶群	李新浩	黄世成	施炯明	狄嘉威
王子宁	张　泽	林艺城	刘　爽	董云飞	黄圣濠
李兆涵	陈梓钧	杜浩东			

航天航空学院2012年本科生入学名单

航21班（19人）

房圣友	李书楠	李亚飞	谢泳峰	苏　雷	海日汗
金　勇	赵红娇	苏　浩	饶珠明	王华鲁	尹思凡
罗　宇	张琬钰	尹明皓	张元龙	鲁光光	张　宇
商　阳					

航22班（20人）

李　鑫	吴同舟	周静秋	魏羽焕	曹瀚文	程思远
沈　博	李昂然	仲毅强	石少义	程　彬	杨　凯
尹博旺	曾　华	苟　星	李天琦	舒　涛	朱禛旻

牛　威	贾　琳				

航 23 班（26 人）

吴之茂	王　磊	刘子睿	李　孟	陈　思	岑建航
杨天雨	陈诗雨	袁小德	李含灵	刘燕霖	林　涛
冉　鑫	王崇宇	刘树仁	茅　硕	刘润喆	徐伟洋
李　萌	陈峻峰	闻浩诚	李瑞鑫	郑祥云	刘宗源
王屹航	李　韵				

航 25 班（31 人）

王子豪	李天宇	王宏枭	顾　超	徐　沸	李浩然
劳祖耀	李北京	管　鑫	武文坤	赵恒财	成　浩
任　哲	周先通	董　阅	董成龙	任　辉	毛　辉
付鹏程	潘万奇	金俊见	王湘祁	刘　博	刘杰夫
余浩轩	吴佳锐	熊一举	周星宇	高靖翔	何锦添
路　易					

钱学森力学班

力 2（29 人）

黄维啸	祝世杰	刘佳俊	黄　懿	贝　帅	何长耕
袁　博	赵晨佳	李润泽	杨权三	李　闯	曾克成
高　叶	唐家兴	赵　烜	马　明	辛　昉	杨连昕
祝凌霄	刘斌琦	杨　柳	林　景	孙　帆	周宇思
章雨思	常艺铧	潘哲鑫	王　敖	舒炫博	

航天航空学院 2013 年本科生入学名单

航 31 班（14 人）

潘秋燊	马宇沫	商　航	张一鸣	王　泽	曹　哲
朱　芸	闫　涵	兰轶冰	郑敬浩	姚茂攀	张　佐
李凤仪	张宗刚				

航 32 班（9 人）

覃若琳 李东杰 钟 源 刘 宇 李金优 曾兆妹
李 超 高 瞻 王 翼

航 33 班（24 人）

王天洋 王文露 董梓沛 常嘉辉 杨雪艺 姚凯丽
谢家熹 孙逸霄 陈 轩 陈贤亮 郑坤炜 揭育澄
赵雷洋 叶 桑 何宛真 程 则 王舒可 高 原
韩雨骊 尹宇辉 刘 鑫 库一杰 郑 阳 朱镕鑫

航 35 班（32 人）

康 磊 俞成成 张 浩 徐文楷 郭邦昊 黄 健
李道明 张祎桀 汪健康 张志远 周 淡 尹旭辉
袁润杰 何 超 杨 帆 江汉林 崔庭源 王志超
相展鹏 唐兴辉 杨 祺 黄 锐 黄润楷 张 辉
黄华辉 梁 川 苏 钰 沈 斐 马 威 彭方元
王盼盼 刘宇森

航 36 班（10 人）

马兰霁弘 冯 轩 张孟起 张孝天 彭俊杰 赵宏钰
逄 尧 刘贺心 官晓珂 李学智

钱学森力学班力 3（30 人）

赵雪轩 何泽远 王罗浩 袁 李 王宇嘉 包佳立
高政坤 刘凡犁 任建勋 阚 镭 巩浩然 杨赛超
杨 策 武 迪 张梓彤 邵枝淳 杨伟东 朱秉泉
俞嘉晨 孙传鹏 王博涵 陈百鸣 李逸良 张恩瑞
胡脊梁 高 炜 李步选 王子路 龙佳新 李家其

航天航空学院 2014 年本科生入学名单

航 41 班（13 人）

马汝霞 李博鑫 崔 雪 张必聪 尤静媛 刘峻豪
罗毅晗 郭玉佩 王宇璐 陈 浩 沈 阳 高旭豪

艾梦琪

航 42 班（27 人）

吕国栋　郭廷宇　姜冠宇　何为民　潘　鑫　姜春彬
牛　博　韩　霄　赵浩铭　李紫如　张钧铎　杨春晖
孙宇辰　曾东鸿　丁长青　方　皓　刘　健　帅雨萌
苗新元　雷新亚　罗　诚　徐骁翰　龙天罡　欧国韬
闫重阳　曹　新　周伯豪

航 43 班（20 人）

辛昱辰　张浩东　李　晗　邱敬然　李　树　王鹤儒
孙海威　陈　容　邬　军　江宇轩　傅奇星　李梓铉
梁慧玲　杨鹏飞　崔　帆　王　杰　李　拓　任嘉隆
张健辉　梁云栋

航 44 班（8 人）

吴嘉奇　胡云龙　刘志赢　李晨宁　李昱宏　侯　昆
段瑞泽　赵金龙

航 45 班（33 人）

鲍明庆　车晓阳　陈　朗　陈柳坚　陈文辉　程宏翔
邓于吉　邸浩田　丁中原　杜锦宁　侯启德　黄晓震
姜高锋　蒋　涛　李占祥　林璋星　石晋帆　谭文强
王玺铸　武胜乐　徐　阳　杨子霄　张　晔　张宇飞
赵继扩　钟正鸣　周迪昊　左　磊　李翰文　米泽民
曹远哲　杨　光　朱光亚

钱学森力学班力 4（25 人）

杜迎霜　周昊宸　郝育昆　倪锐晨　朱子霖　贺　琪
苑斌杰　刘畅武　刘思琪　杨昊光　卢晟昊　宋振宇
周子淞　黄伟智　单子毓　李腾飞　陈　煜　黄馨仪
邹　旭　门天立　肖昌明　肖飞宇　石循磊　杨　奇
艾尼亚尔·艾力汗木

航天航空学院2015年本科生入学名单

航51班（16人）

白浩然	刘雪天	贺 奇	李娇莹	乔 丹	马小璇
栾奥栋	徐嘉明	钟 威	刘露菡	闫慧慧	周 楠
张安杰	刘 滔	安 栋	张国庆		

航52班（22人）

郭传文	高 帅	籍梓垚	陆培森	帅戊丁	黄振龙
于子宏	贾少博	崔馨月	唐迪飞	吕乐奇	朱 飞
李 豪	谢嘉宁	尹 航	陈亚舟	郑冬阳	张笑涵
安秉勋	祝 熠	林佑叡	郑程宇		

航53班（25人）

孙 帅	张皓晨	方静泊	张 众	杨 磊	王琮元
杜彦征	徐玮强	张任帅	陈 如	梁雨田	田志国
田 铖	刘钰锦	郑洛成	邵一洧	罗钟睿	李玉璞
胡祝友	杨 普	王 彤	肖子健	冯立俞	贾旻慰
陈景轩					

航54班（8人）

周如能	王荣祥	李欣雨	丁文卿	宋 过	张 榆
郭 将	李帅东				

航55班（30人）

陈 伟	崔华阳	代宗易	付明炜	郭荣琦	郭志雄
胡文谦	管秀浩	李世宁	李志浩	厉浙森	刘国梁
刘 念	陆 港	罗洪云	宋晓亮	孙东岳	汪海伦
王世阳	王香霖	吴 浩	杨 川	易博文	尤富博
张康明	张 林	张淇铭	张思聪	赵恒新	王鹏程

钱学森力学班力5（29人）

迟 昊	余伟杰	张 楠	崔 森	边正梁	李念霖
刘圣铎	祝 乐	孙嘉玮	赵靖宇	刘 浩	管唯宇

陈一彤　　曾祥宁　　杨正宇　　黄云帆　　曹睿哲　　许欣童
邓博元　　李澍鹏　　马天麒　　王诗达　　钟　源　　胡佳音
王克杰　　李维灿　　刘　晨　　屈颖钢　　曾治鑫

航天航空学院 2016 年本科生入学名单

航 61 班（10 人）

穆　硕　　李　威　　钟家祥　　张　颖　　王　涛　　张照阳
杨　鑫　　朱月笙　　解兴开　　程城人

航 62 班（23 人）

戴雯迪　　贾仕赫　　朱欣圆　　吴沛阳　　苏川津　　肖　阳
黄浩勉　　乔柏铖　　汪　祥　　孙子宾　　杨光国　　张晓宇
唐一民　　王秋钧　　李沫潼　　李　鑫　　白　天　　徐博文
王兴皓　　张仪祥　　田耕诚　　孙　宇　　赵　伟

航 63 班（28 人）

张蕴涵　　王奕韬　　鹿润林　　吕承霖　　张昭熠　　李家正
金邓格　　朱城宇　　刘晋源　　杨智鸿　　靳惠通　　张力弓
刘　涛　　张　燊　　魏　溉　　焦艺菲　　田鸿宇　　梁　正
姜铭巍　　嵇长秋　　赵帅伊　　龙行明　　刘恭言　　朱晨华
王国文　　金贻秋　　谢开胜　　刘光璧

航 64 班（5 人）

王梦达　　孙清晗　　贺万里　　田佳玮　　王一如

航 65 班（31 人）

李泽钧　　张鹏旭　　窦　啸　　潘广义　　刘伯远　　冯　伟
章旭阳　　段俊超　　刘宇天　　张洹海　　周效聪　　黄　辉
刘星宇　　王文超　　李金龙　　朱振宇　　张晓阳　　赵毅博
曾定慧　　宋朝阳　　任家乐　　蔡　乐　　伍炳昊　　周应威
刘爱华　　袁豪阳　　庞年佳　　蒲一昊　　杨武义　　卿　鑫
张　航

钱学森力学班力 6（30 人）

陆俞朴　许朝屹　刘向前　杨　帆　吉首瑞　朱静远
张　鹏　费家骏　郁斯钦　邓书劼　邓鹏杰　郑蕴哲
贾　粤　郭沫杉　黄轩宇　赵星宇　李钟艺　毕恺峰
胡昌平　张煜洲　司马锲　徐乐朗　易泽吉　康金梁
马宇翔　黄立昊　张逸葑　李烜赫　吴浩宇　姚铭泽

航天航空学院 2017 年本科生入学名单

航 71 班（28 人）

王婉婷　李在梦　贺梦飞　罗小东　代　雯　尹子迎
侯盛宁　李忱息　刘恩泽　雷沛东　李晓达　张颖晗
玉宏韬　朱洁松　徐选辉　沈澎博　冯一倡　韩　璐
孙泓朴　金圣洙　艾美丽　陈宇彬　冯德宽　金玟敬
林家宏　朴珍洙　严世轩　桌玮地

航 72 班（31 人）

李怀佐　夏宝亮　武学成　张厚振　包　晗　张皓然
文大贝　游　旅　李瑞鑫　钮蕙丛　张　衡　吴铁林
薛翔云　张子扬　滕庆骅　许　琨　刘易恺　吴俊豪
于鹏宇　严炜锋　刘家钧　张来彬　汪一帆　林子雄
时展鹏　张　蕾　覃祥富　扈　卓　梁　准　吴　渊
郭斯文

航 73 班（31 人）

徐　成　冯良韬　李章涛　艾　巍　王雅芬　鲁旭康
覃建树　韦盛富　李朔瑾　吴卓航　尹东旭　彭中新
张啸九　郭铭亮　高　凯　罗　鸣　李洪达　王硕宇
杨贵贤　沈　扬　党张弛　杨　佳　王浩轩　张文俊
赵明昊　湛　虎　李明楷　朱志轩　张明琦　陈家璇
倪赞林

航74班（4人）

唐恺涛 凡 博 徐 楷 李 琦

航75班（35人）

何佳乐 郑立旺 潘光熙 曹帅威 潘科宇 罗凌志
刘禹辰 李成林 周栩行 崔久健 申宁超 胡 啸
王晔乾 孙 乐 刘晓伟 付 浩 于江华 高小铠
雷永胜 段照鑫 张德旭 刘 铁 赵家钦 李昆鹏
胡沛浩 邓金洪 孙明昊 杨靖宇 张 飞 乔凌峰
王奉唯 占 越 刘旭东 董子铭 时文岩

钱学森力学班力7（30人）

李润道 周靖霖 牛浩宇 张启宁 吴 茜 蒋 琪
刘晏铭 孟详迪 张泰铭 陈春晖 杨鸿澳 戴文越
舒致远 付厚文 陈世纪 谭子裴 杨馥玮 胡腾戈
李诗好 杨皓宇 张凇源 赖丞韬 樊 钰 舒子昕
肖智文 温智瑄 王政和 卢佳键 谢 鑫 罗雯瑛

（二）航天航空学院历届硕士研究生入学名单

硕04班（64人）

曹学奇 窦 勇 张方成 张永胜 侯修洲 王 翀
李 昆 尹军用 刘栋梁 罗世东 余柳平 赵绪军
宋德坡 王汉奎 彭 云 戴婷婷 赵志明 曾凡飞
王 璞 张志烨 周 翔 郭 明 彭 晶 方 乐
杨云柯 高立虎 汤家力 贾宏涛 王建滨 谯 鑫
张宇飞 庄礼深 周晓舟 花 韬 胡明涛 李炎恒
蒋方华 邹 雨 胡 彬 杨 琴 陈 光 魏唯一
张 琦 陈建中 陈 洪 焦 健 燕小芬 毛志强
吴良柏 邹罗明 王建华 慎利峰 张 鹏 岳 宝
薛淑艳 赵 波 刘政胤 王文丽 卢小平 吴 瑜
于龙江 付 明 皮埃尔 杨 弘

硕05班（55人）

王　彬　房冠辉　秦建飞　孙学卫　郭　臻　崔新光
熊铁锤　徐柯哲　吴继业　张　亮　吴文旺　钱岳强
吕存景　张朝晖　吴　晖　王宝石　尹明艳　张　钊
张凯杨　宋　昱　朱大鹏　李　青　周马生　史云斐
刘扬扬　王　鹏　王　跃　西月贤　郭智强　蔡望鹏
管楠祥　孙　宇　刘文广　陈　浩　于　娜　张云鹏
肖　震　宋建丁　曹　阳　彭　磊　严　环　彭　耀
般吉超　华丽君　俞　辉　贾云涛　林勇文　曹　洋
刘　曦　王　禹　邬　迪　印乐奕　阳任平　爱　明
杜　宇

硕06班（50人）

王瑞涵　苏　诚　张一慧　李　颖　邝临源　银　波
董　垒　杨　帆　史文卿　张　涛　刘　亮　宋先凯
王占莹　秦　钊　陈晓波　徐　然　张　楷　龚　纯
朱来来　张忠峰　杨常卫　胡锦昌　曹红军　梁　峰
朱乐垚　王继明　何鹏飞　周一帆　刘　毅　刘兆舒
程　昊　刘晓伟　马维刚　王彦奇　冯冬晖　杨庆涛
胡鹏翔　章　俊　尚　华　陈　福　陈江涛　宫　森
单繁立　张　垚　王　维　车　征　李　森　陈荣敏
陈庭燕　汪幸愉

硕07班（54人）

康　强　闫成琨　鄢亚东　张　超　刘　海　罗　旭
刘玉石　王　鹏　张文锋　雷一鸣　杨　慧　张　磊
石　磐　杨　歌　戴　政　侯　奕　张露颖　马　凯
戴晓玮　申　文　李　震　向律楷　张书谊　宁　波
李海军　杨献鹏　张冰强　顾　明　党　帅　宋　柏
叶　超　胡远思　王　云　王俭侠　张洪坤　张　骞
贺良鸿　王　鉴　杨　缙　杨　博　李　楠　李　登

辛　旺　邓杰馨　俞　跃　辛明鹏　李　木　任仲泉
王　翀　田爱平　张卫国　Phi Alexandre　Gamet Yoann
Hochart Florian

硕 08 班（49 人）

徐　牧　童　崎　汤　文　熊元建　刘富荣　续立军
梁益明　黄　浩　陈志会　曾　庆　黄振庭　杨林畅
姚福印　刘海翔　邰　玥　杨康定　熊鹏飞　陈　云
张兵峰　胡振鑫　刘智勇　顾骁坤　闫　昱　荣成成
金恩泽　张衍涛　张　尧　刘明艳　唐　斐　王增利
赵昌朋　陈　超　马方超　刘　健　张　瑾　金海林
吴　清　王　法　马寅魏　周　婷　彭元峰　许　丹
王　翔　胡盈辉　王利宁　赵　烁　万增然　沈兆欣
欧安华

硕 09 班（70 人）

周国华　许艳涛　柯义雄　毕来业　肖光明　尹　航
陈应龙　罗　欢　刘宇涛　陈　杨　吴先康　赵国强
徐英哲　马建颖　回彦年　于　洋　刘枭寅　乐焰辉
王　磊　张添翼　张登宇　彭　琳　常希诺　李旭东
陈建平　李学利　吴志鹏　杨锐振　刘少杰　王珑祺
黄　攀　李　扬　凡明清　程　琳　刘志丰　张文升
伍智超　陈晓飞　段志伟　刘佃贵　曲斌瑞　王诗铭
谢晒明　覃　乐　张春阳　张　蒙　俞　浩　杨　智
王　刚　周海松　朱建军　马庆甜　祝雪娇　蒋东杰
陈柯霖　黄　波　王大奎　宜　婷　卢　思　季湘樱
胡佳楠　李元伟　文　斐　潘鹏飞　崔翰星　王晓军
杨　可　张相雄　主父笑荷　沙力塔那提

硕 10 班（97 人）

陈一鸣　张新齐　魏　巍　孙　晨　贾晶敏　王伊南
谭　爽　温　喆　段　辉　姜新建　邱广凯　王文秀

梁旭东	单小东	何仲阳	岳　阳	魏　巍	贾　栋
张明华	高泽运	刘壮壮	梁　斌	于四伟	陈　颖
刘跃聪	袁　振	任启鸿	褚衍博	戴晓洁	肖心龙
卢彩波	黄　虎	孔　萌	庞珂珂	陈　浩	卜英格
牛文博	李军锋	侯晓松	张其阳	崔　文	黄岸毅
覃　朗	郭　磊	于领军	任一鹏	乐　晨	夏洪恩
李梓嘉	陈忠莹	谭青海	宋恒旭	刁丽红	周洋洋
辛克浩	张　毅	余峻舟	董　宁	李　辰	王　楠
李孔争	张守权	司华伟	李　想	李　威	马泽威
范文澜	聂　晶	马文昌	何耀宇	王元诚	白海亮
杨新明	周双艳	李　凯	唐　辉	李家君	徐　阳
王永辉	白会彦	肖寄春	路青梅	郑　毅	彭志强
许　隆	张长林	王　铮	李彦旭	赵广兴	马　强
王　滢	王大勇	潘　龙	刘建华	康洁强	李鸿辉
何新婷					

硕 11 班（66 人）

宋智功	苏耿辉	黄　翔	张凌波	潘建华	韩伟杰
张赛赛	靳　凯	孙　健	王子龙	姜路野	邓浩宣
祖　岩	王叶成	李高胜	李星辉	张英丽	郝俊红
董若宇	刘　洁	肖佳洛	王云财	张鹏飞	汪　洋
倪昂修	石　越	乔颖敏	曾　雪	李海涵	周雍杰
李　毅	张　浩	陈金秀	张　茜	熊伟国	王沈泽
刘　俊	张　鹏	郭振华	杨　洋	董桂旭	莫崇康
张　猛	虞晓欢	张程皓	孙亚丹	贾　苏	李曹磊
杨　俊	江乐彬	郭　峰	刘锡刚	李　胜	徐椿景
周增波	康飞春	段友明	苏功富	张金铎	王少轶
梁　良	郭礼芹	樊　凡	刘　华	朱艳芳	刘嘉祥

硕 12 班（56 人）

刘迪钦	马晓旭	杜　爽	刘亚冰	陈科行	周志强

李诗一　姜　沂　张静娴　张宏杰　江　斌　张　健
陆　蔚　张民楷　张晓彤　谢驰宇　胡晓赛　李　昭
蔡文宽　朱建刚　高　鹏　王　恒　李　韬　林　丽
王宁羽　张海涛　赵宇骁　赵海洋　周　际　潘春雨
张志国　张亚欣　温浩彦　胡博文　郭永翔　任　为
杨晓雪　王　博　任兆欣　喜进军　李　亨　王世英
姜　宇　成　健　陈泓迪　赵远东　巴延涛　尹瑞杉
张文斌　刘方盛　王　栋　佘丰客　陶龄浩　莫与明
常新伟　陈志桦

硕13班（75人）

樊孝清　王猷光　邹文彬　罗华思　潘　攀　郭　洋
殷　鹏　徐志强　许之琦　张博戎　陈　翔　李莉颖
余佳佳　翁禹来　董　良　刘丹星　顾有为　刘广志
罗　铭　刘桂玲　梁　轩　黄　蕾　惠大亮　罗　炯
吴　博　瓮　哲　王丽莎　洪　达　杜林霏　许彦昭
梁益铭　刘　峰　李潞宁　付宗辉　喻　超　董延涛
黄　俊　尹　悦　吴以婷　王雪瑶　曲欣茹　王嘉博
陈　猛　李　笑　李　萌　纵宝金　王　帆　杜雅雯
吴俊演　徐梓原　卢　梦　董文娇　张震宇　于文龙
孙皖楠　霍金东　雷劲博　龚元峰　姜远平　刘丽莎
徐贵江　彭芳兰　张保健　沈忠坤　杨滨涛　杨国兰
李业龙　王亚娟　杜家健　翁敬砚　黑　米　马万程
黄文铮　黄婧依　欧大鹏

硕14班（65人）

任新胜　郭　伟　黄峻彬　罗承成　苏子牧　王　中
陈柏栋　何天琪　李永翔　彭　恒　宋　扬　师　东
丁　涛　王振英　王梓岩　段江菲　黄　娟　王韵杰
郑有为　邓烨明　方晓明　高宇驰　海　日　李健珂
李尚泽　刘锦通　刘瑞环　唐　高　刘　锋　马健文

马锐	赵少骅	李娅强	王梦璐	梁凯强	冯康佳
胡定坤	杨墨	潘明乐	马帅	张大康	刘博晓
冯毅	张海西	彭宁宁	黄崇	唐道胜	杜旭朕
邱志祥	汪波	伍小安	张培玉	闫立兵	王子侨
邓召树	乔宇	王娟	黄轶坤	刘洋	靳长林
林展佑	楊為任	成毛阳一	董立莹	王永生	

硕 15 班（72 人）

肖启迪	曾崇庆	高磊	王伟	袁晗	黄圣濠
范博昭	付宇彤	初东阳	孙树人	张潇	李佳阳
张金程	刘子玥	刘丝丝	宋琨	赵明翔	孙元昊
陈蕴苹	刘迪	田欢欢	胡波	顾令东	张胜
李业明	郭建佳	张雷	孟东波	谢津	闫林明
邓凯文	张茂权	司雪娜	吴虹	李佳乘	雷寅
刘子源	余万千	张璇	黄小玲	李昂	富佳伟
李亮君	孔令晗	林福容	王银涛	杨洋	陈俊屹
蔡宗延	郑成功	熊霞	张明阳	王震宇	乔德山
崔枭	竹梦圆	于沿	韩剑锋	周川	曲薇
李阳	刘佳伟	吕则渊	林浩鋕	劉天澤	黄胤强
安森德	哈迪	陆廷奂	王禹杰	赵志伟	王琥

硕 16 班（60 人）

张凯泰	王若溪	吴啸	刘富康	李丰果	曹泉锟
郑重	彭辉	徐静娴	龚林辉	尹元杰	李晟
邢铮	胡良璞	刘燕霖	冯阳	董诚	李霞
王翔宇	王屹航	崔小雨	何伟	胡钧雅	蒋梦瑶
王浚宇	段建锋	闫晨强	徐晨阳	黄宇坤	肖茂超
徐韵	赵轩	苏浩	苏雷	陈诗雨	牛威
鲁光光	王华鲁	金勇	闻浩诚	李天琦	邓进
冯小溪	梁煜	赵强仪	解得准	郭舒云	李晓敏
陆美宏	朱相宇	李惊春	袁豪杰	程浩男	尧磊

邹世豪　袁小德　石少义　罗　门　金承澈　许智凯

硕 17 班（49 人）

郭明凯　陈　曦　鱼　璋　陈楷东　吴　开　袁　李
闫　涵　李加强　严子铭　张博远　史晓磊　于冬威
邱华辰　张哲铭　沈志杰　张　璐　徐文雪　高子珏
刘伯阳　韦承志　李亚坤　张　伟　甘　岚　王振舟
李　晋　徐鹏飞　李　超　曾兆姝　张一鸣　马宇沫
魏齐辉　王璞瑞　李　婷　钟远智　辛　睿　张振宇
谈昌皓　彭烨昊　张浩森　颜斯倩　高　原　薛建恒
吴俊达　刘　羽　金　鹏　沈冠斌　陳琮崴　伊藤誠
胡　山

（三）航天航空学院历届博士研究生入学名单

博 04 班（38 人）

吕卫帮　潘夏辉　杨　帆　杨　璞　黄旭东　陈志强
巴　晶　曾杜娟　马　明　陈永丽　王巍雄　薛　琨
洪家旺　崔晓东　陈明继　龚胜平　袁长清　周　宏
路英杰　聂君锋　柳占立　李　悦　周　强　徐珊姝
潘　兵　倪顺江　季学伟　陈　林　柳雄斌　孙　俊
冯　勃　胡　腾　王帅创　祝剑虹　岂兴明　周　睿
吴　晶　张洪涛

博 05 班（40 人）

陈苹苹　李宏光　范立佳　赵晓利　高　加　唐　文
夏　热　郑修鹏　孙宇涛　黄静波　石朝锋　苏业旺
王　为　林　刚　杨蔡进　虞　磊　马显锋　于　涛
郭少冬　高　波　李艳杰　王庆华　宓铁良　唐　刚
李振海　马　上　邓　斐　刘益伦　杨　攀　廖剑晖
成斌斌　周丽娜　侯泉文　王建立　陈中伟　毕研强
陈　莹　陈美宁　金才勋　邢　程

博 06 班（43 人）

魏唯一	王　弘	葛铭纬	李　君	张宇飞	高立华
徐国亮	单　昊	刘　炯	张燕香	杨佳瑞	黄　鹏
宫伟伟	刘玉泉	夏乐章	邓虹霞	杨　帆	祝开建
赵振军	解　静	洪迪峰	魏　东	高　原	裘　钧
徐光魁	李炳蔚	田中伟	胡振兴	花　韬	李德昌
王海东	薛淑艳	杨　帆	宋伟明	吴良柏	严　辉
于龙江	刘　栋	黄拳章	段　政	刘冬欢	谷振丰
程雪涛					

博 07 班（50 人）

任春雨	郭铁丁	赵雪川	廉艳平	冯　毅	宋梦譞
杨子轩	蒋方华	汤家力	钟力强	张　勤	孙振生
陈立明	姜长青	李万爱	蒋　超	曾　辉	朱文鹏
阮建力	孙晨卉	屈宝平	关　新	周志强	孙学卫
李　博	曹　洋	王晓欣	刘渊博	牛振祺	王大磊
石　可	苏东川	胡锐锋	谢　博	薛梅新	程　勇
周书涛	唐敏锦	刘　泽	尕永婧	张朝晖	李　青
孙兵兵	林治家	吴韶华	吴继业	刘进明	王汉奎
王　恒	庞　杰				

博 08 班（51 人）

贾延杰	杨　帆	王　栋	贾　飞	赵治华	杨鹏飞
董雪林	葛　宋	刘晓东	李韶光	赵颖颖	刘稳文
徐柯哲	贾　真	徐　然	朱建国	许　扶	曹旭东
王向阳	张耘隆	袁　芳	王光远	陈少波	林恩强
肖良华	李　钊	董　源	王　缅	胡　斌	张一慧
刘大锋	马维刚	钱晓栋	邢志钢	张军徽	单繁立
高莹莹	曹红军	孙　晨	吴泽艳	尚　兵	祁　峰
孔丽云	曹大志	鞠生宏	王志勇	孙晓雨	曾祥远
丁昳婷	崔潇骁	李金光			

博09班（51人）

张　弛	杨　潇	胡开鑫	蔡兴山	张立元	胡帼杰
陆炳卫	杨志芳	成丽蓉	沈文厚	张　照	卢　浩
黄　银	郭晨曦	张洋洋	胡鹏翔	曹梦源	党　帅
刘玉石	吕存景	张　超	周良道	周明珏	王运会
王博斌	熊　伟	朱凯歌	李青峰	雷海军	牛东圣
陈浩森	任曼瑞	郝　峰	张满弓	王　云	缪婷婷
马寅佶	缑百勇	邓冰清	崔一南	邢建伟	陈　凯
魏海鹏	周双珍	郭智炜	张荣钢	谭剑锋	马　旭
王秋菊	凌　雪	贺　晶			

博10班（63人）

王相玉	许云超	朱晓磊	沈　治	杨　帆	王绪桂
薛　原	焦　哲	段晓亮	王文华	冯　媛	高峰利
蒋　丽	王　稳	刘　平	杨　皓	贺晓华	姚　通
王银山	马　雪	冯光烁	白　冰	李江城	何家玮
钱　星	冯金龙	许丹丹	郑建城	李海燕	谢伟华
黄　萧	张伊哲	姚　瑶	王浩苏	张　瑾	章　杰
吴　丹	陈良家	任彦婷	李京阳	王禾翎	崔颖慧
吴兵恒	彭　云	王　鉴	张东青	周小玲	刘海旭
郝文峰	于维铭	刘锦辉	夏前锦	王怀喜	李丽君
安梅岩	王秀红	水恒森	王艳伟	马　峰	叶志萍
李　波	严丞翊	方文轩			

博11班（61人）

马彦会	张　才	郑　东	熊鹏飞	苗　楠	吴志刚
陈　杨	刘文广	莫晓龙	胡宇星	刘　海	贺　茗
陆奇志	张　森	郭闻昊	袁　媛	于　洋	王　兴
姜　辰	张长兴	范智超	李延深	金恩泽	贺年丰
邱文辉	尚一博	徐　锋	林　鹏	汪丽媛	柯玉超
赵子龙	季湘樱	朱荣华	李传崴	尚　闫	周培蕾

姚瑞文 肖 思 常 诚 方旭飞 赵 岩 乔锦秀
陈 航 王嘉文 林孟达 严 超 胡如云 任 杰
宋 洋 王文斌 徐艺哲 钟达文 叶振强 周 兵
赵思玉 张相雄 李秦宜 贾 琳 张 松 李学利
欧阳稳根

博 12 班（88 人）

刘 源 马 强 李海锋 王 单 江思雅 朱 辉
杨常卫 张宏斌 黄文锋 王 乾 陈 颖 丁 彬
付从艺 刘凌海 乔莎莎 王 飞 王艳磊 吴 帅
叶 璇 张首沫 赵佳敏 万 宇 李项河 樊亚男
商志昊 代仪军 姚易辰 陈建荣 杜显赫 胡剑桥
曾庆磊 宋枭雄 刘志丰 苏蕴荃 薛时磊 郭昊原
白晨媛 戴相录 吴立夫 包 屹 谭 爽 杨洪伟
胡站伟 李 靖 彭 灿 王怡飞 李 捷 李 辉
丁勇钢 施徐国 姚文俊 张 力 吴建刚 于亚薇
沐俊山 王贤宇 张 韵 顾永鹏 加福民 刘学勇
陈 钱 覃建秀 计自飞 管楠祥 卜建国 谢嘉裔
郑震山 毛仲君 范红雨 刘壮壮 陈 玥 杨晓萌
葛广君 马鹏斌 包长春 崔 杰 段志伟 罗堃宇
何国龙 钟贵廷 邓 帅 刘 婷 张力涛 赵 童
贾云涛 唐明南 崔 淦 LATIFI MOHAMMAD

博 13 班（84 人）

张 帆 高 岳 胡泽汐 王哲夫 叶逗逗 张 瑞
潘建华 吴淑一 张晓飞 娄 晶 瞿苍宇 胡振鑫
陈 享 贺志武 韩琦男 尹 光 张无央 付小武
井文奇 代岩伟 刘凤仙 王 涛 李樵风 王广兴
刘 伟 金 鹏 张 程 林绍珍 李 娟 马 康
张全有 陈镇鹏 刘雨喆 原亚南 王庆洋 屈 哲
祖 岩 刘明超 王玉珏 高恩来 焦淑平 李 珅

祁一洲　　张　璇　　华钰超　　赵　甜　　刘　欣　　郭晓伟
汤一村　　胡玉东　　董若宇　　何智光　　黄耀松　　郭洋裕
张　帆　　胡天健　　姜　薇　　倪彦硕　　刘佳鹏　　刘洪运
丁建琦　　万　森　　蔡进铮　　齐　婷　　吕凯雄　　张　澍
裴鑫岩　　何柏灵　　王一帆　　宋维民　　印明威　　胡景晨
吕　旺　　谢峤峰　　姜宇资　　陈　东　　胡　展　　段超伟
孙　禹　　张　弛　　张玉文　　张尚煜　　龙君浩
TAYEFINASRABADI MORT

博14班（92人）

王天宝　　袁永帅　　王云杰　　熊东民　　郗有成　　薛亦菲
李庠儒　　曾卫刚　　盛骏源　　张亚飞　　任　东　　孟伟鹏
艾立强　　姚泉舟　　梁百慧　　梁杰存　　汪　洲　　杨元凯
陈志强　　梁　勇　　李茹杨　　张静娴　　杨　恒　　王成禹
芮少石　　阳辉辉　　徐　越　　汲世祥　　黄兴玲　　周幪幪
吴承晋　　李诗一　　李　燕　　周志强　　李国洋　　宋智功
丰　哲　　方耀鹏　　王昊天　　陈毅豪　　刘　飞　　胡　康
张添翼　　高武焕　　张晓鸽　　张民楷　　付荣桓　　胡开伟
郝俊红　　杨　敏　　陈莉丹　　王彦荣　　蓝　磊　　张　欢
刘国强　　付康佳　　田　野　　杨　曌　　张　锋　　张　潇
张　帆　　高得昆　　夏爱国　　夏甫根　　梁　峰　　陈志强
张枭雄　　牛　健　　杨锦文　　张翼飞　　马曙光　　冯　源
郝文涛　　吴汪霞　　任兆欣　　危　伟　　姜　宇　　马　路
赵宇飞　　姚宏翔　　王　彪　　朱文庆　　解　青　　梁　昊
王　磊　　邓献策　　李　姗　　张　远　　莫　拓　　刘铭锐
龚阳玉洁　　刘孙相与

博15班（91人）

蔡世生　　季建朝　　闫博文　　范彦雷　　李双双　　史松林
申　振　　刘　通　　王黎浩　　周　添　　钟麟彧　　刘　超
郭建峤　　郭慧娟　　李　想　　成　健　　苏　越　　董弋锋

王振　高原　刘岩　陈梓钧　王金林　王力威
张琦　李智　高赫轩　呼和　张潮　丁翰林
崔超杰　陈少勇　李海成　韩志远　杨浩　王彬
周柯　张济　沈鋆　钟磊　黄瑞瑞　张迎超
梁紫微　聂本典　陈曦　韩如冰　彭惠生　吴万同
樊傲然　邹济杭　张晓跃　贺克伦　许亚伟　谢驰宇
宋言　杨程　申伦豪　李霖泽　赵孔亚　齐廷宇
钟晓宇　杜冰　张可　张海涛　符鹏飞　于强
张远东　张鑫焱　王伟龙　项高明　张博　李海洋
施炯明　刘健　崔文瑶　朱建刚　杨沐臣　刘曦文
林新聪　何加智　栗志杰　魏继华　张峰　宋雨
李苗　解汶汶　刘晖　杨茜茜　谭宇廷　萨高
艾晨皓

博 16 班（91 人）

李航飞　彭刚　于海东　章雨思　李闯　刘宗源
周宇思　尹思凡　彭勃　方维　许贝贝　鄂智博
彭德利　王进　谢鸿福　王识君　张帅　雷文海
余明　黄标　方凯悦　张贵辰　徐伟洋　高叶
林景　朱禛旻　余洋　冉景洪　刘锦生　王峰乐
白祝洽　马明　汪其涛　熊紫辛　张之豪　杨丰源
郭洋　张倩　曹宇　白柯　张航　刘建星
官刘员　李书楠　李启章　刘鑫　汪维　程思远
李含灵　曹瀚文　苟星　冉鑫　黄懿　孙红胜
贝帅　辛昉　迟哲敏　舒炫博　何长耕　冯伟
张定瑞　李润泽　巩晨　何云瀚　饶珠明　程彬
祝世杰　万鹏　任子轩　王帅　孙帆　黄泽宇
石磊　尹钰　杨天威　孟庆良　庞科技　裴长浩
哈荣　夏恒　张峰　宋雨　李苗　解汶汶
刘晖　杨茜茜　谭宇廷　萨高　艾晨皓

REZAEI KIVI ARAZ　　NASEEM MUHAMMAD SHOA

博 17 班（98 人）

程旭　王宙恒　陈贤亮　陈博轩　张润东　胡皓闻
史迪威　胡恒谦　王海宁　闫翛然　彭恒　孙嘉
姚凯丽　张海翔　王申　刘猛雄　叶桑　张焕新
官晓珂　李思澄　王奥博　石文雄　刘丝丝　孙逸霄
刘涛　吕妍　孟顺　徐辉　郑坤炜　岳孟坤
程则　郑阳　杨雪艺　龙佳新　靳旭红　王罗浩
马国祯　何宛真　王强　邸友煜　高洁　曾永攀
罗承成　杜智博　王宇嘉　刘鑫　李金优　常嘉辉
庞文博　张德清　陈鹏程　揭育澄　崔智文　杨伟东
夏斌　张卫锋　刘贺心　李凤仪　唐道胜　张梓彤
李学智　马欢　张孟起　刘凡犁　缪昊丽　祁欣
阚镭　武迪　崔江　任建勋　朱秉泉　彭惠
康钦淼　李东杰　高明宇　延冲　李浩然　姜川傲
高瞻　钟源　姜学峰　赵雪轩　王韵杰　王光健
朱金伟　冯雪峰　方青云　巩浩然　赵雷洋　王兆伟
尹宇辉　张珊珊　蒋金　任威严　杨顺　王舒可
郑慧水　朱玉杰

教工名录

一、在航空工程组工作过的部分教职员工

教授

庄前鼎　王士倬　刘仙洲　冯桂连　华敦德　殷文友
殷祖澜　李辑祥　秦大钧

专任讲师

林同骅

教员

张捷迁

助教

董树屏　张昕聪　陈文龙

助理

郑　浩

工厂管理员

蒋蕴章

二、在航空工程研究所工作过的部分教职员工

教授

庄前鼎　冯桂连　秦大钧　林同骅　钱学森　岳劼毅
方　毅

副教授

王德荣　周惠久　李登科　林致平　金希武

专任讲师

赵九章　吕凤章

教员

张捷迁　张听聪

助教

陈文龙　谭振华　张学曾　亢玉瑾　刘同声　吴本荏
胡　宁　陈绳祖　高仕功　王宪刘　徐淑英

三、在航空工程学系工作过的部分教职员工

教授

庄前鼎　王德荣　冯桂连　宁　榥　顾培慕　王宏基
丁履德　陆士嘉　沈　元

副教授

周惠久　金希武　程本蕃　王兆华　钱伟长　屠守锷
赵九章　周惠久　岳劼毅　程　本

专任讲师

吕凤章　梁守槃　何庆芝　欧阳绩　吴学蔺

教员

陈文龙　李敏华　张士英　吴孝达　沈立铭　葛绍祖
孙天凤　励承豪

助教

严国泰　沈季能　周德章　钱政藩　徐华舫

练习生

陆以信

四、在航空工程学院工作过的部分教职员工

教授

沈　元　宁　榥　黄逢昌　宋懿昌　程本蕃　林士锷
王洪星　马恩春　吴云书　梁炳文　徐迺祚

副教授

张秉煦　张广生　张开敏　张桂联

讲师

阮孟光　高为炳

助教

谢希文	张启光	黄俊钦	刘龄德	连淇祥	张能扬
高镇同	俞公治	杨应辰	张性原	叶祖荫	白师贤
荣湘涛					

事务员

陈天佑

五、在航天航空学院（含力学系）工作过的部分教职员工

在职教授

宝音贺西	曹炳阳	曹艳平	岑　松	陈常青	陈海昕
陈　民	陈　群	董　戈	方　菲	冯西桥	冯　雪
符　松	高华健	高云峰	过增元	郝红伟	何　枫
黄永刚	黄克智	李俊峰	李路明	李喜德	林　立
刘　彬	刘应华	陆秋海	朴　英	邱信明	任革学
任玉新	任祝寅	王浩文	王沫然	王天舒	王习术
吴子牛	谢惠民	梁新刚	徐海涛	徐胜利	徐志平
许春晓	姚学锋	殷雅俊	袁　荒	张会强	张　健
张　兴	张　雄	郑钢铁	郑丽丽	郑泉水	钟北京
周　明	庄　茁				

在职副教授、副研究员

杜建镔	葛东云	龚景松	龚胜平	郭印诚	郝鹏飞
侯凌云	胡春华	黄伟希	蒋方华	兰旭东	李　博
李启兵	李群仰	李　嵩	李晓雁	李　震	刘　岩
柳占立	吕存景	马维刚	闵敬春	彭　杰	任建勋
王　兵	王连泽	王兆魁	吴　坚	向志海	肖志祥
徐芦平	徐全勇	徐胜金	徐向华	杨　春	杨京龙
由小川	张　超	张锡文	张一慧	张宇飞	赵红平

赵虎成　赵立豪　郑小平

在职讲师、助研

赵治华　姜长青　谢之峰　黄旭东　王　亮　杨俊杰

在职工程及实验系列人员

高级工程师

陈泽敬　何良菊　蒋小林　孟继安　彭立才　王　波
王伟明　文雄伟　徐曼琼

工程师

耿红霞　华　心　李　辰　刘方军　马伯志　牛洪涛

在职教育职员

杜　娟　房秀荣　高永丽　管楠祥　刘　杰　刘加宁
鲁　杰　孙葆芳　王　竑　王晓晶　谢佩炜　曾　悦
张　骁　张　岩

在站博士后

白晨媛　柏宝红　陈　靖　程　靖　程　林　范智超
冯光烁　付　际　顾永鹏　郭晓岗　何　巍　胡正平
黄文君　黄意新　季洪鑫　加福民　姜　辰　姜海洋
姜　宇　蒋　超　解建飞　孔　谦　李　冰　李海泉
李京阳　李荣斌　林孟达　刘　杰　刘新桥　芦维宁
吕昌荣　孟雅哲　宁少武　青勇权　邵　卫　宋洪烈
宋智功　苏瑞霞　唐云龙　王怀喜　王贤宇　王义乾
王志燕　吴　爽　肖　轩　阎东佳　杨荣娟　易利军
余奕甫　张　磊　张尚敏　张长兴　赵　倩　赵星蔚
曾　武　GUZZETTI DAVIDE　SAEED HAMOOD AHMED MOHAMMED

历年博士后

艾　刚　安丰江　白廷全　宝音贺西　毕思文　曹炳阳
岑　松　曾　涛　曾祥远　曾卓雄　常　正　陈常青
陈海昕　陈焕新　陈建军　陈　健　陈立杰　陈丽华
陈　民　陈　群　陈　曦　陈　晓　陈晓明　陈艳秋

陈勇帅 陈　瑜 陈增胜 陈增涛 陈昭阳 陈作荣
程建钢 程晓军 程新广 程雪玲 程志强 崔迎春
崔振山 戴隆超 戴如春 单繁立 刁　顺 董建令
董林浩 董　珊 董双岭 董玉杰 杜　婧 段志伟
范华林 冯金龙 冯　侃 冯　强 符力耘 付浩然
富明慧 甘才俊 高德利 高立新 高利军 高凌天
葛东云 龚景松 龚胜平 谷　宇 管小荣 郭保桥
郭兴伍 郭延虎 国凤林 韩　立 韩前鹏 韩秀君
郝　苏 何　强 何宗彦 侯凌云 胡瓅元 胡鹏翔
胡夏嵩 黄存军 黄干云 黄海明 黄静波 黄倦祥
黄　坤 黄旭东 黄　银 黄　勇 黄　湛 江五贵
姜广鹏 姜继东 姜　亮 姜长青 蒋方华 蒋　瑾
蒋运华 焦胜才 解建飞 解兆谦 靳　瑾 居鸿宾
康红文 寇哲君 库祥臣 兰旭东 雷国东 雷　洪
李成祥 李典森 李风泉 李贵涛 李　江 李军伟
李俊峰 李　科 李启兵 李青峰 李卫东 李卫国
李显忠 李新亮 李义强 李永华 李育隆 李　震
李争学 李志辉 廉艳平 梁　鲁 梁　伟 林大超
林小竹 刘春嵘 刘福江 刘　刚 刘国强 刘海旭
刘　贺 刘　辉 刘建新 刘丽坤 刘全义 刘文彦
刘想平 刘晓宇 刘　欣 刘兴隆 刘修善 刘彦鹏
刘　阳 刘　奕 刘友宏 刘　赟 卢　宇 鲁思渊
陆炳卫 路益嘉 罗　芳 罗　锐 吕奇峰 吕勇军
马维刚 马寅佶 马正中 马志涛 马仲明 买歌菲热提
孟凡颢 孟积兴 孟庆华 孟翔宇 缪旭弘 牛莉莎
潘立友 庞育才 彭慧莲 彭　杰 彭立才 彭一江
钱炜祺 秦　亮 秦庆华 邱雪琼 裘　钧 屈文忠
曲传咏 任革学 任淮辉 任建勋 任　杰 任　玲
任伟新 塞德里克 师　岩 施晓牧 石　流 石小林

史榕颀	史　睿	宋梦譞	宋雅娜	苏志霄	隋成城
孙博华	孙立娟	孙喜明	孙英英	孙振生	孙正龙
邰治新	谭国文	谭廉华	谭勤学	汤　彬	唐建侯
唐　剑	唐靖林	田连朋	田迎春	万　超	王　彪
王　超	王殿恺	王　飞	王富平	王　刚	王海东
王海兴	王家禄	王建军	王建民	王建山	王建伟
王建学	王　劼	王立群	王连泽	王少平	王天舒
王同标	王伟明	王习术	王　显	王小兵	王晓春
王晓力	王旭跃	王艳玲	王　永	王永岗	王永军
王永亮	王　勇	王增辉	王兆魁	王兆希	王志刚
魏　斌	魏建勤	魏　宁	温德超	文　明	邬小波
邬玉斌	吴　迪	吴　宏	吴　胜	吴艳青	吴永亮
吴宇清	吴玉庭	伍章健	席　军	夏　彪	肖志祥
谢　静	谢雄举	谢之峰	熊　超	胥红敏	徐宝升
徐　行	徐建平	徐　然	徐向华	徐小平	徐云生
许丹丹	许　扶	许　军	雪　丹	闫　波	闫　浩
闫　肃	严　红	杨爱明	杨彩青	杨翠广	杨东全
杨　帆	杨　建	杨京龙	杨　玟	杨庆生	杨小龙
杨薛明	杨雪榕	杨占龙	姚学锋	由小川	于合龙
于明成	袁江宏	岳文正	翟　坤	张　晨	张国兵
张海戈	张江涛	张景瑞	张　婧	张俊峰	张　雷
张立民	张　利	张　亮	张凌新	张　鸣	张年梅
张　涛	张　婷	张　彤	张文林	张小勇	张效羽
张颜民	张宇飞	张云祥	张长兴	张治国	赵　彬
赵红平	赵虎成	赵丽滨	赵　琳	赵　明	赵晓芳
赵　玥	赵治华	郑殿峰	郑恒伟	郑江韬	郑小平
周昊飞	周　杰	周俊洋	周克民	周　帅	朱　峰
朱建明	朱凯歌	朱文鹏	朱晓磊	朱迎春	祝开建
庄　茁	卓　曦	左　然	DIOP MOUHAMADOU AZIZ		

SHEHZAD KHURRAM

离退休教职员工

卞伯绘	蔡敏学	蔡乾煌	查明华	车　琳	陈惠良
陈景宝	陈力田	陈铁城	陈正新	程从明	崔桂香
崔筱敏	崔玉玺	戴福隆	戴诗亮	戴增杰	丁占鳌
董　岩	段德华	樊友三	范钦珊	方守学	冯仁贤
付朝华	傅承诵	傅正泰	高光里	顾扣芬	顾毓沁
关冀华	郝树棠	何衍宗	何裕昆	洪惠源	胡德贵
胡桅林	黄东涛	黄　炎	姬春亮	纪全英	贾书惠
贾　臻	金观昌	金艳兰	李德葆	李德鲁	李英敏
李　苹	李荣先	李万琼	李玉生	李志信	李忠芳
李清佐	蔺书田	刘宝琛	刘春苓	刘春阳	刘冬元
刘馥清	刘秋生	刘荣暄	刘先龙	刘信声	刘玉珍
陆符聪	陆明万	马坚伟	苗坤茹	苗日新	牛莉莎
钱振东	任文敏	邵敏（大）	邵敏（小）	沈观林	沈孟育
沈　熊	施惠基	施燮琴	时学黄	史桂英	孙学伟
孙镇华	汤荣铭	唐序富	田　泽	王和祥	王金瑞
王克鹏	王世才	王文彬	王文涟	王锡瑞	王秀琴
王旭光	王勖成	王学芳	王　艳	王玉海	王韫如
王增梅	王　正	吴建基	吴建玲	吴翘哲	吴新如
席葆树	夏之熙	肖桐萱	谢大吉	谢志成	徐秉业
徐　凌	许宏庆	许利利	薛明德	薛振宇	薛克宗
阎淑茹	阎秀敏	杨岱强	杨凤河	杨凤鸣	杨慧珠
杨宗发	姚朝晖	姚学峰	姚振汉	宋耀祖	尤　黎
余瑞森	余寿文	张冠忠	张桂萍	张怀瑾	张建堂
张良荣	张如一	张元润	张小播	张秀珍	张曰连
张越楠	张兆顺	章光华	章玮宝	赵会全	赵继英
赵文华	郑润生	郑永泽	郑兆昌	钟国成	周明德
周春田	周　红	周力行	周辛庚	周　雁	周以静

朱克勤 朱之墀 朱祖成 诸葛鸿程 庄汉文 祖佩贞

曾在航天航空学院（含工程力学系）工作过的人员名单

白　钢	白洪生	卞洪宽	卞祖根	薄智泉	才德荣
蔡　坚	蔡大用	曹恒忠	常亮明	陈　德	陈秉惠
陈昌昭	陈福贵	陈　红	陈怀宝	陈惠南	陈季筠
陈克金	陈敬平	陈兰芳	陈　谦	陈　潜	陈　荣
陈　珊	陈树人	陈天有	陈　文	陈德问	陈　怡
陈永亮	陈玉林	陈远涛	陈兆玲	陈振华	程久生
程谟仪	程其喜	程学吟	池宝朝	迟宗陶	崔玉升
戴尔珠	戴良秀	戴大农	邓喜盛	邓　勇	邓　宇
邓重平	丁德华	丁奎元	丁　芸	董春迎	董仕儒
杜　婧	杜庆华	范　荣	方苹长	方岱宁	方先林
房永奎	冯福德	冯如聚	冯思健	冯思慎	付光辉
高金明	高伟武	高文远	高小旺	葛占基	龚欣耘
勾秋静	顾克杰	顾求琳	关冀华	关金兰	关莫芳
关世忠	关兆东	光积昌	郭大成	郭忠喜	宋国华
南　海	韩栋成	韩国森	韩东晖	韩锦珠	郝中军
何尔余	何桂荣	贺锡璋	贺　勇	洪甲三	洪先龙
胡慧玲	胡再谦	华达浩	黄仁广	黄瞎光	黄四方
黄晓梅	黄晓晴	黄昭度	黄振林	纪辉玉	季葆华
贾长祥	贾德玉	姜俊成	姜连贵	姜丕权	蒋如金
蒋维杜	焦群英	解沛基	金慧芬	金德年	金千方
金文织	金永杰	金佑民	靳福有	靳征谟	景士都
宋　军	康凤仪	康　迅	雷田玉	李宝山	李春景
李　纯	李朝弟	李殿捷	李恩元	李富贵	李冠生
李和平	李洪全	李华强	李建权	李良基	李汉民
李庆扬	李如锋	李守彦	李文增	李秀春	李　旭
李永禄	李永锡	李有道	李云智	连永健	林宏新
林英杰	林敬煌	林文贵	林文漪	林行良	林耀南

凌均效	刘才栓	刘春生	刘福生	刘　富	刘光荣
刘海伶	刘恒太	刘鸿超	刘季捻	刘建刚	刘建闵
刘汉钧	刘汉钧	刘坤林	刘　淼	刘琴声	刘荣芬
刘书田	刘文政	刘德祥	刘霄峰	刘　欣	刘秀琴
刘学斌	刘驯龙	刘延柱	刘希珠	柳西玲	龙　刚
龙连坤	卢开澄	鲁长贵	陆粹芬	陆建华	吕　加
吕宪法	吕映芝	罗宏瑞	罗伟炜	罗晓迎	罗学富
罗学育	罗远祥	麻智文	马福生	马文仲	马玉珂
马远乐	马兆芳	马振华	孟桂蓉	孟志一	苗天喜
苗日新	牛莲英	欧　鸥	潘安平	潘立功	潘文全
潘真微	庞家驹	裴兆宏	代　平	戚克智	钱壬章
钱伟长	德　强	秦德才	任锦骥	邵　斌	佘建伟
沈培华	沈佩娟	沈生义	沈天耀	沈文龙	盛永宾
石福庆	石　玲	时爱民	时　文	时兆祥	苏瑞舫
苏鹏声	孙宏昌	孙继铭	孙建白	孙汝吉	孙世发
孙守贵	孙义国	孙永强	孙远慧	孙跃庭	孙忠律
孙明珠	汤先照	唐　林	唐松月	唐祥林	万嘉璜
王涤非	王笃美	王　方	王福堂	王桂林	王海林
王慧珍	王建华	王　杰	王元举	王希麟	王沛公
王仁广	王少平	王绍忠	王守喜	王天培	王文开
王宪刚	王小宁	王小青	王秀根	王秀芝	王雪娥
王耀芝	王有信	王志刚	王志岩	王治国	王智平
王希忠	王宗森	王祖键	王作仁	王作尚	卫江涛
卫景彬	魏金铎	文成玉	吴克成	吴崇德	吴道远
吴季曾	吴家勋	吴剑友	吴学曾	吴翼斌	奚和泉
夏及桐	向家琳	肖清海	谢　玲	谢荣发	谢树煜
徐光荣	徐德林	徐铭昌	徐通明	徐文灿	徐云生
许洪涛	闫国全	闫海泉	闫俊乔	严长贵	严蔚敏
燕渠源	杨德元	杨报昌	杨惠峰	杨家福	杨京龙

杨泉馨　杨淑芳　杨　卫　杨锡芬　杨瑞新　杨学忠
杨永明　杨占桐　杨子久　姚朝晖　姚晓东　姚允树
叶宏开　般荣高　尹洪林　于德成　于和生　于　建
于淑媛　于永江　孟宪增　俞昌铭　俞盘祥　郁吉仁
袁维本　袁文国　袁遐文　袁永盛　岳义民　宋云绩
翟　坤　张尺荣　张凤成　张福范　张贵媛　张海戈
张涵信　张大鸿　张惠敏　张　杰　张全玉　张静庄
张聚成　张　林　张丕辛　张德山　张世勋　张素琴
张代旺　张新建　张旭旭　张延路　张业平　张玉杰
张远高　张希增　张兆芬　张之立　张祝平　赵昌龄
赵春阳　赵访熊　赵锦蓉　赵敬洲　赵润元　赵山暴
赵为周　赵文忠　赵兴华　赵致格　甄造堂　郑美民
郑品恩　郑启华　郑人杰　郑思梁　郑秀媛　郑植苓
钟德强　钟源忠　周产龙　周桂蟾　周　敏　周寿昌
周兴华　周学甲　周燕生　周之英　周作元　朱宝彩
朱本度　朱成瑜　朱锦林　朱善有　朱万财　朱文灏
朱德忠　宗凤琴　邹淦泉　祖武争　左富汉
GREY HASIN FRANCOIS DE CHARMOY　Vadim Zakirov

参考文献

［1］清华大学航天航空学院编辑组．重建学科伟业再创航空辉煌——清华大学航空宇航学科发展历程［M］．北京：清华大学出版社，2011.

［2］清华大学航天航空学院编辑组．固本求源创新顶天立地树人——清华大学工程力学系发展历程［M］．北京：清华大学出版社，2011.

［3］庄茁．清华大学工程力学系成立暨工程力学研究班创办五十周年庆贺文集1958—2008［M］．北京：清华大学出版社，2008.